MBA MPA MPAcc
管理类与经济类综合能力
四步写作法

主编 张乃心

北京理工大学出版社
BEIJING INSTITUTE OF TECHNOLOGY PRESS

版权专有　侵权必究

图书在版编目（CIP）数据

MBA MPA MPAcc 管理类与经济类综合能力四步写作法 / 张乃心主编. —北京：北京理工大学出版社，2023.4
　　ISBN 978 – 7 – 5763 – 2268 – 2

Ⅰ.①M… Ⅱ.①张… Ⅲ.①汉语–写作–研究生–入学考试–自学参考资料　Ⅳ.① H15

中国国家版本馆 CIP 数据核字（2023）第 063058 号

出版发行 / 北京理工大学出版社有限责任公司
社　　址 / 北京市海淀区中关村南大街 5 号
邮　　编 / 100081
电　　话 /（010）68914775（总编室）
　　　　　（010）82562903（教材售后服务热线）
　　　　　（010）68944723（其他图书服务热线）
网　　址 / http：//www.bitpress.com.cn
经　　销 / 全国各地新华书店
印　　刷 / 天津市蓟县宏图印务有限公司
开　　本 / 787 毫米 ×1092 毫米　1/16
印　　张 / 18.5　　　　　　　　　　　　　　　　　责任编辑 / 封　雪
字　　数 / 499 千字　　　　　　　　　　　　　　　文案编辑 / 毛慧佳
版　　次 / 2023 年 4 月第 1 版　2023 年 4 月第 1 次印刷　责任校对 / 刘亚男
定　　价 / 89.80 元　　　　　　　　　　　　　　　责任印制 / 李志强

图书出现印装质量问题，请拨打售后服务热线，本社负责调换

我是谁？

我是一名考研写作老师。

在这个角色中，我首先是一名考研老师，然后才是一名写作老师。

作为一名写作老师，我可以和大家从诗词歌赋聊到人生哲学，从歌德、尼采聊到里尔克，从管理学、经济学聊到心理学，从批判性思维、系统性思维聊到创造性思维，也可以从商业案例、治国兴邦聊到人生百态……但这些远远不能囊括所有的写作内容。一名合格的写作老师应该带着学生不断做加法，打破自我局限，持续拓宽认知的边界。

然而不得不提的是，写作涉猎的领域如此之多，各种各样的写作教材、课程如雨后春笋般涌现，这反倒让大家越来越焦虑、越来越困惑、越来越无从下笔。这是写作学习的困境，但不应该成为考研学习的常态。

本书首先是考研备考书，然后才是写作书。

当然，提到备考，很多同学会有固化思维，认为"写作的备考"就是"模板、套路、素材、话术"。实际上，"模板、套路、素材、话术"是最低效、最笨拙的学习方式，原因如下：第一，死记硬背浪费时间；第二，在近年的真题中难以应用；第三，模板痕迹重；第四，很难拿高分。从命题趋势来看，无论是经济类综合能力考试还是管理类综合能力考试，命题方向都变得越来越灵活，越来越"反套路"，死记硬背的"干货"也渐成鸡肋。

所以，本书中既没有背不完的素材和大道理，也没有学不完的复杂理论。我坚信"大道至简、少就是多"。我将用最简单的理论帮大家厘清写作的备考逻辑，让大家能快速上手，高效应试，高分上岸。

基于这样的命题趋势和自我要求，我编写了这本书——

一本极简高效的工具书；

一本可以即时反馈的应试书；

一本面向新命题时代的写作书。

乃心老师

新版自序

今年，迎来了我从业的第十一个年头。

2013 年，我坐在北京苏州桥附近的一家麦当劳为我人生中的第一节写作课备课，那个时候的我想象不到十年后的今天，每年有数十万的考生在用我的书、听我的课进行备考。

十年来，行业发生了翻天覆地的变化，信息和素材日新月异，考生人数逐年增长，学习方法和方式发生巨大变革，考试考查的重点转移……与此同时，我对综合能力写作这个科目的理解也在不断加深。这些变化都在促使我不断优化我的内容，对课程和教材进行改版。

这并不轻松。现在的学生和以往的学生思考路径是截然不同的，为此我不仅要预判新一年考试形势的变化，还要顺应大家思考路径的变化，让内容变得更容易被理解，这需要一遍遍地推翻、重建、再推翻、再重建。

2016 年，我出版了第一套教材。这套教材当时的定位是内部讲义，所以其内容大多是对课程的补充。课上讲方法和思路，书中放理论、例题和参考范文等。一开始我并未觉得不妥，但后来很多同学通过其他途径认识了我，单独购买了这套教材，这套教材的致命缺陷才逐渐暴露出来：脱离课程后单独使用的体验不佳。

2021 年，一切归零，我重新出版了第二套教材，一套可以独立使用的教材。我对这套教材的定位是：极简、应试、千人千面。这一次在编写教材的时候做了很多新的尝试，例如，为了让学生能及时获得反馈，解决易错点，将很多主观题改编成了客观题；为了能千人千面，弱化了模板、结构和话术部分，转而通过搭建积木的方式增加其灵活性；等等。

我深知，以我认为"为你好"的方式写出的内容，对你来说并不一定是"真的好"。我需要用一种让大家能够更顺畅地接收到我要表达的内容和方法，并将其转化为实际的可以拿高分的方式来撰写和优化我的书。

所以这套教材出版后的两年中，我一直在暗中观察、收集大家的需求和建议。以此为根本，加上我这两年中对学科更深刻的理解和认知，我决定再对教材进行一次大改版。

这一次改版，让这本书实现了"比背诵素材更简单，比常规方法更高分"。主要优化如下。

一、体系重塑：由"系统教程"重塑为"四步写作法"

相较于系统教程，四步写作法更易于实践，更专注核心知识点，更便于理解记忆。

以往很多同学在备考写作的时候，明明所有的考点、技巧都学会了，但依然觉得无从下笔。四步写作法对体系的重塑就是为了解决这一困境。在重视"理论"学习的基础上，兼顾"实践"，让每个人都可以通过四个步骤，完成一篇文章的架构搭建和内容填充。

区别于所谓"写作模板"的生搬硬套的流水线模式，四步写作法不但简单易上手，而且通过对每个关键知识点的学习，能让文章更加言之有物。上手难度低于"模板模式"的同时，还比生硬死板的"模板内容"更容易拿分。掌握了四步写作法，人人都可以用五分钟搭建出一篇高分文章的框架。

二、结构升级：由"分—总"结构升级为"总—分—总"结构

以往我在编排教材的时候，是采取"分—总"的结构，先模块再汇总，即先拆解文章，分别讲解审题、结构、行文等模块，最后再汇总成一篇完整的文章。但由于写作的知识框架较大，导致很多同学在前半程学习的过程中，都是在盲人摸象，越学越心慌，直到最后一刻才能理解写作的整体思路，从而增加了对写作学科的畏难情绪。

于是我在重新编排教材时，对教材的编排逻辑进行了优化，变成了"总—分—总"的结构。

总：了解全貌。开始讲解每个文体之前，我会先带大家了解在考场上拿到真题后，如何通过四步写作法快速构建出一篇高分文章。

分：步骤细化。详细拆解审题及行文的步骤。

总：实战演练。借助真题，将方法融会贯通。

三、内容革新：在理论的基础上增加了很多实操性强的技巧

例如：论说文万能理由、论说文万能模板等。

四、课程提效：由"系统课程"改良为"核心小课"

专注打通关键知识节点，不再冗余地讲解所有的考点和知识点，而是挑选重要的、复杂的章节配备"核心小课"。内容更加精简和专注，重点更加突出，帮助大家提高备考效率。

五、配备"四步写作法全景图"：直观清晰，一眼见全貌，快速入门

六、配备写作笔记本：稿纸内页，模拟考场环境

七、配备《少而精的写作素材》：精心挑选万能又高级的小众素材

八、阅读体验革新：基于备考习惯和阅读体验对排版进行了优化

我还记得十年前，我站在万泉河路的人行天桥上，看着远处的灯火，被寒风和莫名的情绪紧裹。我在想，不知什么时候我才会拥有一盏属于自己的灯火。在这十年里，理想、信念以及我的学生们不断地推动我前行，给予我力量。

这本书是我的，也是你的，希望它会成为你前行路上的助力。

也希望我可以给你力量。

先导篇　整体认知

第一章　考什么 2
第一节　样卷及范文 2
第二节　题型解读 4

第二章　怎么学 7
第一节　备考误区 7
第二节　备考建议 8

上篇　论证有效性分析

第三章　快速入门 12
第一节　初识论证有效性分析 12
第二节　初识四步法 13

第四章　命题组的要求 18
第一节　论证有效性分析文体辨别 18
第二节　考纲详解 19

第五章　怎么审题 **34**
第一节　什么是二轮画圈法 34
第二节　二轮画圈法应用示范 37

1

第六章　怎么行文 47
- 第一节　行文结构 47
- 第二节　题目、开头、结尾 49
- 第三节　核心段落的构建 59

第七章　怎么完整地写一篇文章 103
- 第一节　保底怎么写 103
- 第二节　高分怎么拿 106

第八章　真题四步法演练 112
- 第一节　2023年管理类综合能力考试真题 112
- 第二节　2022年管理类综合能力考试真题 116
- 第三节　2021年管理类综合能力考试真题 119

论证有效性分析结课考试 124

下篇　论说文

第九章　快速入门 130
- 第一节　初识论说文 130
- 第二节　初识四步法 131

第十章　命题组的要求 134
- 第一节　综合能力考试、申论与高考写作的区别 134
- 第二节　考纲详解 136
- 第三节　自我评估 143

第十一章　怎么审题 145
- 第一节　审题三步法 145
- 第二节　审题步骤详解 147
- 第三节　六字拟题法（选修） 154

第十二章　怎么搭建结构 ... 161
第一节　快速搭建专属高分结构 ... 161
第二节　让单一结构匹配所有的真题 ... 168
第三节　不建议的结构盘点（选修） ... 172

第十三章　怎么扩充段落 ... 183
第一节　开头结尾 ... 184
第二节　核心段落 ... 189

第十四章　怎么完整地写一篇文章 ... 208
第一节　万能模板 ... 208
第二节　四步快速行文 ... 227

第十五章　真题四步法演练 ... 236
第一节　2023年管理类综合能力考试真题 ... 236
第二节　2022年管理类综合能力考试真题 ... 238
第三节　2021年管理类综合能力考试真题 ... 241

论说文结课考试 ... 244

附　录

附录一　历年论证有效性分析真题速查 ... 250
管理类综合能力考试论证有效性分析真题汇编 ... 250
MBA综合能力考试论证有效性分析真题汇编 ... 259
经济类综合能力考试论证有效性分析真题汇编 ... 264

附录二　历年论说文真题速查 ... 271
管理类综合能力考试论说文真题汇编 ... 271
MBA综合能力考试论说文真题汇编 ... 276
经济类综合能力考试论说文真题汇编 ... 280

附录三　常见的病句类型 ··· 283

附录四　行文格式 ··· 286

先导篇

整体认知

第一章 考什么

本章对应视频课程 01
可扫封面二维码查看

第一节 样卷及范文

一、论证有效性分析

真题样卷[①]：

（2020年管理类综合能力考试真题）

论证有效性分析：分析下述论证中存在的缺陷和漏洞，选择若干要点，写一篇600字左右的文章，对该论证的有效性进行分析和评论。（论证有效性分析的一般要点是：概念特别是核心概念的界定和使用是否准确并前后一致，有无各种明显的逻辑错误，论证的论据是否成立并支持结论，结论成立的条件是否充分，等等。）

北京将联手张家口共同举办2022年冬季奥运会。中国南方的一家公司决定在本地投资设立一家商业性的冰雪运动中心。这家公司认为，该中心一旦投入运营，将获得可观的经济效益。这是因为：

北京与张家口共同举办冬奥会，必然会在中国掀起一股冰雪运动热潮。中国南方许多人从未有过冰雪运动的经历，会出于好奇心而投身于冰雪运动。这正是一个千载难逢的绝好商机，不能轻易错过。

而且，冰雪运动与广场舞、跑步等不一样，需要一定的运动用品，例如冰鞋、滑雪板与运动服装等等。这些运动用品价格不菲而具有较高的商业利润。如果在开展商业性冰雪运动的同时也经营冬季运动用品，则公司可以获得更多的利润。

另外，目前中国网络购物已经成为人们的生活习惯，但相对于网络商业，人们更青睐直接体验式的商业模态，而商业性冰雪运动正是直接体验式的商业模态，无疑具有光明的前景。

参考范文：

商业性冰雪运动中心真的可以获得可观的收益吗？

材料通过诸多论证试图得到商业性冰雪运动中心可以获得可观的收益的结论，然而，由于其论证过程中存在诸多缺陷，所以其结论的有效性也有待商榷。

首先，中国南方许多人对冰雪运动有好奇心不代表他们就会投身于冰雪运动。一方面，从客观因素上说，南方很多城市不具备全民参与冰雪运动的气候条件；另一方面，从主观因素上说，参与冰雪运动需要具备一定的消费能力和良好的身体素质，很多人会因此受限。

[①] 2023、2022和2021年管理类综合能力考试真题样卷以及范文可参考第八章及第十五章。

其次，冬奥会的举办未必会在中国掀起一股冰雪运动的热潮。因为不同于篮球、乒乓球等其他运动，冰雪运动的推广不仅受到场地的限制，而且还受到地域环境和天气等因素的限制。

再次，开展商业性冰雪运动的同时也经营冬季运动用品未必能获得更多的利润。因为发生销售行为未必会增加利润，利润是否增加还需要考量运营成本、进货成本、销量以及售价等其他诸多因素；不仅如此，由于冬季运动用品的售价较高且使用频率低，很多人可能会选择租用而不是购买。

最后，直接体验式的商业模态会得到青睐，不代表商业性冰雪运动会有更光明的前景。因为一种商业模态发展良好，不代表每一个品类都发展良好；而且冰雪运动在普及的过程中，会受限于地域、消费能力、天气、季节等诸多因素，这些因素都很有可能阻碍商业性冰雪运动的发展。

综上，由于该论证过程存在诸多缺陷，因此其结论难以让人信服。

二、论说文

真题样卷：

（2020年管理类综合能力考试真题）

论说文：根据下述材料，写一篇700字左右的论说文，题目自拟。

据报道，美国航天飞机"挑战者号"采用了斯沃克公司的零配件。该公司的密封圈技术专家博易斯乔利多次向公司高层提醒：低温会导致橡胶密封圈脆裂而引发重大事故。但是，这一意见一直没有受到重视。1986年1月27日，佛罗里达州卡纳维拉尔角发射场的气温降到零摄氏度以下，美国宇航局再次打电话给斯沃克公司，询问其对航天飞机的发射还有没有疑虑之处。为此，斯沃克公司召开会议，博易斯乔利坚持认为不能发射，但公司高层认为他所持理由还不够充分，于是同意宇航局发射。1月28日上午，航天飞机离开发射平台，仅过了73秒，悲剧就发生了。

参考范文：

兼听则明

老话常说："听人劝，吃饱饭。"斯沃克公司高层因为没有重视技术专家的提醒，一意孤行地同意宇航局发射，导致了美国航天飞机"挑战者号"的悲剧。这一事件也时刻告诫我们"兼听则明"。

首先，兼听则明能避免我们先入为主。心理学上有一个"自我价值保护原则"。这个原则表明，人为了保护自我价值，心理上有一种防止自我价值遭到否定的自我倾向。人一般只接纳那些喜欢自己、支持自己的人，以防止自我价值遭到贬低和否定。这是一种自我支持的心理倾向。不同的意见往往会被排斥，因此会有"忠言逆耳"的说法。在企业中，如果管理者不能克服"自我价值保护原则"，就会先入为主，只接纳自己喜欢的人的意见以及和自己的意见相一致的意见。长此以往，员工便专挑管理者喜欢听的话讲，只做管理者喜欢的事情，没有人再愿意表达自己的意见和"忠言"。如此循环往复，最终便会形成"亲小人，远贤臣"的局面。

其次，兼听则明能帮助我们更加理性地看待和解决问题。世界上的事物错综复杂，人们受自身知识、经历、观念、涵养等因素的局限，难免对事物的见解有所缺失。如果能把多种意见集中起来，进行综合、比较、鉴别，进而去伪存真，自然会更加公正合理。要是忽略了"兼听则明"的重要性，就容易误入"听信一方"的歧途，思绪难以开阔，考虑也会欠周到。

再次，值得一提的是，我们不应该错误地理解"兼听则明"。"兼听则明"不是指别人说什么就信什么，很多企业家总是膜拜所谓的专家，他们为了少走弯路或避免决策错误，总是会找很多专家来交流讨论，这样往往会错过很多机会，最终只能不停地扼腕叹息。由此可见，仅"兼听"还不够，必须结合自己的经验和视角，准确地做出判断，这样才能实现"兼听则明"。

最后，兼听则明，希望"挑战者号"的悲剧不要再次上演。

第二节　题型解读

一、考试形式

题型	分值		字数	答题时间
	管理类综合能力考试	经济类综合能力考试		
论证有效性分析	30分	20分	600字左右	建议15～25分钟
论说文	35分	20分	700字左右	建议15～30分钟

论证有效性分析和论说文的考试形式具体如下。

（一）分值

写作在管理类综合能力考试中的总分值是65分，其中论证有效性分析的分值是30分，论说文的分值是35分。

写作在经济类综合能力考试中的总分值是40分，其中论证有效性分析的分值是20分，论说文的分值是20分。

（二）字数

管理类综合能力考试写作的总字数要求是1 300字左右，其中论证有效性分析需要写600字左右，论说文需要写700字左右。

经济类综合能力考试在2021年以前，写作总字数要求大多是1 200字左右，两种题型均为600字左右；2021年考试大纲改革后，经济类综合能力考试的字数要求与管理类综合能力考试相同。

（三）答题时间

写作总共需要写1 300字左右，理想的答题时间是55分钟左右。我自己测试过，写1 300字需要23～28分钟。如此看来，写作的答题时间还是非常充裕的。

但实际上，考生考试时真正留给写作的时间大多只有 40 分钟，甚至更少，而且很多试题较难，需要花费大量的时间审题。故考场写作的关键不仅在于写对，还在于要在规定时间内写完。所以大家不要忽略对写作速度的练习。

二、考试目的

在写作的入门阶段，想清楚我们为什么"出发"至关重要。这将直接影响我们后续的备考方向和方法的选择。

如果大家还没有思考过这个问题，我希望大家先独立思考一下，为什么要考写作？

这个问题问的并不是写作的重要性，写作的重要性不言而喻，其实这个问题问的是为什么考研要考写作？为什么其他学科不考写作，恰恰是经管类要考写作？为什么不考说明文，不考记叙文，偏偏考的是论证有效性分析和论说文？

无论是论证有效性分析还是论说文，考查的都是大家"思辨"的能力，这也是经管类考生必须具备的基本素质。一方面，大家需要具备辨别力，能发现论证的不合理之处；另一方面，大家还需要具备说服力，能清楚合理地论证自己的观点。这也是论证有效性分析和论说文的考查目的。

为了方便记忆，大家可以更加生活化地理解——论证有效性分析是在培养"防忽悠"能力，论说文则是在培养"忽悠"能力。

在思路枯竭的时候，先不要忙着积累素材，要先调动自己的思维。大家可以设想正在与他人聊天或者辩论，在对方不接受我们的观点或自己的观点出现问题的情况下，如何理性地"忽悠"才能让他们相信自己的观点，如何科学地"防忽悠"才能让听者理解自身观点的缺陷，如此方可事半功倍。

三、行文方向

题型	行文方向
论证有效性分析	怼：找到别人论证的缺陷
论说文	立：自己搭建一个论证

写作主要考查两种题型。一个叫论证有效性分析；另一个叫论说文。理解这两种题型的本质，是后续学习的基础。

什么是论证有效性分析呢？论证有效性分析就是要找到并分析已知材料中的论证缺陷的题型。

什么是论说文呢？论说文就是要写一篇文章来论证一个观点的题型。

但由于两种题型在考试背景、命题方向以及评分标准等方面存在差异，因此论证有效性分析和论说文在学习过程中的方法和侧重点都有所不同。

论证有效性分析文体要"怼"，论说文文体要"立"。

如果大家还是不能建立起对两者的认知，我们就再模拟一个场景——辩论赛。

在常规辩论赛中，辩论双方首先要"立论"，立论环节就是论证己方观点为何成立，大家可以把这个环节看成论说文的习作过程。

双方各自立论和攻辩后，会进入攻辩小结环节，这个环节主要是总结对方辩友存在的逻辑漏洞，大家可以把这个环节看成为论证有效性分析的习作过程。

也就是说，论说文就是"立论"，要搭建一个论证去证明自己的观点；论证有效性分析就是"攻辩小结"，要分析别人搭建的论证是否有效。

建议各位同学在备考初期不要用复杂的理论去理解这两类题型，容易把简单的问题复杂化。可以先借助辩论赛的场景去理解和思考。

论证有效性分析和论说文看似是两类题型，而实际上二者存在千丝万缕的联系，大家在学习的过程中也不应该将它们完全割裂。

第二章　怎么学

第一节　备考误区

在正式开始学习写作前，先和大家讲一些备考时的常见误区。

误区一：在论证有效性分析的审题过程中画思维导图。

很多同学在备考过程中会用画思维导图的方式来梳理题干论证。将题干中所有的前提、结论、论证关系都用一张思维导图来呈现。这种方式的优点是思路清晰、一目了然，且画完思维导图会很有成就感。但在考场环境中，审题时间非常紧张，根本没有多余的时间供大家画思维导图。故考试时这种方式并不适用，大家不要陷入无意义的自我感动和形式主义中。

误区二：在论证有效性分析的行文过程中区分谬误类型。

很多同学会将区分谬误类型作为学习论证有效性分析写作的重中之重，并在段落中着重强调每种谬误的类型。然而在考试时不建议大家明确指出谬误类型，原因有三：一是模板痕迹重；二是增加了备考难度；三是考试大纲给出的官方参考答案中没有明确指出谬误类型。但需要强调的是，大家在学习时还是要了解一些常见的谬误类型，这样可以提高大家识别谬误的速度、增加分析谬误的深度。

误区三：无用功做得太多。

很多同学在学习论说文写作时常见的表现有：

（1）范文写得太好了，背下来；

（2）这些素材太有价值了，背下来；

（3）这句话说得太对了，背下来；

（4）据说这个模板是万能的，背下来。

然而实际情况是，即便背诵的范文、素材、话术、模板能够用上，这种学习方法的性价比和效率也非常低。更何况，近年的真题越来越灵活，已经很少有机会能应用到这些生硬的话术了。大家放下对范文、模板、话术的执念，效率反而会更高，文章的分数也会更高。本书提供的实用模板仅建议大家作为保底方案使用。

第二节　备考建议

建议一：学会做减法，少就是多

在教学过程中，我经常被询问："老师，有没有模板和素材？"背诵成了很多同学心中写作的最优解。

然而，一方面，在新命题时代下，近年大多数的真题很难应用模板和素材；另一方面，背诵模板和素材并不是最简单的方法。

为什么这样说呢？

首先请大家静下心来，和我一起思考一个问题。

假设明天有一个非常重要的场合，例如参加面试、见投资人或者应聘新的岗位，需要准备一个3分钟的自我介绍。请大家代入角色，身临其境地思考一下如何做这个自我介绍。（建议思考时间：2分钟）

怎么样？大家能快速想到一个超级满意的自我介绍吗？我想大多数同学的答案是否定的。

实际上，自我介绍就是一次写作，自我介绍不是要介绍"我的功能、属性"，而是要论证"我的好"。

大家之所以想不出满意的自我介绍，是因为没有素材吗？显然不是，因为没有人比你更了解自己。大家在过去的十几年，甚至几十年里都在积累关于"我"的素材，在这样的基础上，大家为什么依然写不出来？这是因为思路太混乱，不能把脑海中的素材快速、清晰地表达出来。

考场写作也是如此，在如今这个信息化的时代，每个人都在被动地接收各种各样的信息，我们在工作和生活中也会不断地产生新的感悟和思考。如果能将这些信息和思考快速调取出来并进行整合，就能写成一篇高分作文，而且这样的写作方法可以应用到所有真题文章中。

写作是表达自我的过程，学习时并不应该一直做加法，而应该有目的地选择学习内容，学会做减法。

建议二：完美和速度需要兼顾

很多同学在学习写作的过程中会苛求完美。

追求完美本身不是过错。我也曾在很长的一段时间里致力于追求完美。最直接的体现是我希望每一篇范文都是完美的，所以每写完一篇范文，我就会检索各种书籍、网页、文献，希望完善这篇范文的论点，并修饰语言。有时花几个小时写出的范文也未必令自己满意。一段时间后，我发现追求"完美"并没有实际的应试意义。如果一个老师在理论非常扎实的情况下，依然需要花很长的时间来写一篇"范文"，那么这样的"范文"是失败的，是不具有应试参考价值的。

很多同学一味地追求写好，却忽视了速度，结果导致日常写的习作非常完美，在考场上写的习作却非常糟糕，这种完美是没有价值的。

我希望大家在备考过程中能兼顾这两点。

建议三：要有阅卷者视角

选秀节目中经常会有这样的画面：有的选手自信满满，各种"高大上"的标签让场下观众惊叹连连，但最终公布成绩时却惨淡收场；也有很多选手在表演结束后，不同评委的评价出现了两极分化，有的评委给分极高，有的评委给分极低，选手最终的命运如何多少有些运气的成分；当然，还有很多选手在表演结束后，可以得到观众和评委的一致好评。

在写作考试中，也经常会出现这样的情况。很多同学经过大量的练习后，自以为文章写得很精彩，最终得分却很低，这往往是因为自我评判标准与阅卷者的评判标准不一致。

那么，什么是阅卷者的评判标准呢？考试大纲中给出了官方的评分标准。但实际上，写作阅卷带有很强的主观性，在实际阅卷过程中，不同阅卷者的评判标准也无法完全统一。这为大家的写作备考带来了不小的难度。

那么我们的写作方向是什么呢？我们的写作方向是写一篇让所有的阅卷者看完都没有争议的文章。

所以，大家在备考过程中，不应该只机械地学习理论，还需要适当地切换视角，多去浏览其他同学的习作，把自己想象成阅卷者，尝试给其他同学的文章打分，思考哪篇文章更容易得高分，哪篇文章更可能得低分，哪篇文章的分数让大家很纠结。

那些在快速阅卷过程中容易被给出低分和让人很纠结的文章，我们都应该避免。

如果大家不方便获取其他同学的习作，可以关注我的微信公众号"张乃心考研"，我会带你循序渐进地进行写作训练。大家可以在作业的评论区查看其他同学的习作，模拟阅卷的过程。同时，大家还可以根据评论区的点赞数量，确认自己与其他"阅卷者"的意见是否一致。

建议四：有余力的同学可参考下面表格中的网络资源来学习

序号	名称	平台	用途
1	张乃心考研	微信公众号/微博/小红书	获取干货、带练
2	乃心小报	微信公众号	获取案例、时政、话术素材等
3	奇葩说	网络视频	提升论证能力，但要学会辨别，不要不加分辨地照搬
4	十三邀	网络视频	提升论证能力
5	人民日报评论	微信公众号	获取时事热点、了解主流倾向

> 📖 **小贴士**

提醒各位同学，网络资源信息量大、干扰信息多，很容易让大家在备考的过程中分散注意力、消耗大量精力。若不当使用网络资源，不但无法准确捕捉到有用信息，而且会适得其反，致使同学们做大量无用功，所以在此和大家强调以下注意事项：

（1）以上内容非必修；

（2）以上内容对写作成绩的提升有帮助，但若为此投入大量时间，则性价比不高；

（3）在以上网络资源没有被彻底利用之前，无须四处寻找其他网络资源；

（4）虽然可能性价比不高，但依然为大家列出以上资源的主要原因是，每个同学的目标分数和备考进度都不同，这些资源可以给部分想在写作上拓展的同学提供一个努力的方向，避免其在搜索资料的过程中浪费大量时间；

（5）明确目标、限定时间。每一次在参考网络资源前先确立一个目标，并根据目标限定时间，从而防止注意力转移。

上 篇
论证有效性分析

第三章　快速入门

本章对应视频课程02
可扫封面二维码查看

为了避免大家在学习前期是盲人摸象的状态，本章先用最简单的方式带大家快速入门，让大家理解什么是"论证有效性分析"，对在考场上拿到真题后如何快速写成文章有初步的认识。

需要提醒一下，本章主要是为了帮大家捋顺基本思路，很多原理、方法及注意事项等将在后面的章节详解。若在学习本章时有不理解之处，大家也不必心急，可以带着问题在后面的章节中寻找答案。

第一节　初识论证有效性分析

我们先直观地看一下论证有效性分析的真题是什么样的。以2023年管理类综合能力考试中论证有效性分析的真题为例：

分析下述论证中存在的缺陷和漏洞，选择若干要点，写一篇600字左右的文章，对该论证的有效性进行分析和评论。（论证有效性分析的一般要点是：概念特别是核心概念的界定和使用是否准确并前后一致，有无各种明显的逻辑谬误，论证的论据是否成立并支持结论，结论成立的条件是否充分，等等。）

随着人口的老龄化，大家都在议论老年人还要不要继续工作的话题。我们认为，老年人应该继续工作。

《宪法》规定，"中华人民共和国公民有劳动的权利和义务。"由此可见，老年人继续工作是法律赋予他们的权利。

据统计，我国2019年的人均预期寿命已经达到77.3岁，这说明老年人的健康水平大大提高了，所以老年人完全有能力继续工作。

如果老年人不再继续工作而退出劳动力市场，就势必会打破劳动力市场的原有平衡，从而造成社会劳动力的短缺；如果老年人继续工作，就能有效地避免这一问题。此外，老年人有权利追求更高质量的生活。他们想增加收入，改善生活，就应该继续工作。再说，有规律的生活方式有益于身体健康，而工作实际上是一种有规律的生活方式，所以老年人继续工作还有益于其身体健康。

不难看出，论证有效性分析试题的题干通常是一段很长的材料。

我们要做的是找到这段材料中存在的论证缺陷，解释清楚为什么论证有缺陷，并写出一篇文章。这篇文章的题目、开头、结尾都具有较强的套路性，可以速成。文章中间部分通常并列写3～5段，每段都要分析论证的缺陷，这是我们学习的重点和难点。

需要强调一下，该文体不是要针对观点，也不是针对表达方式，而是要针对论证，所以我们要找到并分析论证的缺陷。

第二节　初识四步法

论证有效性分析文体的理论非常复杂。但如果我们功利一点，以取得高分为目的，就会发现很多理论对于备考来说都是没有意义的，甚至还会把简单的问题复杂化，使大家把主要精力用于学习理论，而忽视了理解和分析题目本身。

实际上，在论证有效性分析中取得高分，只需要四步。

第一步：画圈——缩小审题范围，找到可疑语句；

第二步：打对号——锁定3—5个分析点；

第三步：标注理由关键词——找到核心理由；

第四步：串词行文——将审题结果串联成完整文章。

下面先以一段短材料为例，直观地理解一下什么是四步写作法。

已知材料：在市场经济下，生产过剩实际上只是一种假象。只要生产企业开拓市场、刺激需求，就能提高销量。

则其审题和行文的流程为：

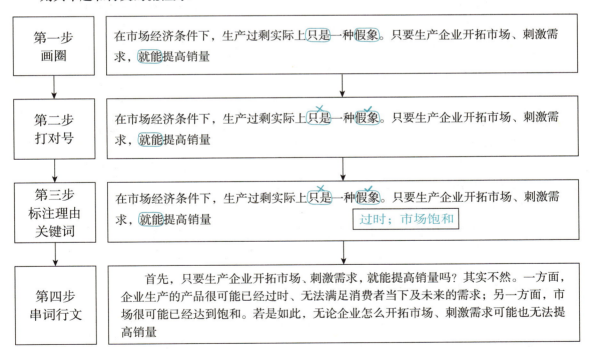

接下来，再以2020年管理类综合能力考试真题为例，为大家演示一下论证有效性分析四步写作法。（此处建议大家扫码观看视频教程，可以更加直观地理解论证有效性分析的四步写作法。）

2020年管理类综合能力考试论证有效性分析真题：

分析下述论证中存在的缺陷和漏洞，选择若干要点，写一篇 600 字左右的文章，对该论证的有效性进行分析和评论。（论证有效性分析的一般要点是：概念特别是核心概念的界定和使用是否准确并前后一致，有无各种明显的逻辑谬误，论证的论据是否成立并支持结论，结论成立的条件是否充分，等等。）

北京将联手张家口共同举办 2022 年冬季奥运会。中国南方的一家公司决定在本地投资设立一家商业性的冰雪运动中心。这家公司认为，该中心一旦投入运营，将获得可观的经济效益。这是因为：

北京与张家口共同举办冬奥会，必然会在中国掀起一股冰雪运动热潮。中国南方许多人从未有过冰雪运动的经历，会出于好奇心而投身于冰雪运动。这正是一个千载难逢的绝好商机，不能轻易错过。

而且，冰雪运动与广场舞、跑步等不一样，需要一定的运动用品，例如冰鞋、滑雪板与运动服装等等。这些运动用品价格不菲而具有较高的商业利润。如果在开展商业性冰雪运动的同时也经营冬季运动用品，则公司可以获得更多的利润。

另外，目前中国网络购物已经成为人们的生活习惯，但相对于网络商业，人们更青睐直接体验式的商业模态，而商业性冰雪运动正是直接体验式的商业模态，无疑具有光明的前景。

第一步：画圈

提高审题效率，通过圈出论证关联词、绝对化的模态词、谬误标志词[①]等，快速找到可疑的语句。

北京将联手张家口共同举办 2022 年冬季奥运会。中国南方的一家公司决定在本地投资设立一家商业性的冰雪运动中心。这家公司认为，该中心〔一旦〕投入运营，〔将〕获得可观的经济效益。这是〔因为〕：

北京与张家口共同举办冬奥会，〔必然〕会在中国掀起一股冰雪运动热潮。中国南方许多人从未有过冰雪运动的经历，〔会〕出于好奇心而投身于冰雪运动。这正是一个千载难逢的绝好商机，不能轻易错过。

而且，冰雪运动与广场舞、跑步等不一样，〔需要〕一定的运动用品，例如冰鞋、滑雪板与运动服装等等。这些运动用品价格不菲而具有较高的商业利润。〔如果〕在开展商业性冰雪运动的同时也经营冬季运动用品，〔则〕公司可以获得更多的利润。

另外，目前中国网络购物已经成为人们的生活习惯，但相对于网络商业，人们更青睐直接体验式的商业模态，而商业性冰雪运动正是直接体验式的商业模态，〔无疑〕具有光明的前景。

第二步：打对号

锁定最终要分析的有缺陷的论证。对画圈的语句进行判定，可以分析的语句在其圈上打对号，不能分析的打叉号。找的点不需要全、也不需要很多，3~5 个即可。

北京将联手张家口共同举办 2022 年冬季奥运会。中国南方的一家公司决定在本地投资设立一家商业性的冰雪运动中心。这家公司认为，该中心〔一旦〕×投入运营，〔将〕获得可观的经济效益。(1)

[①] 本书第五章第一节将详细讲解什么是论证关联词、绝对化的模态词和谬误标志词。

这是因为：(2)

北京与张家口共同举办冬奥会，必然会在中国掀起一股冰雪运动热潮。(3) 中国南方许多人从未有过冰雪运动的经历，会出于好奇心而投身于冰雪运动。(4) 这正是一个千载难逢的绝好商机，不能轻易错过。

而且，冰雪运动与广场舞、跑步等不一样，需要一定的运动用品，例如冰鞋、滑雪板与运动服装等等。(5) 这些运动用品价格不菲而具有较高的商业利润。如果在开展商业性冰雪运动的同时也经营冬季运动用品，则公司可以获得更多的利润。(6)

另外，目前中国网络购物已经成为人们的生活习惯，但相对于网络商业，人们更青睐直接体验式的商业模态，而商业性冰雪运动正是直接体验式的商业模态，无疑具有光明的前景。(7)

打对号过程中的思考：

直接看有圈的语句，没有圈的语句先跳过。要寻找的对象是有缺陷的论证。

语句（1）：该句为文章总论点，不能分析，打叉。

语句（2）：该句在引出文章总论点对应的论据，其论证结构较为复杂，通常不优先分析，打叉。

语句（3）：该句是论证，且表达过于绝对、论证过程不合理，可以分析，打对号。

语句（4）：该句是论证，且论证过程不合理，可以分析，打对号。

语句（5）：该句在陈述事实，不是论证，不能分析，打叉。

语句（6）：该句是论证，且论证过程不合理，可以分析，打对号。

语句（7）：该句是论证，且表达过于绝对、论证过程不合理，可以分析，打对号。

中间段一般写3～5段论证谬误，大多数情况下，写4段的审题和行文难度比较适中，此时已经打够了4个对号，审题结束。

第三步：标注理由关键词

在对号旁边标注理由的关键词，该步骤不仅是在列提纲、提高行文效率，还可以检验正误、提高准确率。

如果大家想在考场拿高分，在这一步上不应依赖模板，而是要深入思考。

在标注理由关键词时，不需要非常详细，自己能看懂即可。

北京将联手张家口共同举办2022年冬季奥运会。中国南方的一家公司决定在本地投资设立一家商业性的冰雪运动中心。这家公司认为，该中心一旦投入运营，将获得可观的经济效益。(1)

这是因为：(2)

北京与张家口共同举办冬奥会，必然（专业性、危险、气候）会在中国掀起一股冰雪运动热潮。(3) 中国南方许多人从未有过冰雪运动的经历，会（身体素质、消费能力）出于好奇心而投身于冰雪运动。(4) 这正是一个千载难逢的绝好商机，不能轻易错过。

而且，冰雪运动与广场舞、跑步等不一样，需要一定的运动用品，例如冰鞋、滑雪板与运动服装等等。(5) 这些运动用品价格不菲而具有较高的商业利润。如果（销售成本、采购成本、使用率低、租用）在开展商业性冰雪运动的同时也经营冬季运动用品，则公司可以获得更多的利

润。(6)

另外，目前中国网络购物已经成为人们的生活习惯，但相对于网络商业，人们更青睐直接体验式的商业模态，而商业性冰雪运动正是直接体验式的商业模态，无疑✓（难学，成本高）具有光明的前景。(7)

第四步：串词行文

将题目、开头、结尾、对号所在的论证及标注的理由梳理成语句，构建成文章。

标注完理由关键词，我们就完成了全部审题的过程。找到了四组有缺陷论证的前提、结论和理由（对号的前后通常就是论证的前提和结论，对号旁边标注的是理由）。

通过前三个步骤，我们的审题结果如下（考场上只需要去四个对号附近寻找以下内容即可）：

分析点一：前提（北京与张家口共同举办冬奥会）＋结论（会在中国掀起一股冰雪运动热潮）＋理由（专业性、危险、气候）。

分析点二：前提（中国南方许多人从未有过冰雪运动的经历）＋结论（会出于好奇心而投身于冰雪运动）＋理由（身体素质、消费能力）。

分析点三：前提（在开展商业性冰雪运动的同时也经营冬季运动用品）＋结论（公司可以获得更多的利润）＋理由（销售成本、采购成本、使用率低、租用）。

分析点四：前提（商业性冰雪运动正是直接体验式的商业模态）＋结论（无疑具有光明的前景）＋理由（难学、成本高）。

接下来，我们只需要将审题结果代入论证有效性分析的基本框架，将每个有缺陷论证的前提、结论和理由合理串联即可。

论证有效性分析的基本框架（基本框架的表达方式可以根据自己的喜好调整）：

总结论＋吗（题目）

上述材料通过诸多论证试图证明"（总结论）"这一结论。然而，由于其在论证过程中存在诸多缺陷，其结论也是难以让人信服的。（开头）

首先，指出论证缺陷＋分析原因。（参考句式：a 未必 b；因为……/a 就一定 b 吗？其实不然；很可能……，若是如此，则其结论难以成立/a 和 b 之间没有必然的关联；因为……等。下同。）（分析点一）

其次，指出论证缺陷＋分析原因。（分析点二）

再次，指出论证缺陷＋分析原因。（分析点三）

最后，指出论证缺陷＋分析原因。（分析点四）

综上，其论证难以让人信服。（结尾）

最终的考场文章参考如下：

冰雪运动中心将获得可观的经济效益吗？

上述材料通过诸多论证试图证明"南方的一家公司在本地设立冰雪运动中心将获得可观的经济效益"这一结论。然而由于其在论证过程中存在诸多缺陷，所以其结论也是难以让人信服的。

首先，北京与张家口共同举办冬奥会，必然会在中国掀起一股冰雪运动热潮吗？其实不然。要知道冰雪运动是一项专业性较强、具有一定危险性的运动，如果没有专业人员的指导往往难以开展；更重要的是，中国大部分地区的气候、温度等因素很难达到创造雪地的条件，故冬奥会未必会掀起冰雪运动热潮。

其次，中国南方许多人从未有过冰雪运动的经历，未必就会出于好奇心而投身其中。因为冰雪运动是高强度的运动，需要较强的身体素质，而大部分南方人未参加过，很可能无法适应；此外，参加冰雪运动也需要一定的消费能力，若价格超过了大部分人的预期，他们很可能不会消费。

再次，开展商业性冰雪运动的同时经营冬季运动用品不一定能让公司获利。因为企业能否获利涉及自身的销售成本、采购成本等诸多因素；不仅如此，消费者考虑到装备价格高且使用率低，很可能不会选择购买而选择租用，那么企业就不一定能获利了。

最后，人们更青睐直接体验式的商业模式并不意味着商业性冰雪运动具有光明的前景。因为人们喜欢这个属性不等于喜欢具有这个属性的所有事物。若是人们都因冰雪运动难学或是学习成本高等因素不选择冰雪运动，那么即使其具有直接体验式的商业模态，也难以发展。

综上，其论证难以让人信服。

至此，我们仅用四步就完成了一篇论证有效性分析。

学到这里，如果大家依然觉得很困惑，不理解每个步骤为什么这么做、不理解什么词要圈、不理解什么语句要分析等，不用心慌，我们将在后面的章节中给大家详细讲解；如果大家豁然开朗，忽然觉得论证有效性分析好简单，随随便便就可以写出来，也不要轻敌。因为我们刚刚所讲的例子难度较低，大多数真题的难度要远超于此，需要通过更为深入、细致的学习来应对。

接下来，我们将通过剩下的章节来细化这些问题。

第四章　命题组的要求

第一节　论证有效性分析文体辨别

论证有效性分析的本质是评论性写作，但不同的是，它不是对观点的评论，而是对论证过程的评论。同时，并非所有的论证都需要评论，而是需要寻找材料论证的缺陷，对有缺陷的论证进行分析，所以我们也可以把它称作"论证无效性分析"。

简单来说，论证有效性分析就是要找毛病。但不是什么毛病都找，也不是要抬杠、吹毛求疵，而是要分析论证过程的缺陷，即要分析为什么前提推不出来结论，而不是分析前提和结论本身有什么不合理之处。

【练】单项选择题

已知材料："因为 $1+1=2$，所以两个人互相帮助可以拿到三个人的工资！"判断以下哪个选项是论证有效性分析文体，并给出理由。

（A）在数学中，$1+1$ 的确等于 2。

（B）在职场中，不会因为两个人互相帮助而为其提供三个人的工资。

（C）作为管理者，不能因为员工互相帮助便提高其薪资待遇。一方面，这不利于员工的成长，会使其产生依赖性，难以独当一面；另一方面，这也会助长公司内部的不良风气。使得很多员工盲目地寻求帮助，以达到提高薪资待遇的目的。

（D）该句的标点符号使用错误，句尾应使用句号而非感叹号。因为感叹号一般用于表示惊讶、震惊或激动的情绪，但该句并未体现出这样的情绪。

（E）材料基于"$1+1=2$"，无法证明"两个人互相帮助可以拿到三个人的工资"。前者是数字间的运算关系，后者则是复杂的绩效关系，两者具有本质的差异，故无法基于前提得到结论。

参考答案

【练】E

A 选项论证有效性分析是要找到论证过程的缺陷，而不是肯定前提的合理之处。故该选项错误。

B 选项论证有效性分析要分析的是论证过程，而不是前提或结论本身是否合理。故该选项错误。

C 选项论证有效性分析是要找到论证的缺陷，而不是提出自己的观点和建议。故该选项错误。

D 选项论证有效性分析文体不是要改病句、标点符号等的基本功文体。故该选项错误。

E 选项该选项指出了为什么前提得不到结论，在分析论证过程，是论证有效性分析文体。故该选项正确。

第二节　考纲详解

写作作为主观题，具有很大的灵活性。但灵活不是随意，灵活的前提是不能违背考试的基本要求。

很多同学在备考写作的时候，不重视文体的本质和考试要求，上来就学习话术、套路、技巧等，急于求成。这种心情可以理解，但在备考中却是一种非常危险的行为。所以本节将通过拆解考试大纲，帮助大家了解命题组提出的要求，带领大家摒弃错误的认知，让大家从根本上学好论证有效性分析。

考试大纲通常在每年的下半年确定并发布，其作为命题人命题及阅卷人阅卷的权威性文件，是大家在备考中的基本准则。考试大纲原文虽然文字不多，但是却向我们传递了考试的关键信息，对学习有非常重要的指导性作用。

论证有效性分析的考试大纲包括以下四个重要部分。

第一部分：考查内容

1. 管理类综合能力考试大纲

论证有效性分析试题的题干为一篇有缺陷的论证，要求考生分析其中存在的问题，选择若干要点，评论该论证的有效性。

本类试题的分析要点是：论证中的概念是否明确，判断是否准确，推理是否严密，论证是否充分等。

文章要求分析得当，理由充分，结构严谨，语言得体。

2. 经济类综合能力考试大纲

论证有效性分析试题的题干为一篇有缺陷的论证，要求考生分析其中存在的缺陷与漏洞，选择若干要点，围绕论证中的缺陷或漏洞，分析和评述该论证的有效性。

论证有效性分析的一般要点是：概念特别是核心概念的界定和使用是否准确并前后一致，有无明显的逻辑错误，论证的论据是否支持结论，结论成立的条件是否充分等。

文章根据分析评论的内容、论证程度、文章结构及语言表达给分。要求内容合理、论证有力、结构严谨、条理清楚、语言流畅。

第二部分：题干要求

分析下述论证中存在的缺陷和漏洞，选择若干要点，写一篇600字左右的文章，对该论证的有效性进行分析和评论。(论证有效性分析的一般要点是：概念特别是核心概念的界定和使用是否准确并前后一致，有无各种明显的逻辑错误，论证的论据是否成立并支持结论，结论成立的条件是否充分，等等。)

第三部分：评分标准[①]

(1) 根据分析评论的内容给分，占 16 分。
(2) 按论证程度、文章结构与语言表达给分，占 14 分，分为四类卷给分。
一类卷（12～14 分）：分析论证有力，结构严谨，条理清晰，语言精练流畅。
二类卷（8～11 分）：分析论证较有力，结构较严谨，条理较清晰，语言较通顺，有少量语病。
三类卷（4～7 分）：尚有分析论证，结构不够完整，语言欠连贯，语病较多。
四类卷（0～3 分）：明显偏离题意，内容空洞，条理不清，语句不通。
(3) 每 3 个错别字扣 1 分，重复的不计，至多扣 2 分。
(4) 书面不整洁，标点不正确，酌情扣 1～2 分。

第四部分：参考分析点

每年的考试大纲中，会给出上一年论证有效性分析真题的参考分析点。[②]

以上四部分，均为考试大纲原文。基于此，可以提炼出如下对备考有意义的要点。

要点一：分析什么。
要点二：怎么选点。
要点三：写的时候主要注意什么。
要点四：怎么给分。

接下来，我们将基于大纲一一拆解以上要点。

一、分析什么：有缺陷的论证

> **小贴士**
>
> 1. 此处是重点也是难点，需要大家重点关注。很多同学在刚接触这个章节的时候，容易出现误判，这是很常见的现象。大家不要因此自我否定，而是要认真理解好每一道题，在后面的学习中逐步加强判断的准确性。
>
> 2. 很多语句是否为有缺陷的论证、是否能够分析，在不同的教材中可能存在着争议，大家不必纠结这些争议，非要得到一个正确答案，因为不同阅卷者对于争议性语句的态度往往也是不同的。在考场有选择空间的情况下，我们尽可能避免写具有争议性的语句，降低考试的风险。

考试大纲原文中明确指出"论证有效性分析试题的题干为一篇有缺陷的论证，要求考生分析其中存在的缺陷与漏洞"。也就是说，论证有效性分析文体的分析对象为有缺陷的论证。

[①] 经济类综合能力考试大纲中并未给出评分标准。管理类综合能力考试论证有效性分析总分为 30 分，经济类综合能力考试论证有效性分析总分为 20 分。参加经济类综合能力考试的同学可以先参考如下评分标准，再按照 2/3 的比例折算。后文涉及得分时，为了方便表达，都以管理类综合能力考试的评分标准为例。

[②] 《MBA MPA MPAcc 管理类与经济类综合能力写作真题库》中给出了可查证的历年真题的官方参考分析点，大家可以搭配本书使用。

只有真正搞懂什么是有缺陷的论证，才能精准审题、深度行文。

什么是有缺陷的论证？简单来说，需要满足两点：第一，这句话是论证；第二，其论证的过程中有缺陷。

接下来，将从以下几个角度逐一讲解。

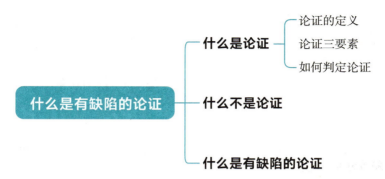

（一）什么是论证

论证有效性分析的本质是要分析"论证"的缺陷，论说文的本质是要搭建"论证"，无论是论证有效性分析还是后面要学习的论说文，其本质都离不开"论证"。

搞清什么是"论证"，是学好写作的基础。

1. 论证的定义

论证是指引用论据来证明论点的真实性的论述过程。简单来说，就是由论据推论点的过程。

论证具有证明、说服、指示行为的功能。提出论点，举出论据，这不是论证。说明论点与论据的内在联系，解释为什么由这些论据可以得出这一论点，才是论证。

论证就像一座"桥梁"，把论据和论点联系在一起，即揭示论据与论点之间的必然联系。

【例1】 如果在开展商业性冰雪运动的同时也经营冬季运动用品，则公司可以获得更多的利润。

【例2】 世界上的事物是无穷的，所以选择也是无穷的。

2. 论证三要素

论证的构成有三大要素，分别为：

（1）论据A（亦称：理由、原因、前提等）；

（2）论证过程C（亦称：推理关系等）；

（3）论点B（亦称：结论、结果、主张等）。

具体内容如下。

（1）论据A（亦称：理由、原因、前提等）。

定义：论据是支撑论点的材料，是作者用来证明论点的理由和根据。形式：主要有以下两种。

事实论据：包括代表性的事例、确凿的数据、可靠的史实等。事实论据的作用十分明显，分析事实，得出道理，并检验其与文章论点在逻辑上是否一致。

理论论据：作为论据的道理一般是读者比较熟悉的，或者社会普遍承认的，是对大量事实概括的结果。

（2）论证过程 C（亦称：推理关系等）。

定义：论证过程是运用论据来证明论点的过程和方法，是论点和论据之间的逻辑关系纽带。形式：显性或隐形地贯穿在论证中。

论点和论据是通过论证过程组织起来的。论点解决"需要证明什么"，论据解决"用什么来证明"，论证过程解决"怎样证明"。

（3）论点 B（亦称：结论、结果、主张等）。

定义：作者对所议论的问题（事件、现象、人物、观念等）持有的见解和主张。形式：针对话题的带有明确表态性的完整判断句。

论点是论证的核心和灵魂。论点应该是明确的判断，是看法的完整陈述，在形式上应该是完整的句子。需要注意的是，比喻句不能作为论点。

3. 如何判定论证

只有准确的识别论证，才能精准的审题。那么，如何判定一段话为论证呢？需要满足以下三个条件。

条件一：题干中有结论。

条件二：题干中有前提。

条件三：题干的本意是用前提推结论（此处需要注意，一定是题干显性或隐性的本意，不能是我们自行脑补的）。

【练】不定项选择题

以下选项中哪些不是论证？

（A）李雷擅长写作。

（B）李雷擅长写作，男生都擅长写作。

（C）李雷擅长写作，韩梅梅也擅长写作。

（D）李雷擅长写作，所以男生都擅长写作。

（E）不仅李雷擅长写作，韩梅梅也擅长写作。

参考答案

【练】ABCE

A 选项中只有结论，没有前提在证明结论。不是论证。

B 选项很容易选错，要作为重点去理解。该选项在并列陈述李雷和男生的情况，不是论证。如果将其改为"李雷擅长写作,所以男生都擅长写作",则是论证。

C 选项在并列陈述李雷和韩梅梅的情况,不是论证。如果将其改为"李雷擅长写作,所以韩梅梅也擅长写作",则是论证。

D 选项是论证,有前提"李雷擅长写作",有结论"男生都擅长写作",并且通过"所以"两字能看出来,题干的本意是基于"李雷擅长写作"这一前提,在推知"男生都擅长写作"这一结论,也就是说,有论证过程。故该语句是论证。

E 选项"不仅……也……"是联言命题的识别标志,表示两件事情同时发生,而非在进行论证。故该句在并列陈述李雷和韩梅梅的情况,不是论证。

(二) 什么不是论证

"审对题"是"拿高分"的前提,而"准确地识别论证"则是"审对题"的前提。

论证的定义并不难理解,难的是要准确辨别出什么不是论证,避免误选。最常见的容易被误判为论证的情况如下。

1. 陈述观点

【示例】

[题源:199-2023]① 随着人口的老龄化,大家都在议论老年人还要不要继续工作的话题。我们认为,老年人应该继续工作。

[题源:199-2009-10]② 民主集中制是一种决策机制。在这种机制中,民主和集中是缺一不可的两个基本点。

[题源:199-2007-10] 在中国改革开放的字典里,"终身制"和"铁饭碗"作为职称弊端的概念,是贬义词。

2. 描述客观事实

【示例】

[题源:199-2011-10] 我国的个人所得税从 1980 年开始征收,当时起征点为 800 元。

[题源:199-2020] 北京将联手张家口共同举办 2022 年冬季奥运会。中国南方的一家公司决定在本地投资设立一家商业性的冰雪运动中心。

[题源:396-2020]③ 在漫长的发展过程中,金融机构和金融功能逐步形成和完善,但相比金融机构的发展演化,金融功能作为核心和基础则表现得更为稳定,主要表现为提供支付、资产转化、风险管理、信息处理和监督借款人等方面。近年来,金融科技发展突飞猛进,金融业产生了革命性的变化。

3. 引用理论、他人的话等

【示例】

[题源:199-2007-10] 在现代企业理论中有一个"期界问题",是指由于雇佣关系很短而导

---

① [题源:199-2023] 表示该语句节选自 2023 年的 199 管理类综合能力考试真题。后文同理。
② [题源:199-2009-10] 表示该语句节选自 2009 年的 10 月举行的 199 管理类综合能力考试真题。后文同理。
③ [题源:396-2020] 表示该语句节选自 2020 年的 396 经济类综合能力考试真题。后文同理。

致职工的种种短视行为，以及此类行为对企业造成的危害。

［题源：199-2018］哈佛大学教授本杰明·史华慈（Benjamin I. Schwartz）在20世纪末指出，开始席卷一切的物质主义潮流将极大地冲击人类社会固有的价值观念，造成人类精神世界的空虚。

［题源：199-2018］后物质主义理论认为：个人基本的物质生活条件一旦得到满足，就会把注意点转移到非物质方面。

> **小贴士**
>
> 引用可以分析吗？
>
> 引用的内容本身不可以分析，但基于引用推出的后续结论可以分析。
>
> 在引用他人的话、背景知识、实验数据等的时候，这些内容本身不可以分析，但可以分析基于该引用内容是否可以推出后续结论。
>
> 举例和大家说明一下。
>
> "张老师说过：'因为小明努力，所以小明一定会成功'。"虽然该句中有一个有缺陷的论证，但不可以分析，因为这是在引用他人的话。
>
> "张老师说过：'小明很努力，所以小明一定会成功'。故小明会成功。"该句可以分析。但基于张老师的话无法推断现实的情况，张老师的话不具有权威性。
>
> 再以真题为例：
>
> "最近一项对某高校大学生的抽样调查表明，有69%的人认为物质生活丰富可以丰富人的精神生活，有22%的人认为物质生活和精神生活没什么关系，只有9%的人认为物质生活丰富反而会降低人的精神追求。"该句不可以分析。因为该句是在引用调查数据。
>
> "最近一项对某高校大学生的抽样调查表明，有69%的人认为物质生活丰富可以丰富人的精神生活，有22%的人认为物质生活和精神生活没什么关系，只有9%的人认为物质生活丰富反而会降低人的精神追求。所以物质会丰富人的精神。"该句可以分析。但基于该调查无法得出后续结论，原因如下：第一，高校大学生不具有代表性；第二，认知与实际情况未必一致。
>
> "首先，按照唯物主义物质决定精神的基本原理，精神是物质在人类头脑中的反映。因此，物质丰富只会充实精神世界，物质主义潮流不可能造成人类精神世界的空虚。"该句中，"按照唯物主义物质决定精神的基本原理，精神是物质在人类头脑中的反映"为引用内容，不可以分析。
>
> 但可以分析基于"唯物主义物质决定精神的基本原理，精神是物质在人类头脑中的反映"能否推出"物质丰富只会充实精神世界，物质主义潮流不可能造成人类精神世界的空虚"。显然题干在论证过程中犯了个错误，精神是物质在人类头脑中的反映不代表物质丰富只会充实精神世界。因为人的精力是有限的，而在物质世界中，人们可以得到更直接、更强烈、更精彩的享受，所以当物质生活越来越丰富的时候，人们也可能会醉心于这些物质带来的享受，反而忽略精神世界的需求。

4. 并列关系、转折关系、递进关系等

【示例】

［题源：199-2022］默默无闻、无私奉献虽然是人们尊崇的德行，但这种德行其实不可能成为社会的道德精神。

［题源：199-2021］常言道："耳听为虚，眼见为实。"其实，"眼所见者未必实"。

［题源：396-2021］人们受骗上当的事时有发生，乃至有人认为如今的骗术太高明而无法根治。其实，如今要根治诈骗并不难。

【练1】不定项选择题

如下选项中，哪些是论证？

（A）努力是会上瘾的，尤其是在尝到了甜头之后。

（B）这是一个最好的时代，这是一个最坏的时代；这是一个智慧的年代，这是一个愚蠢的年代……这是希望之春，这是失望之冬；人们面前应有尽有，人们面前一无所有；人们正踏上天堂之路，人们正走向地狱之门。

（C）他不配成功？你知道他有多努力吗？

（D）南方人爱吃甜豆花，但是北方人却爱吃咸豆花。

（E）随着时间的流逝，人们不再相信真理了。

【练2】不定项选择题

如下选项中，哪些是论证？

（A）有一段时期，我国部分行业出现了生产过剩的现象。一些经济学家对此忧心忡忡，建议政府采取措施加以应对，以免造成资源浪费，影响国民经济正常运行。

（B）众所周知，爱因斯坦提出的相对论颠覆了人类关于宇宙和自然的常识性观念。

（C）怎样防止官员以权谋私呢？国君通常依靠设置监察官的方法。

（D）不管是承诺"四不"还是"八不"，承诺本身就值得怀疑。

（E）如果在开展商业性冰雪运动的同时也经营冬季运动用品，则公司可以获得更多的利润。

参考答案

【练1】C

A选项中"尤其是"表示强调，并非论证。

B选项在并列陈述观点，不是论证。

C选项是反问句，可以转化为陈述句"因为他努力，所以他配成功"，满足论证的判定条件，故该句是论证。

D选项转折词连接的是并列观点，不是论证。

E选项中的"随着"连接的是伴随状语，不是论证。

【练2】E

A选项在陈述事实、引用他人的观点，不是论证。

B选项在陈述事实，不是论证。

C选项在陈述观点，不是论证。

D 选项在陈述观点，不是论证。

E 选项基于前提推知结论，是论证。

（三）什么是有缺陷的论证

考试大纲中明确指出，论证有效性分析题型分析的对象为：有缺陷的论证，我们的任务是分析其中存在的问题，评论其论证的有效性。所以仅能够识别论证还不够，还要能够精准地判断什么是"有缺陷的论证"。

前面我们讲了什么是论证，论证就是由前提 A，经过论证过程 C，得到结论 B 的过程。论证的构成包括三个部分：前提 A、结论 B 和论证过程 C。好的论证至少需要满足以下三个条件：

（1）前提 A 为真。

（2）前提 A 和结论 B 是相关的。

（3）前提 A 对结论 B 的推理有效。

那什么是有缺陷的论证呢？从广义上讲，论证中的任何一个要素存在缺陷都应该称为有缺陷的论证。但在论证有效性分析中，我们更多的是关注论证过程的缺陷，即看前提 A 与结论 B 之间的论证过程 C 是否充分。若充分，则没有缺陷；若不充分，则存在缺陷。

例如，已知论证"因为 $1+1=3$，所以两个人互相帮助可以拿到三个人的工资"。在这个论证中存在三个明显的错误。

（1）前提错误。$1+1 \neq 3$。

（2）结论错误。两个人互相帮助无法拿到三个人的工资。

（3）论证过程错误。"$1+1=3$"和"两个人互相帮助可以拿到三个人工资"之间并不存在必然的逻辑关联。

但前两个错误通常不是论证有效性分析的分析对象，第三个错误才是我们要重点分析的对象。

也就是说，论证有效性分析重点分析论证过程，不分析前提和结论本身。

什么是我们要寻找的有缺陷的论证呢？需要满足以下两个条件：

（1）是论证；

（2）论证过程有缺陷，即基于前提无法得到结论。

【示例】

"李雷通过创新成功了，所以所有人通过创新都能成功。"该语句是论证，且基于李雷这一个特例的情况推出了所有人的情况，有缺陷。故其是分析对象。

"所有人通过创新都会成功，故李雷通过创新会成功。"该语句是论证，但是没有论证缺陷，因为其论证过程是合理的。故其不是分析对象。

"一周有 8 天的时间。"该语句是陈述，不是论证。故该句也不是我们的分析对象。

> 小贴士

是否可以分析论据/前提中的错误？

论证有效性分析的题干要求中明确指出，分析要点中包括"论证的论据是否成立并支持结论"。从题干要求来看，我们其实是能够分析前提/论据的。

但上文又说，"论证有效性分析重点分析论证过程，不分析前提和结论本身"，这显然自相矛盾了。

所以，到底是否可以分析论据/前提中的错误呢？

从理论层面来说，可以。

从实践层面来说，不好写、没必要、容易错、力度弱。所以如果不是遇到极难的题，不建议。

分别和大家说明一下不建议的几点理由。

（1）不好写。很多前提/论据都是在陈述客观事实或理论知识。如果我们想分析，就要对客观事实或理论知识有所了解，若是我们没有相应的知识储备，或者描述得不准确，就失去了削弱力度。

例如，2012年管理类综合能力考试真题中有这样一段话："众所周知，爱因斯坦提出的相对论颠覆了人类关于宇宙和自然的常识性观念。不管是狭义相对论还是广义相对论，都揭示了宇宙间事物运动中普遍存在的相对性"。

这段话抛出了论据，并没有进行论证。但是考试大纲的官方解析分析了这个点，大纲解析原文是"把爱因斯坦的相对论理解为宇宙间事物运动中普遍存在的相对性，是对相对论的误解，不能作为论据"。

因为当年的大纲给出了这个点，所以如果当年大家分析了，也是有分数的。但问题是，考试大纲只给了一个分析方向，而字数是远远不够的，我们需要对此扩充成完成段落。既然我们指出该论据的错误是误解了相对论，最有效的分析方式就应该指出实际上的相对论是什么，但如果大家没有专门学习过相对论，很难用几句话说清楚。

（2）没必要。我们接着刚才的话题说。如果这类点很难，但不写会扣分，哪怕再难，我们也应该学会。可现实的情况是，论证有效性分析文体不需要我们把点写全，通常只需要写3~5个点。截至目前，能分析论据缺陷的真题寥寥无几，而且这些为数不多的真题的论证过程中都存在很多缺陷，完全没有必要分析论据的缺陷。

（3）容易错。一旦大家觉得可以分析论据本身的缺陷了，通常会变得疑神疑鬼，每句话都想"杠"一下，容易把原本不需要分析的语句给分析了。

（4）力度弱。前面我们都在说这类点很难找、也很难写。那如果前述困难都消失了，真题中存在这样一个前提语句，其错误非常明显，也很好分析，此时我们可以分析该语句吗？我的回答是：可以，但不建议。在有点可以选择的情况下，还是更建议优先分析论证过程的缺陷，因为削弱论证过程力度更大。如果该题审题难度极大，点找不够的情况下才建议考虑这类点。

【练1】不定项选择题

如下选项中，哪些是有缺陷的论证？

（A）武则天的经历证明：成功和性别没有关系。姜子牙的经历证明：成功和年龄没关系。朱元璋的经历证明：成功和出身没关系。比尔·盖茨的经历证明：成功和学历没关系。

（B）企业需要的不是朝着既定方向的执着努力，而是在随机试验的过程中寻求生路。

（C）爱笑的女孩运气都很好，韩梅梅的运气很好，所以韩梅梅爱笑。

（D）所有的猴子都是潘金莲，所有的潘金莲都是香蕉，所以所有的猴子都是香蕉。

（E）鲁迅的小说不是一天能读完的，所以《孔乙己》这部小说一天读不完。

【练2】不定项选择题

如下选项中，哪些是有缺陷的论证？

（A）韩梅梅是一个男孩子，而且特别能吃。

（B）据调查，78%的人喜欢吃辣条。

（C）理想是石，敲出星星之火。

（D）因为韩梅梅的字很丑，所以韩梅梅一定长得很好看。

（E）张老师是一位男老师。

（F）张老师爱吃麻辣烫，所以所有老师都爱吃麻辣烫。

（G）所有老师都爱吃麻辣烫，所以张老师爱吃麻辣烫。

参考答案

【练1】ACE

A 选项是四个并列的论证。每个论证都是基于个例推断结论，犯了以偏概全的逻辑错误。故该句是有缺陷的论证。

B 选项"不是……而是……"连接的是并列语句，不是论证。

C 选项基于"爱笑的女孩运气都很好，韩梅梅的运气很好"这两个前提条件，推出"韩梅梅爱笑"的结论，故是论证。在论证过程中不符合推理规则，若题干论证成立，则"狗都爱啃骨头，人爱啃骨头，故人是狗"这一论证也成立了。故该句是有缺陷的论证。

D 选项是论证，虽然其前提很荒谬，但论证过程并没有错误。所以该句不是有缺陷的论证。

E 选项中"不是一天能读完的"是"鲁迅的小说"这个整体所具有的性质，《孔乙己》这一个体不具备此性质。该句犯了集合体性质误用的错误，是有缺陷的论证。

【练2】DF

A 选项在并列陈述观点，不是论证。

B 选项在陈述事实，不是论证。

C 选项在抒发情感，不是论证。

D 选项基于"韩梅梅的字很丑"这一前提，推出"韩梅梅一定长得很好看"这一结论，是论证。但字丑不丑和人好不好看没有关系，故该句是有缺陷的论证。

E 选项在陈述事实，不是论证。

F 选项基于张老师的情况推出所有老师的情况，是论证，且有缺陷，故该句是有缺陷的论证。

G 选项基于所有老师的情况推出张老师的情况，是论证，但是没有缺陷，故不应该选择。

通过以上的练习，相信大家对有缺陷的论证有了更深刻的理解，在后续学习的过程中一定要有意识地、理性地去寻找这样的论证，尽最大可能降低审题风险，而不要凭主观意识随意分析。

二、怎么选点

考试中要求各位考生从上述有缺陷的论证中选择若干要点，这也就是说真题材料中存在的论证缺陷会有很多，但并不是所有的点都需要我们展开分析，而是要从中进行筛选。

（一）数量的选择——选择3~5个点

考试字数的要求为600字左右，往往题目、开头、结尾这三个部分会占用120字左右，所以剩下的480字左右是留给我们分析论证缺陷的。为了把每一个论证缺陷分析清楚，我们需要将点引入，对其错误进行评价，并对其缺陷进行分析。从篇幅的角度考虑，我们往往需要写3~5个分析点，每个点需要写100~120字，以保证将它们分析得透彻。

到底写几个点没有严格的要求，也没有好坏之分，考试中只要保证字数达标，且每个点的分析都是简练、透彻、深入的，分数并不会受分析点个数的影响。所以，各位同学可以根据自身的分析情况进行选择。

（二）内容的选择——最正确、最好写、最分散、最好识别

一篇真题材料中可能会有十几个甚至二十几个点，在这样的情况下，应该如何快速从中做出选择并展开行文呢？我们选择时有三个原则：

原则一——最正确。在审题选点的过程中，保证准确性是最重要的原则。所以大家要优先选择没有争议、最有把握的分析点。

原则二——最好写。我们在选择分析点的时候，尽量选择容易展开、自己擅长表达的分析点。

原则三——最分散。在选择分析点的时候，我们的目的是能够最大力度地对其论证进行质疑，所以我们在选择分析点的时候也应该尽可能多位置、多角度地分散选择。从位置上，要选择不同段落、不同语句中的论证缺陷，从角度上要选择不同的谬误类型，以保证力度最大。

原则四——最好识别。在有选择的情况下，尽量优先选择较为明显的论证缺陷，避免阅卷者误判。

三、行文态度：肯前提、否推理、疑结论

在分析和评论的过程中，各位考生需要注意语气态度的运用。

首先，对于前提要默认肯定。前提A的部分往往是题干中给出的背景知识等，对于这一部分，我们的态度为默认其是对的。（注意：如果某论证中的前提是前文其他论证得出的结论，则另当别论。）

其次，对于推理过程要否定。论证有效性分析的考试大纲中已经明确指出我们要分析的论证是有缺陷的，所以我们在分析过程中的态度就不应该含糊不清或者不敢肯定，而应该明确表明其

存在缺陷，对其论证过程进行否定。

最后，对于结论要提出质疑。因为前提是对的，过程是错的，所以结论应该是无法确定的。因此对于结论的部分不应该表示否定，而要表示质疑。

可见，"肯前提、否推理、疑结论"是论证有效性分析在行文过程中的重要准则。

例如：

"材料由 A 可能无法得到 B。"这一表达是错误的，针对论证过程应该否定，不应该质疑。

"材料由 A 无法得到 B。"这一表达是正确的。

"所以这一观点是错误的。"这一表达是错误的，针对结论应该质疑，而不是否定。

"所以这一观点是无法推出的。"这一表达是正确的。

"所以这一观点是值得商榷的。"这一表达是正确的。

【练】单项选择题

已知材料："你们这个年纪啊，就算每个月给你们 5 000 元工资，你们也攒不了钱，就爱乱花钱，所以每月给 2 500 元就够了"。则以下哪个选项更适合作为论证有效性分析文章的分析思路？

（A）虽然你给我 5 000 元我攒不起来，但是我能花完。

（B）我现在每个月的工资是 2 000 元，能攒下 1 000 元。

（C）我的钱全用来买书学习了，并没有乱花钱。

（D）我买个包就要花 3 000 元，每个月发 2 500 元工资根本就不够。

（E）员工的劳动报酬不应该由其能否攒下钱来决定，而应该由其劳动价值来决定。

参考答案

【练】E

题干的论证结构如下。

前提：这个年纪攒不了钱，爱乱花钱。结论：这个年纪的工资 2 500 元就够了。

A 选项的分析过程只是针对论证的结论进行质疑，表明 2 500 元很可能不够，没有否定论证过程，排除该选项。

B 选项是针对前提进行质疑，表明这个年纪能攒下钱，没有否定论证过程，排除该选项。

C 选项是针对前提进行质疑，表明没有乱花钱，没有否定论证过程，排除该选项。

D 选项是针对结论进行质疑，表明 2500 元并不够，没有否定论证过程，排除该选项。

唯有 E 选项在分析过程中找到了材料论证中的本质缺陷，表明劳动报酬的多少和能否攒钱、是否乱花钱没有关系，理性地对其论证过程进行了反驳，所以该题选择 E 选项。

四、怎么打分

(一) 基本评分规则

论证有效性分析的评分标准经常被各位同学忽视，但它是非常重要的考试大纲组成部分，向我们传递了考试的阅卷规则，使我们能更好地进行战略布局。

论证有效性分析的得分包含两部分，我们可以简单地理解为：第一部分是找到论证缺陷的分数，占 16 分；第二部分是行文表达的分数，占 14 分。[①] 考试中假如写了 4 个分析点，但是其中有一个分析点是错误的，此时不仅会扣掉找点分的 4 分，还会扣掉这个分析点的语言表达分。这也是为什么，我们一直在强调找准有缺陷论证的重要性。因为把题审对是拿到高分必要条件。

总的来说，论证有效性分析文体的分数主要取决于以下因素：

（1）题目、开头和结尾基本不占分值。写对了不加分，写错了扣分；
（2）分析点写错不仅要扣找点分，还要扣掉此点的语言表达分；
（3）要避免错别字、书写和标点等基本错误，否则会酌情扣分，4 分封顶。

(二) 参考分析点

每一年论证有效性分析的考试大纲中，都给出了前一年考试试题的参考分析要点，可以为我们选择分析要点提供方向。

以上一章讲过的 2020 年管理类综合能力考试中论证有效性分析的真题为例，考试大纲给出的分析要点如下。

本题的论证主要存在如下问题。

（1）冰雪运动的热潮主要表现为对冰雪运动的关注，它与参与冰雪运动之间缺乏必然的逻辑联系。
（2）南方许多人没有冰雪运动的经历，可能出于好奇心而投身于冰雪运动，但也有可能没有这种经历或没有好奇心而不参加冰雪运动。
（3）公司经营冬季运动用品，未必可以获得更多的利润。
（4）相对于网络购物，人们未必更青睐直接体验式的商业模态。
（5）即使人们更青睐直接体验式的商业模态，未必会青睐冰雪运动。
（6）对其他因素缺乏考虑，如在南方开展冰雪运动成本较高，也有可能影响利润。

考试大纲的分析要点通常只有 100~300 字，无法直接作为参考范文。其给出的是论证中存在的主要问题，我们需要在此基础上完善成一篇完整的文章。

基于考试大纲所给出的分析要点，大家需要注意如下问题。

（1）考试大纲并不要求我们明确写出谬误类型。
（2）在行文中，不需要使用各种专业术语，只要将语义表述清楚即可。
（3）很多真题中不仅仅存在 3~5 个逻辑缺陷。

[①] 此处以 199 管理类综合能力考试的评分标准为例，396 经济类综合能力考试的考生可按照 2/3 的比例进行折算。

以上就是命题组给我们提出的考试要求，也是大家接下来备考的方向。

📝 课后巩固测试

恭喜大家完成了本章的学习。接下来，做一下课后巩固测试，检验一下学习成果吧！

1. "因为他受教育的程度高，所以他整体的素质也高。"
请判断该语句是否为论证。

2. "张老师爱唱歌，所以老师都爱唱歌。"
请判断该语句是否为有缺陷的论证。

3. "个人基本的物质生活需求一旦得到满足，就会把注意力转移到非物质方面。"
请判断该语句是否为有缺陷的论证。

4. "后物质主义理论认为：个人基本的物质生活需求一旦得到满足，就会把注意力转移到非物质方面。"
请判断该语句是否为有缺陷的论证。

5. "哈佛大学教授本杰明·史华慈在20世纪末指出，开始席卷一切的物质主义潮流将极大地冲击人类社会固有的价值观念，造成人类精神世界的空虚。"
请判断该语句是否为有缺陷的论证。

答案速查表				
1	2	3	4	5
是	是	是	否	否

参考答案

1. 是

题干中的前提为"一个人受教育的程度高"，结论为"整体素质高"，且题干的本意是用前提推出结论。故该句是论证。

2. 是

该语句中有前提和结论，是一个论证。但基于张老师这一个例的情况无法推断所有老师这一整体的情况，故其有缺陷。因此，该句是一个有缺陷的论证，也就是我们要寻找的分析对象。

3. 是

该语句中，前提为"个人基本的物质生活需求一旦得到满足"，结论为"就会把注意力转移到非物质方面"，且材料基于前提得到结论，故该句是论证；但该论证过程有缺陷，因为物质生活需求得到满足后，人们也可能会沉迷于物质带来的即时满足感，不愿意将注意力转移到非物质方面。故该语句为有缺陷的论证。

4. 否

题干在引用后物质主义理论的观点,为背景知识,不是有缺陷的论证。

5. 否

题干在引用哈佛大学教授本杰明·史华慈的观点,为背景知识,不是有缺陷的论证。

第五章　怎么审题

审题是论证有效性分析的重点，也是难点。

"审题是重点"是因为准确地找到点是写出一篇好的论证有效性分析的前提和基础。

"审题是难点"。一是因为很多语句容易被误判；二是因为考试的时间非常紧张，很多同学无法在短时间内快速找到点。

所以我们审题的目标不仅是要审对，而且要在最短的时间内审对。

这里想和大家多聊几句"在考场上应该如何审题"，在这个问题上我自己其实也走过很多弯路、做过很多尝试。

做老师的初期，我追求"专业"，希望用一些专有名词把审题方法包装得高大上一些。但很快我便发现，理论写得过于专业，实际上是华而不实的，不仅难以有效地应用于实践，还把简单的问题变得复杂化。

进入调整期，我追求"极简"，将理论和步骤最大限度地做减法，总结出了一套速成的理论。但很快，这种方法的短板也暴露出来。一方面，由于一味地追求快，盲目地依赖技巧和套路，很容易误判；另一方面，面对难题，分析的过程中很难把点找够。

所以，在反复打磨后，审题方法最终优化成了如今的"二轮画圈法"。通过该方法，大家在遇到简单题时可以快速"秒杀"，在遇到难题时可以挖掘出隐藏的点。张弛有度，随机应变。

第一节　什么是二轮画圈法

本节对应视频课程03
可扫封面二维码查看

什么是二轮画圈法呢？很多论证缺陷在出现的时候，往往都伴随着一些标志。二轮画圈法就是通过两轮画圈的方式快速找到这些标志词，以找到论证有效性分析中的逻辑谬误。

通常，第一轮画圈寻找表面上明显的分析点，第二轮画圈寻找段落中隐藏的分析点。若是第一轮可以将分析点选够，则不需要进行第二轮画圈。具体步骤如下。

步骤一：一轮画圈——圈显而易见的逻辑谬误

画圈要求：

（1）尽可能在30秒内圈完。

（2）不用理解材料。第一轮画圈的目的是找点，故应该在画圈的过程中直接寻找目标词语，不用理解材料内容。

（3）不要纠结。画圈是为了识别"有嫌疑"的语句，如果某些词语拿不准，可以先圈上，稍后再结合材料内容进行判断。

画圈对象：

（1）论证关联词。

①前提指示词：因为……；由于……；依据……；理由是……；举例说来；支持我们观点的是……；这么说的缘由是……；如果……；只要……；等等。

②结论指示词：因此……；所以……；由此可见……；我（们）认为……；可以推断……；这样说来……；结论是……；简而言之……；显然……；其结果……；我（们）相信……；很可能……；表明……；由此可得出……；这证明……；为什么不……；等等。

> **小贴士**
>
> 一些语段中出现"因为""由于""因此"等词语，并不一定表明该语段就包含一个论证。例如，在举例说明和解释说明时，往往也会用到这些词语。

（2）绝对化的模态词。

例如，一定、必须、毫无疑问、毋庸置疑、势必、唯一、仅、只有、必然导致等。

（3）谬误标志词。

①和时间相关的：1900年、2015年、过去、现在、未来、将、可以预测、昨天、今天、去年、五年后、下一个季度等。

②和数据相关的：抽样、实验、上升、下降、百分比、增加、减少、比率等。

③和主体相关的：不同的国家、城市、行业、地区、职业、人等；寓言故事、经典小说、生活现象、自然现象、生物规律等。

④特殊关键词：也、如此、同样、也一样、照此发展下去、全部、所有、都、有的等。

> **小贴士**
>
> 当材料出现如下情况时，可以优先考虑以下谬误方向：
>
> （1）当材料出现举例时，考虑以偏概全，列举的例子很可能不具有代表性；
>
> （2）当材料出现百分比时，考虑数字谬误，没有基数的百分比没有意义；
>
> （3）当材料出现时间时，考虑忽略发展，过去的趋势不代表未来的走势；
>
> （4）当材料出现寓言故事时，考虑不当类比，不同事物间具有本质差异；
>
> （5）当材料出现相似概念时，考虑概念混淆，相同概念的内涵和外延应完全一致；
>
> （6）当材料出现方法、措施时，考虑方法是否有效果、是否会导致恶果；
>
> （7）当材料出现绝对表达时，考虑是否存在意外情况。

步骤二：选点

论证有效性分析的审题不需要全面，故一轮画圈结束后就可以直接选点。如果可分析点足够了，就不需要进行二轮画圈；否则，需要进行二轮画圈。在选点的时候需要注意如下事项。

（1）先布局。通常情况下，当圈的点非常多的时候，意味着可分析点较多，材料相对简单；当圈的点非常少的时候，意味着可分析点较少，材料比较难。故在选点之前，大家需要根据圈的点的分布和数量快速判断材料的难易程度和点的分布。

（2）先关注圈。画圈的目的是节省时间，重点关注可疑的语句。故选点的时候也应该如此，直接关注圈所在的语句，没有圈的语句暂时不用关注。

（3）优先选分散的点。在选点的过程中，尽量从不同段落中选择不同类型的谬误。

（4）正确性优先。在选点的时候，一定要优先选择没有争议的分析点。

（5）优先写容易的点。在选点的时候，如果可选择谬误较多，那么大家可以优先选择自己擅长分析的谬误。

步骤三：二轮画圈——圈隐藏在论证中的逻辑谬误

如果一轮画圈结束后，没有选够 3～5 个可分析谬误，则需要继续通过二轮画圈找到隐藏在论证中的谬误。二轮画圈的方法是找到材料/段落/语句的总结论，提取并总结论中的核心概念，并找到核心概念对应的前提。

需要注意的是，二轮画圈非常浪费时间，且错误率高，并非审题的必备步骤，80%以上的真题不需要进行二轮画圈，只有个别的难题需要用到二轮画圈。

小贴士

二轮画圈时可重点关注以下论证细节。

本性≠行为	所有≠部分
过程≠结果	能力突出≠能提高学习能力
表面≠本质	经济波动≠坏事
销量大≠利润高	A地葡萄价格高≠葡萄酒价格高（其他地也提供葡萄）
下降≠最小或小	
平均≠个体	A地≠其他地
高≠提高≠最高量≠率	共变/先后≠因果
妇女≠孕妇	10年来最小≠最小
血糖浓度低≠血液不健康	时长≠时点

步骤四：继续选点

选点的要求同步骤二。

第二节　二轮画圈法应用示范

本节将以2007年10月管理类综合能力考试真题为例，给大家演示一下完整版本的二轮画圈法。之所以选择该年真题，是因为该年真题中所涉及的问题比较全面且典型，能帮助大家更好地理解二轮画圈法。在考场上，以该年真题的难度，实际上只需要一轮画圈便可顺利解决。完整演示的目的是希望大家未来遇到难题时，懂得如何寻找突破口，找到隐藏的缺陷。

［题源：199-2007-10］分析下述论证中存在的缺陷和漏洞，选择若干要点，写一篇600字左右的文章，对该论证的有效性进行分析和评论。（论证有效性分析的一般要点是：概念特别是核心概念的界定和使用是否准确并前后一致，有无各种明显的逻辑错误，论证的论据是否成立并支持结论，结论成立的条件是否充分，等等。）

在中国改革开放的字典里，"终身制"和"铁饭碗"作为职称弊端的概念，是贬义词。其实，这里存在误解。

在现代企业理论中有一个"期界问题"，是指由于雇佣关系很短而导致职工的种种短视行为，以及此类行为对企业造成的危害。当雇员面对短期的雇佣关系时，首先，他不会为提高自己的专业技能投资，因为他在甲企业中培育的专业技能对他在乙企业中的发展可能毫无意义；其次，作为一个匆匆过客，他不会关注企业的竞争力，因为这和他的长期收入没有多大关系；最后，只要有机会，他会为了个人短期收入最大化而损害企业利益，如过度地使用机器设备等。

为了解决"期界问题"，日本和德国的企业对那些专业技能要求很高的岗位上的员工，一般都实行终身雇佣制；而终身雇佣制也为日本和德国的企业建立与保持国际竞争力提供了保障。这证明了"终身制"和"铁饭碗"不见得不好，也说明，中国企业的劳动关系应该向着建立长期雇佣关系的方向发展。

在现代社会，企业和劳动者个人都面临着不断变化的市场环境。而变化的环境必然导致机会主义行为。在各行各业，控制机会主义行为的唯一途径就是在企业内部培养员工对公司的忠诚感。而培养忠诚感，需要建立员工和企业之间的长期雇佣关系，要给员工提供"铁饭碗"，使员工形成长远预期。

因此，在企业管理的字典里，"终身制"和"铁饭碗"应该是褒义词。不少国家（包括美国）不是有终身教授吗？既然允许有捧着"铁饭碗"的教授，为什么不允许有捧着"铁饭碗"的工人呢？

第一步：一轮画圈——圈显而易见的逻辑谬误

【第一段】在中国改革开放的字典里，"终身制"和"铁饭碗"作为职称弊端的概念，是贬义词。其实，这里存在误解。

【第二段】在现代企业理论中有一个"期界问题"，是指由于雇佣关系很短而导致职工的种种短视行为，以及此类行为对企业造成的危害。当雇员面对短期的雇佣关系时，首先，他不会为提高自己的专业技能投资，因为他在甲企业中培育的专业技能对他在乙企业中的发展可能毫无意义；其次，作为一个匆匆过客，他不会关注企业的竞争力，因为这和他的长期收入没有多大关系；最后，只要有机会，他会为了个人短期收入最大化而损害企业利益，如过度地使用机器设备等。

【第三段】为了解决"期界问题"，日本和德国的企业对那些专业技能要求很高的岗位上的员工，一般都实行终身雇佣制；而终身雇佣制也为日本和德国的企业建立与保持国际竞争力提供了保障。这证明了"终身制"和"铁饭碗"不见得不好，也说明，中国企业的劳动关系应该向着建立长期雇佣关系的方向发展。

【第四段】在现代社会，企业和劳动者个人都面临着不断变化的市场环境。而变化的环境必然导致机会主义行为。在各行各业，控制机会主义行为的唯一途径就是在企业内部培养员工对公司的忠诚感。而培养忠诚感，需要建立员工和企业之间的长期雇佣关系，要给员工提供"铁饭碗"，使员工形成长远预期。

【第五段】因此，在企业管理的字典里，"终身制"和"铁饭碗"应该是褒义词。不少国家（包括美国）不是有终身教授吗？既然允许有捧着"铁饭碗"的教授，为什么不允许有捧着"铁饭碗"的工人呢？

第二步：选点

通过一轮画圈，我们对文章有了一个初步的判断：

（1）材料中的圈非常多，故该试题的难度大概率较小；

（2）材料中的圈主要分布在第2~5段，故初步想法是在第2~5段中每一段选择一个分析点。

接下来，我们按照这个思路开始选点。选点的时候，优先关注有圈的语句。

【第一段】

第一段中没有圈，故不需要关注。即便我们关注了第一段，也不需要分析，因为第一段是背景知识，不是论证。

【第二段】

语句一：在现代企业理论中有一个"期界问题"，是指由于雇佣关系很短而导致职工的种种短视行为，以及此类行为对企业造成的危害。

该句不可以分析。此处的错误率较高，很容易误判。且该句为引用理论，不是论证，不可以分析。

小贴士

该句引申学习：

引用本身是客观事实，通常不可以分析。如果基于引用，展开后续论证，那么可以把引用作为前提进行分析。

【示例】

（1）在现代企业理论中有一个"期界问题"，是指由于雇佣关系很短而导致职工的种种短视行为，以及此类行为对企业造成的危害。

提示：该句为引用，不可以分析。

（2）对企业来说，雇佣关系很短将导致职工产生种种短视行为，并对企业造成危害。

提示：该句是论证，且有缺陷，故可以分析。

（3）在现代企业理论中有一个"期界问题"，是指对于企业来说，雇佣关系很短将导致职工产生种种短视行为，并对企业造成危害。

提示：该句为引用，不可以分析。

（4）在现代企业理论中有一个"期界问题"，是指对企业来说，雇佣关系很短将导致职工产生种种短视行为，并对企业造成危害。所以张老师说："这家企业的雇佣关系很短，一定会对企业造成伤害。"

提示：该句的前提和结论都是引用，为描述客观事实，不可以分析。

（5）在现代企业理论中有一个"期界问题"，是指对企业来说，雇佣关系很短将导致职工产生种种短视行为，并对企业造成危害。所以这家企业的雇佣关系很短，一定会对企业造成伤害。

提示：该句的前提是引用，结论是基于引用得出的，故该句是论证，并且有缺陷，可以分析。因为现代企业理论中的"期界问题"并非公认的真理，不能基于这一理论推出后续结论。

语句二：当雇员面对短期的雇佣关系时，首先，他不会为提高自己的专业技能投资，因为他在甲企业中培育的专业技能对他在乙企业中的发展可能毫无意义。

该句可以分析。该句是论证，且有缺陷。因为很有可能员工在甲企业学习的专业技能是他的个人爱好，所以即便该技能可能对他在乙企业中的发展毫无意义，他也会继续投资。

📖 小贴士

按照一轮画圈后的判断，我们的目标是在第二段中找到一个分析点，目前该目标已实现，故可以不用继续对第二段审题，直接看第三段。故以下对第二段的审题步骤在考场上可以省略。

语句三：其次，作为一个匆匆过客，他不会关注企业的竞争力，因为这和他的长期收入没有多大关系。

该句是论证，且有缺陷，故可以分析。因为很有可能虽然该企业的竞争力和其长期收入没有多大关系，但对其获得短期收入有帮助，如此，其未必不会关注企业的竞争力。

语句四：最后，只要有机会，他会为了个人短期收入最大化而损害企业利益，如过度地使用机器设备等。

该句是论证，且有缺陷，故可以分析。因为很有可能员工的短期收入最大化和企业利益是相辅相成的，如此，员工非但不会为了个人短期收入最大化而损害企业利益，而且还有可能自发地维护企业利益。

【第三段】

语句一：为了解决"期界问题"，日本和德国的企业对那些专业技能要求很高的岗位上的员工，一般都实行终身雇佣制；而终身雇佣制也为日本和德国的企业建立与保持国际竞争力提供了保障。

该句为背景知识，不可以分析。

语句二：这证明了"终身制"和"铁饭碗"不见得不好，也说明，中国企业的劳动关系应该向着建立长期雇佣关系的方向发展。

该句为结论,对应的前提是"为了解决'期界问题',日本和德国的企业对那些专业技能要求很高的岗位上的员工,一般都实行终身雇佣制;而终身雇佣制也为日本和德国的企业建立与保持国际竞争力提供了保障"。然而基于这一前提无法得到上述结论,其中最明显的谬误是无法由日本、德国企业的情况推出中国企业的情况,属于不当类比。故该句可以分析。

【第四段】

语句一:在现代社会,企业和劳动者个人都面临着不断变化的市场环境。

该句为背景知识,不可以分析。

语句二:而变化的环境必然导致机会主义行为。

该句是论证,且有缺陷,可以分析。面对变化的环境,人们未必会产生机会主义行为,反而很有可能会为了应对变化的环境而更加谨慎、全面地做准备。

> **小贴士**
>
> 按照一轮画圈后的判断,我们的目标是在第四段中找到一个分析点,目前我们的目标已达成,故可以不用继续对第四段审题,直接看第五段。故以下对第四段的审题步骤在考场上可以省略。

语句三:在各行各业,控制机会主义行为的唯一途径就是在企业内部培养员工对公司的忠诚感。

该句是论证,且有缺陷,可以分析。一方面,在企业内部培养员工对公司的忠诚感未必能控制机会主义行为;另一方面,控制机会主义行为的方法还有很多,例如:建立完善奖惩制度、监督制度等。

语句四:而培养忠诚感,需要建立员工和企业之间的长期雇佣关系,要给员工提供"铁饭碗",使员工形成长远预期。

该句是论证,且有缺陷,可以分析。建立长期雇佣关系未必能培养忠诚感;提供"铁饭碗"也未必能使员工形成长远预期。

【第五段】

语句一:因此,在企业管理的字典里,"终身制"和"铁饭碗"应该是褒义词。

该句为文章的总结论,其对应的前提为前面的四个段落。该论证的前提内容过于丰富,难以引入,也很难分析清楚。故不建议分析该句。

语句二:既然允许有捧着"铁饭碗"的教授,为什么不允许有捧着"铁饭碗"的工人呢?

该句为反问句,转化为陈述句是:"因为允许有捧着'铁饭碗'的教授,所以应该允许有捧着'铁饭碗'的工人。"显然该句是论证,且有缺陷,可以分析。因为教授和工人之间存在着本质差异,二者的培养周期、可替代程度等都不同,不可草率类比。

至此,我们已经完成一轮审题和选点。在考场上,如果材料难度与该年真题相当,一轮审题和选点大概 2 分钟便可完成。该年真题难度较低，通过一轮画圈我们已经找够了 4 个分析点，不需要继续审题，直接动笔行文即可。

但为了向大家演示二轮画圈法，我们继续进行二轮画圈。

第三步：二轮画圈——圈隐藏在论证中的逻辑谬误

二轮画圈主要是为了应对一些难题，同时掌握了二轮画圈的方法，也有助于大家学习逻辑推理学科中的论证逻辑题型。

首先，我们需要找到文章/段落/语句的总结论。以本文为例，本文的总结论为："终身制"和"铁饭碗"应该是褒义词。总结论中的关键词为"终身制"和"铁饭碗"。接下来，我们需要在文章中寻找"终身制"和"铁饭碗"对应的核心概念，并将其圈出来。

二轮画圈演示如下：

【第一段】在中国改革开放的字典里，"终身制"和"铁饭碗"作为职称弊端的概念，是贬义词。其实，这里存在误解。

【第二段】在现代企业理论中有一个"期界问题"，是指由于雇佣关系很短而导致职工的种种短视行为，以及此类行为对企业造成的危害。当雇员面对短期的雇佣关系时，首先，他不会为提高自己的专业技能投资，因为他在甲企业中培育的专业技能对他在乙企业中的发展可能毫无意义；其次，作为一个匆匆过客，他不会关注企业的竞争力，因为这和他的长期收入没有多大关系；最后，只要有机会，他会为了个人短期收入最大化而损害企业利益，如过度地使用机器设备等。

【第三段】为了解决"期界问题"，日本和德国的企业对那些专业技能要求很高的岗位上的员工，一般都实行终身雇佣制；而终身雇佣制也为日本和德国的企业建立与保持国际竞争力提供了保障。这证明了"终身制"和"铁饭碗"不见得不好，也说明，中国企业的劳动关系应该向着建立长期雇佣关系的方向发展。

【第四段】在现代社会，企业和劳动者个人都面临着不断变化的市场环境。而变化的环境必然导致机会主义行为。在各行各业，控制机会主义行为的唯一途径就是在企业内部培养员工对公司的忠诚感。而培养忠诚感，需要建立员工和企业之间的长期雇佣关系，要给员工提供"铁饭碗"，使员工形成长远预期。

【第五段】因此，在企业管理的字典里，"终身制"和"铁饭碗"应该是褒义词。不少国家包括美国不是有终身教授吗？既然允许有捧着"铁饭碗"的教授，为什么不允许有捧着"铁饭碗"的工人呢？

第四步：继续选点

完成二轮画圈后，需要继续选点。

在第一段中，与"终身制"和"铁饭碗"对应的关键词是"终身制"和"铁饭碗"，二者保持了完全一致，没有逻辑缺陷，不可以分析。

在第二段中，与"终身制"和"铁饭碗"对应的关键词是"短期的雇佣关系"，即材料基于"不应选择短期的雇佣关系"来论证"应选择终身制和铁饭碗"。但是"短期的雇佣关系"和"终身制和铁饭碗"并不是非此即彼的关系，企业还可以选择"长期雇佣关系"等其他雇佣方式。故此处犯了非黑即白的谬误。在难题中，大家可以通过这样的方式，找到这个隐藏的谬误。

在第三段中，与"终身制"和"铁饭碗"对应的关键词是"终身雇佣制"和"长期雇佣关系"。但是它们的概念并不等价。首先，"终身制"和"铁饭碗"不等于"终身雇佣制"。因为材料中的终身雇佣制是日本和德国针对专业技能高的人群推行的制度，而终身制是指我国为劳动关系推行的一种制度，二者的适用对象不一样。其次，"终身制"和"铁饭碗"不等于"长期雇佣关系"，前者代表雇佣时间为从入职到退休的雇佣关系，而后者则代表雇用时间为五年、十年等相对稳定的雇佣关系。故该段中，大家也可以找到隐藏的谬误。

在第四段中，与"终身制"和"铁饭碗"对应的关键词是"长期雇佣关系"。它们并不等价。该谬误与第三段重复，故不再赘述。

第五段为结论段，与"终身制"和"铁饭碗"对应的关键词就是它本身。

故通过对文章总结论进行二轮画圈，我们又找到了多个逻辑谬误。如果到了这一步，还是没能找够3~5个分析点，还可以继续针对段落/语句的总结论进行二轮画圈。

以该年真题的第三段为例：

为了解决"期界问题"，日本和德国的企业对那些专业技能要求很高的岗位上的员工，一般都实行终身雇佣制；而终身雇佣制也为日本和德国的企业建立与保持国际竞争力提供了保障。这证明了"终身制"和"铁饭碗"不见得不好，也说明，中国企业的劳动关系应该向着建立长期雇佣关系的方向发展。

该段的总结论为：这证明了"终身制"和"铁饭碗"不见得不好，这也说明中国企业的劳动关系应该向着建立长期雇佣关系的方向发展。

其总结论可以分为两个部分。

第一部分：这证明了"终身制"和"铁饭碗"不见得不好。该句话的意思是"终身制"和"铁饭碗"可能好。当结论表达的是一种可能性的时候，我们通常不分析。故这一部分结论我们不重点关注。

第二部分：中国企业的劳动关系应该向着建立长期雇佣关系的方向发展。我们对该部分结论进行二轮画圈。

首先提取关键词：中国企业、劳动关系、应该、长期雇佣关系。

接下来，我们分别寻找其对应的关键词，找段落中的隐形论证，可以找到如下论证关系。

（1）日本和德国企业→中国企业。可以分析，犯了不当类比的错误。

（2）专业技能要求很高的岗位上的员工→劳动关系。可以分析，犯了以偏概全的错误。

（3）为建立与保持国际竞争力提供了保障→应该。可以分析，判断是否应该做某事的标准不应该仅看其是否有益处，还要考虑其弊端。若弊端远远大于益处，则不应该做某事。

（4）终身雇佣制→长期雇佣关系。可以分析，犯了混淆概念的错误。

【审题技巧】

拿到材料要四看：一看是否是有缺陷的论证；二看是否为背景知识；三看作者是否同意；四看是否为一种可能性。

大家审题熟练后，注意以下四类容易被误判的点，需要警惕。

（1）如果材料是论证，但是没有缺陷，那么不可以分析。

（2）如果材料为背景知识，那么不可以分析。例如：

在现代企业理论中有一个"期界问题"，是指由于雇佣关系很短而导致职工出现种种短视行为，以及此类行为对企业造成的危害。

（3）如果作者对内容进行了质疑，那么不可以分析。例如：

哈佛大学教授本杰明·史华慈在20世纪末指出，开始席卷一切的物质主义潮流将极大地冲击人类社会固有的价值观念，造成人类精神世界的空虚。这一论点值得商榷。

（4）如果结论是一种可能性，则通常不分析。例如：

"小明很努力，所以一定会成功。"可以分析。"小明很努力，所以可能会成功。"不可以分析。"小明可能很努力，所以会成功。"可以分析。

怎么样？大家在独立审题的时候发现这些隐藏的谬误了吗？

至此，我们完成了二轮画圈。二轮画圈法是一种非常灵活的考场审题方法。

材料简单时，通过二轮画圈法可以提速；材料复杂时，通过二轮画圈法可以深入分析。大家在理解了二轮画圈法的原理后，还需要在实践中继续加深理解、融会贯通。

课后巩固测试

恭喜大家完成了本章的学习。接下来，做一下课后巩固测试，检验一下学习成果吧！

1. 论证有效性分析通常需要找多少个谬误分析点？

（A）3个。

（B）4个。

（C）5个。

（D）每个段落需要尽可能复合多个谬误，所以得找5个以上。

（E）根据材料决定谬误个数。

2. 论证有效性分析审题是否需要全面，即是否需要对材料中所有的语句都进行分析？

3. "据国家统计局数据，2012年我国劳动年龄人口比2011年减少了345万，这说明我国劳动力的供应从过剩变成了短缺。"

请判断在论证有效性分析中是否可以分析该语句。

4. "在现代企业理论中有一个'期界问题'，是指由于雇佣关系很短而导致职工的种种短视行为，以及此类行为对企业造成的危害。"

请判断在论证有效性分析中是否可以分析该语句。

5. "某管理咨询公司最近公布了一份洋快餐行业发展情况的分析报告，对洋快餐在中国的发展趋势给出了相当乐观的预判。"

请判断在论证有效性分析中是否可以分析该语句。

6. 已知材料：人的本性是"好荣恶辱，好利恶害"的，所以，人们都会追求奖赏、逃避刑罚。

请找到材料中有缺陷的论证并给出理由。

7. ［题源：199–2004–10］有两个人在山间打猎，遇到一只凶猛的老虎。其中一个人扔下行囊，撒腿就跑；另一个人朝他喊："跑有什么用，你跑得过老虎吗？"头一个人边跑边说："我不需要跑赢老虎，我只要跑赢你就够了！"

这个故事告诉我们，企业经营首先要考虑的是如何战胜竞争对手，因为顾客不是选择你，就是选择你的竞争者，所以只要在满足顾客需求方面比竞争者快一点，你就能够脱颖而出，战胜对手。

想要跑得比老虎快，是企业战略幼稚的表现，追求过高的竞争目标会白白浪费企业的大量资源。

请找到材料中有缺陷的论证并给出理由。

8. ［题源：199–2010–10］科学家在一个孤岛上的猴群中做了一个实验。让猴群中地位最低的猴子品尝一种新口味的糖，等它认可后再让猴群其他成员品尝。花了大约20天，整个猴群才接受了这种糖。让猴群中地位最高的猴王品尝另一种新口味的糖，等它认可后再让猴群其他成员品尝。两天之内，整个猴群就都接受了该种糖。看来，猴群中存在着权威，而权威对于新鲜事物的态度直接影响群体接受新鲜事物的进程。

市场营销也是如此，如果希望推动人们接受某种新商品，应当首先影响引领时尚的文体明星。

如果位于时尚高端的消费者对于某种新商品不接受，该商品一定会遭遇失败。

这个实验对于企业组织的变革也有指导意义。如果希望变革能够迅速取得成功，应当自上而下展开，这样做遭遇的阻力较小，容易得到组织成员的支持。当然，猴群乐于接受糖这种好吃的食物。如果给猴王品尝苦涩的黄连，即使猴王希望其他猴子接受，猴群也不会干。因此，如果组织变革使某些组织成员吃尽苦头，组织领导者再努力也只能以失败告终。

请找到材料中有缺陷的论证并给出理由。

答案速查表					
1	2	3	4	5	6～8
E	否	是	否	否	略

参考答案

1. E

论证有效性分析通常需要写 3~5 个段落，在这个范围内，段落个数对分数没有直接影响，可以根据材料的谬误个数和行文难度来决定。一个段落通常写一个谬误，在能够确保逻辑清晰、理由充分的情况下，也可以复合多个谬误。段落分数主要由分析水平决定，而非谬误个数，故不是复合的谬误越多分数就越高。所以，论证有效性分析的谬误个数需要视材料而定。

2. 否

考试大纲要求我们从材料中选择若干要点，故不需要进行全面分析。

3. 是

材料基于统计局的数据无法得出后续结论。第一，2011—2012 年的数据不具有代表性；第二，劳动年龄人口与劳动力供应并不等价；第三，减少并不等同于短缺。故该语句可以分析。

大家在考场上不需要想到这么多分析理由，能把其中的一个理由阐述清楚即可。

4. 否

该句在引用理论，为背景知识，不需要分析。

5. 否

该句为背景知识，不需要分析。

6. 谬误 1：本性并不等同于行为，本性会影响行为，但行为在受到本性影响的同时，也会受到后天环境的影响，受到道德和法律的制约。所以由"人的本性是'好荣恶辱，好利恶害'的"无法推断出"人们都会追求奖赏、逃避刑罚"。

谬误 2："利"不等同于"奖赏"，"害"也未必就是"刑罚"。"利"不仅是物质上的奖赏，精神上的安全感、认同感、内心的坦荡等同样是人们所趋之"利"。此外，例如司法机关会对触犯法律条文的人进行刑罚，这种刑罚表面上看是"害"，但实际上是"利"，有利于其改过自新，开始新的生活。

7. 谬误 1：从材料中的故事推断企业经营，所依据的逻辑是将故事中的两个人视为竞争者，而忽略了老虎也是人的竞争对手这样一个事实，破坏了整体的论证有效性。

谬误 2：材料中的故事与企业经营之间不具有可类比性。

谬误 3：在企业经营中，"顾客不是选择你，就是选择你的竞争者"并不成立，这并不是顾客仅有的两种选择，因为顾客有可能既不选择你也不选择你的竞争者，换言之，可能你和你的竞争者都无法满足顾客的需求。

谬误 4：满足顾客，并不是只比竞争者快一点就够了，速度只是顾客所需要的一种因素。多、快、好、省，可能都是顾客在你和你的竞争者之间进行选择时需要比较的因素。

谬误 5：企业经营并不是以战胜竞争对手为主要目的，如果只强调战胜竞争对手，则可能会出现两败俱伤的局面，最终企业也难逃失败的命运。

谬误 6：人和人在竞争，人和老虎同样也在竞争。如果中国企业只是满足于战胜本土竞争对手，那么，即使你是中国企业的冠军，也有可能被老虎——国外更强大的企业——"吃掉"。所以，不能认为"想要跑得比老虎快"是"企业战略幼稚的表现"和"追求过高的竞争目标"。

8. 谬误1：决定猴群接受新口味的糖的因素有两个：一是猴子地位的高低；二是糖口味的差异。猴王品尝后认可的糖被猴群快速接受，还有一个可能的原因是口味更好，不能仅仅归因于权威。

谬误2：猴群实验是一个科学实验，而科学实验的结果只是猴子的一种本能反应，以此类推到市场营销是缺乏有效性的。

谬误3：影响引领时尚的文体明星未必能使人们接受某种新商品。

谬误4：位于时尚高端的消费者不接受某种新商品，并不意味着"该商品一定会遭遇失败"。因为不同的新商品针对的人群不同，而"位于时尚高端的消费者"仅是其中一部分。

谬误5：从猴群实验推到企业变革，不符合逻辑推理规则。要猴群接受一种新口味的糖，并不会带来不确定性和利益、权力冲突等企业变革中会遇到的问题。企业组织的变革比实验复杂得多，故不可简单类比。

谬误6：自上而下的变革并不一定能减小阻力、得到群众支持。

谬误7：在组织变革的过程中，某些组织成员的利益受到影响，甚至吃尽苦头，有时是不可避免的，但只要他们不是大多数成员或者关键成员，变革就未必"只能以失败而告终"。

第六章　怎么行文

按照四步写作法的基本步骤，第一步画圈和第二步打对号是为了完成审题，而第三步标注理由关键词和第四步串词行文则是为了行文。后两步看起来简单，但高质量地完成需要建立在对行文的结构、思路、表达非常熟练的基础之上。所以本章就和大家来拆解一下行文中的考点和注意事项。

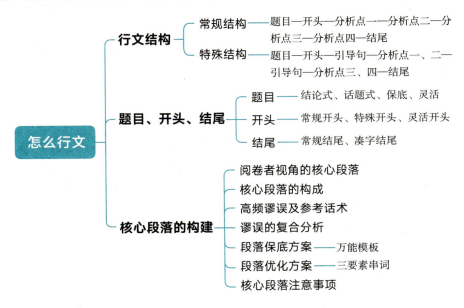

第一节　行文结构

一、常规结构

论证有效性分析文体的常规结构非常简单，且不需要也不建议在结构上尝试创新。其结构为：

> 题目
> 开头
> 分析点一
> 分析点二
> 分析点三
> 分析点四
> 结尾

其中，题目、开头、结尾为固定组成部分，且这三部分套路性较强，对分数的影响非常小，所以可以直接学习固定套路。

主体段落为分析点，分析点的段落通常是3~5段，段落数量可以根据材料难易程度调整，到底是写3段、4段还是5段对分数的高低没有直接影响。

每个段落中分析点的本质都基本相同，大家只要能把其中一段的分析点写清楚，基本上就可以把所有的分析点都写清楚。因此，我们在行文部分学习的重点是如何把一段分析点写清楚。

二、特殊结构

论证有效性分析的结构并非完全固定的，只是因为大多数真题材料都是一篇完整的论证，我们在陈述其论证缺陷的时候可以逐点展开，使得其结构变得相对固定。但当题干所给的材料中出现多个论证者时，其结构也可以相应调整，从而使其层次更加清晰。

以2008年管理类综合能力考试真题为例。

下面是一段关于中医的辩论。请分析甲乙双方的辩论在概念、论证方法、论据及结论等方面的有效性。600字左右。

甲：有人以中医不能被西方人普遍接受为理由，否定中医的科学性，我不赞同。西方人不能普遍接受中医是因为他们不理解中国的传统文化。

乙：世界上有不同的文化，但科学标准是相同的。科学研究的对象是普适的自然规律，因此，科学没有国界，科学的发展不受民族或文化因素的影响。将中医的科学地位不为西方科学界认可归咎于西方人不了解中国文化是荒唐的。

甲："科学无国界"是一个广为流传的谬误。如果科学真的无国界，为什么外国制药公司会诉讼中国企业侵犯其知识产权呢？

乙：从科学角度看，现代医学以生物学为基础，而生物学又建立在物理、化学等学科的基础之上。但中医的发展不以这些学科为基础，因此，它与科学不兼容，这样的东西只能是伪科学。

甲：中医有几千年的历史了，治好了那么多人，怎么可能是伪科学呢？人们为什么崇尚科学？是因为科学对人类有用。既然中医对人类有用，凭什么说它不是科学？西医自然有长于中医的地方，但中医同样有长于西医之处。中医体现了对人体完整系统的把握，强调整体观念、系统思维，这是西医所欠缺的。

乙：我去医院看西医，人家用现代科技手段从头到脚给我检查一遍，怎么能说没有整体观念、系统思维呢？中医在中国居于主导地位的时候，中国人的平均寿命在古代和近代都只有30岁左右；现代中国人平均寿命提高到七十岁左右，完全拜现代西方医学之赐。

该年真题的材料中，甲乙在交替论证，我们的论证有效性分析也可以按照行文顺序展开行文，但这样对于阅卷者来说思路不够清晰。若是我们将结构调整一下，分别阐述甲和乙各自的论证，则行文逻辑会更为流畅。需要注意的是，遇到这样的文章，不仅文章的结构可以调整，其题目、开头、结尾等也需要随之调整。文章框架可以调整如下。

题目：关于中医的论辩合理吗？

开头：上述材料中，甲乙围绕着中医话题各自展开了诸多论证，然而由于其各自论证过程中均存在诸多缺陷，所以其各自结论也是难以令人信服的。

引导句：我们先来看甲的论证。

分析点一：第一……

分析点二：第二……

引导句：我们再来看乙的论证。

分析点三：第一……

分析点四：第二……

结尾：综上，甲乙各自论证的合理性都有待进一步商榷。

第二节 题目、开头、结尾

论证有效性分析文体的核心价值是指出材料中存在的缺陷，其分数差异主要体现在对谬误的识别和分析上。题目、开头和结尾三个部分对分值的影响较小，大家可以理解为"写对了不加分，写错了扣分"。但大家也不能掉以轻心，要尽量做到每个细节都尽善尽美。因为这三个部分是文章的门面，一旦在这三个部分犯了明显的错误，将大大影响阅卷者对文章的第一印象。

同时，题目、开头和结尾主要是为了保证文章具备完整性和流畅性，其行文方式较为固定，故行文难度较低。

一、题目

论证有效性分析文体的题目需要清晰地呈现行文目的。故题目中需要体现对论证过程的否定或对结论的质疑。

（一）结论式拟题

结论式拟题，即借助材料的总结论拟题，题目中需体现出对总结论的质疑。在材料中能够准确找到总结论，且总结论的字数没有超量时，结论式拟题是最佳方法。因为该拟题方式的模板痕迹较弱，与试题的关联度高。

其主要表现形式有两种：

（1）疑问式。

行文公式："总结论"+"吗"。

例如：材料总结论为"终身制、铁饭碗是褒义词"，则题目可拟定为"终身制、铁饭碗真的是褒义词吗"。

（2）质疑式。

行文公式："总结论"中间+"未必"。"总结论"+"值得商榷/不可信"等。

例如：材料总结论为"终身制、铁饭碗是褒义词"，则题目可拟定为"终身制、铁饭碗未必是褒义词"或"终身制、铁饭碗是褒义词不可信"等。

（二）话题式拟题

并非每年真题材料的结论都显而易见，很多真题材料中并没有明显的结论。同时，很多同学会担心自己在考试高度紧张的状态下，无法在规定时间内准确地找到材料的结论；或者即便能够找到材料的结论，也可能会因为材料中结论的篇幅过长或其他问题，导致其无法直接以"结论式"的方法拟题。

此时，我们可以找到材料中论证的话题，或者材料的论证范围，采取"话题式"的拟题方法。行文公式：

（1）表达质疑的词汇＋"论证话题/内容范围"。

（2）关于"论证话题/内容范围"的论证合理吗？

（3）由"论证话题/内容范围"引发的论证合理吗？

其他合理的表达亦可。

例如：值得商榷的年度报告/由气候变化问题引发的论证合理吗？

需要说明的是，当大家无法总结出其论证话题或者论证内容的范围时，可以直接以"表达质疑的词汇"＋"论证"作为万能题目。

例如：值得商榷的论证。

> **小贴士**
>
> 常见的表达质疑的词汇有：不严谨、不敢苟同、值得商榷、缺乏说服力、令人费解、尚需完善、难以令人信服、很难站得住脚、有失偏颇、有待证明、不太恰当、不是很确切、不太严谨、欠妥当等。

（三）保底题目——万能模板

很多同学都对万能的套路情有独钟，在拟题上也不例外。在开始和大家讲解万能模板之前，我们先来做一个小测试。

请问以下哪个选项是最佳万能题目？

（A）不可行的可行性分析。

（B）水中花，镜中月。

（C）如此论证，岂不让人笑掉大牙。

（D）值得商榷的论证。

（E）美丽的空中楼阁。

大家选了哪个题目呢？以上都是我在教学过程中遇到的万能题目。

以备考的视角来看，大家总希望自己的文章可以脱颖而出、与众不同，所以很多同学会选择非常个性化的万能题目，如"水中花，镜中月""美丽的空中楼阁"等。但这类题目花哨而不实用，且容易"撞衫"，在考场上非但不容易拿高分，还可能适得其反。

还有很多同学会选择表达上朴实但是具有差异化的万能题目。例如"不可行的可行性分析"等。但此处需要提醒大家的是，很多时候万能题目未必万能，即万能题目并非适合所有的材料。如果材料的结论是"本公司可以实现成本最小化和利润最大化"，用"不可行的可行性分析"这个题目就是不妥当的，因为此时材料并非一个可行性分析，所以，各位同学在选择万能式题目时一定要谨慎，以避免不必要的失分。

也有一些同学会用非常生活化的表达作为题目，例如"如此论证，岂不让人笑掉大牙"，这样的万能题目我也是不建议的。因为这类题目的表达过于口语化，不够书面。

在这个小测试的几个选项中，我最推荐的万能题目是：值得商榷的论证。这个题目看起来最普通，考场上"撞衫"的概率也非常大。但是"基本款撞衫"并不尴尬，"特色款撞衫"才尴尬。

万能题目是我们在考场上保底的方案，是极端情况下的选择，故我更建议大家选择一个没有风险的万能题目。

看到这儿，很多同学会开始纠结一个问题——采用万能题目的文章和采用非万能题目的文章之间分数的差值是多少呢，到底哪一个更容易拿高分？

大家可以从如下场景中找到答案。

如果该年真题中"总结论"非常明显，大多数考生采用了"结论式"题目或者其他非万能题目，而你采用了"值得商榷的论证"这一万能题目。在其他因素都完全保持一致的情况下，其他同学更容易拿高分，影响分值在2分以内。

如果该年真题中"总结论"非常隐晦，材料中找不到明显的总结论。其他考生采用了"结论式"题目，但是拟定错了，而你采用了"值得商榷的论证"这一万能题目。在其他因素都完全保持一致的情况下，你更容易拿高分，影响分值在2分以内。

所以万能题目的文章分数不一定低，非万能题目的文章分数也未必会高。

但在有选择的情况下，还是建议大家能不要写万能题目就不要写万能题目。

常见的万能题目有：

（1）有待商榷的论证。

（2）切莫草率下结论。

（3）草率的决策。

（4）论辩还是诡辩。

（5）似是而非的论证。

（6）如此决策，失之偏颇。

（7）草率的论证，偏颇的结论。

（四）灵活拟题

除以上所述方法外，各位同学还可以结合材料的特点进行灵活拟题，题目需要表现出对材料论证的质疑，但需要注意的是，不要只质疑某一句话或某一个观点。

例如：

被夸大的就业局势。

发展诚可贵，理性不可抛。

由相对论引发的诡辩。

（五）题目拟定的注意事项

按照现有的评分标准，论证有效性分析时必须要拟题目，否则就要被扣2分。

需要注意的是，题目还影响着阅卷老师对考生文章的整体印象，这样看来，题目不仅要写，而且还要写好。

拟题过程中需要注意如下事项：

（1）格式：建议题目在稿纸中居中或者前面空 4 格。标题不需要加书名号。如果题目是问句，后面加不加问号都行。

（2）字数：15 字以下最佳，建议最多不超过稿纸的 1 行，即 20 字。

（3）方向：题目需要体现出对论证过程的否定或对结论的质疑，而非表达自己的观点。故不要拟成"论……""小议……"等论点型的题目。

如"没有前途的食品加工行业"等题目容易让老师误以为考生在写论说文，这是论证有效性分析行文的一个大忌，千万不要让老师对题目产生误解。题目不求标新立异，只要求准确、不偏题。

（4）完整：如果拟定结论式题目，那么应对文章的总结论提出质疑，不要拟成片面的题目。

如材料的结论是：本公司应当及时出售"达达运动鞋"公司的股份，并增加在"全球电视"公司中的投资。

题目不能拟成"该公司可以实现成本最小化吗"，因为该题目不是一个完整的表达。可以将结论简化后拟成"该公司的美好愿景可以实现吗"。

二、开头

论证有效性分析文体的开头，需要交代行文目的。通常要概括原材料的论证过程和结论，表明自己的立场和态度。开头通常需要传递出如下三层含义：

（1）引材料：概括原文的论证过程。但不建议引入详细的前提和谬误类型。

（2）否推理：指出材料的论证过程存在缺陷。

（3）疑结论：对材料的结论提出质疑。

这三层含义都需要在开头的过程中予以体现，但不用将每一个部分都展开详尽描述，也不需要让每一个部分自成一句。

例如：

开头一：上述材料通过诸多论证试图推出 B 结论，但由于其论证过程存在诸多逻辑缺陷，所以其结论的有效性也是值得商榷的。

开头二：上述材料通过种种有缺陷的论证无法得出 B 结论。

开头一中，"上述材料通过诸多论证试图推出 B 结论"是在引材料，"然而由于其论证过程存在诸多逻辑缺陷"则是在否推理，"所以其结论的有效性也是值得商榷的"是在疑结论。

而开头二中，"上述材料通过种种有缺陷的论证无法得到 B 结论"这句话同时表现了引材料、否推理、疑结论三层含义。

（一）常规材料的开头

论证有效性分析的开头比较简单，通常可以套路化。大家可以参考以下开头框架，也可以在此基础上构建自己的专属开头。

【常见开头写作框架】

参考框架一：上述材料中，作者通过诸多论证得出结论，认为（代入"总结论"）。然而，这一论证存在以下几个方面的缺陷。

应用示例：论述者通过诸多论证得出结论，认为"本公司可以实现成本最小化和利润最大化"。然而，这一论证存在着以下几个方面的缺陷。

参考框架二：论证者通过一系列论证得出结论，认为（代入"总结论"）。然而，由于其论证过程存在诸多缺陷，所以该结论是值得商榷的。

应用示例：论证者通过一系列论证得出结论，认为"本公司可以实现成本最小化和利润最大化"。然而，由于其论证过程存在诸多缺陷，所以该结论是值得商榷的。

参考框架三：上述材料通过诸多论证试图证明（代入"总结论"）这一观点，虽然材料看似有一定道理，但是由于其在论证过程中存在如下缺陷，所以结论仍有待进一步推敲。

应用示例：上述材料通过诸多论证试图证明"本公司可以实现成本最小化和利润最大化"这一观点，虽然材料看似有一定道理，但是由于其在论证过程中存在如下缺陷，所以结论仍有待进一步推敲。

参考框架四：上述材料通过种种有缺陷的论证无法得到（代入"总结论"）结论。

应用示例：上述材料通过种种有缺陷的论证无法得到"本公司可以实现成本最小化和利润最大化"的结论。

参考框架五：逻辑有缺陷的论证就好似根基不稳的大厦，看似坚固实则经不起推敲，而材料中的论证正是如此，所以其结论（代入"总结论"）的有效性也就有待进一步商榷了。

应用示例：逻辑有缺陷的论证就好似根基不稳的大厦，看似坚固实则经不起推敲，而材料中的论证正是如此，所以其结论"本公司可以实现成本最小化和利润最大化"的有效性也就有待进一步商榷了。

> **小贴士**
>
> 虽然该开头框架看起来较有个性，但如果同时有多个同学这样应用，则很容易"个性化撞衫"。故不建议大家直接照搬，可以参考思路，搭建自己的专属开头。

参考框架六：论述者得出结论，认为（代入"总结论"）。能得出这样的结论，是因为（代入"总结论的前提"）。然而，这一论证存在以下几个方面的缺陷。

应用示例：论述者得出结论，认为"本公司可以实现成本最小化和利润最大化"。能得出这样的结论，是基于对彩照冲印行业及食品加工行业等进行的一系列论证。然而，这一论证存在以下几个方面的缺陷。

> **小贴士**
>
> 该开头框架不仅需要引入材料的"总结论",而且需要引入材料"总结论的前提",相较于前几个框架,写作难度更高,写错的风险更大,但是对分数提升并没有显著效果。故并不是非常推荐类似的写法。

参考框架七:上述材料通过诸多论证试图证明(代入"总结论")这一观点,虽然材料看似有一定道理,但是由于其在论证过程中存在(罗列"谬误类型")等逻辑缺陷,所以其结论仍有待进一步推敲。

应用示例:上述材料通过诸多论证试图证明"本公司可以实现成本最小化和利润最大化"这一观点,虽然材料看似有一定道理,但是由于其在论证过程中存在不当类比、混淆概念、以偏概全等逻辑缺陷,所以其结论仍有待进一步推敲。

> **小贴士**
>
> 该开头框架中,需要引入具体的谬误类型,这种写法我也是不推荐的。理由有四:一是浪费时间;二是容易写错;三是会限制下文的行文思路;四是对分数的提升没有显著帮助。故该框架可以使用,但不建议使用。

(二) 特殊材料的开头

1. 当材料中没有总结论的时候怎么办?

在行文过程中,我们往往需要借助文章总结论来拟定开头,但如果材料中我们找不到准确的总结论,或者结论过长、结论不清晰,不适合放入开头,该怎么办呢?

方法一:借助"话题"开头

参考框架:

上述材料围绕着某话题展开了一系列论证,然而由于其论证过程存在诸多逻辑缺陷,所以其论证的有效性也是值得商榷的。

上述材料中,由某话题引发了诸多论证,然而由于其在论证过程中存在诸多逻辑缺陷,所以其论证的有效性也是值得商榷的。

应用示例:上述材料围绕着企业成本问题展开了一系列论证,然而由于其论证过程存在诸多缺陷,所以其论证的有效性也是值得商榷的。

方法二:采用万能开头

当考试时间紧张或者在材料中找不到结论、话题时,可以直接将结论用代词代替,采用万能开头。

参考框架：上述材料通过一系列论证试图推出其结论，然而由于其论证过程存在诸多逻辑缺陷，所以其结论的有效性也是值得商榷的。

2. 当材料中出现多个论证者的时候怎么办？

当材料以辩论、采访、对话等形式出现，材料中有多个论证者的时候，其开头和结尾也需要随之改变。

第一，开头需要体现出多个论证者。

第二，如果材料中多个论证者的结论相同，那么可以直接引入结论。如果材料中多个论证者的结论不同，不可引入结论，但可引入话题。

参考框架：上述材料中，论证者 A 和论证者 B 围绕着某话题展开了一系列论证，然而，由于 A、B 在各自的论证过程中均存在诸多缺陷，所以 A、B 各自的结论也是难以推出的。

应用示例：上述材料中，甲、乙论证者围绕着"中医是否是科学"的问题各自展开了一系列论证，然而由于甲、乙在各自的论证过程中均存在诸多逻辑缺陷，所以甲、乙各自的结论也是难以推出的。

（三）灵活开头

写作本就没有固定套路可言，大家在理解了论证有效性分析文体的本质后，在考场上也可以根据自己的理解，结合文章灵活开头。但这种开头方式较浪费时间，且容易出现错误。大家要有选择性地使用。

应用示例：一次次地无缘诺贝尔经济学奖固然让国人感到惋惜，但面对差距，我们应正视反思，不应因此丧失理智，不应像材料中的作者一样基于以下种种错误论证便悲观地认为"我国真正意义上的经济学家最多不超过 5 个"。

（四）开头的注意事项

（1）开头字数不宜过多，最好控制在 4 行以内。

（2）开头中不要点明谬误类型。因为模板痕迹较重、容易写错，且容易让下文的行文受限。

（3）不要引入材料论据。因为容易出现引入不全面、浪费时间，且对论据的引入无实质意义的情况。

（4）不要引入片面或不明确的结论。当材料没有明确结论的时候，不要在开头中引入结论。

（5）材料中有多个论证者时，应在开头中有所表现。

三、结尾

论证有效性分析的结尾需要再次扣题，指出材料的论证有缺陷、结论难以让人信服。其行文方式比较简单，大家可以直接套路化。

（一）常规结尾

参考框架一：综上所述，正是由于材料在论证过程中存在如上逻辑缺陷，所以其结论的有效性也是值得商榷的。

参考框架二：综上所述，作者在论证过程中存在诸多问题，其结论不足为信，该论证也是非常缺乏说服力的。

参考框架三：总而言之，作者没有提供更充分的证据来证明结论，所以该论证是缺乏有效性的。

参考框架四：综上，该论证过程难以令人信服。

（二）凑字结尾

参考框架：综上所述，上述材料的分析看似有理，但由于其论证过程存在诸多逻辑缺陷，所以其结论（代入"总结论"）的有效性也是值得商榷的，材料如果想要得出这一结论，就应该提供更为充分的论据并进行更加严密的推理和论证，否则难以达成所愿。

（三）结尾的注意事项

（1）结尾需要对字数进行调整。

（2）建议结尾不要点明谬误类型。

（3）结尾字数不能过多，1~5行最佳。

（4）结尾写完后，文章字数应控制在"600字"标示下方的1~3行。

【练1】不定项选择题

是否应该彻底取消"黄金周"？

1999年10月开始实行的"黄金周"休假制度，在拉动经济、为国人带来休闲度假新观念的同时，也暴露了很多问题。因此，自2006年起，陆续有人提出取消"黄金周"的建议。2008年，"五一黄金周"被取消，代之以清明、端午、中秋等传统节日"小长假"。2012年"国庆黄金周"后，彻底取消"黄金周"的声音再次引起公众的注意。

支持取消者认为：第一，"黄金周"造成了景区混乱和资源调配不合理、浪费了社会资源、打乱了正常生活秩序，不利于经济长期可持续发展……

反对取消者则认为：第一，"黄金周"对旅游业的成熟和发展起到了极大的促进作用，对经济的拉动也功不可没。任何事物都有利有弊，不能只看到弊端就彻底取消……

以下哪些选项可以作为上述材料的题目？

（A）小议"黄金周"。

（B）"黄金周"对经济的拉动功不可没吗？

（C）"黄金周"应该彻底取消吗？

（D）"黄金周"不应该彻底取消吗？

（E）"黄金周"应不应该取消呢？
（F）关于是否应该彻底取消"黄金周"的论辩合理吗？
（G）值得商榷的论证。

【练2】主观题
2014年11月，在中国互联网大会上，阿里巴巴集团董事局主席马云和京东集团创始人刘强东围绕着网络假货问题各自发表了看法。刘强东已多次指责淘宝"假货"和"逃税"问题，在大会开幕前接受媒体采访时，他直言不讳：中国互联网假货的流行会严重影响消费者的网购信心，这是整个电商行业发展最大的"瓶颈"。刘强东说，目前网上卖假货、水货的公司都是大型的、有组织化的，动辄几千万元、几亿元规模的公司。

马云高调回击了刘强东："你想想，25元就买到一块劳力士手表是不可能的，原因是你自己太贪。"他指出：售假商家最怕去淘宝网上卖，阿里巴巴很容易就能查出是谁在卖。近年来，整个电商在中国发展迅猛，若只靠卖假货，每天的交易额不可能达到六七十亿元。阿里巴巴每年支出逾1 610万美元用来打击假货。打假行动也获得了国际认可，使美国贸易代表将淘宝从2012年的恶名市场名单中移除。

该篇改自《火药味！两个大佬互联网大会上互掐》，《广州日报》，2014年11月21日。

请写出以上材料的题目、开头、结尾。

【练3】主观题
下文摘录于某投资公司的一份商业计划：

"研究显示，一般人随着年龄的增长，用于运动的时间将逐渐减少，而用于看电视的时间将逐渐增多。在今后的20年中，城市人口中老年人的比例将有明显的增长。因此，本公司应当及时出售'达达运动鞋'公司的股份，并增加在'全球电视'公司中的投资。"

1."论该公司的商业计划"是否可以作为该论证有效性分析试题的题目？

2."本公司应当及时地出售'达达运动鞋'公司的股份，并增加在'全球电视'公司中的投资吗"是否可以作为该论证有效性分析试题的题目？

3."由商业计划引发的论证合理吗"是否可以作为该论证有效性分析试题的题目？

4. 对企业而言，风险和收益往往是并存的，而出于长远发展考虑，不应该将鸡蛋放在一个篮子里，即不应仅仅寄希望于投资"全球电视"公司，而应该同时兼顾对"达达运动鞋"公司和"全球电视"公司的投资。故我不同意材料的观点。

以上段落是否可以作为该论证有效性分析试题的开头？

5. 上述材料中，作者通过诸多有缺陷的论证无法得到"本公司应当及时地出售'达达运动鞋'公司的股份，并增加在'全球电视'公司中的投资"的结论。现分析如下。

以上段落是否可以作为该论证有效性分析试题的开头？

6. 在上述材料中，论证者通过对人们运动时间的分析，试图得到其结论。然而由于其在论证过程中犯了非黑即白、巧合谬误、以偏概全等逻辑谬误,故该论证难以让人信服。

以上段落是否可以作为该论证有效性分析试题的开头?

7. 综上,股市有风险,投资需谨慎。为了实现更好的投资回报率,我建议企业应时刻关注"达达运动鞋"公司和"全球电视"公司在未来的发展趋势,进而做出最优选择。

以上段落是否可以作为该论证有效性分析试题的结尾?

8. 综上,该论证难以让人信服。

以上段落是否可以作为该论证有效性分析试题的结尾?

参考答案

【练1】 FG

该题中的材料节选自2013年经济类综合能力考试真题。材料的形式比较特殊,材料中有两个论证主体,且支持者和反对者的观点刚好相反。故本题无法采用"结论式"题目。

A选项"小议'黄金周'"拟题方向错误,没有体现出对论证过程的否定或对结论的质疑,错误。

B、C、D三个选项都采用了"结论式"题目,错误。

E选项没有体现出对论证过程的否定,更像在讨论问题,错误。

F选项采用了话题式拟题,且话题正确,表达流畅,可以作为本题的题目。

G选项为万能题目,可以作为本题的题目。

如果想给该题拟定开头和结尾,可以拟定如下。

开头:"黄金周"是否应该彻底取消?上述材料中,支持者和反对者围绕着这一热点问题各自展开了诸多论证,然而由于其各自的论证过程均存在诸多缺陷,故其各自的结论也难以让人信服。

结尾:综上,正是由于支持者和反对者在各自的论证过程中均存在诸多缺陷,故是否应该彻底取消"黄金周"这一问题还需要进行更加理性的讨论。

【练2】 本题节选自2015年经济类综合能力考试真题。在本题中,刘强东和马云都是论证者,且两个人的论证结论不一致,故本题不建议使用"结论式"题目。

参考题目:

两个大佬在互联网大会上的"互掐"合理吗?

关于网络假货问题的讨论合理吗?

由网络假货问题引发的论证合理吗?

值得商榷的论证。

参考开头:

在2014年11月举办的互联网大会上,刘强东和马云围绕着网络假货问题各自展开了诸多论证,然而,由于其各自论证过程均存在诸多缺陷,故其各自的结论难以令人信服。

参考结尾:

综上,其各自的结论难以令人信服。

综上,刘强东和马云各自在错误论证的基础上得到的结论也是难以令人信服的。

【练3】1. 否

论证有效性分析试题的题目需要体现出对论证过程的否定或对结论的质疑。但该题目被写成了论点型题目，拟题方向不正确。

2. 否

论证有效性分析试题的题目应控制在1行即20个字以内，该题目字数过多，不符合应试要求。

3. 是

该题目体现出了对论证过程合理性的否定，且字数控制得当，故可以作为该论证有效性分析试题的题目。

4. 否

论证有效性分析试题的开头应体现对论证过程的否定和对结论的质疑，而非提出自己的主观看法。故该开头段落的行文方向错误。

5. 是

该开头段落无论是内容还是字数都符合应试要求，故可以作为该论证有效性分析试题的开头。

6. 否

该开头段落中主要存在两个缺陷。第一，前提不全面。开头引入了材料的论证前提——"对人们运动时间的分析"，但材料不是仅基于对运动时间的分析得出其结论的。第二，谬误类型错误。材料中并没有出现非黑即白、巧合谬误等错误。

7. 否

论证有效性分析的结尾应体现出对论证过程的否定和对结论的质疑，而非提出自己的主观投资意见。故该结尾的行文方向错误。

8. 是

虽然该结尾段落较短，但其对论证提出了质疑，符合文体要求，也没有其他缺陷。故可以作为该论证有效性分析试题的结尾。

> **小贴士**
>
> 如果材料结论很长，要怎么合理地进行精简呢？是否可以全部写上去？
>
> 材料的结论主要是用于题目、开头、结尾，这几个地方在引入结论时，如果结论很长，建议精简，或者直接以话题或者代词代替，不要全部写上去。需要注意的是，精简时不要改变结论的原有意思和完整性。

第三节　核心段落的构建

本节对应视频课程04
可扫封面二维码查看

一、核心段落的构成

核心段落存在的目的是供大家发现材料中存在的问题，并指出有缺陷的论证。简单来说，每个核心段落都需要我们清晰地指出哪里错了，为什么错了。

常见的核心段落构成包括引入—评价—分析—总结,其中最重要的是引入和分析。接下来,以下例说明。

已知题干:还有,一个人受教育程度越高,其整体素质也就越高。

已知习作:再次,受教育程度越高,整体素质未必就越高。这显然犯了过于绝对的逻辑错误。受教育程度只是衡量整体素质的一个方面,其可能还受到个人心理素质、实践经验和文明素养等方面的影响。若将这些因素整合起来综合考虑,大学生的整体素质不见得就高。故材料无法由"一个人受教育程度越高"得出"其整体素质也就越高"的结论。

该习作中便包含了"引入—评价—分析—总结"四个部分。

(1)引入:再次,受教育程度越高,整体素质未必就越高。

(2)评价:这显然犯了过于绝对的逻辑错误。

(3)分析:受教育程度只是衡量整体素质的一个方面,其可能还受到个人心理素质、实践经验和文明素养等方面的影响。若将这些因素整合起来综合考虑,大学生的整体素质不见得就高。

(4)总结:故材料无法由"一个人受教育程度越高"得出"其整体素质也就越高"的结论。

在这四个组成部分中,引入和分析最重要,不可省略。

评价的部分可以写但不建议写,因为指出谬误类型很容易出错,且写对了也不会加分。

总结的部分可以根据段落的篇幅和完整度来写。如果段落分析完后篇幅不够,可以加一个总结句;如果段落分析完成后觉得内容不完整,也可以加一个总结句;但如果篇幅足够且内容完整,则不需要特意为了加一个总结句而加一个总结句。

小贴士

关于评价和总结部分,这里详细说明一下。

先来看段落中评价的部分。

所谓的段落中的评价部分,通常就是指要写出谬误类型。那么论证有效性分析的核心段落是否需要写谬误类型呢?

答案是不需要。主要理由有两个:第一是不需要,第二是写不对。

为什么不需要呢?因为考试大纲官方解析并没有要求明确区分谬误类型。[①]因此,在行文中不建议大家明确区分谬误类型,以免增加应试的风险。尽管在考试行文时不建议大家区分,但是在日常学习的过程中要进行区分,以提高我们的审题速度,并在脑海中建立起一些行文的快捷方式,以便更加高效地备考。

为什么写不对呢?因为很多谬误类型相似度较高,考场上难以准确地辨别。

大家可以先尝试做一下这个练习题。已知选项:

(A)不当类比。(B)概念混淆。(C)非黑即白。(D)以偏概全。(E)其他错误。(F)该句没有犯错。

请阅读以下语句,判断每个语句的谬误类型。

---

① 可参考2020年管理类综合能力论证有效性分析真题。

1. 张老师爱唱歌，所以王老师不爱唱歌。
2. 张老师爱唱歌，王老师也爱唱歌。
3. 张老师爱唱歌，所以不爱跳舞。
4. 张老师穿了黑衣服，所以没穿白衣服。（假设每个人只能穿一件）
5. 张老师没穿黑衣服，所以穿了白衣服。（假设每个人只能穿一件）
6. 张老师不喜欢穿黑衣服，但是喜欢穿白衣服。
7. 张老师不是穿了黑衣服，而是穿了白衣服。
8. 鲁迅的小说都不是一天能读完的，所以《孔乙己》这本鲁迅的小说不是一天能读完的。
9. 中国东西部的差距缩小，所以世界各国差距缩小。
10. 中国的经济发展迅速，所以世界各国的经济发展迅速。

【参考答案】

1. E。
    本题容易被误判为不当类比。然而张老师和王老师发生的并不是相同或者类似事情，故本题不是不当类比。

2. F。
    本题不是论证，故没有逻辑缺陷。

3. E。
    本题容易被误判为非黑即白。但是非黑即白需要前提中是"否定"，结论中是"肯定"，故本题不是非黑即白。

4. F。
    本题是论证，但没有逻辑缺陷。

5. C。
    本题是一个典型的非黑即白。

6. F。
    转折词表示并列关系，故本题不是论证。

7. F。
    转折词表示并列关系，故本题不是论证。

8. F。
    本题容易被误判为集合体性质误用。但是前提中有一个"都"字，说明"一天读不完"是鲁迅每本小说所具有的性质，故该句没有犯错。

9. A。
    本题中的前提为"地区"，结论为"国家"。国家和地区是两类事物，故犯了不当类比的错误。

10. D。
    本题中的前提是"国家之一"，结论是"各个国家"。前提包含在结论之中，故犯了以偏概全的错误。

大家的错误率如何？以上语句没有任何干扰成分，均较为简短，但错误率仍极高。若在真题中再加上一些干扰信息，错误率便会更高。而谬误类型的错误会直接影响整个点的得分。

此外，考试大纲不要求指出谬误类型，且强行指出谬误类型也会使写作的模板的痕迹较重。

因此，出于种种考量，考试时不建议指出谬误类型。

我们再来看段落中总结的部分。

论证有效性分析的每个分析段落的末尾需不需要加总结句？

我的答案是：可以加但不需要。

总结句是什么？"故该论证难以让人信服""故材料无法得到 B 结论""故材料无法得到段落结论 B1，更无法进一步得到段落结论 B2"这些都是总结句。大家能从这些语句中获得什么有效的信息吗？并不能，这些都是"废话"，而且这层意思在"引入"中已经表达出来了。

一个谬误分析点的写作篇幅大概是 6 行，引入谬误需要占 2 行左右，如果总结句再占 1 行，这一段用来分析的篇幅就没多少了。当然，如果分析完后，感觉话没有说完或者字数还不够，这时便可加上总结句。

二、段落保底方案——万能模板

所谓的保底方案，也就是万能模板。在考场上并不建议大家优先使用，因为万能模板很难拿到高分。但如果同学们担心考试时会大脑短路、发挥失常、没有思路，那么还是可以准备一些万能模板，以备不时之需。

> **小贴士**
>
> 这里为大家总结了一些核心段落的万能模板。
> 1. 在应用万能模板的过程中不能生搬硬套，要保证表达流畅。
> 2. 万能模板并非最优方案，只能作为迫不得已时的备用方案。
> 3. 不同谬误类型有不同的万能话术，此处仅总结了不需要区分谬误类型的万能话术。

论证有效性分析中间段落的行文可参考如下框架：

【保底套路一】

上述论述（论证者／上述材料／论述者／论证）通过（　　　）得出（　　　）的结论。该论证过程是值得商榷的（有失偏颇的／不可信的）。很有可能真实的情况是（　　　）。因此，论证者无法得出其结论。

【示例】

上述论述通过"女生都是爱逛街的"得出"女生都败家"的结论。该论证过程是值得商榷的。很有可能真实的情况是：女生逛街是为了在对比的过程中寻找性价比更高的产品，或者是为了了解最新的流行趋势，并没有出现大量败家的消费行为。因此，论证者无法得出其结论。

【保底套路二】

论述者由（　　　）未必能（并不必然／不足以／很可能）推出（推不出）（　　　）。因为，很可能真实的情况是（　　　）。显而易见，论证者没有提供足够的证据与合理的推理便得出了其结论，如果想得到这一结论，还需要提供更为充分的证明。

【示例】

论述者由"女生都是爱逛街的"不足以推出"女生都是败家的"。因为，很可能真实的情况是女生逛街是为了在对比的过程中寻找性价比更高的产品，或者是为了了解最新的流行趋势，并没有出现大量败家的消费行为。显而易见，论证者没有提供足够的证据和合理的推理便得出其结论，如果想要得到这一结论，还需要提供更为充分的证明。

【保底套路三】

A 未必能推出 B，因为……

【示例】

"女生都是爱逛街的"未必能推出"女生都是败家的"，因为女生逛街很可能是为了在对比的过程中寻找性价比更高的产品，或者是为了了解最新的流行趋势，并没有大量败家的消费行为。

【保底套路四】

B 是基于 A，但是……因为……

【示例】

"女生都是败家的"是基于"女生都是爱逛街的"，但是这一论证过程并不合理，因为女生逛街很可能是为了在对比的过程中寻找性价比更高的产品，或者是为了了解最新的流行趋势，并没有出现大量败家的消费行为。

【保底套路五】

A 导致 B 不具有必然性，因为……

【示例】

"女生都是爱逛街的"导致"女生都是败家的"不具有必然性，因为女生逛街很可能是为了在对比的过程中寻找性价比更高的产品，或者是为了了解最新的流行趋势，并没有出现大量败家的消费行为。

【保底套路六】

A 并不意味着/说明 B，因为……

【示例】

"女生都是爱逛街的"并不意味着"女生都是败家的"，因为女生逛街很可能是为了在对比的过程中寻找性价比更高的产品，或者是为了了解最新的流行趋势，并没有大量败家的消费行为。

三、段落优化方案——三要素串词法

论证有效性分析核心段落中最重要的是引入和分析。引入就是指出哪个论证错误；分析就是解释清楚为什么错。

保底方案主要是对话术的学习，但"话术"既不是重点也不是难点，将我们的日常表达书面化、普适化其实就是非常精彩的话术，并不需要刻意地学习和背诵。

这里先和大家对比一下，保底表达、日常表达和日常表达书面化的区别。

已知材料：如果努力，就会成功。

保底表达：上述材料中，论证者认为"如果努力，就会成功"，然而由于其在论证过程中存在逻辑缺陷，所以其结论也是难以让人信服的。努力和成功两者之间并不存在必然的逻辑关联，很可能真实的情况是，很多人虽然非常努力，但是并没有成功。故不能基于努力这一前提便得到成功这一结论。

日常表达：努力不一定就能成功。例如，我之前有个朋友就特别努力，但是特别倒霉。比如他高中的时候天天起早贪黑地学习，结果高考前一天着凉了感冒了，考试那一天又起晚了，最终考场都没进去，最后也没有成功。所以不能说努力就会成功。

（该段落不建议，因为表达过于日常化，举的例子也不具有普适性，可以将该表达优化成下述段落。）

日常表达书面化：努力未必就会成功。努力与否不仅仅取决于主观的意愿和行动，还要取决于客观的需求和机遇。很有可能真实的情况是，虽然有的人非常努力，但是由于其运气比较糟糕，没能在机遇来临时抓住机会，最终很可能也会失败。若是如此，则其论证就难以成立了。

不难看出，保底方案基本就是废话的堆叠；日常表达不具有普适性；将日常表达书面化、普适化以后，就得到了我们的优化方案。

论证有效性分析真正的重点和难点是找到错误的论证和理由，这也是这一文体的内在价值。故论证有效性分析的优化方案，是抛开所有的套路，回归这种文体的本质。

在教学过程中，我一直在探索怎样让大家放弃对套路的依赖，去加深对内容的思考，同时能够在考场上快速行文。经过反复的实践后，我发现大道至简，当理论足够简单时，大家才能投入到思考中。因此，我对论证有效性分析的核心段落进行了极简化处理。通过串词的方式，便可快速构建出一个非常精彩的段落。这也就是我们的段落优化方案——三要素串词法。

什么是论证有效性分析三要素？即前提、结论和理由关键词。引入和分析是论证有效性分析核心段落的重要组成部分。引入需要有前提和结论，分析需要有理由关键词。故三者是论证有效性分析的三要素。其中前提和结论需要在材料中寻找，理由关键词需要在理解论证缺陷后自行给出。

什么是三要素串词法？就是在找到论证有效性分析三要素后，把三要素作为段落框架，逻辑清晰地串联在一起，即可构成一个分析段落。串联过程中需要指出由前提无法得出结论，因为理由关键词所对应的内容。

接下来，通过示例对此进行说明。

【示例一】

材料：如果努力，那么一定会成功。

前提：努力。

结论：成功。

理由关键词：天赋、机遇、努力的方向、竞争对手实力等。

参考段落一[①]：努力未必会成功。因为成功与否还取决于天赋、机遇、努力的方向、竞争对手实力等诸多因素。很有可能虽然有的人非常努力，但是由于没有找准努力的方向，一直在错误的方向上坚持，这样非但不会成功，而且还会加剧失败。

参考段落二：如果努力，就会成功吗？其实不然。第一，很有可能虽然有的人非常努力，但是由于没有找准努力的方向，一直在错误的方向上坚持，这样非但不会成功，而且还会加剧失败；第二，天赋也会影响努力的结果；第三，若是竞争对手实力过强，也有可能会导致我们失去成功的机会。

参考段落三：努力和成功之间并不存在必然的关联。很有可能虽然有的人非常努力，但是由于没有找准努力的方向，一直在错误的方向上坚持，这样非但不会成功，还会更加失败；不仅如此，天赋也会影响努力的结果；更重要的是，若是竞争对手实力过强，也有可能会导致我们失去成功的机会。

> **小贴士**
>
> 1. 不必拘泥于这些串联的话术，用自己习惯的方式逻辑清晰地表达即可。但需要使用书面语言进行表述。
>
> 2. 如果理由关键词较多，便可从中挑选几个核心关键词参与行文；如果理由关键词较少，则可将单个理由关键词进行详细描述；如果找不到理由关键词，就需要继续思考或者选择保底方案。

【示例二】

材料：如果在开展商业性冰雪运动的同时也经营冬季运动用品，则公司可以获得更多的利润。

前提：在开展商业性冰雪运动的同时也经营冬季运动用品。

结论：公司可以获得更多的利润。

理由关键词：运营成本、进货成本、销量、租用等。

参考段落：开展商业性冰雪运动的同时也经营冬季运动用品未必会获得更多的利润。因为发生销售行为未必会增加利润，利润是否增加还需要考量运营成本、进货成本、销量以及售价等其他诸多因素；不仅如此，因为冬季运动用品的售价较高且使用率低，很多人可能不会选择购买而是会选择租用。

> **小贴士**
>
> 1. 论证有效性分析可以写例子吗？
>
> 如果用一句话来回答就是：不要为了写例子而写例子。

[①] 参考段落并非最佳段落，也不是唯一段落，而是在基本保持段落原貌的情况下进行的微调，全书同。

在论证有效性分析中，反例的削弱力度很强。逻辑削弱题中削弱力度最强的选项是矛盾，反例其实就是矛盾的一种。但是必须要强调的是，只有当例子和材料的情况完全一致的时候才是反例，否则就是无关例子。

大多数同学在举例的时候很容易列举无关例子，或者大开脑洞。所以我的建议是不要为了写例子而写例子，应该把例子当作手段，而不是目的。简单来说，就是这个段落中刚好有个例子能用那就用，如果没有例子也别专门找例子。

2. 论证有效性分析在引入的时候不知道怎么总结精练，总是写很长的一段话怎么办？

如果用一句话来回答就是：找准前提和结论。

很多同学在引入点的过程中耗费了大量的篇幅和时间，段落却依然一团糟。其根本原因在于没有找到真正的前提和结论。所以，先忘掉模板，找到最根本的前提和最根本的结论，再将前提和结论用简短的话术串在一起，就可以形成一个精练的引入了。

3. 面对论证有效性分析，语言表达能力差的同学需要背一些范文吗？

不需要。论说文这种很有可能会押上主题的文体都不建议背，更不要说论证有效性分析了，多练习、多思考即可。背的文章多了反而会限制思维，使人难以应对更多差异化的材料。

四、阅卷者视角的核心段落

前面我们一直在基于备考的视角来学习如何构建段落。但很多时候，会写不等于高分。什么样的文章更容易拿到高分呢？接下来，我们一起做一件更重要的事情——切换到阅卷者视角来建立对核心段落的审查。

大家学习写作的背景是考试，所以一定要清楚不同写法对分数的影响，知道什么样的努力是有价值的，而什么样的努力是无意义的自我感动。

接下来，直接通过例子来带大家体会阅卷者视角的核心段落。

已知材料：[题源：199-2016] 2012年我国劳动年龄人口比2011年减少了345万，这说明我国劳动力的供应从过剩变成了短缺。

已知考场文章段落如下，假设每个分析点满分为7分（其中把点找对并清晰地引入占4分，把点分析清楚占3分），请大家尝试着站在阅卷者的角度给以下分析点打分，并回答问题。

> **小贴士**
>
> 一定要尝试给出具体的分数，这样有利于理解该部分内容。

【段落1】 在上述材料中，论证者由2012年我国劳动年龄人口比2011年减少了345万就得到了我国劳动力的供应从过剩变成了短缺的结论，显然是难以让人信服的，有不当类比之嫌。因为劳动年龄人口和劳动力的供应二者之间不具有可类比性，劳动年龄人口指的是年满18岁，符合社会劳动条件的人口，而劳动力供应中则包括很多符合劳动年龄但是不能或者已经从事工作的人群，二者并不等价。

【段落2】 劳动年龄人口的减少就意味着劳动力的供应从过剩变成短缺了吗？未必。暂不说并不知道在 2011 年时，我国的劳动年龄人口处于何种状态。即便在 2011 年的确处于过剩状态，减少 345 万人口后，有可能仅仅是缓解了一定程度的就业压力，并不一定就处于劳动年龄人口短缺的状态。

【段落3】材料中作者由"2012 年劳动年龄人口比 2011 年少了 345 万"推不出我国劳动力已从过剩变为短缺。是否出现劳动力短缺要根据职位数量与劳动人口相结合得出结论，仅仅依照劳动人口减少就判定目前已处于劳动力短缺的情况，理由是不充分的。

【段落4】上述材料中，论证者由 2012 年我国劳动年龄人口比 2011 年减少了 345 万得出了我国劳动力的供应从过剩变成了短缺的结论，显然是难以令人信服的，有概念混淆之嫌，因为劳动年龄人口和劳动力的供应二者之间不等价，劳动年龄人口指的是年满 18 岁，符合社会劳动条件的人口，而劳动力供应中则包括很多符合劳动年龄但是不能或者已经从事工作的人群，二者并不等价。

【段落5】上述材料中，论证者将我国劳动年龄人口和我国劳动力的供应二者的概念混淆了，显然是难以让人信服的，有概念混淆之嫌，因为劳动年龄人口和劳动力的供应二者之间并不等价，劳动年龄人口指的是年满 18 岁，符合社会劳动条件的人口；而劳动力的供应中则包括很多处劳动年龄但是不能或者已经从事工作的人群，二者并不等价。

【段落6】劳动年龄人口与劳动力供应二者之间并不能简单地画上等号，因为二者之间存在着巨大的差异，前者劳动年龄人口并不完全等价于劳动力的供应，有一些人虽然处于劳动年龄，但是并不能够作为劳动力的供应，有一些人虽然作为劳动力供应，但是并不处于劳动年龄，所以不可简单地将二者等价。所以该段落的论证也就难以令人信服了。

【段落7】劳动年龄人口与劳动力供应二者之间并不能简单地画等号，因为前者代表的是年满 18 岁，能够合法进行社会劳动的人群，而后者则代表的是处于待就业状态，能够弥补岗位空缺的，符合劳动年龄人口的人群。事实上很多人由于正处于大学、硕博等进修状态，所以虽然是劳动年龄人口但不能作为劳动力供应；也有很多人虽然处于劳动年龄，但是由于其已经入职，并且没有更换工作的准备，所以也不能作为劳动力供应；此外，很多优秀人才在退休后都会被返聘上岗，他们虽然属于劳动力供应，但是年龄却不处于劳动年龄区间。

【段落8】处于法定劳动年龄区间的劳动年龄人口与能够弥补岗位空缺的劳动力供应二者之间并不等价。事实上由于很多劳动年龄人口正处于大学、硕博等进修状态或者是已经入职，并且没有更换工作的准备，所以并不能作为劳动力供应。同时，当前我国有很多优秀人才都在退休后被返聘供职，他们虽然不属于劳动年龄人口，但属于劳动力供应，故不可将两个概念简单等同。

【段落9】2012 年我国劳动年龄人口比 2011 年减少了 345 万就意味着我国劳动力的供应从过剩变成了短缺吗？首先，2011 至 2012 年一年的数据变化并不能全面代表当前我国的状况，很可能 2013 年、2014 年等其他年份，我国的劳动力供应状况就出现了改观；其次，劳动年龄人口并不能和劳动力供应简单地画上等号，事实上由于很多劳动年龄人口正处于大学、硕博等进修状态或者已经入职，且没有更换工作的准备，所以并不能作为劳动力供应；同时，当前我国有很多优秀人才都在退休后被返聘供职，他们虽然不处于劳动年龄，却属于劳动力供应，故不可将两个概念简单等同；最后，仅由供应减少也无法得到供应由过剩变成短缺，因为供应是否短缺还应该取决于需求的变化情况。综上，该论证难以让人信服。

请根据上述材料及段落回答如下问题，并给出理由。

（1）段落 1 和段落 6，哪个分数更高？
（2）段落 2 和段落 5，哪个分数更高？
（3）段落 5 和段落 8，哪个分数更高？
（4）段落 3 和段落 4，哪个分数更高？
（5）段落 7、段落 8 和段落 9，哪个分数更高？

大家在"阅卷"过程中，有体会到阅卷老师的纠结吗？同时，大家知道段落中的哪些内容会影响阅卷老师的判断吗？

需要说明的是，每个段落到底能得多少分并没有标准，不同的阅卷老师之间在评分标准上会有争议，即便是同一位阅卷老师在不同的时间点对同一篇文章也可能给出不同的分数。这一点大家在"阅卷"的过程中应该深有体会。这也是很多同学觉得写作很难的原因——没有统一的标准。大家自认为非常精彩的很多段落，在阅卷老师眼中可能分数极低，而大家自认为很糟糕的段落，考场分数很可能还不错。

说到这儿，很多同学会觉得很迷茫，如果连评分标准都无法达成一致，那该怎么学习呢？

其实我们努力的方向就是让所有的阅卷老师对这篇文章都无可挑剔。换言之，我们需要避开任何有争议的写法，减少扣分的风险。

所以，虽然我们无法准确判断考场文章的每个段落具体能得多少分，但是可以大致判断哪个段落更容易拿高分。

我们以上述题干为例来说明。

首先，梳理题干信息。

【前提】2012 年我国劳动年龄人口比 2011 年减少了 345 万。

【结论】我国劳动力的供应从过剩变成了短缺。

这个论证存在 3 个明显的逻辑缺陷。

【逻辑缺陷一】2011 年至 2012 年我国的情况无法反映我国的整体情况。

【逻辑缺陷二】劳动年龄人口和劳动力供应不等价。

【逻辑缺陷三】劳动年龄人口减少 345 万，并不代表劳动力的供应从过剩变成了短缺。

接下来，分析答题。

问题 1：段落 1 和段落 6，哪个分数更高？

参考答案：段落 6。

【阅卷解析】

段落 1 和段落 6 分析了相同的谬误，都指出了劳动年龄人口与劳动力供应之间存在的逻辑缺陷。但是段落 1 将该谬误评价为不当类比，而该谬误实为概念混淆。故段落 1 犯了一个致命错误，且该错误非常明显，当引入部分完全错误时，分析也就没有意义了，自然该分析也没有分数。需要注意的是，并不排除部分阅卷者没有发现这一错误，或者对这一错误的包容度较高，所以也给了很高的分数，但这是极小概率事件。

段落 6 存在的问题是：分析多为废话，没有一针见血地给出理由。但段落 6 并没有致命缺陷，即使拿不到高分，也没有大的失分风险。

【分数预估】

段落 1 分数为 1 分；段落 6 分数为 4 分。

【阅卷启发】

论证有效性分析是否需要点明谬误类型？

可以点明，但不建议，因为指出谬误类型对提高分数并没有实质性的帮助，且如果指出的谬误类型错误反而会扣分。

论证有效性分析是否可以使用模板？

这取决于大家的目标分数和考试时的状态。段落 6 使用了模板，都是套话，但由于其没犯大的错误，所以每个点可以拿到 4 分左右，整篇文章可以拿到 16 分左右。如果考试时大家高度紧张、没有思路，可以选择保底方案，用模板行文拿到基础分数。但如果考试时状态良好，选择优化方案更容易拿到高分，且优化方案的难度并不大，因此，更建议选择优化方案。

问题 2：段落 2 和段落 5，哪个分数更高？

参考答案：段落 5。

【阅卷解析】

该材料中一共有三个逻辑缺陷。段落 2 中指出了三个逻辑缺陷，段落 5 中只写出了一个逻辑缺陷，那么哪个更容易拿高分呢？

很多同学会误以为论证有效性分析的分数是由所写的逻辑缺陷的数量来决定的，从而毫不犹豫地选择段落 2。实则不然。例如在本题中，段落 2 虽然写了多个逻辑缺陷，但是段落层次和表达极其混乱，每个点都未说清，会导致考场得分极低；段落 5 虽然只写了一个逻辑缺陷而且分析并未很深入，但其清楚地表达了这一个逻辑缺陷，没有任何失分的风险。故段落 2 大概率会扣分，段落 5 没有扣分的理由，因此段落 5 更容易拿高分。

【分数预估】

段落 2 分数为 2 分；段落 5 分数为 5 分（段落 5 比段落 6 的模板分数高）。

【阅卷启发】

每段分析的点越多分数会更高吗？

在行文水平相当的情况下，每段分析一个点和每段分析多个点的分数没有区别；在行文水平有差距的情况下，行文水平高的分数更高。即分数高低与每段分析了多少个点没有直接关系。但是就难度而言，每段写多个点的难度和错误风险更大。需要注意的是，如果某些段落写一个点字数不够，且该句中还有其他可分析的角度，可以为了凑字而在一段中多分析几个点。

问题 3：段落 5 和段落 8，哪个分数更高？

参考答案：段落 8。

【阅卷解析】

段落 5 和段落 8 分析的都是劳动年龄人口不等价于劳动力供应这个逻辑谬误。

从引入来看，二者的引入都是对的，但是段落 5 的话术较为套路化，且表达啰唆，故段落 8 的引入分会更高。

从分析来看，段落 8 的理由更加充分、深入，故分析分会更高。段落 8 无论是引入还是分析都比段落 5 更优秀，通常来说，其分数至少比段落 5 多 1 分。但段落 5 已经可以拿到 5 分左右了，段落 8 再怎么优秀最多也只能拿到满分 7 分，更何况，考场上很少出现满分的论证有效性分析。

【分数预估】

段落 5 分数为 5 分；段落 8 分数为 7 分。

【阅卷启发】

正误性和优劣性哪个对文章的分数影响更大？

很多同学在学习时总是在追求写好，却忽视了写对的重要性，这在应试中是非常不理性的行为。因为只有在写对的基础上，才有可能拿到分数的大头，在写对的基础上再去追求写好才有意义。

问题 4：段落 3 和段落 4，哪个分数更高？

参考答案：都很低。

【阅卷解析】

段落 3 和段落 4 无论是引入还是分析都很混乱，故二者在考场上都有极大的扣分风险。到底扣多少分，哪个扣的分更多，有很大的运气成分。

【分数预估】

段落 3 分数为 2 分；段落 4 分数为 2 分。

【阅卷启发】

虽然写作的阅卷具有较大的主观性，但是对于非常好的段落和非常差的段落，阅卷者是能够达成共识的。

问题 5：段落 7、段落 8 和段落 9，哪个分数更高？

参考答案：都很高。

【阅卷解析】

段落 7、段落 8、段落 9 都属于比较精彩的段落。

段落 7 非常详尽地将单个点解释清楚了；段落 8 则语言精练地将单个点解释清楚了；段落 9 层次清晰地将 3 个点都解释清楚了。

从内容上来说，段落 7 和段落 9 的内容都要比段落 8 的理由充实，故按理说应该拿到更高的分数。而段落 8 已经给出了 7 分，虽然段落 7 和段落 9 都非常精彩，但是已经很难在分数上体现出来了。

需要注意的是，段落 7 和段落 9 的字数过多，虽然单个段落分数会很高，但会影响其他段落得分，导致文章的整体分值下降。

【分数预估】

全都是满分 7 分。

【阅卷启发】

理由不是越多越好，谬误个数也不是越多越好，要适度。

通过对这道例题的学习，相信大家对于论证有效性分析的行文有了新的认识，希望大家在未来学习的过程中也要具备阅卷视角。

五、核心段落注意事项

（一）要客观分析，拒绝主观判断

错误示范：首先，我认为材料中不能因为女生爱逛街就认为女生是败家的。因为我身边就有很多女生虽然每天都逛街，但她们逛街的真实目的是寻找性价比更高、更实用的产品或者是锻炼身体，若是如此，则论证者的结论就不攻自破了。

错误分析：上述语段中，从"我认为"开始，一直在进行主观陈述，发表自己对于这一论证的看法；而实际上，在论证有效性分析中，应当客观分析论证缺陷，不应发表自己的主观看法。

（二）要质疑结论，拒绝推翻观点

错误示范：首先，逛街和败家二者之间一定存在必然的因果关联吗？显然答案是否定的，所以"女生都是败家的"这一观点是错误的。因为很可能真实的情况是有些女生逛街是只逛不买，或者是为了寻找性价比更高、更实用的产品，又或者是为了锻炼身体，若是如此，则论证者的结论就不攻自破了。

错误分析：上述语段中，错在"'女生都是败家的'这一观点是错误的"这句话，因为论证有效性分析应当"肯前提、否推理、疑结论"，而本句是在否结论。

(三) 要分析过程，拒绝分析背景

错误示范：首先，上述材料中由"女生都是爱逛街的"就得出了"女生都是败家的"这一结论，这显然是难以让人信服的，其显然忽略了这样的一种可能性，即可能有很多女生更喜欢待在家里或者进行一些户外运动，在迫不得已的情况下才会去逛街，所以如果真实的情况是这样，则上述结论就不攻自破了。

错误分析：上述语段的错误在于其仅分析了背景知识的真实性，而没有针对论证过程的缺陷进行分析。

(四) 要理由充分，拒绝套路重复

错误示范：首先，上述材料中，论证者由"女生都是爱逛街的"就得到了"女生都是败家的"，这显然是难以让人信服的。因为对于女生这个群体来说，是否败家与是否爱逛街二者之间并不存在必然的因果关系。很可能真实的情况是，有很多女生虽然每天逛街，但其实她们一点儿都不败家。如果真实的情况是这样，则"女生都是败家的"这一结论就无从谈起了。该材料如果想得到这一结论，还应该提供更为充分的论证。

错误分析：上述语段的错误在于语句过于啰唆，完全在用套话重复材料的前提和结论，而没有一句实质的分析。

正确示范：女生对逛街的喜好情况并不是断定其是否败家的决定性要素。因为败家往往意味着不理性消费或发生超出消费能力的非必要支出，虽然很多女生喜欢逛街，但她们很可能是为了在对比的过程中寻找性价比更高的产品，或者是为了了解最新的流行趋势，并没有出现大量败家的消费行为。若是如此，则其结论就不攻自破了。

> **小贴士**
>
> **1. 行文态度**
>
> （1）在分析论证中引入自己的经验和观点或一种可能性的场景时，多用如下词汇：
>
> 很可能、也许、大概、通常情况下、很多人、大部分、有的人、或许、试想、若是、如果真实的情况是这样等。
>
> （2）在对原文的观点和论证进行分析时，多用如下词汇：
>
> 值得商榷、有失偏颇、还需完善、有待证明、不严谨、难以必然成立、缺乏说服力、不太恰当、并不意味着、有些轻率等。
>
> **2. 段落连接词**
>
> 分析论证缺陷时，尽量将一个缺陷或一类缺陷形成一个自然段，段与段之间要使用表示顺序的词语，如：
>
> （1）首先、其次、再者、此外、最后；
>
> （2）第一、第二、第三、第四；
>
> （3）最突出的、次之、再次之、最后。
>
> 这样做既有利于使行文结构清晰，又有利于阅卷者配置得分。

六、谬误的复合分析（选修）

该部分为选修内容，大家可根据自己的需求选择性学习。

谬误的复合分析是指在一个分析段落中同时分析多个谬误。

前面和大家说过，在写作水平相当的情况下，在一段中分析一个谬误和在一段中分析多个谬误的得分情况一样。一个主要原因是篇幅的限制，每个分析段落大概要占 120 字的篇幅，这个篇幅很难同时将多个谬误引入并分析清楚。因此，大家需要清楚学习复合分析的主要目的：第一是了解一种复杂的写法；第二是必要时给某些段落凑字数。

> **小贴士**
>
> 1. 要不要复合分析？
>
> 对于考场作文，可以写但不建议。
>
> 2. 什么时候可以？
>
> 答题时间充足、单个谬误类型已经分析透彻、多个谬误之间具有不可分割的关联关系、复合方法运用熟练，在这几点同时满足的情况下，可以尝试复合分析。
>
> 3. 为什么不建议？
>
> 在日常应用场景中，以复合的方式展开分析能够使打击面更广、反驳力度更大；但在考试中，除非大家满足上述条件，否则不建议进行复合分析。第一，复合分析并非一定会使段落更加深刻，也可能会使段落层次更为混乱；第二，该方法浪费时间，使审题过程和分析过程的任务量翻倍；第三，精彩的单个谬误和精彩的复合谬误二者的分值没有差异；第四，可能会因为复合而不得不引入大量原文，反而失去了分析的发挥空间；第五，不利于阅卷老师找得分点。

（一）谬误复合的常见思路

1. 让步

常用关联词：且不说……即便……；暂且不论……就算是……；等等。

参考段落："2012 年我国劳动年龄人口比 2011 年减少了 345 万"无法说明"我国劳动力的供应从过剩变成了短缺"。且不说 2011 年至 2012 年的情况能否代表我国当前的情况，也暂且不论劳动力供应减少是否意味着短缺，即便可以，劳动年龄人口和劳动力供应也并不等价，如很多退休返聘人员虽然属于劳动力供应但并不属于劳动年龄人口。（139 字）

2. 并列

常用关联词：同时；第一……第二……；一方面……另一方面……；等等。

参考段落："2012 年我国劳动年龄人口比 2011 年减少了 345 万"无法说明"我国劳动力的供应从过剩变成了短缺"。第一，2011 年至 2012 年的情况不能代表我国当前的情况；第二，劳动力供应减少并不意味着短缺，很可能需求也随之减少了；第三，劳动年龄人口和劳动力供应也并不等价，如很多退休返聘人员虽然属于劳动力供应但并不属于劳动年龄人口。（147 字）

3. 递进

常用关联词：更重要的是；不仅如此；还有；在此基础上；等等。

参考段落："2012年我国劳动年龄人口比2011年减少了345万"无法说明"我国劳动力的供应从过剩变成了短缺"。因为2011年至2012年的情况无法代表我国当前的情况；不仅如此，劳动力供应减少并不意味着短缺，很可能需求也随之减少了；更重要的是，劳动年龄人口和劳动力供应也并不等价，如很多退休返聘人员虽然属于劳动力供应但并不属于劳动年龄人口。（151字）

4. 举例

常用关联词：例如；举例来说；等等。

参考段落："2012年我国劳动年龄人口比2011年减少了345万"无法说明"我国劳动力的供应从过剩变成了短缺"，其在论证过程中存在诸多缺陷。例如，劳动年龄人口和劳动力供应并不等价，实际上很多退休返聘人员虽然属于劳动力供应但并不属于劳动年龄人口，也有很多大学生由于正在求学，虽然处在劳动年龄区间但并未作为劳动力供应。（144字）

（二）谬误复合的常见模型

复合模型一：A_1、$A_2 \rightarrow B_1$、B_2

【示例】

加工成本下降，所以成本变小。

2012年我国劳动年龄人口比2011年减少了345万，这说明我国劳动力的供应从过剩变成了短缺。

模板一：A_1无法B_1，分析A_1、B_1；同时，A_2也无法B_2，分析A_2、B_2。

模板二：A_1、A_2就一定B_1、B_2吗？其实不然。一方面，A_1无法B_1，分析A_1、B_1；另一方面，A_2也无法B_2，分析A_2、B_2。

复合模型二：$A \rightarrow B \rightarrow C \rightarrow D \rightarrow E \rightarrow F \rightarrow G \rightarrow H$

【示例】

在现代社会，企业和劳动者个人都面临着不断变化的市场环境。而变化的环境必然导致机会主义行为。在各行各业，控制机会主义行为的唯一途径就是在企业内部培养员工对公司的忠诚感。而培养忠诚感，需要建立员工和企业之间的长期雇佣关系，给员工提供"铁饭碗"，使员工形成长远预期。

模板一：A无法B，分析A、B；在此基础上更无法基于后续诸多错误论证得到H。

模板二：材料由A无法最终得到H，因为其每个论证环节都存在逻辑缺陷，例如，A无法B，分析A、B。

复合模型三：A → B → C (→ D)

【示例】

一个人受教育程度越高，其整体素质也就越高，适应能力就越强，当然也就越容易就业。

模板：A 无法 B，分析 A、B；不仅如此，由 B 也无法得出 C，分析 B、C；在此基础上，更不要说得出 D 了。

复合模型四：$A_1 → B_1$；$A_2 → B_2$

【示例】

正因为文化具有普同性，所以一国文化就一定会被他国所接受；正因为文化具有特异性，所以一国文化就一定会被他国所关注。

模板：A_1 无法 B_1，分析 A_1、B_1；同时，A_2 也无法 B_2，分析 A_2、B_2。

复合模型五：A、B、C → D

【示例】

只要根据市场需求调整高校专业设置，对大学生进行就业教育以改变他们的就业观念，鼓励大学生自主创业，那么大学生的就业难问题将不复存在。

模板：A 无法 D，分析 A、D；不仅如此，B 等也无法 D。

> 📖 **小贴士**
>
> 真题中的材料变幻莫测，无法用几个模型完全概括，大家需要重点掌握谬误复合的常见思路，在做题时举一反三。

（三）复合分析的注意事项

（1）不要为了复合而复合。复合并非论证有效性分析文章的必要组成部分，如果大家有凑字数的需要且能够熟练掌握复合分析方法，可以考虑复合。

（2）复合过程中要控制好段落字数，最多不要超过 8 行。

（3）不要每个段落都复合。如果每个段落都复合，文章中呈现的信息过多，那么阅卷老师的阅卷体验会很糟糕。

（4）当论证的前提和结论的字数较多时不建议复合。

（5）不要将不相干的谬误复合到同一段。一句话中有多个谬误或者不同语句中有相同谬误时再考虑复合。

（6）复合过程中语言要精练，逻辑要清晰。

（7）如果一个段落中复合了两个谬误，而其中有一个谬误分析错了，则会扣除此段落一半的分数。

七、高频谬误及参考话术（选修）

该部分为选修内容，大家可根据自己的需求选择性学习。

前面已经多次提到，考试大纲并没有明确地区分谬误类型。我们在行文中也不建议大家非常明确地区分谬误类型，因为这样会增加应试的风险。尽管在段落中不建议大家区分，但是在日常学习的过程中还是要加以了解，这样可以提高审题速度，并有助于在脑海中创建一些行文的快捷方式，这样可以更加高效地备考。

（一）高频谬误一：不当类比

所谓类比，就是由两个对象的某些相同或相似的性质，推断它们在其他性质上也有可能相同或相似的一种推理形式。类比是一种主观的、不充分的似真推理，作类比的两个事物之间固然有相似之处，但也有所差别，故从两者在某些地方相似推出它们在其他地方仍相似的结论就不具有必然性。这种不必然性我们就称之为"不当类比"。

类比都具有一定的不当性，只是不当的程度大小有区分。

1. 参考行文套路

行文套路一：A、B两者之间并不具有可类比性。

行文套路二：A可类比到B吗？答案显然是否定的。

行文套路三：材料中错误地将A类比到了B，所以在此基础上得出的结论也是难以让人信服的。

行文套路四：A发生某事不代表B也会如此。

行文套路五：材料无法基于A发生某事得出B也会如此。

行文套路六：A和B两者之间并不具有可类比性，所以其……结论也难以实现。因为不同于A，B的情况是……，所以论证者在不当类比的基础上所得出的结论也是难以让人信服的。

行文套路七：材料无法基于A发生某事得到B也会如此。A和B之间存在一定的差异，即……所以这样的论证不够合理，由此得出的结论也就值得商榷了。

> **小贴士**
> 行文套路仅供参考，更建议大家在理解的基础上独立行文。

行文套路应用示例

已知材料：[题源：199-2003] 就像蜜蜂或苍蝇一样，企业经常面临一个像玻璃瓶那样的不可思议的环境。蜜蜂实验告诉我们，在充满不确定性的经营环境中，企业需要的不是朝着既定方向的执着努力，而是在随机试错的过程中寻求生路，不是对规则的遵循而是对规则的突破。在一个经常变化的世界里，混乱的行动比有序的衰亡好得多。

【应用套路示例】

蜜蜂实验的情况和企业经营的情况两者之间并不具有可类比性，所以无法得到"在充满不确定性的经营环境中，企业需要的不是朝着既定方向的执着努力，而是在随机试错的过程中寻求生路"的结论。因为不同于蜜蜂实验，企业经营是一个复杂的社会活动，所以论证者在不当类比的基础上得出的结论也是难以让人信服的。

【不应用套路示例】

蜜蜂实验只是特定环境下的一个生物行为实验，不能简单地将生物行为类推到企业行为。因为生物行为是以生物本身的生理反应作为主导的，而企业行为则是更为复杂的心智判断的结果，这种判断是企业管理者在更为复杂的商业环境、社会环境、文化环境等因素共同作用下产生的，所以不能直接用生物实验结果来指导企业的商业行为。

2. 实战分析

【材料】

有一则广告：任何认为润肤霜对皮肤并不重要的人，都应当想一想地球的皮肤——土地在遭受旱灾时的情形。由于缺乏水分，土地表面变得沟壑纵横，支离破碎，原本葱郁的美丽植物也消失了。因此，你的皮肤也应受到精心呵护，以免因缺乏水分遭到破坏。而这份呵护应当来自能有效防止皮肤干燥的雅嘉牌清新润肤霜，经常滋润，保持皮肤水嫩。

【分析】

题干梳理：

前提：土地需要保持湿润，以免因缺乏水分而遭受旱灾。

结论：皮肤也应受到精心呵护，以免因缺乏水分而遭到破坏。

当材料同时针对两类不同的事物进行比较的时候，我们就要重点考虑不当类比这一谬误方向。该材料的结论是针对人类皮肤的，而前提却是针对土地的，很明显犯了不当类比的错误。

需要注意的是，不当类比的重点在于，不能类比的两个主体被认为在经历了相同或类似的事件之后，会得到同样的结果。因此，分析的重点是指出两个主体的差异，在引入的时候也应该突出两个主体的不同。

参考段落：土地与皮肤的补水过程不具有可比性。人体的皮肤处于一个不断循环、自动调节的系统，即使不使用润肤霜，机体也能通过喝水、吸收空气中的水分等途径为皮肤补充水分；而土地一旦停止灌溉，很难从内部获得水分，很容易皲裂。两者补水的原理不同，不能相提并论。

3. 直击真题

[题源：199-2019]再说，在做出每一选择时，首先需要我们对各个选项进行考察分析，然后再进行判断决策。选择越多，我们在考察分析选项时势必付出更多的努力，也就势必带来更多的烦恼和痛苦。事实也正是如此。我们在做考卷中的选择题时，选项越多选择起来就越麻烦，也就越感到痛苦。

【解析】考卷中的选择题与题干所探讨的选择具有本质区别，不可草率类比。选择题的选项是在正确和错误选项之间做抉择，选项中存在无可争议的正确选项；而我们今天所探讨的选择往往不是正误型选择，而是优劣型选择，是要在诸多各有利弊的选项中进行权衡。

［题源：199-2012］既然宇宙间万物的运动都是相对的,那么我们观察问题时也应该采用相对的方法,如变换视角等。

【解析】材料由"宇宙间万物的运动都是相对的"得不到"我们观察问题时也应该采用相对的方法"这一结论。宇宙万物的运动和我们观察问题的方法是两码事。前者指的是一种物理现象,而后者指的是一种看待问题的方法,两者不可相提并论。

［题源：199-2012］假如再变换一下视角,从一个更广泛的范围来看,连我们人类自己也是大自然的一部分。既然我们的祖先是类人猿,而类人猿正像大熊猫、华南虎、藏羚羊、扬子鳄乃至银杏、水杉、五针松等一样,是整个自然生态中的有机组成部分,那为什么我们自己就不是了呢?

【解析】类人猿是整个自然生态中的有机组成部分,不能由此推论出人类也是自然生态中的有机组成部分,因为"祖先"具有的性质,后代未必具有。

> **小贴士**
>
> 此处大家需要注意,类比的双方是类人猿和人类,与大熊猫等无关,不要错误地引入类比对象。

［题源：199-2010］同样也可以预言,由于中国的信息技术发展迅猛,中国和世界一样,也会从立体变为平面,中国东西部之间的经济鸿沟将被填平,中国西部的崛起指日可待。

【解析】中国的国情和世界其他国家的情况不同,不能进行简单类比。中国东西部之间的经济鸿沟不仅仅是由发展程度导致的,地域、环境等因素也制约着中国西部的发展,故不可草率地基于世界发展现状预测中国的发展趋势。

［题源：199-2009］1 000是100的10倍。但是当分母大到上百亿的时候,作为分子的这两个数的差别就失去了意义。在知识经济时代,任何人所掌握的知识,都只是沧海一粟。这使得在培养与选拔人才时,知识尺度已变得毫无意义。

【解析】分数的意义不仅仅在于其数值的大小,也在于其背后传递的数量关系等,当分母大到上百亿时,虽然两个数的数值差异可以忽略不计,但却依然传递着不同的数量关系,不可草率地认定其差别失去了意义。在此基础上更无法将数字间的关系简单类比到知识尺度的关系。

［题源：199-2005］教育可以帮助一个具有领导经验和生活经验的人提高到更高的层次,但是,即使一个人具有管理天赋和领导潜质,教育也无法将经验灌入他的头脑。换句话说,试图向某个未曾从事过管理工作的人传授管理学,不啻试图向一个从来没见过其他人类的人传授哲学。

【解析】"试图向某个未曾从事过管理工作的人传授管理学,不啻试图向一个从来没见过其他人类的人传授哲学",这一推断缺乏有效性。即便是一个未曾从事过管理工作的人,只要他在组织环境中工作过,他就对管理中的基本问题,如沟通、协调、组织、决策等,具有一定的观察和体验。这与"向一个从来没见过其他人类的人传授哲学"是不能类比的。

> **小贴士**
>
> 本文中,不当类比的双方应该是"向某个未曾从事过管理工作的人传授管理学"和"向一个从来没

见过其他人类的人传授哲学"，而并非"管理学"和"哲学"，要注意行文中的表达方式。

[题源：199-2004] 由此推算，在不远的将来，若中国的人均公关费用达到日本的水平，中国公关市场的营业额将从 25 亿元增长到 300 亿元，平均每家公关公司就有 3 000 万元左右的营业收入。

【解析】中国与日本的人口结构存在着相当大的差异，尤其对于公关这种城市化程度要求很高的行业而言，简单地将日本的人均公关费用推广到中国，是错误的类比。

（二）高频谬误二：以偏概全

以偏概全，是指由于忽视样本属性的异质性，或者根据有偏颇的样本所做出的概括。"盲人摸象"和"管中窥豹"是对"以偏概全"最好的诠释。

例如，最近的一项研究指出："适量饮酒对妇女的心脏有益。"研究人员对 1 000 名女护士进行调查，发现那些每星期饮酒 3～15 次的人，其患心脏病的可能性较每星期饮酒少于 3 次的人低。因此，研究人员发现了饮酒量与妇女心脏病之间的联系。

1. 参考行文套路

行文套路一：偏仅仅是全的一部分。

行文套路二：偏这一部分的情况并不能代表全这一整体的情况。

行文套路三：材料认为 A 这一部分具有的属性也为 B 这一整体所具有。

行文套路四：A 和 B 不是一回事，不要以偏概全。

行文套路五：A 这一部分的情况并不能够论证得到 B 这一整体的情况，论证者有以偏概全的嫌疑，其显然忽略了 B 中除了 A 还有 X、Y、Z 等，而这几者的情况很可能与 A 不一样，若是如此，则其论证就难以必然成立了。

行文套路应用示例

已知材料：[题源：199-2016] 据报道，近年长三角等地区频频出现"用工荒"现象，2015 年第二季度我国岗位空缺与求职人数的比率约为 1.06，表明劳动力市场需求大于供给。因此，我国的大学毕业生其实是供不应求的。

【应用套路示例】

长三角地区劳动力市场这一部分的情况并不能够论证得到我国劳动力市场这一整体的情况，论证者有以偏概全的嫌疑，其显然忽略了除了长三角地区外还有京三角、东三省等诸多地区，而这几者的情况很可能与长三角地区不一样，若是如此，则其论证就难以必然成立了。

【不应用套路示例】

长三角地区的情况无法代表整个市场的情况。因为长三角地区是中国经济发展最为活跃的地区之一，经济发展水平和就业机会都要优于其他地区。因此，长三角地区的用工需求相对较大，出现"用工荒"现象的可能性更高。但是，中国是一个大国，各地区的经济发展水平和产业结构各有不同，因此用工情况也存在很大的差异。

2. 实战分析

【材料】

2016年上半年，即1—6月，全国大约有300万台录像机售出。这个数字仅是2015年全部录像机销售量的35%。由此可知，2016年的录像机销售量一定会比2015年少。

【分析】

题干梳理：

前提：2016年上半年的销售量仅为2015年的35%。

结论：2016年的销售量一定会比2015年少。

我们发现很难从题干表面的前提和结论中马上揪出错误，因为题干的论证中隐藏了一些假设。找到这些假设，有利于我们更清晰地理解题干。

第一种理解方式

①（前提）2016年上半年的销售量仅为2015年的35%。

②（假设）2016年下半年的销售量仅为2015年的35%。

③（假设）2016年全年的销售量仅为2015年的70%。

④（结论）2016年的销售量一定会比2015年少。

第二种理解方式

①（前提）2016年上半年的销售量仅为2015年的35%。

②（假设）2016年全年的销售量仅为2015年的70%。

③（结论）2016年的销售量一定会比2015年少。

这两种理解方式都是对的。

在第一种理解方式中，题干的论证关系是：①→②→③→④。很明显②→③这个论证没有错误，③→④这个论证没有错误。只有①→②这个论证出现了错误。错误的原因也是一目了然的，即根据上半年的销售量无法推测出下半年的销售量，也就是犯了"忽略发展"的错误。

在第二种理解方式中，题干的论证关系是：①→②→③。很明显②→③这个论证没有错误，只有①→②这个论证出现了错误。错误的原因也是一目了然的，即上半年的销售量无法推测出全年的销售量，也就是犯了"以偏概全"的错误。

所以对于这道题来说，我们将其理解为"以偏概全"或是"忽略发展"都是对的。当然，我们在行文中也完全可以直接分析，不点明谬误类型。

参考段落：2016年上半年的录像机销量情况无法反映全年的总销量情况。因为很可能由于上半年消费者资金短缺、商家促销活动不频繁等原因，导致这一时间段通常是录像机销售的淡季。而下半年"中秋购物节""双十一""双十二"等诸多大型购物节的推出可能会极大地刺激消费者的购买欲望，大大提高录像机的销量。故仅凭上半年的销量无法客观地反映全年的总销量。

为了能够更直观地理解，给大家看一个对比段落。

对比段落：文中从2016年上半年录像机的销售量占2015年录像机总销售量的35%推出2016年录像机销售量一定比2015年少的推理，犯了推理绝对化的逻辑错误。在未知2016年确切的总销售量的情况下，即使上半年的销售量占比小于2015年的50%，也不能推出2016年的总销售量一定比2015年低，下半年的销售量也是考量的重要因素。因此文中的推理有误。

> **小贴士**
>
> 该对比段落基本没有什么毛病，读起来好像都对又好像什么都没有说。大家可以通过两个段落的对比，体会一下。
>
> 首先，对比段落引入的部分直接照抄了原文，重点不突出；
>
> 其次，对比段落引入的语言较为模板化，可以更自然一些；
>
> 最后，从分析来看，段落中的分析基本上在不停地重复原文，没有指出问题的根本。

3. 直击真题

[题源：199-2021] 老子还说，讲究表面的礼节是"忠信之薄"的表现。韩非解释时举例说，父母和子女因为感情深厚而不讲究礼节，可见讲究礼节是感情不深的表现。

【解析】父母和子女之间的感情无法代表其他群体之间的关系。因为父母和子女之间的关系较为特殊，具有无法割裂的亲缘性。

[题源：199-2018] 还有，最近一项对某高校大学生的抽样调查表明，有69%的人认为物质生活丰富可以丰富人的精神生活，有22%的人认为物质生活和精神生活没有什么关系，只有9%的人认为物质生活丰富反而会降低人的精神追求。

【解析】对高校大学生进行的抽样调查结果不能代表所有人的情况。高校大学生普遍受教育程度较高且在读期间有足够时间可以追求精神生活，同时大多没有稳定的物质收入，其对精神与物质关系的认知很可能尚不成熟，或者具有显著的阶段性特点，不能代表所有人的认知状况。

[题源：199-2016] 据国家统计局数据，2012年我国劳动年龄人口比2011年减少了345万，这说明我国劳动力的供应从过剩变成了短缺。

【解析】2011—2012年我国劳动力市场的变化情况无法代表当前我国的情况。

[题源：199-2016] 据报道，近年长三角等地区频频出现"用工荒"现象，2015年第二季度我国岗位空缺与求职人数的比率约为1.06，表明劳动力市场需求大于供给。因此，我国的大学毕业生其实是供不应求的。

【解析1】仅由2015年第二季度的情况无法断言当前劳动力市场需求大于供给。首先，第二季度时毕业季还未结束，大学生还没有完全进入职场，这将导致该季度的求职人数相对偏低。其次，一个季度的数值不能充分地判断劳动力市场的供给情况，若是其他季度的情况与其刚好相反，那么劳动力市场的需求很可能小于供给。

【解析2】长三角地区的情况无法代表整个市场的情况。因为长三角地区是中国经济发展最为活跃的地区之一，经济发展水平和就业机会都要优于其他地区。因此，长三角地区的用工需求相对较大，出现"用工荒"现象的可能性更高。但是，中国是一个大国，各地区的经济发展水平和产业结构各有不同，因此用工情况也存在很大的差异。

［题源：199-2010］事实也是如此。所谓"金砖四国"国际声望的上升，无不得益于它们的经济成就，无不得益于互联网技术的发展。特别是中国经济的起飞，中国在世界上的崛起，无疑也依靠了互联网技术的普及，同时也可作为"世界是平的"这一观点的有力佐证。

【解析】中国不能代表世界其他国家的情况，所以用中国经济的起飞来佐证"世界是平的"这一观点也是有失偏颇的。

［题源：199-2008］乙：从科学角度看，现代医学以生物学为基础，而生物学又建立在物理、化学等学科的基础之上。但中医的发展不以这些学科为基础，因此，它与科学不兼容，这样的东西只能是伪科学。

【解析】中医的发展不以生物学、物理、化学等学科为基础得不出它与现代科学不兼容的结论。科学的范围很广，这些学科仅仅是科学的一部分，中医的发展不以这些学科为基础，不代表中医不以其他科学学科为基础。

（三）高频谬误三：偷换概念

偷换概念是指在论证中将两个相似的概念当成相等的概念。

这通常是一种不正当论证的诡辩手法。它利用两个语词在语义上的相似或部分相同来达到诡辩的目的。

概念具有两个基本特征，即概念的内涵和外延。概念的内涵就是指这个概念的含义，即该概念所反映的事物对象所特有的属性。概念的外延就是指这个概念所反映的事物对象的范围，即具有概念所反映的属性的事物或对象。

> **小贴士**
> 1. 以偏概全、集合体性质误用也是偷换概念的一种表现。
> 2. 概念混淆和偷换概念、概念界定不清等有差别，但考场不需要专门区分。差别体现在：混淆往往是无意的，而偷换是故意的。可是我们也无法分辨其是故意的还是无意的，故不需要区分。

1. 参考行文套路

行文套路一：A 和 B 两者并不能简单地画上等号。因为……

行文套路二：A 和 B 等价吗？答案显然是否定的。因为……

行文套路三：A 并不等同于 B，材料中显然混淆了两个概念的含义。因为 A 的内涵/外延是……，而 B 的内涵/外延是……，两者之间具有本质的区别，所以不可简单等价。

行文套路应用示例

已知材料：［题源：199-2007-10］为了解决"期界问题"，日本和德国的企业对那些专业技能要求很高的岗位上的员工，一般都实行终身雇佣制；而终身雇佣制也为日本和德国企业建立与保持国际竞争力提供了保障。这证明了"终身制"和"铁饭碗"不见得不好，也说明，中国企业的劳动关系应该向着建立长期雇佣关系的方向发展。

【应用套路示例】

"终身雇佣制"并不等同于"长期雇佣关系",材料中显然混淆了两个概念的含义。因为"终身雇佣制"的内涵是雇佣关系为终身契约的形式,而"长期雇佣关系"的内涵则是雇佣关系的年限较长,但非终身,两者之间具有本质的区别,所以不可简单等价。

【不应用套路示例】

终身雇佣制与长期雇佣关系两者并不等价。一方面,两种雇佣关系的雇佣年限不同。终身雇佣制的雇佣年限需要从入职持续到法定退休年龄,而长期雇佣关系的雇佣年限不需要持续到退休。另一方面,两者的适用对象不同,终身雇佣制主要适用于专业技能要求很高的岗位的员工,长期雇佣关系则适用于全部劳动关系。

2. 实战分析

实战分析一

【材料】

确定一种食品添加剂是否被禁用的通常程序是比较它对健康的益处和潜在的危害。用于给柠檬汽水着色的一种添加剂——5号黄色素会导致少数消费者过敏,但对于大多数消费者来说,这种色素增加了他们享受柠檬汽水这种饮料的乐趣。由于它的益处大于它的害处,5号黄色素这种特殊的添加剂不应当被禁用。

【分析】

梳理题干信息:

① 对于大多数消费者来说,5号黄色素增加了他们享受柠檬汽水这种饮料的乐趣。

② 5号黄色素对健康的益处大于它的害处。

③ 5号黄色素这种特殊的添加剂不应当被禁用。

题干中有两个核心论证:第一个是①→②,第二个是②→③。第二个论证是题干的预设前提,没有分析的价值。

故无论是在引入还是分析的过程中,我们都应重点关注①→②这一论证。

在这一论证中,主项保持了一致,都是5号黄色素,不用分析。

谓项是由"增加了乐趣"推出"对健康的益处大于害处"。

所以很明显这一论证中最核心的问题就是混淆了"增加乐趣"和"有益健康"的概念,即今天的知识点——概念混淆。

除此之外,这一论证中还有一个细节上的逻辑谬误,即:大多数人的情况不能代表整体。但是在本题中这个点的力度没有概念混淆大,所以不作为重点讨论。

参考段落:作者错误地把享受一种饮料的乐趣视为对健康的益处。然而乐趣往往是指情感上的快乐，饮料的包装、饮用方式、味道等都可能为消费者带来乐趣，而健康则指一个人在身体、精神等方面处于良好的状态。乐趣与健康之间并不存在必然关联，例如很多人明明知道吸烟有害健康却依然享受吸烟带来的乐趣。

> **小贴士**
>
> 概念混淆这一谬误类型的本质在于混淆了 A 和 B 两个概念，所以在引入的过程中应该清晰地呈现出两个概念，不要大篇毫无重点地引入，导致要点不清晰。段落行文中不仅仅要强调两者不同，还要指出两者为什么不同。

实战分析二

【材料】

一项时间跨度为半个世纪的专项调查研究得出肯定结论：饮用常规量的咖啡对人的心脏无害。因此，咖啡的饮用者完全可以放心地享用，只要不过量饮用，就不会有碍健康。

【分析】

梳理题干信息：

①一项时间跨度为半个世纪的专项调查研究得出肯定结论：饮用常规量的咖啡对人的心脏无害。

②咖啡的饮用者完全可以放心地享用，只要不过量，就不会有碍健康。

可简化为：

①饮用常规量的咖啡对人的心脏无害。

②饮用不过量的咖啡不会有碍健康。

不建议的分析角度如下。

不建议的角度一：

文中通过调查得出肯定的结论，这一用词是过于绝对的，因为有些危害是隐性的，或是慢性的，或是伤害很小，但不能保证没有危害。

【解析】题干以"一项时间跨度为半个世纪的专项调查研究得出肯定结论：饮用常规量的咖啡对人的心脏无害"为前提，我们要默认前提是对的。重点分析基于这一前提能否得到后续结论。（除非前提是主观臆断或明显与客观事实违背的，但这种情况很少出现，为了避免误伤，我更建议大家不要质疑前提本身）故该角度不合适。

不建议的角度二：

材料中并没有说明过量的具体标准。每个人对于量的标准理解不一，而材料中认为只要不过量，就不会有碍于身体健康。这一结论会导致一些每天熬夜办公的人认为喝咖啡能够更加高效地工作，但日日与咖啡相伴，摄入过多的咖啡因，会导致人的神经系统崩溃、产生幻觉等不良影响。

【解析】同样，我们要默认前提是对的，该段落中指出了"熬夜办公的人日日与咖啡相伴"，这一情形已经跳出了题干的预设场景了。

不建议的角度三：

调查研究是选取一部分有代表性的人作为研究对象，将其调查结果作为结论。但是每个人都是独一无二的个体，整体中的一部分人饮用常规量的咖啡对心脏无害不能代表整体中的所有人也具有这种属性。所以不能由调查研究结果得出肯定结论。

【解析】题干中没有指出该调查是针对一部分有代表性的人展开的，该段落曲解了题干。

参考段落：饮用适量咖啡对心脏无害不代表对健康无害。实际上，咖啡从很多方面威胁着人们的健康。例如，第一，长期饮用咖啡会影响睡眠质量，扰乱生物钟；第二，人们在饮用咖啡的时候往往会加入大量的糖，而糖分的过量摄入会降低人体免疫力；第三，长期饮用咖啡易诱发骨质疏松；等等。故我们不应盲目乐观地放心享用咖啡。

3. 直击真题

[题源：199-2018] 首先，按照唯物主义物质决定精神的基本原理，精神是物质在人类头脑中的反映。因此，物质丰富只会充实精神世界，物质主义潮流不可能造成人类精神世界的空虚。

【解析1】物质生活的丰富并不等同于物质主义潮流。前者强调物质资源充足的客观状态，指的是拥有较多的生产资料，生活水平较高。而后者则强调过分追求物质享受，指的是一种崇尚金钱的趋势，但并不意味着其本身就已经拥有了较多的钱财，固不可将二者简单等同。

【解析2】唯物主义基本原理中的"物质"与物质生活中的"物质"并非同一概念。

[题源：199-2017] 如果我们把古代荀子、商鞅、韩非等人的一些主张归纳起来，可以得出如下一套理论：

人的本性是"好荣恶辱，好利恶害"的，所以，人们都会追求奖赏、逃避刑罚。因此，拥有足够权力的国君只要利用赏罚就可以把臣民治理好了。

【解析1】本性并不等同于行为，本性会影响行为，但行为在受到本性影响的同时，也会受到后天环境的影响和道德法律的制约。所以由本性是"好荣恶辱，好利恶害"的无法得出"人们都会追求奖赏、逃避刑罚"的结论。

【解析2】"利"不等同于"奖赏"，"害"也未必就是"刑罚"。利不仅仅是物质上的奖惩，精神上的安全感、认同感、内心的坦荡等同样是人们所趋之"利"。例如，司法机关会处罚触犯法律条文的人，这种刑罚表面上看是"害"，但实际上是"利"，有利于其改过自新，重新开始新的生活。

[题源：199-2016] 据国家统计局数据，2012年我国劳动年龄人口比2011年减少了345万，这说明我国劳动力的供应从过剩变成了短缺。据报道，近年长三角等地区频频出现"用工荒"现象，2015年第二季度我国岗位空缺与求职人数的比率约为1.06，表明劳动力市场需求大于供给。因此，我国的大学毕业生其实是供不应求的。

【解析】"劳动年龄人口"和"劳动力供应"两者并不等价。实际上，在校大学生、家庭妇女、正在服兵役的士兵等都达到了劳动年龄，却不是劳动力；又或是退休后被返聘的职员，虽已超过劳动年龄却依然是劳动力。

［题源：199-2015］其次，经济运行是一个动态变化的过程，产品的供求不可能达到绝对的平衡状态，因而生产过剩是市场经济的常见现象。既然如此，那么生产过剩也就是经济运行的客观规律。因此，如果让政府采取措施进行干预，就违背了经济运行的客观规律。

【解析】首先，生产过剩是市场经济的常见现象并不等同于是市场经济的客观规律。常见现象是事物的外在表现，经常发生但无确切规律可循；而客观规律则为某种事物的内在本质，它表现出一种规律性。其次，市场经济的常见现象并不等价于经济运行的客观规律，两者存在本质差异。前者代表的是事件发生频率较高，而后者则代表事物发展的趋势。例如，降价是一个常见现象，商家可能经常会以促销、清仓、回馈消费者等为目的给商品降价，但降价并不是商品价格变化的客观规律。

［题源：199-2013］其实，这一问题不难解决。既然一个国家的文化在国际上的影响力是该国软实力的重要组成部分，那么要增强软实力，只需搞好本国的文化建设并向世人展示就可以了。

【解析】文化影响力和文化建设两者不可等同。

［题源：199-2013］既然宇宙间万物的运动都是相对的，那么我们观察问题时也应该采用相对的方法，如变换视角等。

【解析】运动的"相对性"和观察问题的"相对的方法"两者并不等同。

［题源：199-2009］现代网络技术可以使你在最短的时间内查询到你所需要的任何知识信息，有的大学毕业生因此感叹何必要为学习各种知识数年寒窗。这不无道理。

【解析】查询到知识不等同于掌握知识、运用知识。可以查询到的往往都是陈述性知识，然而知识于我们而言，其价值不仅仅在于描述"是什么"或者说明"为什么"的，而在于凭借对知识的应用和再创造来解决或者解释现实问题，故该论证有待进一步商榷。

［题源：199-2008］甲："科学无国界"是一个广为流传的谬误。如果科学真的无国界，为什么外国制药公司会诉讼中国企业侵犯其知识产权呢？

【解析】甲混淆了科学无国界和知识产权无国界的含义。科学是人类通过对事物的研究得出的普适规律，而知识产权属于商业范畴，受国家法律保护，是企业或个人拥有的无形资产。两者并不等同。

［题源：199-2008］乙：我去医院看西医，人家用现代科技手段从头到脚给我检查一遍，怎么能说没有整体观念、系统思维呢？中医在中国居于主导地位的时候，中国人的平均寿命在古代和近代都只有三十岁左右；现代中国人平均寿命提高到七十岁左右，完全拜现代西方医学之赐。

【解析】"西医用现代科技手段从头到脚检查一遍"是在操作上覆盖了身体的每个部分，而整体观念、系统思维则是一种主观的大局意识，无法通过简单的整体检查就能体现。

［题源：199-2006］在全球9家航空公司的140份订单得到确认以后，世界最大的民用飞机制造商之一——空中客车公司2005年10月6日宣布，将在全球正式启动其全新的A350远程客机项目。中国、俄罗斯等国作为合作伙伴，也被邀请参与A350飞机的研发与生产过程，其中，中国将承担A350飞机5%的设计和制造工作。这意味着未来空中客车公司每销售100架A350飞机，

就将有 5 架由中国制造。

【解析】"A350 飞机的 5%"只是飞机的一个部分，而且是极少的一个部分，与 5 架完整的飞机是完全不同的概念。

［题源：199-2004］目前，国内约有一千家专业公关公司。2003 年，规模最大的十家本土公关公司的年营业收入平均增长 30%，而规模最大的十家外资公关公司的年营业收入平均增长 15%；本土公关公司的利润率平均为 20%，外资公司为 15%。十大本土公关公司的平均雇员人数是十大外资公关公司的 10%。可见，本土公关公司利润水平高、收益能力强、员工的工作效率高，具有明显的优势。

【解析 1】公司的利润水平与平均利润率是不同的概念，不能根据本土公关公司的平均利润率比外资公司高，推断出本土公司的利润水平比外资公司高。即使本土公关公司的平均利润率高，但是总体利润水平仍有可能低于外资公司。

【解析 2】收入增长速度并不等同于收入能力，材料显然混淆了两个概念的含义。营业收入增长率只有在增长基数基本相同的情况下才能说明收益能力的差异。

（四）高频谬误四：概念含混①

概念含混是指把一个词的不同含义用混淆了。

这通常是一种不正当论证的诡辩手法。它或是利用同一语词在不同的意义上的使用来达到诡辩的目的。例如：

（1）他好，我也好。

（2）你对儿童当街便溺怎么看？趴着窗户看。

（3）对同一事物，有的人说"好"，有的人说"不好"，这两种人之间没有共同语言。可见，不存在全民族通用的共同语言。

再如："向慈善组织捐助是正确的，因此，慈善组织向我们要钱也是正确的。"这里"正确"一词有歧义，既可以指某事是对的或者好的（例如"这次测验我的答案都正确"），也可以指某人对某物拥有权利（例如"维护自己的合法权益是正确的"）。有些论证会有意偷换词语含义，常见的此类词语有"自由""正义""正确"等等；有些词语歧义问题则属于差错或者误解。但是，无论属于哪种情况，重要的是应保证在论证中所使用的主要词语的含义始终一致。建议找出论证中的重点词语，检查它们是否可能造成歧义，如果是的话，则应确保没有同时使用其不同含义。

在考场上，概念含混类错误较难识别和寻找，且误判的风险也较高，大家需要谨慎对待。

1. 参考行文套路

行文套路一：上述论证结论的正确性在很大程度上依赖于对 A 这个词的理解，但是 A 这个

---

① 高频谬误四、高频谬误五、高频谬误六考频相对较低，实战分析的实用性不够强，因此没有列出"实战分析"这个模块。

概念的界定不够清晰，到底是……还是……？所以论证中存在概念含混的嫌疑，该论证的合理性值得怀疑。

行文套路二：上述论证结论的正确性在很大程度上依赖于对 A 这个词的理解，但是 A 概念第一次出现时的内涵/外延是……，第二次出现时变成了……，所以论证中存在概念含混的嫌疑，该论证的合理性值得怀疑。

行文套路应用示例

已知材料：对同一事物，有的人说"好"，有的人说"不好"，这两种人之间没有共同语言。可见，不存在全民族通用的共同语言。

应用示例：上述论证结论的正确性在很大程度上依赖于对"共同语言"这个词的理解，但是"共同语言"第一次出现时的内涵是思想上的认同，第二次出现时变成了表达意思、交流思想的工具，所以论证中存在概念含混的嫌疑，该论证的合理性值得怀疑。

2. 直击真题

[题源：199-2012] 假如我们变换视角去看一些问题，也许会得出和一般常识完全不同的观点。例如，我们称之为灾害的那些自然现象，包括海啸、地震、台风、暴雨等，其实只是大自然本身的一般现象，从大自然的视角来看，无所谓灾害不灾害。只是当它损害了人类利益，危及了人类生存的时候，从人类的视角来看，我们才称之为灾害。

【解析】错误地使用了"灾害"这一概念。灾害是从人类视角来看待的，不存在自然视角下的灾害。

[题源：199-2007] 经济学和物理学、数学一样，所讨论的都是非常专业化的问题。只有远离现实的诱惑，潜心于书斋，认真钻研学问，才可能成为真正意义上的经济学家，中国经济学家离这个境界太远了。在中国的经济学家中，你能找到为不同产业代言的人，西方从事经济学研究最优秀的人不是这样的，这样的人在西方只能受投资银行的雇用，从事产业经济学的研究。一个真正的经济学家，首先要把经济学当作一门科学来对待，必须保证学术研究的独立性和严肃性，必须保持与"官场"和"商场"的距离，否则，不可能在经济学领域做出独立的研究成果。

【解析】保持学术研究的独立性和严肃性是重要的，但是否"必须保持与'官场'和'商场'的距离"，要看"官场"与"商场"的明确定义。如果"官场"代表政府政策制定场所、"商场"代表企业的实践场所，真正的经济学家不但不能保持距离，而且还要参与其中，以便发展和验证理论。在没有明确定义的情况下进行推论，只能造成概念的混淆。

[题源：199-2006] 在全球 9 家航空公司的 140 份订单得到确认以后，世界最大的民用飞机制造商之一——空中客车公司 2005 年 10 月 6 日宣布，将在全球正式启动其全新的 A350 远程客机项目。中国、俄罗斯等国作为合作伙伴，也被邀请参与 A350 飞机的研发与生产过程，其中，中国将承担 A350 飞机 5% 的设计和制造工作。

【解析】文中指出"中国将承担 A350 飞机 5% 的设计和制造工作"，这里的 5% 概念界定不清，到底是飞机部件数量的 5%，还是飞机价值的 5% 或其他，无法识别。

（五）高频谬误五：非黑即白

非黑即白是一种比喻性的描述，意思是说在黑与白之间还有灰色区，思考者却忽视了这些中间色的存在，把选择的范围只局限在黑与白两者之间，并做出非此即彼的选择。

非黑即白又称"假的二难选择"（False Dilemma），它忽略了中间地带，本质上是混淆了矛盾关系与反对关系。

例如：

（1）调查显示，某地区仅有20%消费者不喜欢快餐，因此在这里开一家快餐店，便能获得80%消费者的支持。

（2）调查显示，仅有30%的人支持共和党，那么这次竞选民主党一定获胜。

1. 参考行文套路

行文套路一：A和B两者之间并不是非此即彼的矛盾关系，因为除了A和B之外还有X、Y等其他可供选择，例如……，故上述论证有非黑即白之嫌。

行文套路二：非A就一定B吗？其实不然。

行文套路三：在集合U中除了A和B还有其他。

行文套路应用示例

已知材料：[题源：199-2008]但中医的发展不以这些科学为基础，因此，它与科学不兼容，这样的东西只能是伪科学。

应用示例：科学和伪科学两者之间并不是非此即彼的矛盾关系，因为除了科学和伪科学之外还存在很多无法进行划分的自然现象、文化艺术等等，如京剧既不能算是科学，也不能算是伪科学，故上述论证有非黑即白之嫌。

2. 直击真题

[题源：199-2019]而追求无穷的选择就是不知足，不知足者就不会感到快乐，那就只会感到痛苦。

【解析】不知足不会感到快乐，未必就会痛苦。人的情感不只有快乐和痛苦两种，也有可能是痛并快乐着。

[题源：199-2015]总之，我们应该合理定位政府在经济运行中的作用。政府要有所为，有所不为。政府应该管好民生问题。至于生产过剩或生产不足，应该让市场自行调节，政府不必干预。

【解析】市场调节和政府干预可以相互结合，两者并不是矛盾的。

[题源：199-2011]掌握了股价涨跌的概率，你就能赚钱；否则，你就会赔钱。

【解析】不赚钱未必就等于赔钱，还有可能处于不赚不赔的中间状态。

[题源：199-2008]乙：从科学角度看，现代医学以生物学为基础，而生物学又建立在物理、化学等学科的基础之上。但中医的发展不以这些学科为基础，因此，它与科学不兼容，这样的东西只能是伪科学。

【解析】 即便中医与现代科学不兼容，也不能推出它是伪科学。"伪科学"不是"科学"的补集。比如，京剧艺术不是科学，但也不能说它是"伪科学"。

（六）高频谬误六：集合体性质误用

集合体性质误用是指将集合体所具有的属性作为其构成部分的属性。

集合概念具有的性质，其个体不一定具备。判断一个概念是否为集合概念时，可以通过这一点来验证。比如，"杭州人是秀气的"并不表示每一个杭州人都是秀气的，因此在这句中"杭州人"为集合概念。而"杭州人是中国人"表示每一个"杭州人"都是中国人，因此在这句中"杭州人"不是集合概念。

概念前面有量词的一般都不是集合概念，比如"所有杭州人都是中国人""有的杭州人是世界冠军""张亮是（一个）杭州人"，这几句中的"杭州人"都不是集合概念。

1. 参考行文套路

行文套路一：原论证依赖于一个非常重要的假设，整体的趋势能够代表个体的走势。但是，个体和群体在某些方面是相互区别的，例如……，所以这样的论证就难以必然成立。

行文套路二：材料试图通过 A 这个平均数字的分析，得出 B 结论。但是平均数只能说明样本总量的总体特征和集中趋势，并不能说明每个样本的具体情况，尤其在样本总体分布两极分化的情况下，平均数并不是研究一个样本的良好指标。可能材料所举的例子就远远达不到平均水平。因此，这个数据对于结论的支持是有限的。

行文套路应用示例

已知材料：本市平均的空气污染指数已经降到警戒线以下，所以今天我们区的空气质量是好的。

应用示例：材料试图通过本市平均空气污染指数的分析得出我们区今天的空气质量情况的结论。但是平均数只能说明样本总量的总体特征和集中趋势，并不能说明每个样本的具体情况，尤其在样本总体分布两极分化的情况下，平均数并不是研究一个样本的良好指标。可能材料所举的我们区今天的空气质量就远远达不到平均水平，因此，这个数据对于结论的支持是有限的。

2. 直击真题

［题源：199-2020］人们更青睐直接体验式的商业模态，而商业性冰雪运动正是直接体验式的商业模态，无疑具有光明的前景。

【解析】 直接体验式的商业模态会得到青睐，不代表商业性冰雪运动会有更光明的前景。因为一种商业模式发展良好，不代表其中每一个品类都会发展良好；而且冰雪运动在普及的过程中，会受限于地域、消费能力、天气、季节等诸多因素，这些都很可能会阻碍商业性冰雪运动的发展。

［题源：199-2016］劳动力市场需求大于供给。因此，我国的大学毕业生其实是供不应求的。

【解析】 劳动力市场需求大于供给并不代表大学生是供不应求的。劳动力市场可能更青睐那些有工作经验的资深人士以及熟练掌握专业技能的工人等，大学生并不符合这些岗位的录取标准。

（七）高频谬误七：因果类谬误

1. 常见因果类谬误

因果类谬误在真题中较为常见，其通常泛指错误地将两个事件构建了因果关系。具体来说，又包含如下几种情况（很多真题可能同时犯了如下错误）：

（1）强拉因果

将两个有联系但不构成因果关系的事件强行说成是因果关系，如：

①一项抽样调查显示：该校经常抽烟的学生中家庭经济条件优越的占 80%，因此家庭条件优越是学生抽烟的重要原因。

②通过对全国近三十年来的消费统计，凡是冷饮消费的高峰期，驱蚊药水的消费水平也都有显著的提升。专家分析，因为冷饮大多属于甜食，容易吸引蚊虫，这就导致了后者消费量的上升。

（2）不当假设

一个论证要成立必须附加条件，而附加的条件很有可能是违背客观事实或者与结论相矛盾的，那这种情况下该论证就可能犯了"不当假设"的错误，如：

韩梅梅爱唱歌，所以女生都爱唱歌。

该论证不当假设了"韩梅梅对唱歌的喜爱能够代表所有女生"。

（3）过于绝对

如果在论证中把表达某种观点的陈述绝对化，就会产生绝对判断的谬误。绝对判断的错误实质是断言本身导致了反例的产生。

反例即否定一个陈述为真的事例。反例一般不会在断定者的文本中表达出来，需要理解者把它揭示出来，因而这种矛盾是潜在的。

论证中所提供的理由不能与所坚持的主张发生矛盾，否则会导致论证无效。具体的情况有两类：一类是论证的理由与主张直接发生矛盾；另一类是由于论证中使用了绝对化的理由而使论证失去了可靠性。

例如：只要我努力工作，就一定可以出任 CEO。

（4）不必然推理

给出的论据的确能够支撑某种结论，然而却非欲论证的结论。

【示例】

"惩罚的严厉程度应当与违法的严重程度相吻合。现如今，对酒后驾车的惩罚也许不过只是罚款、吊销驾驶证或拘留，然而酒后驾车是非常严重的违法，可能导致无辜行人的丧命。因此，酒后驾车应当适用死刑。"这里的论据实际上可以支撑若干结论，例如"对酒后驾车应当严惩"

等等，但是就本例而言，却不能支持适用死刑的正当性。

建议要分清论据与结论。分析论据，看它们可以客观地给出什么结论。分析结论，看它需要什么论据作为支撑，然后检查实际是否给出了这样的论据。"推不出"的逻辑谬误往往发生在结论过于宽泛或者过于绝对之时，因此，如果所提主张较大，则应特别小心仔细。

(5) 忽略他因

一种是片面强调多种原因中的一个，用公式表示如下：

$(A+B+C+D+E+F) \to G \neq A \to G$

例如：在美国，癌症病人的平均生存年限（即从确诊为癌症到死亡的年限）是 7 年，而在亚洲，癌症病人的平均生存年限只有 4 年。因此，美国在延长癌症病人生命方面的医疗水平要高于亚洲。

另一种是脱离一系列原因链来考虑问题，用公式表示如下：

$A \to B \to C \to D \to E \to F \neq A \to F$

例如：每次购买香草冰激凌回来，何老师的汽车都会熄火，需要重新起动。由此得出结论，买香草冰激凌导致汽车故障。

2. 参考行文套路

行文套路一：强拉因果

分析套路一：没有更多证据表明 A、B 两个事件在这个论证中真的具备因果联系，或许存在其他因素导致了同样的结果，很可能真实的情况是……，若是如此，则上述论证难以成立。

分析套路二：（适用于以时间先后为因果的情况）材料中由 A 发生在 B 之前就得出 A 导致了 B 的结论，显然是难以让人信服的，两者很可能恰好先后发生，或是……，故上述结论是难以让人信服的。

行文套路应用示例

例题：一项抽样调查显示：该校经常抽烟的学生中家庭经济条件优越的占 80%，因此家庭条件优越是学生抽烟的重要原因。

应用示例：没有更多证据表明经常抽烟、家庭条件优越两个事件在这个论证中真的具备因果联系，很可能真实的情况是该校为贵族学校，全校所有同学中家庭条件优越的占比远远超过 80%，若是如此，则上述论证难以成立。

行文套路二：不当假设

A 就一定 B 么？其显然隐含了这样不当的假设：……。然而，该假设并不必然成立。因为，很可能存在这种情况：……。如果这样，上文推理的结论……将受到严重削弱。

行文套路应用示例

例题：明天是写作课，所以明天是张老师的课。

应用示例：明天是写作课就一定是张老师的课么？其显然隐含了这样不当的假设：张老师是

明天唯一上课的写作老师。然而，该假设并不必然成立。因为，很可能存在这种情况：明天可能会有其他的写作老师来授课。如果这样，上文推理"明天是张老师的课"这一结论将受到严重削弱。

行文套路三：过于绝对

A 并不必然能够推出 B，因为……

行文套路应用示例

例题：[题源：199-2014]所有环节都在可控范围之内，那么企业的运营就不可能产生失误。

应用示例：所有环节都在可控范围之内并不必然推出企业的运营就不可能产生失误，因为企业的运营是一个复杂的过程，其不仅仅包括硬性的管理流程，还包括软性的人文情怀，而这一部分即便可控，也不代表在运营的过程中不会产生差异化进而导致失误。

行文套路四：不必然推理

上述材料中，论证者过于绝对地认为 A 就一定 B，事实真的如此么？其很可能忽略了这样的一种可能，即……。若此，则其结论便不攻自破了。

行文套路应用示例

例题：[题源：199-2013]只要创作更多的具有本国文化特色的文艺作品，那么文化影响力的扩大就是毫无疑义的，而国家的软实力也必将同步增强。

应用示例：上述材料中，论证者过于绝对地认为只要创作更多的具有本国文化特色的文艺作品，那么文化影响力的扩大就是毫无疑义的，事实真的如此么？其很可能忽略了这样一种可能，即文化影响力的扩大与否并不仅仅取决于文艺作品的创造数量这一个要素，同时很可能虽然本国创造了大量的作品，却没有能力传播。若此，则其结论便不攻自破了。

行文套路五：忽略他因

Y 不仅仅是由 X 导致的，这段论述只是指出了多个原因中的一个作为事件的主要因素。但是，除了因素 X 之外，还可能有其他原因，例如 A、B 等，很可能它们才是导致结果的最重要影响因素，所以仅仅靠 A 去推导结论，可能考虑得不够周到。

行文套路应用示例

例题：你之所以能够取得这么好的成绩，都是因为我每天给你做早餐吃。

应用示例：好成绩的取得不仅仅是由每天有人给做早餐导致的，这段论述只是指出了多个原因中的一个作为事件的主要因素，甚至有可能做早餐根本算不上是主要因素，自身的努力、机遇的把握等很可能才是导致结果的最重要影响因素，所以仅仅靠"我每天给你做早餐"得出"取得好成绩"的结论，可能考虑得不够周到。

3. 直击真题

[题源：199-2020]北京与张家口共同举办冬奥会，必然会在中国掀起一股冰雪运动热潮。

【解析】举办冬奥会未必会掀起冰雪运动热潮。因为不同于篮球、乒乓球等其他运动，冰雪运动的推广不仅仅受到场地限制，还会受到地域环境和天气等的限制。

［题源：199-2020］另外，目前中国网络购物已经成为人们的生活习惯，但相对于网络商业，人们更青睐直接体验式的商业模态，而商业性冰雪运动正是直接体验式的商业模态，无疑具有光明的前景。

【解析】商业性冰雪运动是直接体验式的商业模态，不见得就有光明的前景。因为冰雪运动在普及的过程中，会受限于地域、消费能力、天气、季节等诸多因素，这些都很可能会阻碍商业性冰雪运动的发展。

［题源：199-2019］选择越多，我们在考察分析选项时势必付出更多的努力，也就势必带来更多的烦恼和痛苦。

【解析】选择多，未必就要付出更多的努力。当正确选项唯一时，付出努力的多少与选项的多少之间不存在正比关系；不仅如此，选择过程中付出的努力越多，不代表烦恼和痛苦越多。很多时候，选择多代表我们的自主权和选择空间更大，考虑问题时可以更加全面，未必会带来更多的烦恼和痛苦。

［题源：199-2019］很多股民懊悔自己没有选好股票而未赚到更多的钱，从而痛苦不已，无疑是因为可选购的股票太多造成的。

【解析】很多股民的痛苦真的是源自可选购的股票太多吗？若是股民在众多股票中选到了不断增值的股票其还会如此懊悔吗？可见，往往很多股民懊恼的缘由是没有选对而并非选项太多。

（八）非核心谬误

考试中，非核心谬误出现的概率较低，所以对于此部分要求各位考生理解各谬误类型，能够结合对题干的理解进行分析即可，不需要熟练掌握。

1. 诉诸无知

这一谬误可通俗地解释为："目前尚无这一问题的结论性证据，因此，应该接受我对这一问题的结论。"

【示例】

若干世纪以来，人们一直在努力证明上帝的存在，但迄今尚无人能够证明。因此，上帝并不存在。

与此观点相反但存在同样逻辑谬误的说法则是："多年来，人们一直试图证明上帝并不存在，但迄今尚无人能够证明。因此，上帝确实存在。"

这两种论证都是利用证据不足来支撑结论的正确性。建议仔细检查是否存在已经指出证据不足而又依据证据不足得出了某种结论的情况。

2. 滑坡谬误

定义：声称某事之后将会发生一连串通常很可怕的后果，但并无充分证据支撑该推论。这样的推论断定，如果再往前一步踏上"滑坡"，就必定会一路滑跌到沟底，亦假定我们不可能中途停下。

【示例】

只要在法律的约束之下，提倡"能挣"就是提倡"奋斗"，就会给经济带来活力，就不会产生许多"啃老族"，也不会产生许多依赖救济的人，就会激励人们（特别是年轻人）的创新精神，因此，国家的经济便可以发展，科技也可以进步了。

3. 诉诸公众

诉诸公众指的是以大多数公众所持有的信念以及公众狂热的情绪或强烈的愿望，而不是客观、严谨的理智分析为理由，来促使人接受某种主张或者采取某种行动。即试图说服受众采取某一行动或接受某一说法，只因为（据说）大家都这样。

【示例】

同性恋婚姻很不道德，因为约 70% 的美国人都这样认为！

4. 诉诸怜悯

诉诸怜悯是指激起人们的恻隐之心，从而接受自己的结论。

【示例】

我知道考试是依据答题结果给分的，但是我应该得 A。因为我的小猫病了，我的车抛了锚，我又得了感冒，所以我的学习是很艰难的！

这里的结论是"我应该得 A"，但是"得 A"的衡量标准是课程学习情况以及知识运用情况。

再举一例：向企业征税是不对的，别忘了它们的慈善捐款以及它们已经付出的生产成本有多少！

5. 稻草人谬误

增加论证力量的方法之一是预测可能的驳论然后先发制人。而"稻草人"谬误则是先把对方的观点变成一个容易推翻的版本，然后将其驳倒而得分；但是，这如同一拳击倒一个草人或者吓唬小鸟的假人，影响实在有限。因此，击败对手已遭扭曲的观点，影响也同样十分有限。

【示例】

女权主义要求全面禁止色情作品，而且，凡阅读色情作品者都应受到处罚！但是，这样严厉的举措无疑是不稳妥的。因此，女权主义是错误的，不应干涉色情作品及其读者。

这里，女权主义的观点经夸大而遭削弱——实际上，多数女权主义者并不主张完全"禁止"色情作品或者惩罚仅仅阅读色情作品的人；女权主义主张的乃是限制诸如儿童色情这些东西，或者是主张受到色情作品伤害的人士为索赔而起诉相关出版商或者出品人，并非起诉读者。因此，这种论证并不能真正得分，其中存在逻辑谬误。

6. 循环论证

循环论证指的是以所主张的观点本身为根据来证明这种观点为真的谬误。

（1）循环论证的直接形式：因为 A，所以 A。

例如：喝牛奶之所以会令人昏睡，是因为牛奶中含有令人昏睡的成分。

（2）循环论证的相对形式：因为A，所以B；因为B，所以A。

例如："美国已经向越南派出了54万军队，所以不能撤军，要打到底。"（尼克松，1968）

（3）循环论证的间接形式：因为A，所以B；因为B，所以C；因为C，所以D；因为D，所以A。

【示例】

"我骂你是卖国贼，所以我是爱国者。爱国者的话是有价值的，所以我的话是不错的。我的话既然不错，你就是卖国贼无疑了。"（鲁迅《论辩的魂灵》）

循环论证的推论过程构成一个或长或短的封闭链环，而不管其中间环节有多少，其最后的结论就是最初的理由，它犹如一个在原地打转的车轮，没有进展，故又称之为"无进展的谬误"。

7. 人身攻击

以对人的抨击、挖苦、指责、讽刺等为根据，来否定或驳斥他人所提出的主张。通俗地说，"因人废言"这种指向人的论证就是人身攻击的谬误。

8. 诉诸权威

对他人权威的身份或言论进行不正当的使用或权威者以其身份、地位、资格和工作成绩等为理由，来支持他的主张或者为自己错误的观点辩护。

9. 诉诸情感

论证中利用语言表达感情的功能，以言辞激起人们在心理上的愤怒、恐惧、同情或热情等，只依靠情感的力量来支持或调动人们接受其主张。

10. 诉诸起源

只根据某种理论或者观点的起源来判断它的真假或者价值。诉诸起源认定与错误的东西相联系的理论或者观点也一定是错误的，认为起源上的错误似乎有传染性或者遗传性。

课后巩固测试

恭喜大家完成了本章的学习。接下来，做一下课后巩固测试，检验一下学习成果吧！

已知材料：确定一种食品添加剂是否被禁用的通常程序是比较它对健康的益处和潜在的危害。由于给柠檬汽水着色的一种添加剂——5号黄色素，会增加人们享受柠檬汽水这种饮料的乐趣，故它的益处大于它的害处。所以，5号黄色素这种特殊的添加剂不应当被禁用。

请大家据此材料，回答1~3题。

1. 材料如题，则以下哪个段落更容易在考场上拿到高分？

（A）段落一：乐趣并不等价于益处。故材料不能基于5号黄色素能增加人们享受柠檬汽水的乐趣便断定其益处大于害处。现实生活中，吸烟、吃夜宵等很多能为部分人带来乐趣的事物非但不会给身体带来益处，还会造成一定的伤害。故该论证难以让人信服。

（B）段落二：段落中说确定一种食品添加剂是否被禁用的通常程序是比较它对健康的益处和潜在的危害。而5号黄色素导致部分消费者过敏，这属于食品添加剂潜在的危害，但是增加消费者乐趣这一点并不等同于这种添加剂对健康有益处，因此，二者看似相近，实质上差异很大，不能简单地将两个概念等同。

2. 材料如题，则以下哪个段落更容易在考场上拿到高分？

（A）段落一：作者错误地把享受一种饮料的乐趣视为该饮料对健康的益处。然而，乐趣往往是指情感上的快乐，饮料的包装、饮用方式、味道等都可能会为消费者带来乐趣，而健康则指一个人在身体、精神等方面处于良好的状态。乐趣与健康之间并不存在必然关联，如很多人明明知道吸烟有害健康却依然享受吸烟带来的乐趣。

（B）段落二：确定一种食品添加剂是否被禁用的程序是比较它对健康的益处和潜在危害。首先，柠檬水只是众多食品中的一种，柠檬汽水中的5号黄色素只是众多食品添加剂中的一种，不能代表所有；其次，有乐趣不代表健康；最后，对于添加剂禁用的两个标准，论证时忽视了添加剂潜在的危险，有乐趣不代表没有潜在危险。综上所述，该论证有待商榷。

3. 材料如题，则以下哪个段落更容易在考场上拿到高分？

（A）段落一：作者错误地把享受一种饮料的乐趣视为该饮料对健康的益处。然而乐趣往往是指情感上的快乐，饮品的包装、饮用方式、味道等都可能会为消费者带来乐趣，而健康则指一个人在身体、精神等方面处于良好的状态。乐趣与健康之间并不存在必然关联，如很多人明明知道吸烟有害健康，却依然享受吸烟带来的乐趣。

（B）段落二：作者错误地把享受一种饮料的乐趣视为该饮料对健康的益处。然而，享受饮料的乐趣和对健康的益处二者之间并不等价。故材料不能基于该添加剂可以增加人们享受饮料的乐趣便断定其能够增加对健康的益处。很可能真实的情况是虽然该添加剂可以增加人们享受饮料的乐趣，但是却并不能够增加对人们健康的益处。

已知材料：某投资公司的一份商业计划中写道，"研究显示，一般人随着年龄的增长，用于运动的时间将逐渐减少，而用于看电视的时间将逐渐增多。在今后20年中，城市人口中老年人的比例将有明显的增长。因此，本公司应当及时出售'达达运动鞋'公司的股份，并增加在'全球电视'公司中的投资。"

请大家据此材料，回答4～5题。

4. 材料如题，则以下哪篇文章更容易在考场上拿到高分？

文章一：

商业投资方向正确吗？

某投资公司的一份商业计划书中认为，由于人们用于看电视的时间逐渐增多，而用于运动的时间逐渐减少，而且城市人口中老年人的比例在不断上升，因此决定将投资方向转向电视行业。

作为投资公司，当其做出某项投资决策时，应该对其所选定的企业或所涉及的行业进行可行性及充分性论证。该投资公司所选定的"达达运动鞋"公司，就其本身的销售对象来讲，并不仅限于参与运动的人们，当今社会中紧张工作之余，大多数人会开展户外娱乐、散步、游园等活动，休闲运动鞋便成了必不可少的用具。

论据"一般人随着年龄的增长，用于运动的时间将逐渐减少"中的"逐渐减少"到什么程度不得而知。随着社会的发展，现在和今后的减少程度肯定不同。如果现在和今后的运动趋势是在室内使用健身器械运动，那么运动时间的减少就不会影响运动鞋的销售。

文中仅仅提到城市人口中的老年人，而忽略了农村人口。城市人口在一般人口中所占的比例也决定了运动鞋的消费需求。对运动鞋消费市场的定位应考虑到所有人群。运动鞋就其本身的销售对象来讲，也可面向更多的休闲旅游群体，那么休闲运动鞋肯定会有它的市场。

文中"全球电视"公司这一概念解释不清，全球电视公司是一家传媒公司还是一家电视机制造公司呢？如果是电视机制造公司，那么耐用品——电视机的淘汰率比运动鞋的淘汰率要小得多。况且，全球电视公司现在的经营情况并不十分清楚，此时就贸然进行投资是有风险的。

总之，这份商业计划漏洞百出，缺乏有效性，因此该商业计划的可行性还有待证明。

文章二：

难以奏效的商业计划

这份商业计划存在概念界定不清、论据不充分、逻辑推理不够严密等论证缺陷，因此，不必然得出"本公司应当及时售出'达达运动鞋'公司的股份，并增加在'全球电视'公司中的投资"这一结论，现分析如下：

首先，"运动时间减少"不必然得出"穿运动鞋的时间少"。且不说随着年龄的增长，运动时间是否会减少，即便用于运动的时间会减少，也不等于穿运动鞋的时间会减少，因为不运动时仍可以穿运动鞋，如我们经常一整天穿着运动鞋，但很少会一整天运动。所以由运动时间减少而得出运动鞋销量会减少是不严密的。

其次，"老年人"与"老年人比例"是两个不同的概念。前者是绝对数值，而后者则是相对比率。虽然老年人比例增长，但如果整体人口基数减少，老年人数量未必会增加，看电视的绝对人口也不一定会增加。

再次，材料只给出了"城市人口"的年龄变化比例，把"整个市场的人口"这个概念偷换成"城市人口"而忽略了农村等广阔的市场领域，而且材料缺乏其他年龄层的有关资料，如老年人口比例增长，但年轻人口的比例也可能会增长。这样，整体市场对于运动产品的消费并不一定会减少。

最后，资料中人口的年龄比例变化是一个长达20年的缓慢过程，而这份商业计划却要求"及时售出""及时增加"，其间存在很大的时间差。投资公司讲究最终获利，即使运动鞋公司的利润会减少，电视公司的利润会增加，但由于两家公司本身的赢利基数不同，在某段时间内，运动鞋公司所得利润仍有大于电视公司所得利润的可能。若过早变动股份，会使投资公司失去一些既得利益。

因此，论证者若要加强这份商业计划书的可信度，还需要提供更为充分的论据。

（A）文章一。

（B）文章二。

5. 材料如题，则以下哪篇文章更容易在考场上拿到高分？

文章一：

重大决策岂能盲目"拍板"

某投资公司的商业计划中，认为年龄较大的人用于看电视的时间多于运动的时间，拟将运动鞋公司的股份放弃，转投电视股份，可以说是盲目"拍板"。

第一，对论据的真实性调查不足。随着年龄的增大，越来越多的人开始意识到健康的重要性，商业计划中提出的论据没有说服力，到底有多少人在锻炼？有多少人在看电视？

第二，论证方法无效。即使看电视的人数增加，也无法保证电视机的销量一定增加，投资电视公司也未必有较高的回报。运动鞋与运动相关，但是，运动鞋的细分销售市场定位是什么？是运动员，还是大众消费群体？是中年人，还是青少年？仅从运动时间减少也无法推断运动鞋公司的效益一定不好。

第三，概念不明确。比如运动时间、中老年人比例的情况、看电视、电视销售、赢利等都混淆在一起。把看电视与电视公司的利润混淆，造成概念不清晰。

第四，得出的结论无法令人信服。由于概念、论据、论证方法等方面存在重大逻辑失误，得出结论的有效性令人怀疑。一份商业计划本应经过认真调研、充分论证才能得出，这种盲目"拍板"真是不应该。

文章二：

难以奏效的商业计划

这份商业计划存在概念界定不清、论据不充分、逻辑推理不够严密等论证缺陷，因此，不必然得出"本公司应当及时售出'达达运动鞋'公司的股份，并增加在'全球电视'公司中的投资"这一结论，现分析如下：

首先，"运动时间减少"不必然得出"穿运动鞋的时间少"。且不说随着年龄的增长，运动时间是否会减少，即便用于运动的时间会减少，也不等于穿运动鞋的时间会减少，因为不运动时仍可以穿运动鞋，如我们经常一整天穿着运动鞋，但很少会一整天运动，所以由运动时间减少而得出运动鞋销量会减少是不严密的。

其次，"老年人"与"老年人比例"是两个不同的概念。前者是具体实数，而后者则是相对比率。虽然老年人比例增长，但如果整体人口基数减少，老年人数量未必会增加，看电视的绝对人口也不一定会增加。

再次，材料只给出了"城市人口"的年龄变化比例，把"整个市场的人口"这个概念偷换成"城市人口"而忽略了农村等广阔的市场领域，而且材料缺乏其他年龄层的有关资料，如老年人口比例增长，但年轻人口的比例也可能会增长。这样，整体市场对于运动产品的消费并不一定会减少。

最后，资料中人口的年龄比例变化是一个长达20年的缓慢过程，而这份商业计划却要求"及时售出"，"及时增加"，其间存在很大的时间差。投资公司讲究最终获利，即使运动鞋公司的利润会减少，电视公司的利润会增加，但由于两家公司本身的赢利基数不同，在某段时间内，运动鞋公司所得利润还仍有大于电视公司所得利润的可能。若过早变动股份，会使投资公司失去一些既得利益。

因此，论证者若要加强这份商业计划书的可信度，还需要提供更为充分的论据。

（A）文章一。

（B）文章二。

6. 已知材料：一种流行的说法是，多吃巧克力会引起皮肤特别是脸上长粉刺。确实，许多长粉刺的人都证实，他们皮肤上的粉刺都是在吃了大量巧克力以后出现的。

请独立审题后写出分析段落。

7. 已知材料：A公司解雇了15%的职员，从而减少了公司的压力，而且公司正在鼓励其他一些员工早些退休。众所周知，B公司与A公司制造的产品中有相当一部分是类似的，但是B公司的利润最近几年有所下降。为了提升B公司的竞争力，我们应该尽力去雇佣一定数量的A公司的前任员工。因为这些富有经验的工人能提供一些关于A公司的成功经验的有价值的信息，而且只需要进行短时间的培训就能上岗，还可以很好地激励他们与A公司竞争。

请独立审题后写出分析段落。

8. 已知材料：某公司人力资源部主管的一份备忘录中写道，"去年，我们根据公司的需要对员工进行了调查，并按照调查内容的重要性进行了排序，职员的调查表明了接受调查的员工关注最多的是职员和管理层的沟通问题。接受调查的员工一致认为，职员和管理者之间沟通的改善是公司发展中最大的进步。现在，我们已经实行了高层管理与职工的定期会议沟通机制，职员可以自愿参加会议。因此，现在绝大多数公司的职员都认为公司最需要改善的地方已经完成了。"

请独立审题后写出分析段落。

9. 已知材料：英国约克大学和曼彻斯特大学的考古人员在北约克郡的斯塔卡发现一处有一万多年历史的人类房屋遗迹。测试结果显示，它是一个高约3.5米的木质圆形小屋，建造于公元前8500年，比之前发现的英国最古老的房屋至少早500年。考古人员还在附近发现一个木头平台和一个保存完好的大树树干。此外，他们还发现了经过加工的鹿角饰品，这说明当时的人已经有了一些仪式性的活动。

请独立审题后写出分析段落。

答案速查表					
1	2	3	4	5	6~9
A	A	A	B	B	略

参考答案

1. A

段落一的引入更为清晰，可以让阅卷者马上识别出谬误。且分析部分也合理地解释了谬误。

段落二无论是引入还是分析都很混乱，引入部分识别不出错误论证，分析部分没有一针见血地指出理由。故段落一更容易拿到高分。

2. A

段落一的引入更为清晰，可以让阅卷者马上识别出谬误，分析部分也合理地解释了谬误。

段落二的引入部分没有指出论证的不合理，分析部分给出了三个分析角度，但第一个和第三个分析角度均不合理。故段落一更容易拿到高分。

3. A

段落一的引入更为清晰，可以让阅卷者马上识别出谬误，分析部分也合理地解释了谬误。

段落二看似与段落一极为相似，但实际上，段落二的分析部分都是对题干的重复。故段落一更容易拿到高分。

4. B

文章一的开头存在明显的问题，没有体现出文章的文体。不仅如此，文章一的第二段没有分析谬误，文体错误。

文章二没有明显缺陷，且引入、分析都较为合理。故文章二在考场上更容易拿到高分。

5. B

文章一看似结构清晰，且题目、开头、结尾、结构都没有错误，但是文章最核心的部分，即谬误分析点是错误的。故阅卷如果严格，打分应不超过 10 分。

文章二没有明显缺陷，且引入和分析都较为合理。故文章二在考场上更容易拿到高分。

6. 参考段落：许多人吃大量巧克力以后皮肤长粉刺不代表巧克力会引起皮肤长粉刺。因为很可能真实的情况是很多人是为了缓解焦虑情绪而吃巧克力，而这种焦虑情绪会导致脸上长粉刺；也有可能是因为很多人在熬夜时喜欢吃巧克力以提神、充饥，而熬夜会严重影响人们的皮肤状态，由此造成了一种多吃巧克力易导致长粉刺的假象。

7. 参考段落一：雇佣 A 公司的前任员工未必就能提升 B 公司的竞争力。首先，A 公司在裁员时很可能采用的是优胜劣汰的淘汰标准，如此一来，B 公司雇佣的可能是 A 公司专业能力较差、技术水平不高的员工，他们并不能经过短时间的培训就上岗，反而会耗费 B 公司的时间和成本；此外，有价值的信息往往掌握在少数高层管理人员手中，而 A 公司很可能淘汰的大部分是基层员工，这些人并不了解成功经验的关键所在。基于此，B 公司雇佣 A 公司的前任员工的效果是有待商榷的。

参考段落二：雇佣 A 公司前任员工未必能获取关于 A 公司的成功经验的有价值的信息。首先，A 公司可能裁撤的主要是基层员工。即使这些员工已经在 A 公司工作多年，对公司的了解可能也只是停留在表面。

毕竟，影响公司长远发展的决定性经验往往只为少数核心人员所有。其次，即使有部分核心人员提前退休，A公司也可能出于对自身利益的维护，提前与他们签订了保密协议。那么，B公司即使雇佣他们也无法从中获得真正有价值的信息。

参考段落三：获得A公司成功的经验就可以提升B公司的竞争力吗？未必如此。首先，大部分产品类似并不能代表公司经验可以照搬。OPPO公司和苹果公司同样是手机制造商，但前者的客户对象是低消费人群，而后者更则倾向于高消费人群。二者在销售策略、人员管理等方面的经验均不同。其次，B公司利润下降也可能是由于其资金周转困难和信誉受损等因素，即使获得了成功经验也不能真正解决问题。

8. 参考段落一：接受调查的员工并不代表公司所有的员工，很有可能接受调查的大部分员工本来就来自企业高层，而一家企业更多的是基层员工，他们可能更关心技能培训和薪资福利问题。况且，即使实行了沟通机制也不一定表明公司最需要改善的地方就已经完成，很多员工由于事不关己的态度、害怕被解雇等原因都不愿或不敢向管理者提出公司存在的问题。就算双方进行了沟通，但如果缺乏具体的落实措施和有力的反馈监督体系，公司最需要改善的地方也未必能完成。

参考段落二：实行了沟通机制并不能说明公司最需要改善的地方已经完成。首先，公司实行了定期沟通机制并不能保证职员的参与度。因为很可能职员在面对上司时都承受着一定压力，并不能畅所欲言，实现有效沟通。其次，材料并未明确地给出接受调查的职工人数或者比例，难以确定调查结果是否具有代表性，从而也得不出绝大多数员工觉得公司最需要改善的地方已经完成的结论。

9. 参考段落一：木头平台和鹿角饰品的发现并不能说明当时的人已有一些仪式性活动。这些东西有可能是之后在此生活的人类留下的痕迹。况且，即使能确定是当时的人类留下的，木头平台、鹿角饰品也可能只是为了日常生活和装饰房屋而制造，与仪式性活动未必有关。

参考段落二：考古人员在当地发现的情况并不一定代表当时的人们已经有仪式性的活动。由于在几千年前的古人在建造房屋时普遍使用木材或石材，而在附近发现的木头平台和完好的大树树干很有可能是当时的古人砍伐下来用以建造房屋的。而加工过的鹿角饰品也很有可能是用于装饰房屋或彰显打猎者的身份地位。所以，考古人员的结论仍有待进一步证明。

第七章　怎么完整地写一篇文章

本章对应视频课程05
可扫封面二维码查看

在前面的章节中，我们已经分别学习过了考试大纲的要求、审题以及行文的方法。这一章将带领大家一起来学习如何构建完整的文章。

在备考的过程中，大多数同学都希望做到尽善尽美，将文章优化到极致。但在考场上，很可能留给我们的答题时间非常紧张，无法做到字斟句酌。因此，在日常学习的过程中，建议大家做两手准备，既要将主要精力用于学习高分方案，也要掌握保底方案作为备用。

第一节　保底怎么写

速成模板为保底方案，适用于速成论证有效性分析写作，不易拿高分。在备考时间充足的情况下，不建议参考速成模板，更推荐使用三要素串词法，进行深度分析。

一、全文保底框架

现将每部分的保底话术总结如下，同学们可自行组合，也可替换其中的话术。

题目		"总结论" + "吗"
		有待商榷的论证
		草率的论证，偏颇的结论
开头		论证者通过一系列论证得出结论，认为（　　　）。然而，由于其论证过程中存在诸多缺陷，所以该论证是值得商榷的
		上述材料中，作者通过诸多论证得出结论，认为（　　　）。然而，这一论证存在着以下几个方面的缺陷
		上述材料通过诸多论证试图证明（　　　）这一观点，虽然材料看似有一定道理，但由于其在论证过程中存在如下缺陷，所以其结论仍有待进一步推敲
核心段落	万能模板	A 就一定 B 吗？显然材料未加说明就予以假设（　　　）
		上述材料基于 A 得到了 B，显然是难以让人信服的
		A 并不必然能得到 B
		A 和 B 之间并不存在必然的关联
		上述论述（论述者/上述材料/论述者/论证）通过（　　　）得出（　　　）的结论。该论证过程是值得商榷的（有失偏颇的/不可信的）。很有可能真实的情况是（　　　）。因此，论证者无法得出其结论

续表

核心段落	万能模板	论述者由（　　　）未必能（并不必然／不足以／很可能）推出（推不出）（　　　）。因为，很可能真实的情况是（　　　）。显而易见，论证者没有提供足够的证据和合理的推理便得出了结论，如果想得到这一结论，还需要提供更为充分的证明
	不当类比	A、B间不具有可比性，不能将其简单类比
		A、B间存在（　　　）等方面的巨大差别，不可将其简单类比
		材料中错误地将A类比到了B，所以在此基础上得到的结论也是难以让人信服的
		A和B两者之间并不具有可比性，所以其（　　　）结论也难以实现，因为不同于A，B的情况是（　　　），所以论证者在不当类比的基础上所得到的结论也是难以让人信服的
	以偏概全	"偏"仅是"全"中的一种可能性，不能完全代表"全"
		除了"偏"之外，在"全"中还有（　　　）等其他情况
		由"偏"这一情况并不能完全得出"全"
		材料认为A这一部分具有的属性也为B这一整体所具有
	概念混淆	A与B之间不能简单地画上等号
		A和B之间存在较大差异，不能相互等同
		A并不等同于B，材料中显然混淆了两个概念的含义。因为A的内涵（外延）是……，而B的内涵（外延）是……，两者之间具有本质的区别，所以不可简单等同
	非黑即白	A与B并不矛盾
		不是A就一定B，这一说法显然过于绝对
		A和B两者之间并不是非此即彼的矛盾关系，因为除了A和B之外还有X、Y等其他选择。例如：……，故上述论证有非黑即白之嫌
		除A、B两种情况外，显然还有其他可能
	集合体性质误用	原论证依赖于一个非常重要的假设，即整体的趋势能够代表个体的走势。但是，个体和群体在某些方面是相互区别的。例如：……，所以这样的论证就难以必然成立
结尾		综上所述，正是由于材料在论证过程中存在如上逻辑缺陷，所以其论证的有效性也是值得商榷的
		综上所述，作者在论证过程中存在诸多问题，其结论不足为信，该论证也是非常缺乏说服力的

大家可以基于这些万能话术，搭建一个自己专属的万能框架。例如：

值得商榷的论证／关于（　　　）的论证合理吗／"总结论"＋"吗"

上述材料中通过一系列论证试图得出B结论，然而，由于其论证过程中犯了一系列逻辑错误，所以其结论的有效性是值得商榷的。

首先，材料基于 A_1 无法得出 B_1 结论，因为 A_1 和 B_1 之间并不存在必然的关联，作者很可能忽略了这样的一种可能性，即……

其次，A_2 就一定 B_2 吗？答案是否定的。很可能真实的情况是：虽然 A_2，但是并未 B_2，（因为……）如果真实的情况是这样，则无法得出 B_2。

再次，作者无法通过 A_3 论证得出 B_3，因为……，所以在此基础上得到的结论也是难以必然成立的。

最后，A_4 无法论证得到 B_4，因为……，如果想得到 B_4 的结论，还需要提供更为充分的证明。

综上所述，作者在论证过程中存在诸多问题，其结论不足为信，该论证也是非常缺乏说服力的。

二、全文保底框架应用示例

已知材料：下文摘录于"奥林匹克食品集团"给它的股票持有者的一份年度报告：

随着时间的推移，加工成本会逐渐下降，原因是企业学会了更好的工艺，从而提高了效率。以彩照冲印行业为例，1970 年冲印 1 张 3 英寸 ×5 英寸的照片要 5 天时间，成本为 50 美分；到了 1984 年，冲印时间缩短到 1 天，成本也降到 20 美分。食品加工的情况也一样。我们奥林匹克食品集团马上要迎来 25 周年庆典，这么长的从业经历，无疑可以使我们建立信心：本公司可以实现成本最小化和利润最大化。

第一步：画圈
第二步：打对号锁定分析点

随着时间的推移，加工成本会逐渐下降①，原因是企业学会了更好的工艺，从而提高了效率。以彩照冲印行业为例，1970 年冲印 1 张 3 英寸 ×5 英寸的照片要 5 天时间，成本为 50 美分；到了 1984 年，冲印时间缩短到 1 天，成本也降到 20 美分。食品加工的情况也一样。我们奥林匹克食品集团马上要迎来 25 周年庆典，这么长的从业经历，无疑可以使我们建立信心：本公司可以实现成本最小化和利润最大化。

至此，我们在题干上完成了审题，审题结果如下表：

结论 B：奥林匹克食品集团可以实现成本最小化和利润最大化		
分析点	前提 X	结论 Y
分析点一	企业学会了更好的工艺	提高了效率
分析点二	效率提升	加工成本下降
分析点三	加工成本会逐渐下降	会实现成本最小化
分析点四	奥林匹克食品集团从业经历长	本公司可以实现成本最小化和利润最大化

---

① 画圈的时候不仅可以圈"因为、所以"等论证关联词和"一定、必须"等绝对化的模态词，还可以圈表示时间、数字关系等的特殊标志词。

第三步：无

正常第三步是要标注理由关键词，但此处为了演示保持框架，我们预设一种考场上最极端的情况，就是考场完全想不到理由该怎么办。所以此处我们暂不写理由关键词。

第四步：串词行文（将审题结果代入保底框架中）

该公司可以实现成本最小化和利润最大化吗？

上述材料中通过一系列论证试图得出"奥林匹克食品集团可以实现成本最小化和利润最大化"的结论，然而由于其论证过程中犯了一系列逻辑错误，所以其结论的有效性是值得商榷的。

首先，材料基于"企业学会了更好的工艺"无法得出"提高了效率"的结论，因为工艺提升和效率提高之间并不存在必然的关联，作者很可能忽略了这样的一种可能性，即工艺提升实际上提高的是产品的质量和精细程度，而非效率，如果真实的情况是这样，则上述结论就难以成立了。

其次，效率提升加工成本就一定下降吗？答案是否定的。很可能真实的情况是：虽然企业效率提升了但是加工成本并未下降，因为企业为了提高效率而采购了成本更高的机器、雇用了工资更高的人员等，如果真实的情况是这样，则加工成本未必下降。

再次，作者无法通过加工成本会逐渐下降论证得到企业会实现成本最小化的结论，因为其忽略了其他的可能性，所以在此基础上所得到的结论也是难以让人信服的。试想，如果在加工成本下降的同时，采购成本、销售成本等都大幅上升，则上述结论就难以必然成立。

最后，由奥林匹克食品集团从业经历长无法论证得到本公司可以实现成本最小化和利润最大化的结论，因为公司的成本和利润情况不仅仅是由营业时间的长短来决定的，公司的制度建设、管理模式等也会对其盈利情况造成影响，如果想得到其结论，还需要提供更为充分的证明。

综上所述，作者在论证过程中存在诸多问题，其结论不足为信，该论证也是非常缺乏说服力的。（617字）

第二节　高分怎么拿

上一节讲解了保底方案的应用，保底方案可以用来应急，但不容易拿高分。如果想拿高分，还是要回归到材料本身，将论证缺陷的本质阐述清楚。

这一节将举例讲解怎么应用四步写作法，在考场上高效又有深度地行文。

我们先以一道前面审过题的材料为例。

示例材料：[题源：199-2007-10] 分析下述论证中存在的缺陷和漏洞，选择若干要点，写一篇600字左右的文章，对该论证的有效性进行分析和评论。（论证有效性分析的一般要点是：概念特别是核心概念的界定和使用是否准确并前后一致，有无各种明显的逻辑错误，论证的论据是否成立并支持结论，结论成立的条件是否充分，等等。）

在中国改革开放的字典里，"终身制"和"铁饭碗"作为指称弊端的概念，是贬义词。其实，这里存在误解。

在现代企业理论中有一个"期界问题"，是指由于雇佣关系很短而导致职工的种种短视行为，以及此类行为对企业造成的危害。当雇员面对短期的雇佣关系时，首先，他不会为提高自己的专业技能投资，因为他在甲企业中培育的专业技能对他在乙企业中的发展可能毫无意义；其次，作为一个匆匆过客，他不会关注企业的竞争力，因为这和他的长期收入没有多大关系；最后，只要有机会，他会为了个人短期收入最大化而损害企业利益，如过度地使用机器设备等。

为了解决"期界问题"，日本和德国的企业对那些专业技能要求很高的岗位上的员工，一般都实行终身雇佣制；而终身雇佣制也为日本和德国的企业建立与保持国际竞争力提供了保障。这证明了"终身制"和"铁饭碗"不见得不好，也说明，中国企业的劳动关系应该向着建立长期雇佣关系的方向发展。

在现代社会，企业和劳动者个人都面临着不断变化的市场环境。而变化的环境必然导致机会主义行为。在各行各业，控制机会主义行为的唯一途径就是在企业内部培养员工对公司的忠诚感。而培养忠诚感，需要建立员工和企业之间的长期雇佣关系，给员工提供"铁饭碗"，使员工形成长远预期。

因此，在企业管理的字典里，"终身制"和"铁饭碗"应该是褒义词。不少国家包括美国不是有终身教授吗？既然允许有捧着"铁饭碗"的教授，为什么不允许有捧着"铁饭碗"的工人呢？

第一步：画圈——缩小嫌疑范围

第二步：打对号——选点

在第五章第二节"二轮画圈法应用示范"中，已经完成了对该材料的审题，故不再赘述。

通过二轮画圈法，大家大约只需要两分钟就可以完成本题的审题。我们从材料中选择四个分析点。

分析点一：
前提：这和他的长期收入没有多大关系。结论：他不会关注企业的竞争力。

分析点二：
前提：日本和德国的企业。结论：中国企业。

分析点三：
前提：变化的环境。结论：机会主义行为。

分析点四：
前提：教授。结论：工人。

第三步：标注理由关键词

在确定了要分析的论证也就是确定了四个分析点的前提和结论后，大家需要在每个谬误处标注理由关键词，以便快速行文。

分析点一：

前提：这和他的长期收入没有多大关系。结论：他不会关注企业的竞争力。

理由关键词：短期收入。

分析点二：

前提：日本和德国的企业。结论：中国企业。

理由关键词：人口数量、福利制度、经济发展程度。

分析点三：

前提：变化的环境。结论：机会主义行为。

理由关键词：全面。

分析点四：

前提：教授。结论：工人。

理由关键词：劳动价值、可替代性、培养周期。

第四步：串词行文

"终身制"和"铁饭碗"是褒义词吗？

上述材料中论述者通过一系列的论证片面地得出了"终身制"和"铁饭碗"应该是褒义词的结论，然而由于其论证过程中存在一系列逻辑错误，所以其结论的有效性是值得商榷的。

首先，雇员在甲企业中培育的专业技能对他在乙企业中的发展可能毫无意义，他就不会为提高自己的专业技能投资了吗？未必。很可能他在为甲企业工作的短期雇佣关系中，为了获得更高的工资而提高专业技能。比如，雇员是一名销售，为了赚取销售佣金，也可能会提高其销售技能。

其次，由日本和德国的企业对那些专业技能要求很高的岗位上的员工实行终身雇佣制，无法推出其适用于中国的结论。因为不同国家的人口数量、经济发展程度、福利制度等方面都不相同。例如，从经济发展阶段来看，中国目前仍然是发展中国家，但是日本、德国已经是发达国家了，而这为日本、德国推行终身雇佣制提供了保障。因此，终身雇佣制并不一定适用于中国企业。

再次，变化的环境未必会导致机会主义行为。因为在环境变化的情况下，很多人为了减少风险，反而不敢投机；而是对变化的环境进行全面分析，提前准备好各种应急预案。故不能基于变化的环境便认定机会主义行为一定会出现。

最后，将教授和工人进行简单类比是不恰当的。因为在工作中，教授和工人所能创造的价值、可替代性、培养周期等都具有较大的差异。不同于工人，教授能够创造的劳动价值较高，且可替代性弱、培养周期长，故二者不可草率类比。

综上所述，由于作者在论证过程中犯了种种逻辑错误，所以"终身制"和"铁饭碗"应该是褒义词的结论也就难以让人信服了。

我们再以一道真题为例。

示例材料：[题源：396-2021] 分析下述论证中存在的缺陷和漏洞，选择若干要点，写一篇600字左右的文章，对该论证的有效性进行分析和评论。（论证有效性分析的一般要点是：概念特别是核心概念的界定和使用是否准确并前后一致，有无各种明显的逻辑错误，论证的论据是否成立并支持结论，结论成立的条件是否充分，等等。）

人们受骗上当的事时有发生，乃至有人认为如今的骗术太高明而无法根治。其实，如今要根治诈骗并不难。

首先，从道理上讲，正义终将战胜邪恶，这是历史已证明的规律。诈骗是一种邪恶的行为，最终必将被正义的力量彻底消灭。既然如此，诈骗怎么不能根治呢？

其次，很多诈骗犯虽然骗术高明，但都被绳之以法，这说明在法治社会中，诈骗犯根本无处藏身，这样，谁还敢继续行骗呢？没有人敢继续行骗，诈骗不是被根治了吗？

最后，还可以通过全社会的防范来防止诈骗的发生。诈骗的目的，无非是想骗取钱财。凡是要你花钱的事情，你都要慎重考虑。例如，有些投资公司建议你向他们投资，有些机构推荐你参加高收费的培训，有些婚恋对象向你借巨款。诸如此类，其实都不靠谱。所有的人如果都不相信这些话，诈骗就无法得逞。诈骗无法得逞，不就是被根治了吗？如果建立更加有效的防范机制，根治诈骗就更容易了。

总之，无论从道理上，还是从行骗者或被骗者的角度来看，如今要根治诈骗根本不是难事。

第一步：画圈——缩小嫌疑范围

人们受骗上当的事时有发生，乃至有人认为如今的骗术太高明而无法根治。其实，如今要根治诈骗并不难。

首先，从道理上讲，正义终将战胜邪恶，这是历史已证明的规律。诈骗是一种邪恶的行为，最终必将被正义的力量彻底消灭。既然如此，诈骗怎么不能根治呢？

其次，很多诈骗犯虽然骗术高明，但都被绳之以法，这说明在法治社会中，诈骗犯根本无处藏身，这样，谁还敢继续行骗呢？没有人敢继续行骗，诈骗不是被根治了吗？

最后，还可以通过全社会的防范来防止诈骗的发生。诈骗的目的，无非是想骗取钱财。凡是要你花钱的事情，你都要慎重考虑。例如，有些投资公司建议你向他们投资，有些机构推荐你参加高收费的培训，有些婚恋对象向你借巨款。诸如此类，其实都不靠谱。所有的人如果都不相信这些话，诈骗就无法得逞。诈骗无法得逞，不就是被根治了吗？如果建立更加有效的防范机制，根治诈骗就更容易了。

总之，无论从道理上，还是从行骗者或被骗者的角度来看，如今要根治诈骗根本不是难事。

第二步：打对号——选点

人们受骗上当的事时有发生，乃至有人认为如今的骗术太高明而无法根治。其实，如今要根治诈骗并不难。

首先，从道理上讲，正义终将战胜邪恶，这是历史已证明的规律。诈骗是一种邪恶的行为，最终必将被正义的力量彻底消灭。既然如此，诈骗怎么不能根治呢？

其次，很多诈骗犯虽然骗术高明，但都被绳之以法，这说明在法治社会中，诈骗犯根本无处藏身，这样，谁还敢继续行骗呢？没有人敢继续行骗，诈骗不是被根治了吗？

最后，还可以通过全社会的防范来防止诈骗的发生。诈骗的目的，无非是想骗取钱财。凡是要你花钱的事情，你都要慎重考虑。例如，有些投资公司建议你向他们投资，有些机构推荐你参加高收费的培训，有些婚恋对象向你借巨款。诸如此类，其实都不靠谱。所有的人如果都不相信这些话，诈骗就无法得逞。诈骗无法得逞，不就是被根治了吗？如果建立更加有效的防范机制，根治诈骗就更容易了。

总之，无论从道理上，还是从行骗者或被骗者的角度来看，如今要根治诈骗根本不是难事。

第三步：标注理由关键词

人们受骗上当的事时有发生，乃至有人认为如今的骗术太高明而无法根治。其实，如今要根治诈骗并不难。

首先，从道理上讲，正义终将战胜邪恶，这是历史已证明的规律。诈骗是一种邪恶的行为，最终必将（铤而走险；隐蔽性）被正义的力量彻底消灭。既然如此，诈骗怎么不能根治呢？

其次，很多诈骗犯虽然骗术高明，但都被绳之以法，这说明（漏网之鱼）在法治社会中，诈骗犯根本无处藏身，这样，谁还敢继续行骗呢？没有人敢继续行骗，诈骗不是被根治了吗？

最后，还可以通过全社会的防范来防止诈骗的发生。诈骗的目的，无非是（情感）想骗取钱财。凡是要你花钱的事情，你都要慎重考虑。例如，有些投资公司建议你向他们投资，有些机构推荐你参加高收费的培训，有些婚恋对象向你借巨款。诸如此类，其实都不靠谱。所有的人如果都不相信这些话，诈骗就无法得逞。诈骗无法得逞，不就是被根治了吗？如果建立更加有效的防范机制，根治诈骗就（惩治力度）更容易了。

总之，无论从道理上，还是从行骗者或被骗者的角度来看，如今要根治诈骗根本不是难事。

不难看出，审题结果如下。

分析点一：

前提：诈骗是一种邪恶的行为。结论：其最终必将被正义的力量彻底消灭。

理由关键词：铤而走险；隐蔽性。

分析点二：

前提：很多诈骗犯虽然骗术高明但都被绳之以法。结论：在法治社会中，诈骗犯根本无处藏身。

理由关键词：漏网之鱼。

分析点三：

前提：诈骗。结论：目的是想骗取钱财。

理由关键词：情感。

分析点四：

前提：建立更加有效的防范机制。结论：根治诈骗就更容易。

理由关键词：惩治力度。

第四步：串词行文

要根治诈骗并不难吗？

上述材料经过诸多论证试图说明要根治诈骗并不难，然而，由于其在论证过程中存在诸多缺陷，所以其结论也是难以让人信服的。

首先，诈骗是一种邪恶的行为，不意味着其最终必将被正义的力量彻底消灭。一方面，很多人面对利益的诱惑，即便知道诈骗是一种邪恶的行为，依然会铤而走险；另一方面，很多诈骗行为具有一定的隐蔽性，难以被正义的力量发现，故难以被彻底消灭。

其次，很多诈骗犯虽然骗术高明但都被绳之以法，无法说明在法治社会中诈骗犯根本无处藏身。不排除很多诈骗犯的确会被绳之以法，但也有很多诈骗犯仍然没有露出马脚，依然在隐蔽地行骗。

再次，诈骗的目的，只是想骗取钱财吗？其实不然。还有很多诈骗团伙是为了骗取感情，他们通过虚假的个人信息等获得他人的信任和好感，以达到欺骗感情的目的。

最后，建立更加有效的防范机制，根治诈骗未必就更容易。若仅仅是防范机制更加有效，却没有严格的惩治机制，无法对其产生有效的威慑作用，他们依然会铤而走险，所以诈骗无法根治。

综上，其结论难以让人信服。

至此，一篇完整的文章就写出来了。一旦大家熟练地掌握了四步写作法，无论是备考的效率，还是行文的深度都会大幅提升。

第八章　真题四步法演练

第一节　2023年管理类综合能力考试真题

论证有效性分析：分析下述论证中存在的缺陷和漏洞，选择若干要点，写一篇600字左右的文章，对该论证的有效性进行分析和评论。（论证有效性分析的一般要点是：概念特别是核心概念的界定和使用是否准确并前后一致，有无各种明显的逻辑错误，论证的论据是否成立并支持结论，结论成立的条件是否充分，等等。）

随着人口的老龄化，大家都在议论老年人还要不要继续工作的话题。我们认为，老年人应该继续工作。

《宪法》规定，"中华人民共和国公民有劳动的权利和义务。"由此可见，老年人继续工作是法律赋予他们的权利。

据统计，我国2019年的人均预期寿命已经达到77.3岁，这说明老年人的健康水平大大提高了，所以老年人完全有能力继续工作。

如果老年人不再继续工作而退出劳动力市场，就势必会打破劳动力市场的原有平衡，从而造成社会劳动力的短缺；如果老年人继续工作，就能有效地避免这一问题。此外，老年人有权利追求更高质量的生活。他们想增加收入，改善生活，就应该继续工作。再说，有规律的生活方式有益于身体健康，而工作实际上是一种有规律的生活方式，所以老年人继续工作还有益于其身体健康。

一、四步法演练

第一步：画圈

随着人口的老龄化，大家都在议论老年人还要不要继续工作的话题。我们认为，老年人应该继续工作。

《宪法》规定，"中华人民共和国公民有劳动的权利和义务。"由此可见，老年人继续工作是法律赋予他们的权利。

据统计，我国2019年的人均预期寿命已经达到77.3岁，这说明老年人的健康水平大大提高了，所以老年人完全有能力继续工作。

如果老年人不再继续工作而退出劳动力市场，就势必会打破劳动力市场的原有平衡，从而造成社会劳动力的短缺；如果老年人继续工作，就能有效地避免这一问题。此外，老年人有权利追求更高质量的生活。他们想增加收入，改善生活，就应该继续工作。再说，有规律的生活方式有益于身体健康，而工作实际上是一种有规律的生活方式，所以老年人继续工作还有益于其身体健康。

第二步：打对号

随着人口的老龄化，大家都在议论老年人还要不要继续工作的话题。我们认为，老年人应该继续工作。

《宪法》规定，"中华人民共和国公民有劳动的权利和义务。"由此可见，老年人继续工作是法律赋予他们的权利。

据统计，我国2019年的人均预期寿命已经达到77.3岁，这说明老年人的健康水平大大提高了，所以老年人完全有能力继续工作。

如果老年人不再继续工作而退出劳动力市场，就势必会打破劳动力市场的原有平衡，从而造成社会劳动力的短缺；如果老年人继续工作，就能有效地避免这一问题。此外，老年人有权利追求更高质量的生活。他们想增加收入，改善生活，就应该继续工作。再说，有规律的生活方式有益于身体健康，而工作实际上是一种有规律的生活方式，所以老年人继续工作还有益于其身体健康。

第三步：标注理由关键词

随着人口的老龄化，大家都在议论老年人还要不要继续工作的话题。我们认为，老年人应该继续工作。

《宪法》规定，"中华人民共和国公民有劳动的权利和义务。"由此可见，老年人继续工作是法律赋予他们的权利。

据统计，我国2019年的人均预期寿命已经达到77.3岁，这说明（疫情、灾难；疾病困扰）老年人的健康水平大大提高了，所以（脑力和体力依然不足）老年人完全有能力继续工作。

如果老年人不再继续工作而退出劳动力市场，就势必（体力和脑力；技能和思维方式）会打破劳动力市场的原有平衡，从而造成社会劳动力的短缺；如果老年人继续工作，就能有效地避免这一问题。此外，老年人有权利追求更高质量的生活。他们想增加收入，改善生活，就应该继续工作。再说，有规律的生活方式有益于身体健康，而工作实际上是一种有规律的生活方式，所以（工作的强度大；自律）老年人继续工作还有益于其身体健康。

第四步：串词行文

老年人应该继续工作吗

上述材料经过诸多论证试图证明"老年人应该继续工作"，但由于其论证过程中存在诸多缺陷，所以其结论也是难以让人信服的。

首先，2019年人均预期寿命提升了，不代表老年人的健康水平大大提高。一方面，人均预期寿命不等同于实际寿命。很可能由于疫情、灾难等原因，人均实际寿命反而下降；另一方面，很可能很多老年人虽然寿命提升了，却伴随着各种疾病困扰，健康水平并未提高。

其次，老年人的健康水平大大提高了，不意味着老年人完全有能力继续工作。很多工作都对脑力和体力具有一定的要求，即便老年人的健康水平相较于以往提升了，但很可能仍然无法满足岗位的需求，故其未必有能力继续工作。

再者，老年人继续工作，未必能有效地避免劳动力市场原有平衡被打破，及其造成的劳动力短缺的问题。因为很多老年人的体力和脑力都出现了严重下滑，难以适应当下的工作；且很多老年人的技能和思维方式也已经不再适应当下的发展需求，即便其继续工作，可能也无法满足岗位的需求。

最后，有规律的生活方式有益于身体健康，不意味着继续工作有益于身体健康。因为整体具有的性质个体未必具有。很可能由于工作的强度较大，很多老年人的身体状况无法适应，继续工作反而不利于身体健康；不仅如此，很多老年人即便不继续工作，也会始终保持规律的生活方式。

综上，其论证难以让人信服。

二、考试大纲官方解析

截至交稿，最新大纲尚未发布。大纲发布后将在"张乃心考研"微信公众号上更新该年真题考试大纲中的官方解析。

三、要点精析

（原文）随着人口的老龄化，大家都在议论老年人还要不要继续工作的话题。我们认为，老年人应该继续工作。

【易错提示 1】

该段在陈述观点，不需要分析。

（原文）《宪法》规定，"中华人民共和国公民有劳动的权利和义务。"由此可见，老年人继续工作是法律赋予他们的权利。

【易错提示 2】

对该段落的分析不能质疑《宪法》的权威性。

该段相关法条的解读如下。

法律没有禁止用工单位聘用超过 60 岁的劳动者，超过 60 岁依然可以成为劳动者，依然受《劳动法》保护。

《宪法》规定，中华人民共和国公民有劳动的权利和义务。劳动权作为公民的基本权利，我国每一位公民都应享有。对公民权利的剥夺和限制，必须由法律、法规明确规定。

《劳动法》中仅规定禁止招用 16 周岁以下的未成年人，我国法律未禁止企业、事业单位及个体工商户招聘已超过法定退休年龄（男 60 岁，女 55 岁）的劳动者，这表明我国对于公民行使劳动权利和履行劳动义务的年龄下限做出了禁止性规定，而没有对劳动者的年龄上限进行限制，只要公民年满 16 周岁直至死亡，都具有行使劳动的权利。

基于该法条解读，该段落的内容基本是合理的。段落内部唯一可考虑分析的角度是：劳动不等于继续工作。但该点比较牵强，即便引入了，也较难分析，故不建议选择该点。

【参考分析点 1】

老年人继续工作是法律赋予他们的权利，不意味着老年人就应该继续工作。权利通常指公民依法享有并受法律保护的利益范围或实施一定行为以实现某种利益的资格，是法律赋予人实现其利益的一种力量。公民可以自由地选择使用或者不使用该项权利。故继续工作是老年人拥有的权利不代表其就应该继续工作。

（原文）据统计，我国 2019 年人均预期寿命已经达到 77.3 岁，这说明老年人的健康水平大大提高了，所以老年人完全有能力继续工作。

【参考分析点 2】

2019 年人均预期寿命提升，不代表老年人的健康水平大大提高。一方面，人均预期寿命不等同于实际寿命。很可能由于疫情、灾难等原因，人均实际寿命反而下降；另一方面，很可能很多老年人虽然寿命提升了，却伴随着各种疾病困扰，其健康水平并未提高。

【参考分析点 3】

老年人的健康水平大大提高了，不意味着老年人完全有能力继续工作。很多工作都对脑力和体力具有一定的要求，即便老年人的健康水平相较于以往提升了，但很可能仍然无法满足岗位的需求，故其未必有能力继续工作。

（原文）如果老年人不再继续工作而退出劳动力市场，就势必会打破劳动力市场的原有平衡，从而造成社会劳动力的短缺；如果老年人继续工作，就能有效地避免这一问题。此外，老年人有权利追求更高质量的生活。他们想增加收入，改善生活，就应该继续工作。再说，有规律的生活方式有益于身体健康，而工作实际上是一种有规律的生活方式，所以老年人继续工作还有益于其身体健康。

【参考分析点 4】

老年人不再继续工作而退出劳动力市场，未必会打破劳动力市场的原有平衡，也不一定会造成社会劳动力的短缺。在老年人退出劳动力市场的同时，年轻人也在源源不断地加入劳动力市场，补充老年人退出后的空缺。

【参考分析点 5】

老年人继续工作，未必能有效地避免劳动力市场原有平衡被打破，及其造成的劳动力短缺问题。因为很多老年人的体力和脑力都出现了严重下滑，难以适应当下的工作；且很多老年人的技能和思维方式也已经不再适应当下社会发展的需求，即便继续工作，可能也无法满足岗位的需求。

【参考分析点 6】

老年人想增加收入，改善生活，就应该继续工作吗？其实不然。继续工作并不是其增加收入及改善生活的唯一方式，还可以通过投资、理财和子女的赡养实现。

【参考分析点 7】

有规律的生活方式有益于身体健康，不意味着继续工作有益于身体健康。因为整体具有的性质个体未必具有。很可能由于工作的强度较大，很多老年人的身体状况已经无法适应，继续工作反而不利于其身体健康；不仅如此，很多老年人即便不继续工作，也会始终保持规律的生活方式。

第二节　2022年管理类综合能力考试真题

论证有效性分析：分析下述论证中存在的缺陷和漏洞，选择若干要点，写一篇600字左右的文章，对该论证的有效性进行分析和评论。（论证有效性分析的一般要点是：概念特别是核心概念的界定和使用是否准确并前后一致，有无各种明显的逻辑错误，论证的论据是否成立并支持结论，结论成立的条件是否充分，等等。）

默默无闻、无私奉献虽然是人们尊崇的德行，但这种德行其实不可能成为社会的道德精神。

一种德行必须借助大众媒体的传播，让大家受其感染，并化为自觉意识，然后才能成为社会的道德精神。但是，默默无闻、无私奉献的精神所赖以存在的行为特点是不事张扬、不为人知。既然如此，它就得不到传播，也就不可能成为社会的道德精神。

退一步讲，默默无闻、无私奉献的善举经媒体大力宣传后为更多的人所了解，这就从根本上使这一善举失去了默默无闻的特性。既然如此，这一命题就无从谈起了。

再者，默默无闻的善举一旦被媒体大力宣传，当事人必然会受到社会的肯定与赞赏，而这就是社会对他的回报。既然他从社会得到了回报，怎么还可以说是无私奉献呢？

由此可见，默默无闻、无私奉献的德行注定不可能成为社会的道德精神。

一、四步法演练

第一步：画圈

默默无闻、无私奉献虽然是人们尊崇的德行，但这种德行其实不可能成为社会的道德精神。

一种德行○必须○借助大众媒体的传播，让大家受其感染，并化为自觉意识，然后○才能○成为社会的道德精神。但是，默默无闻、无私奉献的精神所赖以存在的行为特点是不事张扬、不为人知。既然如此，它○就○得不到传播，○也就○不可能成为社会的道德精神。

退一步讲，默默无闻、无私奉献的善举经媒体大力宣传后为更多的人所了解，○这就○从根本上○使○这一善举失去了默默无闻的特性。既然如此，这一命题○就○无从谈起了。

再者，默默无闻的善举一旦被媒体大力宣传，当事人必然会受到社会的肯定与赞赏，而这就是社会对他的回报。既然他从社会得到了回报，怎么还可以说是无私奉献呢？

由此可见，默默无闻、无私奉献的德行注定不可能成为社会的道德精神。

第二步：打对号

默默无闻、无私奉献虽然是人们尊崇的德行，但这种德行其实不可能成为社会的道德精神。

一种德行必须借助大众媒体的传播，让大家受其感染，并化为自觉意识，然后才能成为社会的道德精神。但是，默默无闻、无私奉献的精神所赖以存在的行为特点是不事张扬、不为人知。既然如此，它就得不到传播，也就不可能成为社会的道德精神。

退一步讲，默默无闻、无私奉献的善举经媒体大力宣传后为更多的人所了解，这就从根本上使这一善举失去了默默无闻的特性。既然如此，这一命题就无从谈起了。

再者，默默无闻的善举一旦被媒体大力宣传，当事人必然会受到社会的肯定与赞赏，而这就是社会对他的回报。既然他从社会得到了回报，怎么还可以说是无私奉献呢？

由此可见，默默无闻、无私奉献的德行注定不可能成为社会的道德精神。

第三步：标注理由关键词

默默无闻、无私奉献虽然是人们尊崇的德行，但这种德行其实不可能成为社会的道德精神。

一种德行必须借助大众媒体的传播，让大家受其感染，并化为自觉意识，然后才能（家庭教育、社会教育、学校教育）成为社会的道德精神。但是，默默无闻、无私奉献的精神所赖以存在的行为特点是不事张扬、不为人知。既然如此，它就（主观、客观）得不到传播，也就不可能成为社会的道德精神。

退一步讲，默默无闻、无私奉献的善举经媒体大力宣传后为更多的人所了解，这就（先后顺序）从根本上使这一善举失去了默默无闻的特性。既然如此，这一命题就无从谈起了。

再者，默默无闻的善举一旦被媒体大力宣传，当事人必然（标准不同；炒作）会受到社会的肯定与赞赏，而这就是社会对他的回报。既然他从社会得到了回报，怎么还可以说是无私奉献呢？

由此可见，默默无闻、无私奉献的德行注定不可能成为社会的道德精神。

第四步：串词行文

默默无闻、无私奉献不可能成为社会的道德精神吗？

上述材料通过诸多论证试图说明"默默无闻、无私奉献不可能成为社会的道德精神"，但由于其论证过程中存在诸多缺陷，所以其结论也是值得商榷的。

首先，一种德行必须借助大众媒体的传播，让大家受其感染，并转化为自觉意识，然后才能成为社会的道德精神吗？其实不然。很多社会的道德精神并不是通过借助大众媒体，而是通过家庭教育、社会教育、学校教育等途径传播的。在没有大众媒体的年代，也有很多公认的社会的道德精神。

其次，"默默无闻、无私奉献的精神所赖以存在的行为特点是不事张扬、不为人知"不意味着"其得不到传播，不可能成为社会的道德精神"。因为不事张扬、不为人知是默默无闻者主观上的初衷，然而其是否得到传播不仅受主观因素影响，还受客观因素影响，主观上不想传播不意味着客观上就不会被传播。

再次，默默无闻、无私奉献的善举经媒体大力宣传后为更多的人所了解，未必会从根本上使这一善举失去默默无闻的特性。因为默默无闻的行为发生在前，媒体大力宣传的行为发生在后。即便媒体的宣传使默默无闻的行为被更多人知道，也不会改变其行为本身的出发点和行为的特性。

最后，默默无闻的善举被媒体大力宣传，当事人未必会受到社会的肯定与赞赏。一方面，每个人对于善恶的界定标准不同，很多默默无闻的善举可能会侵犯一部分人的权益，或者被冠以"烂好人""纵容弱者"等标签；另一方面，这样的善举被媒体大力宣传后，可能还会被质疑，认为其并不是真正想做善事，有炒作等嫌疑。若是如此，其未必会受到社会的肯定与赞赏。

综上，材料中的论证让人难以信服。

二、考试大纲官方解析

本题的论证主要存在如下问题：
（1）"默默无闻、无私奉献是人们尊崇的德行"与"不可能成为社会的道德精神"自相矛盾。
（2）社会道德精神的传播不一定要借助大众媒体，也可以通过家庭或学校教育。
（3）"当事人"不事张扬，不能等同于其"善事"不为人所知。
（4）善举被大力宣传后为更多的人所了解，不能用来否定当事人做事时的默默无闻。
（5）社会对当事人的肯定与赞赏，不能用来否定当事人无私奉献的动机。

三、要点精析

（原文）默默无闻、无私奉献虽然是人们尊崇的德行，但这种德行其实不可能成为社会的道德精神。

【易错提示1】
文章第一段在陈述观点，且作者不同意，故不需要分析。

（原文）一种德行必须借助大众媒体的传播，让大家受其感染，并化为自觉意识，然后才能成为社会的道德精神。但是，默默无闻、无私奉献的精神所赖以存在的行为特点是不事张扬、不为人知。既然如此，它就得不到传播，也就不可能成为社会的道德精神。

【分析角度1】
一种德行必须借助大众媒体的传播，让大家受其感染，并转化为自觉意识，然后才能成为社会的道德精神吗？其实不然。很多社会的道德精神并不是通过借助大众媒体，而是通过家庭教育、社会教育、学校教育等途径传播的。在没有大众媒体的年代，也有很多公认的道德精神。

【分析角度2】
"默默无闻、无私奉献的精神所赖以存在的行为特点是不事张扬、不为人知"不意味着"其得不到传播，不可能成为社会的道德精神"。因为不事张扬、不为人知是默默无闻者主观上的初衷，然而其是否得到传播不仅受主观因素影响，还受客观因素影响，主观上不想传播不意味着客观上就不会被传播。

（原文）退一步讲，默默无闻、无私奉献的善举经媒体大力宣传后为更多的人所了解，这就从根本上使这一善举失去了默默无闻的特性。既然如此，这一命题就无从谈起了。

【分析角度3】

默默无闻、无私奉献的善举经媒体大力宣传后为更多的人所了解，未必会从根本上使这一善举失去默默无闻的特性。因为默默无闻的行为发生在前，媒体大力宣传的行为发生在后。即便媒体的宣传使默默无闻的行为被更多人知道，也不会改变其行为本身的出发点和行为的特性。

（原文）再者，默默无闻的善举一旦被媒体大力宣传，当事人必然会受到社会的肯定与赞赏，而这就是社会对他的回报。既然他从社会得到了回报，怎么还可以说是无私奉献呢？

【分析角度4】

默默无闻的善举被媒体大力宣传，当事人未必会受到社会的肯定与赞赏。一方面，每个人对于善恶的界定标准不同，很多默默无闻的善举可能会侵犯一部分人的权益，或者被冠以"烂好人""纵容弱者"等标签；另一方面，这样的善举被媒体大力宣传后，可能还会被质疑，认为其并不是真正想做善事，有炒作等嫌疑。若是如此，其未必会受到社会的肯定与赞赏。

【分析角度5】

默默无闻者从社会得到了回报，未必就不是无私奉献，因为很可能从社会得到回报并不是其本心。

（原文）由此可见，默默无闻、无私奉献的德行注定不可能成为社会的道德精神。

【易错提示2】

文章最后一段为总结论，不需要分析。

第三节　2021年管理类综合能力考试真题

> **小贴士**
>
> 　　该年真题难度较高，在真题中难度排名前5%。遇到难题，一定要优先寻找没有争议、好写的点，点实在找不够的情况下，再考虑较难的谬误。

　　论证有效性分析：分析下述论证中存在的缺陷和漏洞，选择若干要点，写一篇600字左右的文章，对该论证的有效性进行分析和评论。（论证有效性分析的一般要点是：概念特别是核心概念的界定和使用是否准确并前后一致，有无各种明显的逻辑错误，论证的论据是否成立并支持结论，结论成立的条件是否充分，等等。）

常言道："耳听为虚，眼见为实。"其实，"眼所见者未必实"。

从哲学意义上来说，事物的表象不等于事物的真相。我们亲眼看到的，显然只是事物的表象而不是真相。只有将看到的表象加以分析，透过现象看本质，才能看到真相。换言之，我们亲眼看到的未必是真实的东西，即"眼所见者未必实"。

举例来说，人们都看到旭日东升，夕阳西下，也就是说，太阳环绕地球转。但是，这只是人们站在地球上看到的表象而已，其实这是地球自转造成的。由此可见，眼所见者未必实。

我国古代哲学家老子早就看到了这一点。他说过，人们只看到房子的"有"（有形的结构），但人们没看到的"无"（房子中无形的空间）才有实际效用。这也说明眼所见者未必实，未见者为实。

老子还说，讲究表面的礼节是"忠信之薄"的表现。韩非解释时举例说，父母和子女因为感情深厚而不讲究礼节，可见讲究礼节是感情不深的表现。现在人们把那种客气的行为称作"见外"，也是这个道理。这其实也是一种"眼所见者未必实"的现象。因此，如果你看到有人对你很客气，就认为他对你好，那就错了。

一、四步法演练

第一步：画圈

常言道："耳听为虚，眼见为实。"其实，"眼所见者未必实"。

从哲学意义上来说，事物的表象不等于事物的真相。我们亲眼看到的，显然只是事物的表象而不是真相。只有将看到的表象加以分析，透过现象看本质，才能看到真相。换言之，我们亲眼看到的未必是真实的东西，即"眼所见者未必实"。

举例来说，人们都看到旭日东升，夕阳西下，也就是说，太阳环绕地球转。但是，这只是人们站在地球上看到的表象而已，其实这是地球自转造成的。由此可见，眼所见者未必实。

我国古代哲学家老子早就看到了这一点。他说过，人们只看到房子的"有"（有形的结构），但人们没看到的"无"（房子中无形的空间）才有实际效用。这也说明眼所见者未必实，未见者为实。

老子还说，讲究表面的礼节是"忠信之薄"的表现。韩非解释时举例说，父母和子女因为感情深厚而不讲究礼节，可见讲究礼节是感情不深的表现。现在人们把那种客气的行为称作"见外"，也是这个道理。这其实也是一种"眼所见者未必实"的现象。因此，如果你看到有人对你很客气，就认为他对你好，那就错了。

第二步：打对号

常言道："耳听为虚，眼见为实。"其实，"眼所见者未必实"。

从哲学意义上来说，事物的表象不等于事物的真相。我们亲眼看到的，显然只是事物的表象而不是真相。只有将看到的表象加以分析，透过现象看本质，才能看到真相。换言之，我们亲眼看到的未必是真实的东西，即"眼所见者未必实"。

举例来说，人们都看到旭日东升，夕阳西下，也就是说，太阳环绕地球转。但是，这只是人们站在地球上看到的表象而已，其实这是地球自转造成的。由此可见，眼所见者未必实。

我国古代哲学家老子早就看到了这一点。他说过，人们只看到房子的"有"（有形的结构），但人们没看到的"无"(房子中无形的空间)才有实际效用。这也说明眼所见者未必实，未见者为实。

老子还说，讲究表面的礼节是"忠信之薄"的表现。韩非解释时举例说，父母和子女因为感情深厚而不讲究礼节，可见讲究礼节是感情不深的表现。现在人们把那种客气的行为称作"见外"，也是这个道理。这其实也是一种"眼所见者未必实"的现象。因此，如果你看到有人对你很客气，就认为他对你好，那就错了。

第三步：标注理由关键词

常言道："耳听为虚，眼见为实。"其实，"眼所见者未必实"。

从哲学意义上来说，事物的表象不等于事物的真相。我们亲眼看到的，显然①只是事物的表象而不是真相。只有将看到的表象加以分析，透过现象看本质，才能（有特例）看到真相。换言之，我们亲眼看到的未必是真实的东西，即"眼所见者未必实"。

举例来说，人们都看到旭日东升，夕阳西下，也就是说②，太阳环绕地球转。但是，这只是人们站在地球上看到的表象而已，其实这是地球自转造成的。由此可见（不实的不是眼所见的），眼所见者未必实。

我国古代哲学家老子早就看到了这一点。他说过，人们只看到房子的"有"（有形的结构），但人们没看到的"无"（房子中无形的空间）才有③实际效用。这也说明（实际效用≠实；特例）眼所见者未必实，未见者为实。

老子还说，讲究表面的礼节是"忠信之薄"的表现。韩非解释时举例说，父母和子女因为感情深厚而不讲究礼节，可见④讲究礼节是感情不深的表现。现在人们把那种客气的行为称作"见外"，也是这个道理。这其实也是一种"眼所见者未必实"的现象。因此，如果你看到有人对你很客气，就（友善、尊重）认为他对你好，那就错了。

第四步：串词行文

由眼所见者未必实引发的论证合理吗⑤

上述材料中，作者展开了诸多论证，试图得出"眼所见者未必实"的结论。然而，由于其论证过程中存在诸多缺陷，故结论也是值得商榷的。现分析如下：

首先，只有将看到的表象加以分析，透过现象看本质，才能看到真相吗？答案是否定的。我们不否认部分真相隐藏在表象的背后，需要我们对表象进行分析。但也有很多真相是表象能够直接呈现出来，不需要经过对表象的分析就能看到的。

---

① 该语句也可以分析，但该段后面的"只有……才能……"论证识别标志更明显，分析后者更安全。故在两者中只需要写一个的时候，可优先考虑后者以降低风险。
② 该语句可以分析，但如果想把其分析清楚，需要一定的地理知识，分析门槛相对较高。
③ 该语句为老子所说的话，为背景知识，不能分析。
④ 该语句为韩非所说的话，按理来说不能分析。但后文指出"现在人们把那种客气的行为称作'见外'，也是这个道理"，说明作者认同这一观点，这就变成了作者的论证，故可以分析。
⑤ 这里需要提醒大家注意一下当年真题的题目。当年真题的结论为"眼所见者未必实"，结论是一种可能性表达，是正确的。故在拟题目的时候不建议对结论进行质疑，不建议拟成"眼所见者未必实吗？"，更建议采取话题式拟题法，如"关于眼见未必为实的论证合理吗？"

其次，由"太阳环绕地球转只是人们站在地球上看到的表象"无法得出"眼所见者未必实"的结论。因为"太阳环绕地球转"并不是人们眼见的事实，而是根据"旭日东升，夕阳西下"这一眼见的事实所分析出来的。故论据的不实无法证明"眼所见者未必实"。

再者，房子的"无"才有实际效用无法证明未见者为实。一方面，有实际效用并不等同于真相；另一方面，房子仅为特例，无法代表其他事物的情况。

最后，看到有人对你很客气，未必说明认为他对你好是错的。虽然不排除有些人带有目的性，想要拉近彼此的距离，而对你很客气。但也有很多人希望通过客气的方式传递自己的友善和尊重。

综上，正是由于作者在论证的过程中存在以上诸多逻辑缺陷，故其结论难以让人信服。

二、考试大纲官方解析

本题的论证主要存在如下问题：

（1）核心概念的界定前后不一致，"眼见为实"的"实"和文中"眼所见者未必实"的"实"内涵不同。

（2）亲眼看到的，其实不只是事物的表象，也可能是真相。

（3）地球自转的实情，不能用来否定我们看到的"旭日东升，夕阳西下"这一实况。

（4）房子的"无"具有"实际效用"，但这不是"未见者为实"之"实"（真实）。

（5）父母和子女因为感情深厚而不讲究礼节，不能推出讲究礼节是感情不深的表现。

（6）有人对你很客气，也有可能真的对你好。

三、要点精析

（原文）常言道："耳听为虚，眼见为实。"其实，"眼所见者未必实"。

【易错提示1】

该段为背景知识，且作者不同意，故不用分析。

（原文）从哲学意义上来说，事物的表象不等于事物的真相。我们亲眼看到的，显然只是事物的表象而不是真相。只有将看到的表象加以分析，透过现象看本质，才能看到真相。换言之，我们亲眼看到的未必是真实的东西，即"眼所见者未必实"。

【易错提示2】

"从哲学意义上来说，事物的表象不等于事物的真相"为背景知识，不需要分析。

【分析角度1】

亲眼看到的未必只是事物的表象而不是真相，因为部分事物的表象是能够反映事物的真相的。

【分析角度2】

只有将看到的表象加以分析，透过现象看本质，才能看到真相吗？答案是否定的。我们不否认部分真相隐藏在表象的背后，需要我们对表象进行分析。但也有很多真相是表象能够直接呈现出来，不需要经过对表象的分析就能看到的。

（原文）举例来说，人们都看到旭日东升，夕阳西下，也就是说，太阳环绕地球转。但是，这只是人们站在地球上看到的表象而已，其实这是地球自转造成的。由此可见，眼所见者未必实。

【分析角度3】

由"太阳环绕地球转只是人们站在地球上看到的表象"无法得出"眼所见者未必实"。因为"太阳环绕地球转"并不是人们眼见的事实，而是根据"旭日东升，夕阳西下"这一眼见的事实所分析出来的。故论据的不实无法证明"眼所见者未必实"。

（原文）我国古代哲学家老子早就看到了这一点。他说过，人们只看到房子的"有"（有形的结构），但人们没看到的"无"（房子中无形的空间）才有实际效用。这也说明眼所见者未必实，未见者为实。

【分析角度4】

房子的"无"才有实际效用无法证明未见者为实。一方面，有实际效用并不等同于真相；另一方面，房子仅为特例，无法代表其他事物的情况。

【分析角度5】

房子的"有"没有实际效用无法证明眼所见者未必实。一方面，作者混淆了"实际效用"中"实"与"未见者为实"中"实"的概念；另一方面，房子中无形的空间只有通过有形的结构才能够呈现出来，故房子的"有"并非没有实际效用。

【分析角度6】

老子的观点仅是一家之言。

（原文）老子还说，讲究表面的礼节是"忠信之薄"的表现。韩非解释时举例说，父母和子女因为感情深厚而不讲究礼节，可见讲礼节是感情不深的表现。现在人们把那种客气的行为称作"见外"，也是这个道理。这其实也是一种"眼所见者未必实"的现象。因此，如果你看到有人对你很客气，就认为他对你好，那就错了。

【分析角度7】

父母和子女之间的关系无法代表其他群体之间的关系，因为父母和子女之间的关系较为特殊，具有无法割裂的亲缘性。

【分析角度8】

看到有人对你很客气，未必说明认为他对你好是错的。虽然不排除有些人带有目的性，想要拉近彼此的距离，而对你很客气。但也有很多人希望通过客气的方式传递自己的友善和尊重。

其他角度只要合理亦可。

论证有效性分析结课考试

（总分100分，共5道题，每道题20分）

日期：_____ 答题时长：_____ 分数：_____

[题源：199-2016] 分析下述论证中存在的缺陷和漏洞，选择若干要点，写一篇600字左右的文章，对该论证的有效性进行分析和评论。（论证有效性分析的一般要点是：概念特别是核心概念的界定和使用是否准确并前后一致，有无各种明显的逻辑错误，论证的论据是否成立并支持结论，结论成立的条件是否充分，等等。）

现在人们常在谈论大学毕业生就业难的问题，其实大学生的就业并不难。

据国家统计局数据，2012年我国劳动年龄人口比2011年减少了345万，这说明我国劳动力的供应从过剩变成了短缺。据报道，近年长三角等地区频频出现"用工荒"现象，2015年第二季度我国岗位空缺与求职人数的比率约为1.06，表明劳动力市场需求大于供给。因此，我国的大学毕业生其实是供不应求的。

还有，一个人受教育程度越高，他的整体素质也就越高，适应能力就越强，当然也就越容易就业。大学生显然比其他社会群体更容易就业，再说大学生就业难就没有道理了。

实际上，一部分大学生就业难，是因为其所学专业与市场需求不相适应，或对就业岗位的要求过高。因此，只要根据市场需求调整高校专业设置，对大学生进行就业教育以改变他们的就业观念，鼓励大学生自主创业，那么大学生的就业难问题将不复存在。

总之，大学生的就业并不是什么问题，我们大可不必为此顾虑重重。

1. 材料如题，则以下哪项更适合作为该论证有效性分析的题目？

（A）大学生的就业并不难吗？

（B）大学生的就业并不难是错误的。

2. 材料如题，则以下哪项更适合作为该论证有效性分析的开头？

（A）上述材料认为大学生就业并不难。然而，随着近年来人工智能的发展，越来越多的工作岗位被人工智能取代。大学生就业并不难这一结论是无法令人信服的。

（B）上述材料中，作者经过诸多论证试图说明大学生就业并不难。然而由于其论证过程中存在诸多缺陷，故其结论值得商榷。

3. 材料如题，则以下哪句可以作为论证有效性分析的分析对象？

（A）现在人们常在谈论大学毕业生就业难的问题，其实大学生的就业并不难。

（B）只要根据市场需求调整高校专业设置，对大学生进行就业教育以改变他们的就业观念，鼓励大学生自主创业，那么大学生的就业难问题将不复存在。

4. 材料如题，则以下哪个分析段落更容易拿到高分？

（A）首先，由"2012年我国劳动年龄人口比2011年减少了345万"推不出"我国劳动力的供应从过剩变成了短缺"。是否出现劳动力短缺要根据职位数量与劳动人口相结合得出结论，仅仅从劳动人口减少就判定目前已处于劳动力短缺的情况，论据是不充分的。

（B）首先，2012年相对于2011年的数据变化无法说明现在的情况，材料忽略了时间发展对劳动力市场的影响；另外，劳动力减少并不意味着其进入短缺状态。很可能原来的劳动力市场已经非常饱和，即使劳动力供应减少一定数量，也未必能改变其供过于求的状态。

5. 材料如题，则以下哪篇习作更容易拿到高分？

（A）

大学生就业并不难吗？

材料通过一系列论证试图得出"大学生就业并不难"的结论。然而，由于其论证过程存在诸多逻辑漏洞，故结论未必成立。

首先，长三角地区的情况无法代表整个市场的情况。因为长三角地区仅是华东地区的一部分，可能由于资源匮乏、发展缓慢等原因导致人口大量流失，造成"用工荒"现象。但整个劳动力市场还有华中、华南、东北等地区，如果这些地区的劳动力市场供给都远远大于需求，那么整个市场依然有可能供大于求。

其次，供应减少了345万不代表供应情况就由过剩变为了短缺。若是原本的劳动人口情况为供远大于求，那么或许在减少345万后，市场刚好达到供求平衡，而非变为短缺。

再次，受教育程度与整体素质未必呈正相关。影响整体素质的因素还包括个人的价值观、日常行为等，而受教育程度只是整体素质的一个指标。有些人虽然受教育程度高但整体素质很低，就像新闻中频频爆出很多高校教授以及很多受过良好教育的企业家等的不端行为，这些不都是受教育程度高但整体素质很低的证明吗？

最后，大学生比其他社会群体更容易就业吗？答案显然是否定的。一方面，劳动力市场中的研究生与博士生数量与日俱增，这会极大削弱大学生求职的竞争力；另一方面，很多企业往往更看重丰富的工作经验，招聘时未必会选择没有什么经验的大学生。

综上，材料的论证过程中存在诸多的逻辑错误，使"大学生就业并不难"这个结论难以令人信服。

（B）

大学生就业真的不难吗？

上述材料旨在得出"大学生的就业并不难"的结论。然而，其论证过程存在多处不当，所以，其结论难以让人信服。

"劳动力从过剩变为短缺"的依据是"2012年劳动年龄人口减少"。这是难以令人信服的。2012年劳动年龄人口减少本身没有问题，问题是它滥用了。该论证仅从劳动年龄人口减少就贸然得出了劳动力短缺的结论。如果供应量减少的人数少于过剩的需求，那么劳动力依旧供大于求，又怎么能得出劳动力短缺的结论呢？

"长三角等地区'用工荒'"可能是长三角等地区劳动力分配不均导致的，代表不了全国的整体状况。而且仅用"2015年第二季度岗位空缺比率"说明不了"市场需求大于供给"。这可能只是第二季度的特殊情况，未必具有代表性。故以此认为大学生供不应求过于武断。

从"一个人的受教育程度越高、整体素质也就越高、岗位适应力就越强"并不必然得出"就业越容易"的结论。就业是否容易还与实践经历、求职时的市场环境等有关。此外，整体素质与思维能力、道德素养等有关，而岗位适应能力则与专业技能与个人能力有关，二者并不存在推理关系，据此认为就业越容易未必妥当。

"只要根据市场调整专业"就可以使"就业难问题不复存在"？并非如此，因为高校培养学生需要四年甚至更久的时间，而在四年间市场的需求可能会改变。这导致了高校的专业和市场需求脱节。也许四年前根据市场需求加大培养力度的专业，四年后市场就不那么需要了。就业难的问题依旧存在。

综上所述，材料犯了一系列逻辑错误，难以推出"大学生就业并不难"这一结论。

答案速查表				
1	2	3	4	5
A	B	B	B	A

参考答案

1. A

论证有效性分析的题目应对总结论表示质疑，而非否定。B选项对总结论进行了否定，故不合适。

2. B

论证有效性分析的开头应指出论证过程中存在错误，进而对结论表达质疑，而非提出自己的观点和见解。故A选项不合适。

3. B

论证有效性分析的分析对象是有缺陷的论证。A选项不是论证，不能作为分析对象。

4. B

论证有效性分析的段落要清晰地引入谬误，并加以分析。A选项引入部分过于复杂，无法使阅卷者快速捕捉到引入的谬误，分析部分的理由也不够一针见血。故B选项更容易拿高分。

5. A

B选项文章存在诸多缺陷，详细分析如下：

大学生就业真的不难吗？

上述材料旨在得出"大学生的就业并不难"的结论。然而，其论证过程存在多处不当，所以，其结论难以让人信服。【段首需要加上"首先、其次、再次、最后"或"第一、第二、第三、第四"等段落关联词】"劳动力从过剩变为短缺"的依据是"2012年劳动年龄人口减少"。【材料中该句一共有三个逻辑缺陷：其一，2011~2012年我国的情况→当前我国情况；其二，劳动年龄人口减少→劳动力短缺；其三，减少→短缺。该句前提引入的是后两个论证，结论引入的是全部论证，前提和结论不一致】这是难以令人信服的。2012年劳动年龄人口减少本身没有问题，问题是它滥用了。【论证中不需要对前提进行肯定，只需直接分析缺陷，且此处没有说清楚如何滥用了。不同分析角度之间建议使用分号】该论证仅从劳动年龄人口减少就贸然得出了劳动力短缺的结论。【段首已经引入该点，此处不用重复】如果供应量减少的人数少于过剩的需求，那么劳动力依旧供大于求，又怎么能得出劳动力短缺的结论呢？

"长三角等地区'用工荒'"可能是长三角等地区劳动力分配不均导致的，代表不了全国的整体状况。【在引入论证时，可以在前提和结论上都加引号，也可以都不加引号，但不要前提加引号，结论不加引号】而且仅用"2015年第二季度岗位空缺比率"说明不了"市场需求大于供给"。这可能只是第二季度的特殊情况，未必具有代表性。故以此认为大学生供不应求过于武断。【角度正确，可以具体对第二季度为什么特殊进行说明，使段落的反驳力度更强】

从"一个人的受教育程度越高、整体素质也就越高、岗位适应力就越强"并不必然得出"就业越容易"的结论。【材料中，教育程度、整体素质、适应能力三者是递进关系，此处变成了并列关系，与题意不符】就业是否容易还与实践经历、求职时的市场环境等有关。【引入角度不恰当导致分析角度也不恰当】此外，整体素质与思维能力、道德素养等有关，而岗位适应能力则与专业技能与个人能力有关，【不应仅仅指出整体素质、岗位适应能力都与什么要素相关，还应该指出为什么二者不呈正相关。因为实际上那些思维能力强的人专业技能也可能更强】二者并不存在推理关系，据此认为就业越容易未必妥当。

"只要根据市场调整专业"就可以使"就业难问题不复存在"？【第一，引用材料原文不需要在前提和结论上都加上引号，加上引号不算错误，但没有必要，直接引入即可；第二，材料原文是"只要根据市场需求调整高校专业设置，对大学生进行就业教育以改变他们的就业观念，鼓励大学生自主创业，那么大学生的就业难问题将不复存在"，此处在引入时不够完整，只引入了其中一个措施。如果想简化段落，可以引入为"采取根据市场需求调整高校专业设置等措施未必会使大学生的就业难问题不复存在"】并非如此，因为高校培养学生需要四年甚至更久的时间，而在四年间市场的需求可能会改变。这导致了高校的专业和市场需求脱节。也许四年前根据市场需求加大培养力度的专业，四年后市场就不那么需要了。就业难的问题依旧存在。

综上所述，材料犯了一系列逻辑错误，难以推出"大学生就业并不难"这一结论。【结尾无缺陷】

下篇
论说文

第九章　快速入门

本章对应视频课程06
可扫封面二维码查看

这一章，我们开启论说文的学习。

同样，为了避免大家在学习前期是盲人摸象的状态，本章先用最简单的方式带大家快速入门，让大家理解什么是论说文，并对考场上拿到真题后如何快速写成文章有初步认识。

再次提醒大家，本章的主要目标是捋顺基本思路，很多原理、方法及注意事项等将在后面的章节详解。若在学习本章时有不理解之处也不必心急，可以带着问题在后面的章节中寻找答案。

第一节　初识论说文

我们先直观地看一下论说文真题是什么样的。

以2023年管理类综合能力考试论说文真题为例：

根据下述材料，写一篇700字左右的论说文，题目自拟。

人们常说"领导艺术"，可见领导与艺术之间存在着某种相似点，如领导一个团队完成某项任务就和指挥一个乐队演奏某首乐曲一样。

论说文试题的题干通常是一段简短的材料。我们要做的是基于对材料的理解给出一个观点，并且论证观点为什么成立。

论说文的构成有三大要素，即论点、论据和论证过程[①]。

论点是论说文的核心和灵魂。论说文一般只有一个中心论点，论点应该是明确的判断，是看法的完整陈述，在形式上应该是完整的句子。但需要注意的是，比喻句不能作为论点。论点是论说文学习中的重点和难点，本书将在"怎么审题"章节中具体阐述论点的确定方法。

论说文中的论点和论据是通过论证过程组织起来的。论证过程是运用论据来证明论点的过程和方法，是论点和论据之间的逻辑关系纽带。论点解决"需要证明什么"，论据解决"用什么来证明"，论证过程解决"怎样证明"。

论证有效性分析是要分析别人的论证，而论说文则是要搭建自己的论证。这就好比前者是要评价别人的楼房盖得好不好，而后者则是要自己盖一栋楼。很明显，相较于论证有效性分析，论说文的灵活度更高一些，无须固定结构，题目、开头、结尾等也没有固定的话术，中间段落也可以从不同的角度展开论证。

但在备考过程中，文体灵活未必是好事，可能会让很多同学陷入纠结和无措。所以我们将通过接下来的学习，建立起论说文行文的基本思路，让每个同学既有自由发挥的空间，又能游刃有

---

① 论点、论据及论证过程的含义可参考P21。

余地应对考试拿高分。

第二节　初识四步法

论说文文体要比论证有效性分析文体复杂得多，但很多理论依然是没有意义的，会把简单的问题复杂化。

实际上，论说文，也只需要四步。

第一步：审题。

第二步：确定结构。

第三步：标注理由关键词。

第四步：串词行文。

接下来，以2020年管理类综合能力考试真题为例，为大家演示一下论说文四步写作法。（此处建议大家扫码观看视频教程，可以更加直观地理解论说文的四步写作法。）

根据下述材料，写一篇700字左右的论说文，题目自拟。

据报道，美国航天飞机"挑战者号"采用了斯沃克公司的零配件。该公司的密封圈技术专家博易斯乔利多次向公司高层提醒：低温会导致橡胶密封圈脆裂而引发重大事故。但是，这一意见一直没有受到重视。1986年1月27日，佛罗里达州卡纳维拉尔角发射场的气温降到零摄氏度以下，美国宇航局再次打电话给斯沃克公司，询问其对航天飞机的发射还有没有疑虑之处。为此斯沃克公司召开会议，博易斯乔利坚持认为不能发射，但公司高层认为他所持理由还不够充分，于是同意宇航局发射。1月28日上午，航天飞机离开发射平台，仅过了73秒，悲剧就发生了。

第一步：审题

论说文的审题不要求创新，而是要基于材料内容给出自己的观点，故审题不能脱离材料。审题过程中通常是先宏观定方向，再微观定细节，最后将细节变成观点。

1. 宏观定方向

结果：悲剧发生。

方向：不应做导致悲剧的事件。

事件：（1）专家的意见没有受到重视；（2）公司高层认为专家所持理由不够充分。

2. 微观定细节

中心词：重视意见／重视专家意见／重视员工意见／重视不同意见。

主体：公司高层／管理者／领导者／决策者／我们。

结果：规避风险／减少损失。

3. 细节变观点

（1）管理者当重视专家意见。

（2）我们要重视他人意见。

（3）重视专家意见有利于规避风险。

其他观点合理亦可。

第二步：确定结构

该年真题为单一话题型，可直接采取常规结构，也可以根据自身的喜好调整结构。此处我们任选一个常规结构为例进行演示。

结构构成：开头—正—反—辩—结尾。

具体结构构成如下（考场上该部分不需要在草稿纸上写出来，而是要在脑海中快速浮现）。

开头：故事类型的论说文开头构成通常是"人＋事＋结果＋过渡句＋观点"。

正论：正面阐述观点为什么成立。

反论：反面阐述若认为观点不成立会有什么弊端。

辩证分析：找到会削弱观点的理由，并对其进行反驳，以支持观点。

结尾：扣题。

第三步：标注理由关键词

标注理由关键词的过程其实就是在列提纲，该步骤建议动笔在草稿纸上写出来，方便后续串词行文。

开头：人（斯沃克公司的高层）＋事（没有重视专家的意见，认为专家所持理由不够充分，于是同意宇航局发射）＋结果（悲剧就发生了）＋过渡句（悲剧告诫）＋观点（我们要重视专家意见）。

（引导句）

正论：降低风险、局限性、发现漏洞、纠正错误；集思广益。

反论：增加风险、能力受到质疑。

辩证分析：被误解为不加分辨地接纳——取其精华；低效——少走弯路。

结尾：扣题（我们要重视专家意见）。

提醒大家一下，在考场上不需要标注得这么详细，只需要列一个简易提纲即可，例如：

＋降低风险、局限性、发现漏洞、纠正错误；集思广益。

－增加风险、能力受到质疑。

B 被误解为不加分辨地接纳——取其精华；低效——少走弯路。

第四步：串词行文

接下来，我们基于提纲进行扩句，即可形成一篇完整的文章。提醒大家，在串词行文的过程中不建议用太多看似优美的表达，更建议大家用自己的话把观点阐述清楚。

我们要重视专家意见

斯沃克公司的高层因为没有重视专家的意见，认为专家所持理由还不够充分，于是同意宇航局发射，最终导致悲剧发生。挑战者号的悲剧告诫我们要重视专家意见。

如今，"专家"似乎成了一个贬义词，很多人总是喜欢把"专家"称为"砖家"。这是对专家重要性的一种偏见。实际上重视专家意见可以帮助我们更好地发展。为什么这样说呢？

重视专家意见，有利于防范风险，提前化解危机。如今我们处在一个信息过载的时代，知识、技术等都在飞快地更新迭代。处在这样的时代，每个人所掌握的知识都是有限的，具有一定的局限性。而专家通常在某个细分领域深耕多年，积累了丰富的知识和经验，能够发现很多常人难以发现的漏洞或能依据可靠的数据资料，较为准确地判断事态发展的趋势。因此，听取他们的意见，有助于预先识别风险，及时纠正错误，从而将不必要的损失降至最低；不仅如此，重视专家意见还可以汇集来自各方面的声音，吸纳不同领域的智慧，形成互补，减少决策过程中的考虑不全面和信息不对称。

相反，不重视专家意见、一意孤行，就有可能造成类似"挑战者号"那样的悲剧。"挑战者号"的失败不仅使得数位宇航员永远失去了宝贵的生命，使得耗资巨大的项目毁于一旦，还让公司的声誉遭受严重冲击，让管理层的治理能力饱受外界质疑。

当然，重视专家意见并不意味着对专家意见不加分辨地接纳，而是要在态度上给予充分重视，并在决策过程中针对其进行有效论证，取其精华去其糟粕。不仅如此，重视专家意见也未必会造成决策低效，相反，它能帮助决策者少走弯路，更快地达成既定目标。

综上，为了做出恰当的管理决策，我们应当重视专家意见。

至此，我们仅用四步就完成了一篇论说文。

学到这里，如果大家依然觉得很困惑，不理解每个步骤为什么这么做，不用心慌，接下来，我们将通过后面的章节来解答这些问题。

第十章 命题组的要求

第一节 综合能力考试、申论与高考写作的区别

很多同学会将综合能力考试论说文与公务员申论、高考议论文等混淆。本节我们先来区分一下三者。

在梳理三者的区别之前，我们先看一下三者的考试大纲。

（一）论说文考试大纲（以管理类综合能力考试大纲为例）

论说文的考试形式有两种：命题作文、基于文字材料的自由命题作文。每次考试为其中一种形式。要求考生在准确、全面地理解题意的基础上，对命题或材料所给观点进行分析，表明自己的观点并加以论证。

文章要求思想健康，观点明确，论据充足，论证严密，结构合理，语言流畅。

（二）公务员申论考试大纲

申论试卷由注意事项、给定资料和作答要求三部分组成。申论考试按照中央机关及其省级直属机构职位、市（地）级及以下直属机构职位的不同要求，分别命制试题。

阅读理解能力——能够理解给定资料的主要内容，把握给定资料各部分之间的关系，对给定资料所涉及的观点、事实做出恰当的解释。

贯彻执行能力——能够准确理解工作目标和组织意图，遵循依法行政的原则，根据客观实际情况，及时有效地完成任务。

解决问题能力——对给定资料所反映的问题进行分析，并提出解决的措施或办法。

文字表达能力——熟练使用指定的语种，对事件、观点进行准确合理的说明、陈述或阐释。

（三）高考作文考试大纲

能写论述类、实用类和文学类文章。作文考试的评价要求分为基础等级和发展等级。

1. 基础等级

（1）符合题意；

（2）符合文体要求；

（3）感情真挚，思想健康；

（4）内容充实，中心明确；

（5）语言通顺，结构完整；

（6）标点正确，不写错别字。

2. 发展等级

（1）深刻。透过现象深入本质，揭示事物的内在关系，观点具有启发作用。

（2）丰富。材料丰富，论据充实，形象丰满，意境深远。

（3）有文采。用语贴切，句式灵活，善于运用修辞手法，文句有表现力。

（4）有创新。见解新颖，材料新鲜，构思新巧，推理想象有独到之处，有个性色彩。

很多同学在考研的同时也在准备公务员考试或者曾经参加过公务员考试。两个考试中都有写作题型，很多同学误以为论说文就是申论的大作文，认为二者是同一文体。其实不然。由于考试背景和大纲要求等的差异，两个文体有天壤之别。论说文注重的是考查应试者能否用充足的理由和严密的论证去说服别人相信自己的观点；申论注重的是考查应试者分析问题和解决问题的能力，尤其强调解决问题的能力，这是行文的重点，也与公务员的工作紧密相关。

也有很多同学认为论说文就是高考作文，这也是对论说文的一种误解。高考中，通常文体可以自选，不仅可以写议论文，还可以写说明文、记叙文等。只有议论文与综合能力考试的论说文有相似之处，但也不完全相同。

基于三者考试大纲的对比，不难发现，三者存在以下差异。

（1）考试背景不同。综合能力考试是为了选拔合适的管理者；申论是为了选拔公务员；高考是为了广泛地选拔各行各业的人才。

（2）考查目标不同。论说文是为了考查考生的分析论证能力；申论是为了考查考生阅读理解、贯彻执行、解决问题的能力；高考作文是为了考查考生的潜力。

（3）评分标准不同。论说文的评分是按照最低项得分；另外两个文体是按照累加来得分。举一个简单的例子：假设每个文体的评分都主要看审题、论证、行文三个指标，一篇文章的审题得10分、论证得15分、行文得20分。如果这篇文章是论说文，则得分为最低项10分；如果这篇文章是申论或高考文体，则得分为累计得分45分。这也提醒大家，在备考论说文的时候，要优先保证没有短板。

（4）字数要求、总分值等要求不同。

（5）行文风格不同。在高考中，命题人和阅卷者希望看到考生未来的潜力，所以在行文上更加自由，大纲也明确要求了需要创新；在综合能力考试中，命题人和阅卷者希望看到考生严谨的论证能力，所以在行文上需要有理有据且不能出现逻辑错误；在申论考试中，命题人和阅卷者希望看到考生解决问题的能力，所以在行文上要有具体的解决方案且需要符合公文的表达风格。

第二节　考纲详解

考试大纲是我们备考的总纲领。论说文的考试大纲主要包括两个重要部分。

第一部分：考试大纲原文

详细内容可参考上一节。

考试大纲是写作考试可参考的最权威文件，所以在开始学习论说文之前，一定要仔细研读考试大纲，明确考试大纲背后的深层含义。本节将对考试大纲进行一一解读。

第二部分：评分标准

1. 精炼版本评分标准

（1）按照内容、结构、语言三项综合评分。

一类卷（30～35分）：立意深刻，中心突出，结构完整，行文流畅。

二类卷（24～29分）：中心明确，结构较完整，层次较清楚，语句通顺。

三类卷（18～23分）：中心基本明确，结构尚完整，语句较通顺，有少量的语病。

四类卷（11～17分）：中心不太明确，结构不够完整，语句不通顺，语病较多。

五类卷（10分及以下）：偏离题意，结构残缺，层次混乱，语句不通。

（2）漏拟题目扣2分。

（3）每三个错别字扣1分，重复的不计，至多扣2分。

（4）书面不整洁，标点不正确，酌情扣1～2分。

2. 详细版本评分标准

（1）根据内容、结构、语言三项综合评分，占30分。分六类卷给分：

一类卷（26～30分）：紧扣题意，立意深刻，中心突出，论证充分，结构完整，语言流畅。

二类卷（21～25分）：切合题意，立意较深刻，中心明确，论证比较充分，结构比较完整，语句通顺。

三类卷（16～20分）：基本切题，中心基本明确，论证基本合理，结构尚完整，语句较通顺，有少量的语病。

四类卷（11～15分）：不太切题，中心不太明确，论证有缺陷，结构不够完整，语句不够通顺，有较多语病。

五类卷（6～10分）：偏离题意，中心不明确，论证有较多缺陷，结构有残缺，层次比较混乱，语句不通，有很多语病。

六类卷（0～5分）：观点错误，背离题意或与题意无关，结构严重残缺，层次混乱，语句严重不通。

（2）其他，占 5 分。

①所拟题目贴切，2 分；所拟题目一般，1 分；未拟题目，0 分。

②书写（包括文字和标点符号）规范，2 分。若有错别字，每三个扣 1 分，重复的不计；标点符号若有明显错误，酌情扣分；扣满 2 分为止。

③卷面整洁清楚，1 分；卷面不整洁，书写潦草，0 分。

> 📖 小贴士
>
> 评分标准是阅卷者的给分依据，此处为 2012 年、2013 年和目前的评分标准。2012 年、2013 年版本的评分标准涵盖了新版本的所有要求，更加详细，但由于其划分的层级和要素过多，且有些要素不易量化，所以在 2013 年后进行了简化。但在实际阅卷过程中，阅卷者仍会对是否扣题、论证是否充分这两项要素进行评估，因此我们在学习时会同时参考这两个版本。
>
> 论说文的评分依据的是木桶的短板原理，即文章的分数反映的是文章最薄弱的环节，取的是最低分。因此，我们在学习论说文时一定要齐头并进，不要有任何短板。

基于考试大纲和评分标准，我们可以提炼出如下对备考有意义的要点。

一、考试形式

大纲的首句明确了论说文的考试形式。命题作文是指命题者直接给出写作题目的作文；而基于文字材料的自由命题作文则是指需要考生根据材料自行给出观点并拟定题目的作文。

命题作文在考试中考频相对较低。

1.［题源：199-1999-10］以"小议企业领导者的素质"为题，写一篇 500 字左右的议论文。

> 📖 小贴士
>
> 早期的综合能力考试试题曾要求过写议论文，也要求过文体自拟，但最新的大纲已经明确表示只考论说文，所以本书中所涉及的早期试题均会按论说文题型进行讲解。

2.［题源：199-2009］以"由三鹿奶粉事件所想到的"为题，写一篇 700 字左右的论说文。

3.［题源：396-2017］阅读下面的材料，以"是否应该对穷人提供福利？"为题，写一篇不少于 600 字的论说文。

国家是否应该对穷人提供福利存在较大的争论。反对者认为：贪婪、自私、懒惰是人的本性。如果有福利，人人都想获取。贫穷在大多数情况下是懒惰造成的。为穷人提供福利相当于把努力工作的人的财富转移给了懒惰的人。因此，穷人不应该享受福利。

支持者则认为：如果没有社会福利，则穷人没有收入，就会造成社会动荡，社会犯罪率会上升，相关的合理支出也会增多，其造成的危害可能大于提供社会福利的成本，最终也会影响努力工作的人的利益。因此，为穷人提供社会福利能够稳定社会秩序，应该为穷人提供福利。

4.［题源：396-2016］阅读下面的材料，以"延长退休年龄之我见"为题，写一篇不少于 600 字的论说文。

自从国家拟推出延迟退休政策以来，就受到了社会各界的广泛关注，同时也引起激烈的争论。为什么要延长退休年龄？

赞成者说，如果不延长退休年龄，养老金就会出现巨大缺口；另外，中国已经步入老年社会，如果不延长退休年龄，就会出现劳动力紧缺的现象。

反对者说，延长退休年龄就是剥夺劳动者应该享受的退休福利，退休年龄的延长意味着领取养老金时间的缩短；另外，退休年龄的延长也会给年轻人就业造成巨大压力。

正是由于该命题形式考频很低，所以经常容易被大家忽视，将"命题作文"当作"自由命题作文"，在此提醒大家审题的时候一定要看清题干要求。

命题作文的优势是节省了拟题时间，可供发挥的空间相对较大；劣势是因其自由度高、发挥空间大，并且题目既定，很多考生会省略审题立意的环节，直接从话题切入，落笔天马行空，偏离论说文文体。因此，大家在拿到命题作文后一定要按部就班地去寻找材料的立意，再展开论证。

二、准确

考试大纲明确要求我们审题需要"准确"，而非"创新"。很多同学在审题时会对题目做一些美化和修饰，然而在美化和修饰的过程中经常会无意间改变题目的本意，使得命题不够准确。例如，很多同学会将"失败是成功之母"替换为"塞翁失马，焉知非福"，然而二者的使用场景并不相同，前者是因为能力不足而失败，后者则是因为运气不佳而失败；也有很多同学会将细节、平凡、小事、星星之火等词语混淆，但实际上这些词语的意思都各不相同。

对这一很容易忽视的问题，大家一定要引起警惕。如何才能做到准确呢？第一，需要找准宏观方向；第二，需要找准微观细节。而无论是想实现宏观上的准确还是微观上的准确，都需要我们尊重原题，不要过度延伸。

为了确保准确，同学们要做到如下几点。

（1）题目、开头、正文都围绕同一中心和范围。

（2）近似词应谨慎转换。

（3）题干中如有中心词或观点，尽量使用题干中的中心词或观点。

举例说明一下。

［题源：199-2017］根据下述材料，写一篇700字左右的论说文，题目自拟。

一家企业遇到了这样一个问题：究竟是把有限的资金用于扩大生产呢，还是用于研发新产品？有人主张投资扩大生产，因为根据市场调查，原产品还可以畅销三到五年，由此可以获得可靠而丰厚的利润。有人主张投资研发新产品，因为这样做虽然有很大的风险，但风险背后可能有数倍于甚至数十倍于前者的利润。

则"创新才能成功"能否作为该年真题的正确立意？

答案是：否。原因有多个。

第一，材料中所讨论的"研发新产品"并不完全等同于"创新"。

第二，"才能"这一表达过于绝对。

第三，题干中并未体现出通过研发新产品可以取得成功这一结果，题干中所体现出来的结果是：利润更高或能实现长远发展。

第四，题干不仅仅在讨论研发新产品的利弊，而且在将研发新产品和扩大生产进行比较，题目中最好有所体现。

所以在综合考虑以上因素后，该题的题目可以拟为：

（1）研发新产品更有利于长远发展。

（2）企业更需要研发新产品。

（3）资金有限的企业更需要研发新产品。

（4）企业更需要扩大生产。

（5）扩大生产有利于稳定发展。

其他题目合理亦可。

当然，这道题如果大家审得不够准确，也不用焦虑，在大方向没错的情况下，即便不够准确，也能拿到中等分数，不会出现致命风险。但如果大家想拿高分，还是要尽可能精准地表达。

三、全面

审题除了要准确，还要全面。需要注意的是，这里的全面并不是信息的叠加，而是要有全局意识，不要仅基于题干中的部分信息便给出观点。

举例来说。

[题源：199—2000] 根据下面一则材料，写一篇不少于500字的议论文，题目自拟。

有人问一位诺贝尔奖奖金获得者："您在哪所大学学到了您认为是最主要的一些东西？"出人意料，这位学者回答说是在幼儿园，他说："把自己的东西分一半给小伙伴们，不是自己的东西不要拿，东西要放整齐，做错事要表示歉意，要仔细观察大自然。从根本上说，我学到的全部东西就是这些。"

以下哪些不能够作为该论说文的题目？

（1）小事的重要性。

（2）观察自然的重要性。

（3）知错就改的重要性。

（4）分享的重要性。

（5）细节的重要性。

（6）习惯的重要性。

这道题的审题方向是：要像诺贝尔奖获得者学习。也就是要做到"把自己的东西分一半给小伙伴们，不是自己的东西不要拿，东西要放整齐，做错事要表示歉意，要仔细观察大自然"。但这件事的文字量太大了，无法直接拟题，所以我们需要对其进行翻译。而在翻译的过程中，就要注意到"全面性"，我们所翻译的中心需要能够覆盖以上所有内容。

在上面的选项中，只有选项6符合要求，其他的都不够全面。

例如，仔细观察大自然不是小事、不是知错就改、不是分享、不是细节；把自己的东西分一半给小伙伴们不是在观察自然。

希望通过这个练习，大家能够理解什么叫作真正的"全面"。

四、观点明确

考试大纲中指出，"对命题或材料所给观点进行分析，表明自己的观点并加以论证"，这句话完整地向我们传达了论说文的行文思路。论说文的行文本质应当是一个论证，既然是论证，就要满足论证的三要素，即论点、论据和论证过程。论点是论证的核心。论说文的论点从何而来？考试大纲已经给出了答案，论点就是我们的观点。那么我们的观点从何而来？考试大纲也给出了答案，即在对命题或材料所给观点进行分析的基础上得来。我们的观点一定是在材料观点的基础上合理分析得来的，不应偏题，否则文章直接就会被划分为五、六类卷，分数也会较低。

考试大纲明确要求考生要表明自己的观点，故审题后我们所表达的观点应该清晰明确，不应故弄玄虚或者模糊不清。例如，"论合作""都云作者痴，谁解其中味"等题目都没有明确表明作者的观点。

我们还是以2017年管理类综合能力考试真题（企业资金有限应该选择扩大生产还是研发新产品）为例。

以下题目是否可以作为该年真题的题目？

（1）企业要扩大生产与研发新产品。

（2）论扩大生产与研发新产品的抉择。

（3）学会选择。

（4）风险和收益并存。

（5）凡事有利必有弊。

题干在让我们做出选择，而这五个题目都没有明确地表达出我们的态度，观点都不鲜明。所以答案是：都不可以。

五、逻辑严密

凡是论证有效性分析中我们需要寻找的逻辑缺陷，在论说文中一个也不能出现。故拟题时也需要遵循这一规则。题目中不要出现过于绝对的表达，也不要出现其他逻辑错误。例如，"唯有创新才能成功""接纳专家意见是管理者的唯一选择"等题目都过于绝对，会导致文章降级为四类卷或是五类卷。因此，大家应做到如下两点。

（1）没有任何逻辑缺陷。

（2）题目与材料中心词完全一致。

六、思想健康

所谓思想健康，实质上就是要求考生树立正确的社会观、积极的人生观、鲜明的是非观和爱憎分明的感情倾向等。这一要求是立意的大前提，思想不健康，作文写得再好也是白费功夫。

考试大纲中明确要求要思想健康。思想健康是指观点应不反党、不反政府、不反社会、不反人类，不仅如此，还应该有价值、有现实意义，能体现出考生积极向上的一面。请大家思考如下题目是否合理。

题目1：风险和收益并存。

题目2：帮助也是一种伤害。

题目3：缺点有时也是优点。

题目4：事物具有两面性。

题目5：仁和富不可共存。

题目6：要想为仁，先为富。

对此，我们逐一进行分析。

题目1：不合理。题目没有现实意义。该题目的立场虽然没有错误，但这只是向我们陈述了一个事实，没有任何态度和立场，无现实意义。

题目2：不合理。考生难以行文，如果强行行文，只能写"我们要拒绝帮助"，显然思想不健康。

题目3：不合理。考生难以行文，如果强行行文，只能写"所以我们要有缺点"，显然思想不健康。

题目4：不合理。与题目1较为相似，没有现实意义。

题目5：不合理。割裂了"仁"和"富"的关系，认为富者都不仁，仁者都不富，思想不健康。

题目6：不合理。为"仁"设置了限制条件，认为只有"为富"后才能"为仁"，思想不健康。

七、论据充足、论证严密

大纲对论据的要求是充足。论据充足不是说大家平日背得越多越好，也不是说考场上写得越多越好，即便背了几万个论据，不能应用到文章中也是徒劳；也有同学的论据写得特别多，写了三段排比，用了十几个例子，但论据如果不能有效地为论点服务，那么写再多也都是无用功。因此大家一定要对论据充足有一个正确的认知，这里的充足是指论据足够论证出论点，如果一个论据就能论证出论点，那么一个论据就够了；如果一句话可以，那么一句话就够。所以论据充足指的是其论证力度上的充足，而非其数量和字数的堆叠。

大纲对论证过程的要求是严密。这一点是论说文中的一大难点，为什么这样说呢？大家来看一下这两个句子。

（1）正是因为创新精神，才使得余建军从一个连环创业失败者到现在成为身价过亿的首席执行官。所以不难看出，成功需要创新。

（2）只有创新，才能成功。没有创新，张老师怎么能成为"亚洲写作小天后"？没有创新，俞敏洪怎么能成为"留学教父"？

大家觉得这两个句子写得怎么样呢？这两句话都有论证缺陷。这也就意味着这篇文章纵使写得再好，因为有论证缺陷，也只能是四类卷。如果我们对这两个材料进行论证有效性分析，第一个句子的结论是从"余建军因为创新，实现了从失败到成功的转变"这一前提得到的，但很明显余建军一个人的例子并不能代表全部的人，犯了以偏概全的错误。第二个例子也犯了同样的错误，而且其观点过于绝对。很多同学看到这儿可能会不解，我们平时的举例论证都是这样，是不是不能使用例子呢？其实不然，只需对上述句子进行微调就可以弥补其论证缺陷，大家注意一下调整前后的变化：

原句：正是因为创新精神，才使得余建军从一个连环创业失败者到现在成为身价过亿的首席执行官。所以不难看出，成功需要创新。

调整：余建军从一个连环创业失败者到现在成为身价过亿的首席执行官，创新发挥了重要作用。余建军的经历启发着我们，创新有利于成功。

原句：只有创新，才能成功。没有创新，张老师怎么能成为"亚洲写作小天后"？没有创新，俞敏洪怎么能成为"留学教父"？

调整：创新能加速成功。这样的例子不胜枚举，无论是张老师成为"亚洲写作小天后"，还是俞敏洪成为"留学教父"，他们的成绩都离不开创新的作用。

通过这个小练习，大家应该能够深刻地理解什么叫论证严密了。论说文考查的是我们对批判性思维的运用，大家在日常练习时，可以把自己写的论说文当作材料，对其进行论证有效性分析，再尝试把找到的逻辑漏洞补上。反复做此练习，有利于增强自身论证的严密性。

八、结构合理、语言流畅

如果把文章比作一本书，题目就好似书皮，结构就好似目录。题目和结构是阅卷者在拿到试卷后对文章的第一印象，所以合理的结构无疑可以为文章加分，大家在行文之前，最好能先拟定提纲，力保结构合理。

九、注意题干要求

在审题的过程中，大家还需要注意题干要求，如果材料明确指出围绕"某某主体"展开行文，则不可转换主体。若题干要求为"根据以下材料，围绕城邦写一篇700字左右的论说文，题目自拟"，则只能围绕城邦展开写作。

十、紧扣题意

论说文的题目一定是根据材料审题得出的，不能过分地依赖自我认知和自身的知识储备。无论材料熟悉与否，都要从材料中找到审题线索。

第三节 自我评估

由于写作科目的特殊性，很多同学在完成写作练习后无法及时得到专业老师的批改，为了方便大家对自己的分数进行评估，本书结合考试大纲要求、考试大纲评分标准、论说文题干要求以及学员考场实际得分反馈情况等要素，制作了论说文内容评估卡。大家可在每次写作完成后，一项一项地进行匹配，及时进行自我评估。

论说文内容评估卡			
评估项		评估细则	评估记录
立意		立意是否紧扣材料？	
^		立意是否积极向上、思想健康？	
^		立意是否透过现象深入本质？是否揭示了事物内在的因果关系？	
^		立意是否具有启发作用？	
题目		题目是否一针见血、明确地表明了立场？	
^		题目的用词是否准确？是否与立意保持了一致？	
^		题目的论证范围是否与材料保持一致？	
^		题目是否逻辑严谨？有无逻辑缺陷？	
开头		开头是否明确提出了中心论点？	
^		开头是否引入了题干材料？	
^		材料和观点之间的论证是否严密？	
主体段	结构	结构是否完整？	
^	^	结构是否严密、有层次感？	
^	^	段首句是否清晰地呈现了结构？	
^	段首句	段首句是否为段落主题句？	
^	^	每段的段首句之间有什么关系？	
^	^	段首句是否对总论点有论证力度？	
^	^	段首句有实质内容吗？是否华而不实？	
^	论据	论据是否典型？是否新颖？	
^	^	论据是否能突出中心？多个论据是否能代表不同的群体？	
^	^	描述完论据后是否加以论证？	
^	^	论据的描述是否精练？	

续表

评估项		评估细则	评估记录
主体段	论证	文体是否为论说文？是否在论证观点？	
		是否有出现明显的逻辑错误？	
		论证过程中是否保持了中心一致？	
	其他	文章的字数是否符合题干要求？	
		整个行文过程中用词是否贴切？是否保证了中心词、论点的一致性？	
		是否合理使用了关联词、结构词？	
结尾		是否再次强调论点？	
		读完结尾段后，是否感觉全文有说服力？	
		是否用了很多华而不实的句子？	
基础	格式	是否标题首行居中、每个段落开头空两格、达到了规定字数？	
	卷面	标点符号的使用是否规范？	
		卷面是否损坏、涂改、写出规定空间？	
		字迹是否工整？	
	错字	是否有错别字？	
	病句	是否有明显的病句？	
补充			

第十一章　怎么审题

论说文审题，就好像有人突然对你说了一段话，然后问：你怎么看？

这段话可能是故事、名言、道理，也可能是一些难以解决的问题等。我们需要基于对方所说的话，给出自己的立场，这个立场通常就是文章的题目。

理解了什么是论说文审题后，大家才能更加理性地看待审题方法。

在我看来，审题方法的学习并非必需的。

如果大家语感很强，或者对于某些题目产生了共鸣，即便我们没有学习任何审题方法，也能把很多题审对。

如果大家语感很弱，即便大家学习了很多看似高大上的方法和技巧，也可能抓错重点、审错题。

审出来题其实不难，难的是审题不犯错。

所以接下来在梳理审题的时候，希望大家不但要关注审题的方法，更要关注审题的雷区。

第一节　审题三步法

本节对应视频课程07
可扫封面二维码查看

为了能快速、准确地审题，我们将审题分为三步。

第一步：宏观定方向。梳理题干形式，找准审题方向。

第二步：微观找细节。关注核心信息，提炼中心词、主语等细节。

第三步：细节变观点。将细节搭建为观点，将其优化后作为题目。

简单来说，就是在拿到材料后，先从宏观上看清题干的局面，找到审题的方向；再从微观上关注细节，确定审题细节；最后再拟定为题目。我们先通过一道真题来快速理解审题三步法，稍后再详细拆解每一个步骤。

［题源：199-2000］根据所给材料写一篇 500 字左右的议论文，题目自拟。

解放初期，有一次毛泽东和周谷城谈话。毛泽东说："失败是成功之母。"周谷城回答说："成功也是失败之母。"毛泽东思索了一下，说："你讲得好。"

请大家先思考以下哪些是正确的题目。

题目1：成功与失败。

题目2：成功与失败的转化关系。

题目3：成功与失败是可以转化的。

题目4：成功是失败之母。

题目5：失败是成功之母。

题目6：居安思危才能成功。

题目7：要敢于质疑权威。

题目8：要善于纳谏。

题目9：忠言逆耳利于行。

题目10：塞翁失马，焉知非福。

题目11：胜不骄，败不馁。

题目12：生于忧患，死于安乐。

题目13：要学会转变视角。

题目14：论失败。

题目15：成功需要忧患意识。

我们一起对该年真题进行三步审题。

第一步：宏观定方向。

拿到真题后，我们先不要关注每一句话在说什么，而是要先关注题干的整体形式，确定审题方向。题干的整体形式抽象出来是：

主语一：A事件。

主语二：B事件。

主语一：你是对的。

通过形式不难看出，两个人对于B事件达成了共识，故该题的审题方向不应是全部信息的堆叠，而应该是重点关注B事件。

第二步：微观找细节。

明确了审题方向是B事件后，我们将B事件代入，即关注的核心信息应该为周谷城所说的话，即"成功是失败之母"。所以最稳妥的立意方案为题目4（成功是失败之母）。

本题可以直接用材料中的观点作为题目，也可以提炼中心后重新拟题。"成功是失败之母"传递的中心为忧患意识、居安思危、不骄傲等。

第三步：细节变观点。

明确了中心后，即可在中心的基础上直接拟题，如题目15（成功需要忧患意识）；也可以变形为常用谚语，但一定要注意保持中心一致，如题目12（生于忧患，死于安乐）。

故这道题正确的题目是：题目4、题目12、题目15。大家选对了吗？

接下来，和大家说明一下其他题目为什么不合理。

题目1：成功与失败。没有明确观点。

题目2：成功与失败的转化关系。没有明确观点。

题目3：成功与失败是可以转化的。没有表达明确立场。

题目5：失败是成功之母。选择方向错误。

题目6：居安思危才能成功。过于绝对，存在逻辑缺陷。

题目7：要敢于质疑权威。只关注了材料的形式，却没有关注其内容，即只关注到题干中两个人在争执，却没有关注争执的内容。

题目8：要善于纳谏。同题目7。

题目9：忠言逆耳利于行。同题目7。

题目10：塞翁失马，焉知非福。第一，选择方向错误；第二，"塞翁失马，焉知非福"与"成功是失败之母"二者并不等价。

题目11：胜不骄，败不馁。观点不单一。

题目13：要学会转变视角。观点含糊，没有明确指出应该如何转变视角，而题干中已经明确指出了转变视角的方向。

题目14：论失败。没有明确观点。

第二节　审题步骤详解

第一步：宏观定方向

宏观定方向是指拿到真题后应首先从宏观层面关注材料，暂时不要关注细节。具体应关注以下内容：

（1）材料类型。

判断材料是故事类型，还是说理类型。

如果是说理类型，题干是在论述单一观点、在择一，还是在阐述关系等。

（2）价值取向。

判断材料是在说好事、坏事，还是在做抉择。

如果题干中的故事/理论的结果是好事，我们应该对该事件表示支持，需要重点寻找导致好事发生的情节。

如果题干中的故事/理论的结果是坏事，我们应该对该事件表示反对，需要重点寻找导致坏事发生的情节。

如果题干中的故事/理论的结果是未知的，或者是在做选择，又或者是在讨论，我们需要根据题干的引导选择审题方向。

（3）关键词个数。

判断材料只有一个关键词，还是有多个关键词。

如果题干中只有一个关键词，那么根据题干信息表达对该关键词的支持或反对即可。

如果题干中有多个关键词，那么首先需要根据题干信息判断这些关键词中有没有干扰词，如果有的话应迅速排除。然后需要根据题干信息判断多个关键词之间的关系，来决定审题方向是择一、共存，还是其他。

接下来，和大家总结一下在不同类型的材料中如何确定审题方向。

1. 故事类型

故事类型的材料，需要重点关注题干中的主语、事件和结果。根据这三个要素可以确定审题方向，具体情况如下表：

主语数量（$N \geq 1$）	事件数量（$N \geq 1$）	结果数量	审题方向
1	1	1	做 / 不做该事件
N	N	1	求 N 个事件的共性
N	N	2	求 N 个事件的差异
1	1	2	在做 / 不做中择一
N	N	无	根据题干信息决定

情况一：一个主语，发生一个事件，取得一个结果，审题方向为"做 / 不做该事件"。

[题源：199-2012-10] 阅读以下文字，写一篇论说文，题目自拟，700 字左右。

2012 年 7 月 6 日《科技日报》报道：我国主导的 TD-LTE 移动通信技术已于 2010 年 10 月被国际电信联盟确立为国际 4G 标准。TD-LTE 是我国自主创新的第三代移动通信技术 TD-SCDMA 的演进技术。TD-SCDMA 的成功规模商用为 TD-LTE 的快速发展奠定了坚实的基础。目前，TD-LTE 已形成由中国主导、全球广泛参与的产业链，全球几乎所有通信系统和芯片制造商都已支持该技术。

在移动通信技术的 1G 和 2G 时代，我们只能使用美国和欧洲的标准。通过艰难的技术创新，到 3G 和 4G 时代，中国自己的通信标准已经成为世界三大国际标准之一。

在该年真题中，主语是"我国"，事件是"技术创新"，结果是"成为世界三大国际标准之一"。题干中只有一个主语、一个事件、一个结果，故审题方向为：做 / 不做该事件。又由于结果是好的，故审题方向为：应该做该事件，也就是应该技术创新。

情况二：N 个主语，发生 N 个事件，取得一个结果，审题方向为"求 N 个事件的共性"。

[题源：199-2020] 根据下述材料，写一篇 700 字左右的论说文，题目自拟。

据报道，美国航天飞机"挑战者号"采用了斯沃克公司的零配件。该公司的密封圈技术专家博易斯乔利多次向公司高层提醒：低温会导致橡胶密封圈脆裂而引发重大事故。但是，这一意见一直没有受到重视。1986 年 1 月 27 日，佛罗里达州卡纳维拉尔角发射场的气温降到零摄氏度以下，美国宇航局再次打电话给斯沃克公司，询问其对航天飞机的发射还有没有疑虑之处。为此，斯沃克公司召开会议，博易斯乔利坚持认为不能发射，但公司高层认为他所持理由还不够充分，于是同意宇航局发射。1月28日上午，航天飞机离开发射平台，仅过了73秒，悲剧就发生了。

在该年真题中，结果是"悲剧发生了"，导致悲剧发生的主语只有一个，即"公司高层"；导致悲剧发生的事件有两个，一个是"该公司的密封圈技术专家博易斯乔利多次向公司高层提醒：低温会导致橡胶密封圈脆裂而引发重大事故。但是，这一意见一直没有受到重视"，另一个是"斯沃克公司召开会议，博易斯乔利坚持认为不能发射，但公司高层认为他所持理由还不够充分，于是同意宇航局发射"。本题为一个主语、两个事件、一个结果，且结果是不好的，故审题方向为：找到这两个事件的共性，并予以否定。本题中两个事件的共性是都没有重视专家的意见，故审题方向为：要重视专家的意见。

情况三：N个主语，发生N个事件，取得两个结果（结果有好有坏），审题方向为"求N个事件的差异"。

　　[题源：199-2008-10] 根据以下材料写一篇论说文，题目自拟，700字左右。
　　南美洲有一种奇特的植物——卷柏。说它奇特，是因为它会走。卷柏的生存需要充足的水分，当水分不充足时，它就会把根从土壤里拔出来，整个身躯卷成一个圆球状。由于体轻，只要稍有一点风，它就会随风在地面滚动。一旦滚到水分充足的地方，圆球就会迅速打开，根重新钻到土壤里，暂时安居下来。当水分又不充足，住得不称心如意时，它就会继续游走，以寻求更好的生存环境。
　　难道卷柏不走就不能生存了吗？一位植物学家做了一个实验：用挡板圈出一块空地，把一株卷柏放到空地中水分最充足的地方，不久卷柏便扎根生存下来。几天后，当这里水分减少时，卷柏便拔出根须，准备漂移。但实验者用挡板对其进行严格控制，限制了它游走的可能。结果实验者发现，卷柏又回到那里重新扎根生存，而且在几次将根拔出又不能移动后，便再也不动了；卷柏此时的根已经深深扎入泥土，长势比任何时期都好，也许它发现，根扎得越深，水分越充足……

在该年真题中，主语有两个，为两种生存环境下的不同的卷柏。

事件有两个，第一种环境下的卷柏"当水分不充足时，它就会把根从土壤里拔出来，整个身躯卷成一个圆球状。由于体轻，只要稍有一点风，它就会随风在地面滚动。一旦滚到水分充足的地方，圆球就会迅速打开，根重新钻到土壤里，暂时安居下来。当水分又不充足，住得不称心如意时，它就会继续游走，以寻求更好的生存环境"。第二种环境下的卷柏"实验者用挡板对其进行严格控制，限制了它游走的可能。结果实验者发现，卷柏又回到那里重新扎根生存，而且在几次将根拔出又不能移动后，便再也不动了"。

结果也有两个，第一种环境下的卷柏根扎得不深，第二种环境下的卷柏"根已经深深扎入泥土，长势比任何时期都好"。故本题的审题方向为：求这两个事件的差异。在这两个事件中，最主要的差异是第一种环境下的卷柏一直在不停地游走，第二种环境下的卷柏无法游走。故审题方向为：不应游走，要专注。

> **小贴士**
>
> 很多同学在审本题时，会重点关注挡板的差异，即第一种环境下的卷柏没有挡板，第二种环境下的卷柏有挡板。不建议选择这一审题方向，因为我们需要关注的是主语发生了什么行为，而不是关注外力。

情况四：一个主语，发生一个事件，取得两个结果（结果有好有坏），审题方向为"在做／不做中择一"。

[题源：199-2014] 根据下述材料，写一篇700字左右的论说文，题目自拟。

生物学家发现，雌孔雀往往选择尾巴大而艳丽的雄孔雀作为配偶，因为雄孔雀尾巴越大越艳丽，表明它越有生命活力，其后代的健康越能得到保证。但是，这种选择也产生了问题：孔雀尾巴越大越艳丽，就越容易被天敌发现和猎获，其生存反而会受到威胁。

在该年真题中，只有一个主语"雌孔雀"，发生了一个事件"往往选择尾巴大而艳丽的雄孔雀作为配偶"，得到了两个结果：第一个结果是"后代的健康越能得到保证"，第二个结果是"其生存反而会受到威胁"。显然这道题中有一个主语，发生了一个事件，取得了两个结果，故审题方向为：择一，在应该和不应该选择尾巴大而艳丽的雄孔雀之间择一。这道题中没有选择倾向，故选择哪一个都可以。

> **小贴士**
>
> 很多同学会将该题审为"事物具有两面性""凡事有利必有弊""风险和收益并存"等，该类题目虽然不算错误，却没有现实意义，没有给出明确的立场，难以拿到一、二类卷的分数。

情况五：N个主语，发生N个事件，无结果，审题方向为"根据题干信息决定"。

[题源：199-2010-10] 阅读以下报道，写一篇论说文，题目自拟，700字左右。

唐山地震孤儿捐款支援汶川灾区

2008年5月18日，在中宣部等共同发起的《爱的奉献》抗震救灾大型募捐活动中，天津民营企业荣程联合钢铁集团有限公司董事长张祥青代表公司再向四川灾区捐款7 000万元，帮助灾区人民重建"震不垮的学校"。至此，荣程联合钢铁集团有限公司在支援四川灾区的抗震救灾中累计捐款达1亿元。

"我们对灾区人民非常牵挂，荣钢集团人大多来自唐山，亲历过32年前的唐山大地震，接受过全国人民对唐山灾区的无私援助，32年后为四川地震灾区捐款，回馈社会，是应尽的义务，我们必须做！"张祥青说。

张祥青在1976年唐山大地震时失去父母，年仅8岁的他不幸成为孤儿，他深深感受到来自全国四面八方的涓涓爱心。1989年，张祥青与妻子张荣华开始了艰苦的创业历程，从卖早点、做豆腐开始，最后组建了荣钢集团。企业发展了，荣钢集团人不忘回报社会，支援汶川地震灾区是其中一例。

在该年真题中，主语是"张祥青"，事件是"不忘回报社会"，但这道题中并没有结果，没有告诉我们在回报社会后张祥青获得了什么结果。故本题属于"一个主语，发生一个事件，无结果"类型。审题方向需要根据材料决定，很明显材料中对于张祥青的行为是肯定的。故审题方向为：支持该事件，即支持回报社会。

2. 单一类型

单一类型是最简单的说理类型材料。通常题干中只有一个关键词，找到这一关键词，根据题干中的价值取向，表达支持或反对即可。

[题源：396-2013] 根据下述材料，写一篇600字左右的论说文，题目自拟。

被誉为清代"中兴名臣"的曾国藩，其人生哲学很独特，就是"尚拙"。他曾说："天下之至拙，能胜任天下之至巧，拙者自知不如他人，自便会更虚心。"

在该年真题中，只有一个关键词"尚拙"，且题干对其持支持态度。故审题方向为：支持尚拙。

3. 择一类型

当题干中出现两个或者两个以上关键词，且材料在对二者进行比较或者选择时，往往就是择一类型。择一类型的审题方向为择一，即从多个关键词中选择一个。如何确定选择哪一个呢？

（1）看题干本身是否有倾向。

（2）看社会主流价值观是否有倾向。

（3）如果以上都没有倾向，就看自己擅长的方向。

[题源：199-2017] 根据下述材料，写一篇700字左右的论说文，题目自拟。

一家企业遇到了这样一个问题：究竟是把有限的资金用于扩大生产呢，还是用于研发新产品？有人主张投资扩大生产，因为根据市场调查，原产品还可以畅销三到五年，由此可以获得可靠而丰厚的利润。有人主张投资研发新产品，因为这样做虽然有很大的风险，但风险背后可能有数倍于甚至数十倍于前者的利润。

在该年真题中，题干中有"扩大生产"和"研发新产品"两个关键词，且题干在对二者进行选择，故为择一类型。

题干在非常中立地描述二者的利弊，故题干本身没有倾向。

如果将题干改编为："一家企业遇到了这样一个问题：究竟是把有限的资金用于扩大生产呢，还是用于研发新产品？有人主张投资扩大生产，因为根据市场调查，原产品还可以畅销三到五年，由此可以获得可靠而丰厚的利润。然而这种主张却忽视了：若是投资研发新产品，虽然有很大的风险，但风险背后可能有数倍于甚至数十倍于前者的利润。"此时题干本身倾向于要研发新产品。

题干中将"扩大生产"和"研发新产品"做比较，从社会主流价值观来看也没有倾向。因为扩大生产是企业正常运转的基本保障，研发新产品是企业长远发展的有效途径，二者对于企业而言都非常重要。故同学们可以选择自己擅长的方向拟题。故审题方向为：选择支持其中一个。

4. 关系类型

如果材料中有多个关键词，且题干在讨论关键词之间的关系，往往就是关系类型。关系类型材料的审题方向为支持或反对材料中的关系。

［题源：199-2015］根据下述材料，写一篇700字左右的论说文，题目自拟。

孟子曾引用阳虎的话："为富，不仁矣；为仁，不富矣。"（《孟子·滕文公上》）这段话表明了古人对当时社会上为富为仁现象的一种态度，以及对二者之间关系的一种思考。

在该年真题中，题干有"仁"和"富"两个关键词，但是题干没有对二者进行比较或是选择。故审题方向不是择一。题干是在论述二者的关系，所以该题为关系类型。题干认为二者的关系是"仁富不共存"，但是该观点的思想不健康，故我们应予以反对。故审题方向为：反对"仁富不共存"，即仁富可共存。

第二步：微观找细节

在确定了审题方向后，我们应找到题干中与观点有关的情节或语句，从中提炼中心。

如果材料是故事、生物现象等，我们需要将寓言、生物的行为翻译成中心词，这一步要注意用词的准确性。以2014年管理类综合能力考试真题（孔雀择偶）为例，虽然我们明确了审题方向是"支持雌孔雀选择尾巴大而艳丽的雄孔雀"或者"反对雌孔雀选择尾巴大而艳丽的雄孔雀"，但依然没有可以用于拟题的中心词，此时，便需要我们对其情节进行翻译。孔雀的行为是明知道有生存的威胁，但依然愿意尝试，故可以将材料翻译为"直面风险"；反过来，可以翻译为"规避风险"。

如果材料是说理类型，或者题干中有可用的中心词，建议大家直接使用题干中的原表达作为中心词。以2015年管理类综合能力考试真题（仁与富）为例，该年真题中"仁"与"富"可以直接参与拟题，故不需要重新翻译。

在明确了中心词以后，还需要确定题中的范围、主体、结果、关系等其他细节，以帮助后续拟题。

第三步：细节变观点

在明确细节后，我们需要进一步将其转变为观点，也就是题目。

以2012年MBA综合能力考试（10月）真题（TD-LTE技术成为4G标准）为例，我们找到的中心词是"技术创新"，还需要继续将其完善为题目。题目中需要体现出我们对技术创新的支持态度。例如可以将题目拟定为"技术创新促进国家发展""我们要坚持技术创新""让技术创新引领发展"等。

> **小贴士**
>
> 论说文什么时候需要写企业？
> 在拟定题目的过程中，我们通常需要引入论证范围，但很多同学习惯将所有真题都与企业关联，这

是不合理的。

1. 论说文什么时候需要写企业？

（1）题干中明确要求写企业。

［题源：199-2006］ 根据以下材料，围绕企业管理写一篇论说文，题目自拟，700字左右。

两个和尚分别住在东、西两座相邻山上的寺庙里。两山之间有一条清澈的小溪。这两个和尚每天都在同一时间下山去溪边挑够一天用的水。久而久之，他们就成为好朋友了。光阴如梭，日复一日，不知不觉已经过了三年。有一天，东山的和尚没有下山挑水，西山的和尚没有在意："他大概睡过头了。"哪知第二天，东山的和尚还是没有下山挑水；第三天、第四天也是如此；过了十天，东山的和尚还是没有下山挑水。西山的和尚担心起来："我的朋友一定是生病了，我应该去拜访他，看是否有什么事情能够帮上忙。"于是他爬上了东山，去探望他的老朋友。

到达东山的寺庙，西山和尚看到他的老友正在庙前打拳，一点也不像十天没喝水的样子。他好奇地问："你已经十天没有下山挑水了，难道你已经修炼到可以不用喝水就能生存的境界了吗？"东山和尚笑笑，带着他走到寺庙后院，指着一口井说："这三年来，我每天做完功课后，都会抽空挖这口井。如今终于挖出水来了，我就不必再下山挑水啦。"西山和尚不以为然："挖井花费的力气远远甚于挑水，你又何必多此一举呢？"

（2）题干是围绕企业展开的。

［题源：199-2017］ 一家企业遇到了这样一个问题：究竟是把有限的资金用于扩大生产呢，还是用于研发新产品？有人主张投资扩大生产，因为根据市场调查，原产品还可以畅销三到五年，由此可以获得可靠而丰厚的利润。有人主张投资研发新产品，因为这样做虽然有很大的风险，但风险背后可能有数倍于甚至数十倍于前者的利润。

（3）题干描述的是某个企业的行为。

［题源：199-2020］ 据报道，美国航天飞机"挑战者号"采用了斯沃克公司的零配件。该公司的密封圈技术专家博易斯乔利多次向公司高层提醒：低温会导致橡胶密封圈脆裂而引发重大事故。但是，这一意见一直没有受到重视。1986年1月27日，佛罗里达州卡纳维拉尔角发射场的气温降到零摄氏度以下，美国宇航局再次打电话给斯沃克公司，询问其对航天飞机的发射还有没有疑虑之处。为此，斯沃克公司召开会议，博易斯乔利坚持认为不能发射，但公司高层认为他所持理由还不够充分，于是同意宇航局发射。1月28日上午，航天飞机离开发射平台，仅过了73秒，悲剧就发生了。

2. 论说文什么时候不写企业？

（1）题干在讨论社会现象。

［题源：199-2018］ 有人说，机器人的使命，应该是帮助人类做那些人类做不了的事，而不是代替人类。技术变革会夺取一些人低端烦琐的工作岗位，最终也会创造更高端、更人性化的就业机会。例如，历史上铁路的出现抢去了很多挑夫的工作，但又增加了千百万的铁路工人。人工智能也是一种技术变革，人工智能也将促进未来人类社会的发展。有人则不以为然。

（2）题干中心明显与企业无关。

［题源：199-2019］知识的真理性只有经过检验才能得到证明。论辩是纠正错误的重要途径之一，不同观点的冲突会暴露错误而发现真理。

（3）题干有其他可行文主体。

［题源：199-2016］ 亚里士多德说："城邦的本质在于多样性，而不在于一致性。……无论是家庭还

> 是城邦，它们的内部都有着一定的一致性。不然的话，它们是不可能组建起来的。但这种一致性是有一定限度的。……同一种声音无法实现和谐，同一个音阶也无法组成旋律。城邦也是如此，它是一个多面体。人们只能通过教育使存在着各种差异的公民统一起来组成一个共同体。"

第三节　六字拟题法（选修）

本节总结了有助于论说文拟题的"六字拟题法"[①]。借助这六个字来拟题，即"是、让、不、用、动、把"（谐音：是让不用动吧），能让论说文标题更加夺目、深刻、有力量。但需要强调的是，论说文题目的文采并不重要，一定要优先保证题目的准确和深刻。本节为选修内容，大家可根据自己的需求选择性学习。

一、"是"字拟题

（1）诚信是一种刚需。

（2）"合作"是一种大智慧。

（3）忽视专家意见是最大的浪费。

（4）坚守底线是对社会的最好馈赠。

（5）悔罪是救赎与宽恕的基石。

（6）法治是化解社会冲突的正途。

二、"让"字拟题

（1）让理智战胜贪欲。

（2）让敬畏之光烛照文化传承。

（3）让诚信成为时代旋律的主音符。

（4）让"诚信"充盈生活的每个空间。

（5）别让谣言污染了"朋友圈"。

（6）别让"斗富心态"消解了幸福。

（7）莫让浮躁侵染了文化"琅琊榜"。

三、"不"字拟题

（1）巧诈不如拙诚。

（2）消极怠工要不得。

（3）暂避风头不可取。

（4）名节如璧不可污。

[①] 本节的"六字拟题法"来源于郑成业《〈人民日报〉告诉你：议论文拟标题的"六字秘诀"》。

（5）公恩私恩不可混。

（6）欲如野马不可纵。

（7）文明底线不可亵渎。

四、"用（以）"字拟题

（1）用法治凝聚复兴力量。

（2）用制度破解"换马甲"难题。

（3）用刚性制度托起诚信中国。

（4）用规则文明突破"关系藩篱"。

（5）用公共理性铲除谣言的土壤。

（6）以创新思维增活力。

（7）以新作为引领新常态。

（8）以工匠精神雕琢时代品质。

五、动宾式拟题

（1）养一身浩然之气。

（2）放开"思维缰绳"。

（3）守护技术创新的初心。

（4）铲除"抱团腐败"滋生的土壤。

（5）警惕"精神缺钙"蔓延。

六、"把"字拟题

（1）把文化种子播入精神土壤。

（2）把"有意义"的事做出"真效果"。

（3）莫把工具当目的。

（4）别把企业社会责任当口香糖。

至此，我们就学完了论说文的审题方法。论说文审题最重要的就是要回归题目本身。使用方法和技巧是为了帮助大家更好地回归题目，紧扣题意，希望大家在审题的时候不要过度引申。

课后巩固测试

恭喜大家完成了本章的学习。接下来，做一下课后巩固测试，检验一下学习成果吧！

1. "小论感性和理性"作为论说文的题目是否适合（自由命题作文）？
2. "唯有专注，才能成功"作为论说文的题目是否适合（自由命题作文）？

3. "自作孽不可活"作为论说文的题目是否适合（自由命题作文）？

已知材料：[题源：199-2001] 1831 年，瑞典化学家萨弗斯特朗发现了钒元素。对这一重大发现，后来他在给他的朋友化学家维勒的信中这样写道："在宇宙的极光角，住着一位漂亮可爱的女神。一天，有人敲响了她的门。女神懒得动，在等第二次敲门。谁知这位来宾敲过后就走了。她急忙起身打开窗户张望：'是哪个冒失鬼？啊，一定是维勒！'如果维勒再敲一下，不就会见到女神了吗？过了几天又有人来敲门，一次敲不开，继续敲。女神开了门，是萨弗斯特朗。他们相晤了，钒便应运而生！"

请据此材料回答 4～5 题。

4. "由钒的发现引发的思考"作为论说文的题目是否适合？

5. "企业发展需要锲而不舍的精神"作为论说文的题目是否适合？

6. 根据以下材料，围绕企业管理写一篇 700 字左右的论说文，题目自拟。

《动物世界》里的镜头：一群体型庞大的牦牛正在草原上吃草。突然，不远处来了几只觅食的狼。牦牛群奔跑起来，狼群急追……终于，有一头体弱的牦牛掉队，寡不敌众，被狼分食了。

《动物趣闻》里的镜头：一群牦牛正在草原上吃草。突然，来了几只觅食的狼。一头牦牛发现了狼，它的叫声提醒了同伴。领头的牦牛站定与狼对视，其余的牦牛也围在一起，站立原地。狼在不远处虎视眈眈地转悠了好一阵，见没有进攻的机会，就没趣地走开了。

材料如题，请认真审题后判断"直面困境有利于人们化解危机"作为该论说文的题目是否适合？

7. 根据以下材料，围绕企业管理写一篇 700 字左右的论说文，题目自拟。

《动物世界》里的镜头：一群体型庞大的牦牛正在草原上吃草。突然，不远处来了几只觅食的狼。牦牛群奔跑起来，狼群急追……终于，有一头体弱的牦牛掉队，寡不敌众，被狼分食了。

《动物趣闻》里的镜头：一群牦牛正在草原上吃草。突然，来了几只觅食的狼。牦牛们见状围在一起，站立原地。狼在不远处虎视眈眈地转悠了好一阵，见没有进攻的机会，就没趣地走开了。

材料如题，请认真审题后判断"团结有利于企业发展"作为该论说文的题目是否适合？

8. 根据以下材料，围绕企业管理写一篇 700 字左右的论说文，题目自拟。

《动物世界》里的镜头：一群体型庞大的牦牛正在草原上吃草。突然，不远处来了几只觅食的狼。牦牛群奔跑起来，狼群急追……终于，有一头体弱的牦牛掉队，寡不敌众，被狼分食了。

《动物趣闻》里的镜头：一群牦牛正在草原上吃草。突然，来了几只觅食的狼。领头的牦牛站定与狼对视，这使得其余的牦牛也跟着围在一起，站立原地。狼在不远处虎视眈眈地转悠了好一阵，见没有进攻的机会，就没趣地走开了。

材料如题，则"团结有利于企业化解危机"作为该论说文的题目是否适合？

请阅读以下论说文材料，为 9～21 题中的材料拟定题目。

9. 在生活中，人们常常以为，自己喜爱的，也是旁人喜爱的；自己恐惧的，也是旁人恐惧的；自己厌恶的，也是旁人厌恶的。其实，事实并非完全如此。究其原因，人有一种陋习，总认为自己是最好的尺度，所以爱以己度人。

10. 在一次高级经理会议上，一位总裁在每位与会者的桌上都放了一个玩具娃娃。"把你们面前的玩具娃娃打开看看吧，那就是你们自己！"总裁说。经理们很吃惊，疑惑地打开了眼前的玩具娃娃，发现在玩具娃娃里面是一个体型更小的玩具娃娃。"继续打开看看。"总裁继续说。经理们打开之后，又发现了一个体型更小的玩具娃娃……当他们打开最后一层时，发现玩具娃娃身上还有一张纸条，那是总裁留给他们的："如果你们招的人都像这种玩具娃娃一样，那么我们的公司最终就只会沦为侏儒！"

11. 在一次高级经理会议上，一位总裁在每位与会者的桌上都放了一个玩具娃娃。"把你们面前的玩具娃娃打开看看吧，那就是你们自己！"总裁说。经理们很吃惊，疑惑地打开了眼前的玩具娃娃，发现在玩具娃娃里面是一个模样相似，但体型更小的玩具娃娃。"继续打开看看。"总裁继续说。经理们打开之后，又发现了一个模样相似，但体型更小的玩具娃娃……当他们打开最后一层时，发现玩具娃娃身上还有一张纸条，那是总裁留给他们的："如果你们都像这种玩具娃娃一样，那么我们的公司最终就只会沦为侏儒！"

12. 在一次高级经理会议上，一位总裁在每位与会者的桌上都放了一个玩具娃娃。"把你们面前的玩具娃娃打开看看吧，那就是你们自己！"总裁说。经理们很吃惊，疑惑地打开了眼前的玩具娃娃，发现在玩具娃娃里面是一个模样相似，但体型更小的玩具娃娃。"继续打开看看。"总裁继续说。经理们打开之后，又发现了一个模样相似，但体型更小的玩具娃娃……当他们打开最后一层时，发现玩具娃娃身上还有一张纸条，那是总裁留给他们的："如果你们招的人都像这种玩具娃娃一样，那么我们的公司最终就只会沦为侏儒！"

13. 公平与效率的关系是企业经营中不容忽视的问题。有人认为，公平的制度能够给予员工透明合理的薪酬，能避免员工因为贫富不均问题而产生矛盾，进而提高经营效率。也有人说，在有限的财力支撑下，企业应以利润最大化为目标；一味地追求公平，会阻碍企业的发展进程，难以使资源实现最具效率的利用。事实上，公平与效率之间的关系，一直值得我们深思。

14. 有三只老鼠去偷油，可是油缸较深，油在缸底根本喝不到。老鼠们想了一个聪明的办法：一只老鼠咬着另一只老鼠的尾巴，吊下缸底去轮流喝油。第一只老鼠吊下缸底去喝油，心里想："只有这么一点点油，大家轮流喝多遗憾，不如自己喝个痛快。"夹在中间的第二只老鼠心里想："下面的油没多少，万一被第一只喝光了，自己不是白辛苦了吗？不能让第一只老鼠独自享受，不如把它放了，自己跳下去喝个痛快！"第三只老鼠心里想："油那么少，等它们两个喝足了，哪里还有我的份，倒不如趁早把它们放了，自己到缸底喝个够。"于是，第二只老鼠放了第一只老鼠的尾巴，第三只老鼠也迅速放了第二只老鼠的尾巴，它们争先恐后跳到缸底，结果浑身湿透，脚也滑，缸也深，再也逃不出来了。

15. 本田公司是日本屈指可数的大财团，到本田公司参观的细心人士发现，在卫生间里的每一个抽水马桶的水箱中都放有几块砖，这让人感到意外。问起陪同的工作人员，他们说："这样做是为了减少冲水量。"

16. 三个旅行者一同住进一个旅店。早上出门时，第一个人带了把雨伞，当大雨来临时，他因有雨伞而大胆冒雨前行，结果淋得浑身是水。第二个人拿了根拐杖，在大雨来临时，他找能躲雨的地方走，没有淋湿；但他仗着有拐杖，大步走在泥泞坎坷的路上时，不小心跌伤了。第三个人什么也没带，当大雨来临时，他躲着走，当路不好时，他细心地走，结果既没淋湿，也没跌伤。

17. "君子怀刑，小人怀惠。"

18. 运动中的赛跑，是在有限的路程内看你使用了多少时间；人生中的赛跑，是在有限的时间内看你跑了多少路程。（冯骥才）

19. 在数字经济时代，以免费服务套取用户数据似乎成了互联网行业的常规操作，全方位的便利体验也将用户推向"温水煮青蛙"的境地。《隐私政策》的一揽子授权成为使用 App 的第一道门槛，用户面临要么接受、要么走开的选择困境。一句"中国用户往往愿意用隐私换取便利"掀起了批评声浪，也将个人信息与隐私问题置于聚光灯下，但同时，数字经济的发展的确从总体上增加了用户的福利。在数字经济时代，我们更应关注隐私，还是便利？

20. 在数字经济时代，以免费服务套取用户数据似乎成了互联网行业的常规操作，全方位的便利体验也将用户推向"温水煮青蛙"的境地。《隐私政策》的一揽子授权成为使用 App 的第一道门槛，用户面临要么接受、要么走开的选择困境。一句"中国用户往往愿意用隐私换取便利"掀起了批评声浪，也将个人信息与隐私问题置于聚光灯下，但同时，数字经济的发展的确从总体上增加了用户的福利。在数字经济时代，隐私和便利似乎成了一对矛盾的事物。

21. 在数字经济时代，以免费服务套取用户数据似乎成了互联网行业的常规操作，全方位的便利体验也将用户推向"温水煮青蛙"的境地。一句"中国用户往往愿意用隐私换取便利"掀起了批评声浪，也将个人信息与隐私问题置于聚光灯下。有人认为"隐私换取便利没什么大不了的"，也有人认为"便利不应该是套取隐私的挡箭牌"。对此，你怎么看？

				答案速查表				
1	2	3	4	5	6	7	8	9~21
否	否	否	否	否	否	是	否	略

参考答案

1. 否

论说文的题目应明确表达观点。该题目中仅给出了讨论的话题，没有观点，故不合适。

2. 否

该题目的表达过于绝对，存在逻辑缺陷，故不合适。

3. 否

论说文的观点应体现出积极的价值导向。该题目不利于解决问题，而只是一味地批判，价值导向不健康，故不合适。

4. 否

论说文在拟题时应明确表达立场，不应含糊其词，故该题目不合适。

5. 否

论说文在拟题时应保持主体的一致性，材料中没有指出企业这一主体，不要强行关联。

6. 否

第一，论证范围错误。题干中明确指出要"围绕企业管理"写一篇论说文，但该题目是"围绕个人"的；第二，中心词错误。上述材料中，后一群牦牛之所以安全，主要原因是"一头牦牛发现了狼，它的叫声提醒了同伴。领头的牦牛站定与狼对视，其余的牦牛也围在一起，站立原地"，我们要做的是将所有情节翻译成中心词，"直面困境"这一中心词只体现出了"领头的牦牛站定与狼对视，其余的牦牛也围在一起，站立原地"这一情节，没有体现出"一头牦牛发现了狼，它的叫声提醒了同伴"这一情节。故该题目不合理。本题的参考题目为"团结协作助力企业发展"。

7. 是

本题与上一题虽然看上去相似，但部分细节有区别，故审题方向也有所差异。本题的论证范围和中心词均没有缺陷，故可以作为该论说文的题目。

8. 否

本题的论证范围正确，但中心词错误。题干中第二组牦牛之所以安全，原因是"领头的牦牛站定与狼对视，这使得其余的牦牛也跟着围在一起，站立原地"，很明显安全的根本原因是"领头的牦牛"的作用。故本题的参考题目为"领导者的带头作用助力企业成功"。

9.【参考题目】莫要以己度人

【审题步骤】宏观定方向：题干为说理类型材料。题干中只有一个关键词，从"陋习"能看出题干对此持否定态度。故审题方向为否定该关键词。

微观找细节：细节词已由题干给出，为"以己度人"。

细节变观点：莫要以己度人。

10.【参考题目】用人当用强／敢于任用贤才／我们要敢于招聘比自己更强的人

【审题步骤】宏观定方向：题干在讲故事，故事的结果是"坏"的，故审题方向是不做故事中那样的事。

微观找细节：故事中导致公司沦为侏儒的事件是"如果你们招的人都像这种玩具娃娃一样"，题干中对玩具娃娃的描述是"一层一层打开都有体型更小的"。综合二者，中心词应该是"不要招越来越小的人"，即"应该招强人"。

细节变观点：用人当用强／敢于任用贤才／我们要敢于招聘比自己更强的人。

11.【参考题目】管理者当创新

【审题步骤】宏观定方向：题干在讲故事，故事的结果是"坏"的，故审题方向是不做故事中的事。

微观找细节：故事中导致公司沦为侏儒的事件是"如果你们都像这种玩具娃娃一样"，与上一道题的"招的人像娃娃"不同，本题是"你们像娃娃"。题中对娃娃的描述是"模样相似，但体型更小"。故我们的审题方向就应该是：高级经理不要模样相似，体型更小。在上一道题中，对娃娃的描述只有一个，故体型更小是我们要关注的重点。而在本题中，对娃娃的描述有两个，故审题方向也有两个。

第一个审题方向是将两个要素理解为并列关系。可审为：管理者需要创新与实力兼备。

第二个审题方向是将两个要素理解为因果关系。即体型更小对应的是越来越像侏儒这一结果，模样相似是导致结果的原因，也就是中心。可审为：管理者需要创新。

细节变观点：管理者当创新。

12.【参考题目】企业招揽人才应该多样化 / 企业应招聘创新型人才

【审题步骤】

宏观定方向：题干在讲故事，故事的结果是"坏"的，故审题方向是不做故事中的事。

微观找细节：这道题的中心是招的人不要像玩具娃娃。玩具娃娃的特点是"模样相似"，故真正的中心是招的人不要模样相似，也就是要创新或多样化。

细节变观点：企业招揽人才应该多样化 / 企业应招聘创新型人才。

13.【参考题目】公平促进效率

【审题步骤】宏观定方向：题干中有两个关键词，且题干明确指出在讨论公平和效率的关系，故本题为关系类型。题干中对公平和效率的关系给出了两种观点，第一种观点认为公平能够提高经营效率，第二种观点认为公平会阻碍资源的有效利用。审题方向应该从两种关系中选择一个，题干本身没有倾向，但是第一个观点更加积极，故审题方向是支持第一个观点。

微观找细节：略。

细节变观点：题干中已经给出了观点，即公平促进效率。

14.【参考题目】真诚合作的重要性

15.【参考题目】节约的重要性

16.【参考题目】莫要有恃无恐 / 拒绝过分依赖

17.【参考题目】做人当怀刑

18.【参考题目】效率的重要性

19.【参考题目】便利诚可贵，隐私价更高 / 数字经济时代，我们更应关注隐私（其他题目合理亦可）

20.【参考题目】数字经济时代，隐私与便利当并行

21.【参考题目】不应用隐私换取便利

第十二章 怎么搭建结构

本章对应视频课程 08
可扫封面二维码查看

阅卷老师在阅卷时首先会关注题目和卷面问题,接下来就是观察结构,如果结构不合理就会被划为低分试卷,故论说文的结构非常重要。这一章就要和大家讲解论说文的结构。

论证有效性分析的结构简单且固定,但是论说文的结构可以千变万化,有无限可能。

如果是不以应试为目的的日常学习,大家可以发散思维,尝试不同的结构;但考研作文是以应试为目的的,且考场上论说文的答题时间非常紧张,自由发挥很容易造成层次混乱。所以我更建议在备考过程中保持相对稳定的结构。相对稳定的结构并不是指所有人的文章都要千篇一律,都是模板套作,而是要在找到适合自己的结构后,保持自己结构的稳定。

第一节 快速搭建专属高分结构

安全的高分结构应该如何搭建呢?

为了避免千篇一律,实现千人千面,我们采取搭积木的方式来构建结构。即先准备好一些段落积木,再有逻辑的将其拼接成完整文章。在组合积木的过程中,需要对段首句进行调整,使得段首句能够清晰地呈现段落内容以及与上下文的联系。

基于论说文文体的本质,我们有如下常用的段落积木。积木的展开方式将在后面的章节中详细讲解。

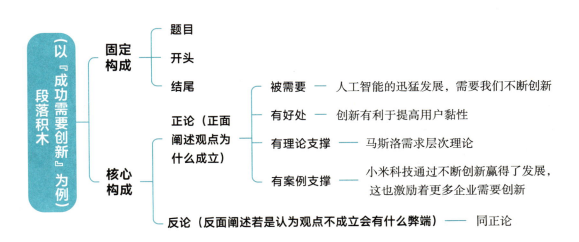

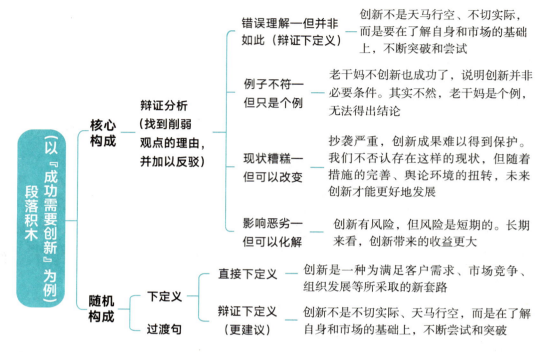

简单来说,我们有如下常见的万能段落积木。

(1)题目。

(2)开头。

(3)下定义。

(4)正论段落:观点被需要/有好处/有理论支撑/有案例支撑。

(5)反论段落。

(6)辩证段落:理解错误但并非如此/例子不符但只是个例/现状糟糕但可以改变/影响恶劣但可以化解。

(7)结尾。

接下来,我们开始组建结构。

在组建结构的构成中,不同段落积木的个数、顺序等都没有硬性要求。

我们可以只用一种段落积木,也可以将多种段落积木组合。具体采用哪些段落积木,可以根据大家的自身喜好与材料特征进行调整。

例如,我们可以随机搭建以下结构(此处不需要背诵,而是要理解所谓的结构是怎么搭建出来的,确定好一个基本结构后,考场随机应变即可):

题目—开头—下定义—正论—反论—辩证—结尾;

题目—开头—正论—正论—辩证—结尾;

题目—开头—下定义—下定义—下定义—结尾;

题目—开头—正论—正论—正论—结尾;

题目—开头—辩证—辩证—辩证—结尾；
题目—开头—正论—正论—反论—辩证—结尾；
题目—开头—正论—正论—辩证（现状糟糕）—辩证（可以改变）—结尾；
题目—开头—反论—正论—辩证（影响恶劣）—辩证（可以化解）—结尾；
题目—开头—引导句—正论—正论—辩证—结尾；
题目—开头—正论—辩证—反论—结尾。
其他结构只要合理亦可。

结构示范一：题目—开头—下定义—下定义—下定义—结尾

兼听则明

老话常说："听人劝，吃饱饭。"斯沃克公司的高层因为没有重视专家的提醒，一意孤行地同意宇航局发射航天飞机，酿成了美国航天飞机"挑战者号"的悲剧。这一悲剧也在时刻告诫我们要兼听则明。

首先，兼听则明是一种态度，能避免我们先入为主。在企业中，如果管理者不能克服"自我价值保护原则"的影响，就会先入为主，只接受自己喜欢的人的意见以及和自己的意见相一致的意见。长此以往，员工便专挑管理者喜欢听的话讲，专做管理者喜欢的事情，没有人再愿意表达自己的洞见和"忠言"。如此循环往复，最终只会形成"亲小人，远贤臣"的局面。

其次，兼听则明是一剂良方，能帮助我们更加理性地看待和解决问题。世界上的事物错综复杂，人们受自身知识、经历、观念、涵养等因素的局限，难免存在偏见；如果把多种意见集中起来，进行综合、比较、鉴别，从而去伪存真，自然就更公正合理。要是忽略了兼听则明的重要性，就容易误入"听信一方"的歧途，思绪难以更加开阔，考虑也会欠周到。

最后，兼听则明是一种保障，有利于我们更加严谨和科学地做决定，帮助我们查漏补缺。一项工作的完成往往需要多领域的工作者参与，每一个人都不能做到十全十美。那么为了更好地完成任务，重视不同的意见就变得尤为重要。它能填补每个人在不熟悉的领域留下的空缺，并为工作者提供一个科学的参考，可以让我们省去一部分重新学习的时间并直接应用其成果，从而有精力和时间去探寻更多有价值的未解之谜。术业有专攻，能够成为全学科专家的人少之又少，那么为了自己领域的研究，适当借鉴并应用其他领域专家的意见和成果是科学且更有效率的做法。这有利于我们规避错误处理不熟悉知识的风险，将时间用在更有价值的研究上。

综上所述，为了保证企业长远的发展，企业要重视专家意见，兼听则明。

结构示范二：题目—开头—辩证分析—辩证分析—辩证分析—结尾

重视专家意见的重要性

老话常说："听人劝，吃饱饭。"斯沃克公司的高层因为没有重视专家的提醒，一意孤行地同意宇航局发射航天飞机，酿成了美国航天飞机"挑战者号"的悲剧。这一悲剧也在时刻告诫我们要重视专家意见。

　　也许有人会认为，重视专家的意见会拉低整体效率。因为如果这个意见是错误的，那么可能会走弯路，得不偿失。但其实重视专家的意见并不是对专家的意见照单全收，在采纳前是需要对其合理性、可行性和有效性进行分析评估的，这个过程可以有效避免采纳错误意见。并且，在对这些错误意见的分析过程中，可以预见后续工作开展过程中可能会走的弯路，从而降低风险。

　　也许有人会说，企业管理层如果重视专家意见会让管理层会失去决策主导权，进而不利于其维护管理地位。然而，重视专家意见并不代表管理层会失去最终决策权，决策权还是在管理层手上，重视专家意见只会使管理层做出更为正确的决策。因此，企业管理层需要重视专家意见。

　　当然，我们倡导要重视专家意见并不意味着高层要盲目地接受和采纳专家的所有意见，若是不能够"取其精华，去其糟粕"，那么专家意见也有可能成为把企业推向危险深渊的幕后黑手。我们所倡导的是管理者在听取专家意见的同时也应该具备批判性思维，将专家意见与企业发展战略结合起来进行全方位思考。同时还应该建立有效的沟通机制，充分保证技术专家意见传达过程的流畅性，避免出现理解上的偏差。如此才能更好的发挥专家意见的积极作用，从而促进企业的发展。

　　综上所述，为了保证企业长远的发展，要善于听取专家意见。

小贴士

　　以上两个结构都是选择了单一类型的积木搭建而成的。实际上，这种结构搭建方式的难度较大，因为需要在同一维度下写出几个有深度的段落。

　　除了单一类型的积木搭建结构，大家还可以混搭，即选择不同类型的积木搭建结构。例如，以下几个结构就是采取混搭的方式搭建的。

结构示范三：题目—开头—下定义—正论—正论—辩证分析—结尾

重视专家意见的重要性

　　老话常说："听人劝，吃饱饭。"斯沃克公司的高层因为没有重视专家的提醒，一意孤行地同意宇航局发射航天飞机，酿成了美国航天飞机"挑战者号"的悲剧。这一悲剧也在时刻告诫我们要重视专家意见。

　　什么是专家意见？专家意见其实是一种保障，有利于我们更加严谨和科学地做决定，帮助我们查漏补缺。

　　为什么要重视专家意见呢？

　　一方面，重视专家意见有利于企业规避风险和促进企业发展。首先，之所以有专家的存在，是因为其在擅长的领域中经过大量的实践与探索，拥有比管理者更多的专业知识，因此在此基础上提出的意见对企业的发展是有利的。其次，企业在运营过程中可以通过专业的指导及时发现可能存在的问题，及时止损，在一定程度上达到规避风险的目的，使企业的资金、技术等发挥最大效用，从而促进企业进一步发展。

另一方面，重视专家的意见可以提高员工认同感。根据马斯洛需求层次理论，当一个人的基本需求得到满足时，会激发更高层次的需求，认同感就是高层次需求的一种。一个意见的背后可能是多次的实验、大量知识的沉淀以及绞尽脑汁的思考。如果提出者的意见能够被采纳或认可，会给他带来强烈的认同感和成就感，这会激励他们不断进步。管理层对意见的包容也会激励其他员工献计献策，形成良性循环，为企业的发展保驾护航。

当然，重视专家意见并不意味着高层要盲目地接受和采纳专家的所有意见，若是不能够"取其精华，去其糟粕"，那么专家意见也有可能成为把企业推向危险深渊的幕后黑手。我们所倡导的是管理者在听取专家意见的同时也应该具备批判性思维，将专家意见与企业发展战略结合起来进行全方位思考。同时还应该建立有效的沟通机制，充分保证技术专家意见传达过程的流畅性，避免出现理解上的偏差。如此才能更好的发挥专家意见的积极作用，从而促进企业的发展。

综上所述，为了保证企业长远的发展，要善于听取专家意见。

结构示范四：题目—开头—下定义—正论—反论—辩证分析—结尾

重视专家意见的重要性

老话常说："听人劝，吃饱饭。"斯沃克公司的高层因为没有重视专家的提醒，一意孤行地同意宇航局发射航天飞机，酿成了美国航天飞机"挑战者号"的悲剧。这一悲剧也在时刻告诫我们要重视专家意见。

什么是专家意见呢？专家意见是一种保障，有利于我们更加严谨和科学地做出决策，帮助我们查漏补缺。

重视专家意见有利于企业规避风险和促进企业发展。首先，之所以有专家的存在，是因为其在擅长的领域中经过大量的实践与探索，拥有比管理者更多的专业知识，因此在此基础上提出的意见对企业的发展是有利的。其次，企业在运营过程中可以通过专业的指导及时发现可能存在的问题，及时止损，在一定程度上达到规避风险的目的，使企业的资金、技术等发挥最大效用，从而促进企业进一步发展。

相反，若对专家意见置之不理，很可能造成严重后果，这在企业中尤甚。一方面，公司高层对专家意见不重视，可能会造成人心涣散，削弱公司的整体凝聚力，而企业凝聚力，无论是在公司困难期，还是在繁荣期，都有着助企业攻克难关、突破自身、实现发展的关键作用；另一方面，公司高层不重视专家意见，可能会使其在决策时忽视某些问题，导致决策失误，为企业带来实质性的资源损失或机会错失。如此看来，无论是精神方面，还是物质方面，选择重视专家意见显然更为明智。

当然，重视专家意见并不意味着高层要盲目地接受和采纳专家的所有意见，若是不能够"取其精华，去其糟粕"，那么专家意见也有可能成为把企业推向危险深渊的幕后黑手。我们所倡导的是管理者在听取专家意见的同时也应该具备批判性思维，将专家意见与企业发展战略结合起来进行全方位思考。同时还应该建立有效的沟通机制，充分保证技术专家意见传达过程的流畅性，避免出现理解上的偏差。如此才能更好的发挥专家意见的积极作用，从而促进企业的发展。

综上所述，为了保证企业长远的发展，要善于听取专家意见。

结构示范五：题目—开头—反论—正论—辩证分析—结尾

重视专家意见的重要性

老话常说："听人劝，吃饱饭。"斯沃克公司的高层因为没有重视专家的提醒，一意孤行地同意宇航局发射航天飞机，酿成了美国航天飞机"挑战者号"的悲剧。这一悲剧也在时刻告诫我们要重视专家意见。

不重视专家意见，"拍脑袋"式的决策会带来重大损失。材料中斯沃克公司的高层在做决策时召集了专家开会，但是高层对关键问题的重视不足，对专家提出的警告又没有开展调查研究，盲目决策，最终酿成悲剧。

相反，重视专家意见则能够化解这样的危机。重视专家意见有利于促进企业规避风险和企业发展。首先，之所以有专家的存在，是因为其在擅长的领域中经过大量的实践与探索，拥有比管理者更多的专业知识，因此他们在此基础上提出的意见对企业的发展是有利的。其次，企业在运营过程中可以通过专业的指导及时发现可能存在的问题，及时止损，在一定程度上达到规避风险的目的，使企业的资金技术等发挥最大效用，从而促进企业进一步发展。

当然，重视专家意见并不意味着高层要盲目地接受和采纳专家的所有意见，若是不能够"取其精华，去其糟粕"，那么专家意见也有可能成为把企业推向危险深渊的幕后黑手。我们所倡导的是管理者在听取专家意见的同时也应该具备批判性思维，将专家意见与企业发展战略结合起来进行全方位思考。同时还应该建立有效的沟通机制，充分保证技术专家意见传达过程的流畅性，避免出现理解上的偏差。如此才能更好的发挥专家意见的积极作用，从而促进企业的发展。

综上所述，为了保证企业长远的发展，要善于听取专家意见。

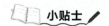

请大家一定要注意段首关联词的使用。

结构示范六：题目—开头—辩证分析—反论—正论—结尾

重视专家意见的重要性

老话常说："听人劝，吃饱饭。"斯沃克公司的高层因为没有重视专家的提醒，一意孤行地同意宇航局发射航天飞机，酿成了美国航天飞机"挑战者号"的悲剧。这一悲剧也在时刻告诫我们要重视专家意见。

为什么公司会以"所持理由不充分"而拒绝专家的建议呢？原因有二。一是专家的建议在决策中的权重不够。公司在做决策时只是按照惯例询问建议，但大多流于形式，往往不会采纳。二是重大安全问题在决策中的权重不够。安全问题在企业中往往应是一票否决的问题，来不得半点疏忽和怠慢。如果对于安全问题和潜在危机麻木不仁，不去深入调查研究，那么悲剧随时都可能上演。

若是企业基于这样的理由而不愿重视专家意见，对专家意见置之不理，那么很可能造成严重后果。一方面，公司高层对专家意见不重视，可能会造成人心涣散，削弱公司的整体凝聚力，而企业凝聚力，无论是在公司困难期，还是在繁荣期，都有着助企业攻克难关、突破自身、实现发展的关键作用；另一方面，公司高层不重视专家意见，可能会使其在决策时忽视某些问题，导致决策失误，为企业带来实质性的资源损失或机会错失。如此看来，无论是精神方面，还是物质方面，选择重视专家意见显然更为明智。

相反，重视专家意见则能够化解这样的危机。重视专家意见有利于促进企业规避风险和促进企业发展。首先，之所以有专家的存在，是因为其在擅长的领域中经过大量的实践与探索，拥有比管理者更多的专业知识，因此他们在此基础上提出的意见对企业的发展是有利的。其次，企业在运营过程中可以通过专业的指导及时发现可能存在的问题，及时止损，在一定程度上达到规避风险的目的，使企业的资金技术等发挥最大效用，从而促进企业的进一步发展。

综上所述，为了保证企业长远的发展，要善于听取专家意见。

> **小贴士**
>
> 段落积木的组合方式还有很多，大家可以自行尝试找到适合自己的结构。
>
> 在搭建结构的时候，除了可以把多个相同类型的积木并列、把不同类型的积木组合外，还可以把一个积木做拆分。我们通常会选择将辩证分析段落做拆分，因为辩证分析段落的层次较多。在此举例和大家说明一下。

结构示范七：将辩证分析段落做拆分

重视隐患，保障发展

一个小小的密封圈，就导致了一场悲剧的发生，给企业带来了巨大损失，其原因不过是斯沃克公司没有对潜在隐患给予重视。斯沃克公司的例子警示着每一家企业：重视隐患才能保障发展。

无论是"黑天鹅"还是"灰犀牛"，隐患与危机一直都存在于生产经营的过程中，那为何有些企业却没有重视这些隐患呢？究其根本，原因有二：其一，"术业有专攻"，管理层在技术层面的知识相对匮乏，对潜在隐患可能带来的损失了解不全面，低估了风险等级；其二，管理层多以效益最大化为原则进行决策，当长期投资不见回报时难免心急，此时，他们对于隐患与危机抱有侥幸心理，从而选择冒险。

然而，这并不是漠视隐患的理由。实际上，企业重视隐患，能给其长足发展加上一份保险。重视隐患，能给企业时间用以预设解决办法，不至于让企业在面临危机时措手不及而错失最佳的处理时间。此外，重视隐患还有助于企业建立品牌形象，赢得消费者信任。例如，在产品设计与制造过程中，重视可能产生事故的每一处细节，决不让不合格产品入市，这样既能在消费者中建立口碑，也能避免后续因产品质量问题而产生的纠纷。合理的风险预警机制以及良好的企业形象能助力企业的稳定发展。

需要强调的是，重视隐患不是一句口头承诺，也不是照搬照做。重视隐患需要建立起合理的风险预警机制，利用大数据、云计算等手段计算企业的安全边界。一旦项目风险评估等级超过安全边界，企业就应及时止损。另外，管理者需要听取权威人士的意见，必要时专家应拥有"一票否决权"。只有做到以上两点，才能真正对隐患具有了基本的防范意识，才能够发挥重视隐患的积极作用。

风起于青萍之末，任何不起眼的事物都可能掀起汹涌波涛。企业若想在竞争激流中稳步发展，必须重视隐患，要做到"宁舍眼前利，不存侥幸心"。

在学习完以上这些结构后，大家尝试选择或者搭建出属于自己的高分框架吧。

第二节　让单一结构匹配所有的真题

第一节和大家讲解了如何将一道真题搭建出无数种结构，本节要和大家讲的是如何让一个结构适用于所有真题。

本节同样非常重要，结构部分建议的备考方案就是选择一个适合自己的结构，并将其应用于所有真题。

为了方便大家理解，我们先选定一个结构作为基础，再将其匹配不同题型。

选定结构：

开头（一下定义）—正论—正论（一反论）（一辩证分析）—结尾。

其中结构的核心构成是：

正论（观点好）。

反论（观点的反面不好）。

辩证分析（找到"杠精"观点，并"怼"回去）。

还可以在结构中加入一些随机构成，如问句、过渡句、下定义等。

接下来，我们将这一结构应用到不同类型的真题中。这里需要注意的是，真题的命题方向越来越灵活，以下为真题中常见的题目类型，大家需要重点学习结构是如何变化的，这样即便未来考试考查了一种全新的题目类型，大家也可以举一反三，快速搭建出合理的结构。

题目一：A 好

【结构】开头—A 好—A 好—不 A 不好—A 有缺点但可化解—结尾。

【例题】2020 年管理类综合能力考试真题——"挑战者号"事件。
【例题题目】我们要重视专家意见。
【例题提纲】开头—重视专家意见有利于降低风险—重视专家意见有利于提高员工的认同感—不重视专家意见容易造成认知局限—重视专家意见并不是失去主观思考—结尾。

题目二：A 促 B

提示：该结构与题目一的结构相似度很高。若真题中没有给出特定的结果，通常拟为 A 好，如创新有利于发展。若真题中给出了特定的结果，通常拟为 A 促 B，如创新有利于提高员工积极性。

【结构】开头—A 促 B—A 促 B—不 A 难以 B—A 会阻碍 B 但可化解—结尾。
【例题】2020 年管理类综合能力考试真题——"挑战者号"事件。
【例题题目】重视专家意见有利于规避风险。
【例题提纲】开头—重视专家意见有利于全面看待问题进而规避风险—重视专家意见有利于提高员工的认同感进而更好地规避风险—不重视专家意见容易造成认知局限，难以规避风险—很多人担心重视专家意见就是失去主观思考，会增加风险，但其实不然—结尾。

题目三：A 更好

【结构】开头—A 更好—A 更好—B 有缺点—A、B 其实各有利弊，但比较之下 A 更好—结尾。
【结构变形】开头—B 不好—A 更好—A 更好—A、B 其实都有利弊，但比较之下 A 更好—结尾。
【例题】2011 年管理类综合能力考试真题——"拔尖"与"冒尖"。
【例题题目】人才选拔要拔尖，更要冒尖
【例题提纲】开头—拔尖过于主观—冒尖有利于公平—冒尖有利于激励人才—拔尖、冒尖都好，但是要有所侧重—结尾。

参考范文：

人才选拔要拔尖，更要冒尖

拔尖选拔与冒尖选拔人才的方式虽在当今企业管理中均有应用，但从长远发展的角度来看，冒尖选拔更有助于企业发展。

不可否认的是，经上级提拔，通过拔尖选拔出的人才可能在能力方面也很过硬，但是也存在着隐患：一方面，通过拔尖选拔出的人才可能是领导者的亲信，企业内部人员容易互相包庇、人浮于事；另一方面，这种基于内部人员间的选拔，可能阻断了更加优秀的人才参与企业运营的途径，从而削弱企业发展的势头。

而冒尖选拔却有助于缓解这些尖锐的实际问题。

一方面，冒尖选拔会吸引更多的优秀人才参与企业发展。冒尖选拔的特点之一是公平，这也是为什么阿里巴巴、微软等知名企业都采取考试的形式冒尖选拔人才。比起拔尖这种更加主观的选拔方式，公平竞技的机会可以吸引更多的优秀人才。优秀人才需要这样的平台展示自我，而企业也可以通过这种形式吸纳领军人才，从而使企业更具有人才竞争的优势。

另一方面，冒尖选拔能够为企业运营提供新思路。人才的实力是企业发展的标志，经过大浪淘沙般的冒尖选拔，最终得以录用的人才具备更优的实力与活力。例如，在面向社会招聘人才时，企业会抛出一系列实际问题让参选者提出解决方案。在这个过程中，冒尖选拔出的人才拥有的创造力给予企业新颖的思路，使企业能够解决当下问题或优化现有管理模式，从而得以在激烈的市场竞争中稳健发展。

当然，企业采用冒尖选拔不是因为亲信中没有人才不得已选择此方式。实际上，冒尖选拔并不排斥拔尖选拔的方式，二者相辅相成，共同构成企业选拔体系：在岗位急需人员与员工突然离职的情况下，企业可以通过拔尖选拔的方式，省去诸多选拔过程，以解燃眉之急。然而，在一般的选拔过程中，企业应该更侧重于采用冒尖选拔的方式选拔人才。

综上所述，冒尖选拔更有助于企业发展，稳健前行。

题目四：A、B可共存/A、B相辅相成

【结构】开头—下定义—A可B—B可A—若认为A、B不可共存不好—结尾。

　　　　开头—下定义—A促B—B促A—若割裂A、B二者的关系不好—结尾。

【例题】2015年管理类综合能力考试真题——仁与富。

【例题题目】仁与富可共存

【例题提纲】开头—为富者亦可为仁—为仁者亦可为富—若认为仁与富不可共存不好—结尾。

参考范文：

仁与富可共存

自古至今都存在着对于仁与富关系的思考，孟子曾引用阳虎的话："为富，不仁矣；为仁，不富矣。"而站在当下社会的现状及未来发展的角度来看，仁与富是可以共存的。

其一，为富且为仁者并不鲜见。古人云："穷则独善其身，达则兼济天下。"时至今日，前有香港影视大亨邵逸夫心系少年教育和国家基业，捐献100多亿港币，使得逸夫楼遍布中华大地；后有江西首富王文京不忘村民福祉，积极参与家乡建设，兴建多所学校和活动中心。他们家财万贯却仍心怀社会，是为富亦可为仁的鲜明印证。

其二，为仁对为富具有促进作用。随着城市化步伐的加快和人员流动性的加强，由熟人关系网络所维系的人情社会逐渐转变为以诚信为基础的信用社会。这意味着，人与人之间的关系更多地取决于行为，而淡化了血缘等固有关系的影响。为仁者以人为本，尊重他人的利益，不会轻易损害利益相关者的权益，易于建立良好的个人信誉和企业信用，进而为日后的资金筹措提供保障，为经营活动的开展提供支持。因此，秉持仁心有助于致富之路的畅通，为仁自然可为富。

如果我们偏颇地认为仁富不可共存，可能会激化社会仇富心理。一些不富裕的人或许以为富人都是无良的、自私的，因而化身网络喷子，对富人所做仁义之事指手画脚，甚至声称他们借故

作秀、沽名钓誉。或许还会有人把不择手段当作致富的唯一途径，寄希望于损人利己的歪门邪道，步奸商的后尘，危害行业和市场的发展。就富人而言，原本为他们所推崇的仁心被众人所误解，长此以往，他们难免会心寒，仁德之光也可能因此暗淡。

所以，为仁与为富并非相互矛盾的，二者可以共存。

题目五：A 和 B 好 /A、B 缺一不可

【结构】开头—A 好—B 好—没有 A 和 B 不好—结尾。

开头—有 A 无 B 不好—有 B 无 A 不好—A、B 共存好—结尾。

【例题】2021 年管理类综合能力考试真题——道德教育与科学教育。

【例题题目】道德教育和科学教育有助于培养实业中坚者

【例题提纲】开头—道德教育的重要性—科学教育的重要性—缺乏道德教育和科学教育不好—结尾。

参考范文：

道德教育和科学教育有助于培养实业中坚者

正如我国著名实业家穆藕初在《实业与教育之关系》中所说："教育最重要的是道德教育和科学教育。完全受此两种教育，实业中坚者遂出之"。穆藕初先生的话对我们当下的实业教育依然具有启发意义，在培养实业人才的过程中，我们应重视道德教育和科学教育。

道德教育有利于提高从业者素质。当今中国进入工业化、信息化加快发展的阶段，随着经济发展方式的转变，迫切需要一大批高素质的劳动者。然而，在实业从业者中，敬业奉献精神的缺乏、诚信意识的淡漠等道德缺失现象却与日俱增。为了提高实业者的道德素养，我们要追根溯源，加强道德教育。道德教育有利于提高人们的事业心和责任心，能够使受教育者热爱自己的事业、忠于职守、胜任本职工作；同时，道德教育还有利于人们更好地塑造价值取向，树立远大理想并为之奋斗。这些都是实业中坚者不可或缺的品质。

科学教育有利于提高从业者的实力。当下，人工智能、大数据等新兴科技的不断涌现，"勤能补拙"不再是万能的真理。所有重复性的、有规律的劳动都逐渐被机械、科技取代。只依靠蛮力和勤奋已经无法适应当下实业发展的需要。科学的方法才是这个时代的旋律。这就需要在教育层面加强对实业的科学教育，在教学环节中培养和锻炼从业者的观察力、判断力和推断力，以"智力"谋"富力"，以科学教育推动实业人才的培养。

道德教育和科学教育的缺失不利于实业人才的养成。人才是企业发展的根基。所有的人才都是在接受教育后才被输送到各行各业的，教育的水平将在很大程度上决定人才的水平。教育不仅仅是"教"，更要"育"。实业教育不应仅仅传授知识、技能，还应该培养高尚的道德情操和科学的思考能力，这也是培养实业中坚者的关键所在。

基于此，在培养实业人才的过程中，我们应重视道德教育和科学教育。

至此，我们就搭建完论说文的结构了。

总的来说，在结构的构建上，大家要保证结构正确、保留自己的写作特点，并将其完美应用于各种题型。只有这样，在考场上才更容易获得高分。

第三节　不建议的结构盘点（选修）

本节和大家盘点一些不建议的结构，以更好的理解构建结构中的注意事项。如果大家备考时间较晚，时间紧张，可以跳过本节。

常见结构一：并列分论点式

结构构成：题目—开头—分论点一—分论点二—分论点三（—分论点四）—结尾。

并列分论点式是指先提出总论点，然后并列地从几个方面分别对总论点加以论述，即论述部分是由并列分论点的论述组成的。

并列式的几个分论点常常放在每段开头，以显示层次。在论证思路中，为了方便论述，将文章的中心论点分解成几个平行的、并列的分论点，或是把论据并列起来，论证的几个层次或段落之间的关系是平行的。

运用这种结构形式的关键，是对一个总论点能够从不同的方面加以认识，并能够并列地排出几个能说明总论点的分论点来。

并列分论点式结构在考场上很容易拿高分，也很容易拿低分。

容易拿高分是基于其段落层次清晰，如果分论点本身非常精彩，会让阅卷者迅速对文章产生好感；容易拿低分是由于其分论点不够精彩，如果分论点之间没有层次、分论点交叉重合、理由不够充分等，也会迅速被阅卷者识别。

我对该结构的推荐指数并不高，因为在高度紧张的情况下，很难快速构建出3～5个精彩的分论点。

段首的分论点语句需要注意如下事项：

（1）分论点不宜过多，3～5个即可，它们的内涵要与中心论点有本质的联系，把分论点的内容总合起来要能揭示中心论点的主要方面和基本内涵。

（2）分论点应按统一分类标准划分，它们在内容上不能重复和交叉。

（3）分论点之间有时是并列关系，有时是递进关系，其排列应符合一定的逻辑顺序，不可随意放置。

（4）分论点最好以首括句形式放在段首，这样能使段意明晰；各个分论点的句式如能一致更好，如不能一致，不必强求。

（5）分论点的语言要精练，一般控制在15～30字。

（6）分论点的表述要尽量紧扣中心论点的关键字眼，以保证每一段都能扣题。

参考范文：

重视专家意见

老话常说：听人劝，吃饱饭。斯沃克公司的高层因为没有重视专家的提醒，一意孤行地同意宇航局发射航天飞机，酿成了"挑战者号"的悲剧。这一悲剧也在时刻告诫我们要重视专家意见。

重视专家意见有利于做出更合理的决策，推动组织成长。这是因为：一方面，重视专家意见可以汇集来自各方面的声音，吸纳不同领域的智慧，形成互补，减少决策过程中的考虑不全面和信息不对称问题；另一方面，专家意见可以调动组织内优秀成员的积极性，让他们获得参与感和成就感，激发他们为组织效力的热情。

重视专家意见有利于企业规避风险并能促进企业发展。首先，之所以有专家的存在，是因为其在擅长的领域中经过大量的实践与探索，拥有比管理者更多的专业知识，因此他们在此基础上提出的意见对企业的发展是有利的。其次，企业在运营过程中可以通过专业的指导及时发现可能存在的问题，及时止损，在一定程度上达到规避风险的目的，使资金、技术等发挥最大效用，从而促进企业的进一步发展。

重视专家意见有利于提高效率。企业运营过程中，在对不熟悉的新领域进行探索时总会遇到种种困难。例如，新产品研发过程受阻等，这会造成企业资源的大量浪费。此时适当听取专家意见可以节省大量摸索的时间，能够使企业少走弯路，使研发过程更加顺畅，从而提高企业的经营效率。

风起于青萍之末，任何不起眼的事物都可能掀起汹涌波涛。企业若想在竞争激流中稳步发展，必须重视专家意见，要做到"宁舍眼前利，不存侥幸心"。

常见结构二：社论式

结构构成：观点是什么—为什么要观点—怎么做到观点。（提出问题—分析问题—解决问题）

社论式结构在新闻、策论和公务员申论考试中使用率较高，但在经管类综合能力考试中需要谨慎使用。因为通常情况下，描述"怎么做到观点"的段落对于观点没有论证力度，与论说文的文体要求不符。

举个例子，帮助大家来理解。

题目：考研的重要性。

是什么：考研不仅仅是一次考试，更是一次改变命运的机会。（段落通过下定义的方式论证观点）

为什么：考研可以磨炼意志，提高见识，让自己有更好的发展前景。（段落通过阐述理由的方式论证观点）

怎么办：通过认真刷题、坚持听课的方式可以促进考研取得成功。（段落论证了认真刷题、

坚持听课的重要性，没有论证考研的重要性，该段偏离中心）

通过上面这个例子，大家可以直观地理解为什么不建议使用该结构。

当然，这个结构也有补救的方案，就是让"怎么办"不再是单纯地提出措施，而是让"怎么办"变得有论证力度。实际上就是将"怎么办"融合到辩证分析之中。我们通过例子来说明。

题目：考研的重要性。

是什么：考研不仅仅是一次考试，更是一次改变命运的机会。

为什么：考研可以磨炼意志，提高见识，有更好的发展前景。

怎么办：考研并不是一句口号，而是要付诸行动。大家在决定考研后需要通过认真刷题、坚持听课等方式备考。这样才有更大的"上岸"可能性，这样的考研过程也更有价值和意义。

原本"怎么办"段落是没有在论证观点的，但是修订后，对观点就有了论证力度。这个修订后的结构是符合论说文的考试大纲要求的。

引申：论说文中可以写"怎么办"吗？

先说结论：如果"怎么办"段落对观点有论证力度，可以写；如果"怎么办"段落对观点没有论证力度，不可以写。

论说文文体的本质是论证。那什么叫论证呢？大家可以回想削弱题、假设题、支持题中的论证。从定义来看，"论证，就是用一定的论据去证明论点的过程"。所以，论说文是一个要用论据论证论点的文体，论说文其实就是逻辑中的支持题。

在论说文中，"怎么办"一定不可以写吗？这要看大家怎么理解"怎么办"。

对于"怎么办"的理解千差万别，为了避免误会，我们需要先统一明晰论说文写作中"怎么办"的含义。

以"成功需要创新"这个题目为例（创新是中心词，成功是结果）。

"成功需要创新"这个题目，可以理解为"怎么办"，即"怎么办能成功呢？创新"；也可以理解为"为什么"，即"为什么要创新呢？因为可以成功"。

这看起来好像既是"为什么"，又是"怎么办"，所以要先明确一点，就是我们在论证的时候要论证的是"为什么观点成立"，即"为什么中心好""为什么创新好"，而不是"为什么结果好""为什么成功好"。

这么说可能有的同学还是很迷茫，所以接下来把容易弄混的几种情况通过对比和大家说明一下。

依然假设题目为：成功需要创新（创新为中心词）。

情况一：怎么办能成功呢？我们需要创新。

思路正确。

这看似是"怎么办"，其实是"为什么"，因为我们在论证"为什么要创新"。

情况二：怎么办才能创新呢？需要政府支持等。

思路错误。

这是"怎么办",不是"为什么",因为我们在论述"怎么做到创新"。

情况三:创新有风险,所以不应创新。其实不然,风险通过监督和自律可以避免。

思路正确。

大家需要注意,情况三严格来讲不是"怎么办",但经常被当作"怎么办"。这其实是"为什么",即"为什么要创新",因为创新的恶果可以规避。(化解他人对创新的顾虑,也在变相论证为什么要创新。)

情况四:创新不是莽撞行为,而是基于理性分析之后的决策。

思路正确。

大家还需要注意,情况四看起来既像"是什么",又像"怎么办",但其本质是通过下定义的方式来论证"为什么"。即在界定核心概念,让创新的定义更为积极,使得"我们要创新"这一观点变得更可靠。为了更好地理解,大家可以对比一下如下两个语句。

定义一:创新是一种尝试。(下定义的过程中对论证没有支持力度。只是"是什么",不是"为什么"。)

定义二:创新不是莽撞行为,而是基于理性分析之后的决策。(下定义的过程中对论证有支持力度。既是"是什么"也是"为什么"。)

具体到结构上,我们再体会一下。

题目:成功需要创新

【结构一】

为什么有很多人创新呢?因为一、二。

所以如何创新呢?需要三、四。

结构错误。

【结构二】

为什么有很多人不创新呢?因为弊端一、二。

但这是误解,通过三、四可以化解弊端,故可以创新。

结构正确。

【结构三】

什么是创新呢?是一、二。

为什么要创新呢?因为三、四。

所以如何创新呢?需要五、六。

结构错误。

【结构四】

什么是创新呢?创新不是莽撞行为,而是理性分析后的决策。

为什么创新呢?因为一、二。

结构正确。

如果学完上面这些大家还是没看懂，那就记住一点，论说文是要论证，是要说服别人相信我们的论点，所以每个语句都要让论点本身更为可靠。

错误的"怎么办"应用示范：

重视隐患，保障发展

一个小小的密封圈就导致了一场悲剧的发生，给企业带来了巨大损失，其原因不过是斯沃克公司没有对潜在隐患给予重视。斯沃克公司的例子警示着每一家企业：重视隐患才能保障发展。

无论是"黑天鹅"还是"灰犀牛"，隐患与危机一直都存在于生产经营的过程中，那为何有些企业却没有重视这些隐患呢？究其根本，原因有二：其一，"术业有专攻"，管理层在技术层面的知识相对匮乏，对潜在隐患可能带来的损失了解不全面，低估了风险等级；其二，管理层多以成本效益为原则进行决策，当长期投资不见回报时难免心急，此时，他们对于隐患与危机抱有侥幸心理，从而选择冒险。

企业重视隐患，能给其长足发展加上一份保险。重视隐患，能给企业时间用以预设解决办法，企业在面临危机时不至于措手不及而错失最佳的处理时间。此外，重视隐患还有助于企业树立品牌形象，赢得消费者信任。例如，在产品设计与制造过程中，重视可能产生事故的每一处细节，绝不让不合格产品入市，这样既能在消费者中建立口碑，也能避免后续因产品质量问题而产生纠纷。合理的风险预警机制以及良好的企业形象能助力企业的稳定发展。

重视隐患需建立起合理的风险预警机制，利用大数据、云计算等手段计算企业的安全边界。一旦项目风险评估等级超过安全边界，企业就应及时止损。另外，管理者需听取权威人士的意见，必要时专家应拥有"一票否决权"。做到以上两点，才真正是对隐患有了基本的防范意识。

风起于青萍之末，任何不起眼的事物都可能掀起汹涌波涛。企业若想在竞争激流中稳步发展，必须重视隐患，要做到"宁舍眼前利，不存侥幸心"。

正确的"怎么办"应用示范：

重视隐患，保障发展

一个小小的密封圈就给企业带来了巨大损失，导致了一场悲剧的发生，其原因不过是斯沃克公司没有对潜在隐患给予重视。斯沃克公司的例子警示着每一家企业：重视隐患才能保障发展。

无论是"黑天鹅"还是"灰犀牛"，隐患与危机一直都存在于生产经营的过程中，那为何有些企业却没有重视这些隐患呢？究其根本，原因有二：其一，"术业有专攻"，管理层在技术层面的知识相对匮乏，对潜在隐患可能带来的损失了解不全面，低估了风险等级；其二，管理层多以成本效益为原则进行决策，当长期投资不见回报时难免心急，此时，他们对于隐患与危机抱有侥幸心理，从而选择冒险。

实际上，企业重视隐患，能给其长足发展加上一份保险。重视隐患，能给企业时间用以预设解决办法，让企业在面临危机时不至于措手不及而错失最佳的处理时间。此外，重视隐患还有助于企业树立品牌形象,赢得消费者信任。例如,在产品设计与制造过程中,重视可能产生事故的每一处细节,绝不让不合格产品入市,这样既能在消费者中建立口碑,也能避免后续因产品质量问题而产生纠纷。合理的风险预警机制以及良好的企业形象能助力企业的稳定发展。

需要强调的是,重视隐患不是一句口头承诺,也不是照搬照做。重视隐患需建立起合理的风险预警机制,利用大数据、云计算等手段计算企业的安全边界。一旦项目风险评估等级超过安全边界,企业就应及时止损。另外,管理者需要听取权威人士的意见,必要时专家应拥有"一票否决权"。做到以上两点,才真正是对隐患有了基本的防范意识,才能够发挥重视隐患的积极作用。

风起于青萍之末,任何不起眼的事物都可能掀起汹涌波涛。企业若想在竞争激流中稳步发展,必须重视隐患,要做到"宁舍眼前利,不存侥幸心"。

常见结构三:正反对比式

结构构成:题目—开头—正面论证—反面论证—结尾。

正反对比式结构就是在中心论点提出后,从正反两个方面对中心论点进行论证。运用这个结构的目的是通过两个方面的对照,突出说明其中一个方面的正确性,而另一个方面只起烘托、陪衬的作用。

结构使用建议:

正反对比式结构通常只有正面论证和反面论证两个主体段落,每个主体段落平均下来需要写300字左右,段落的行文难度较大,故推荐指数很低。

参考范文:

重视专家意见的重要性

1986年1月28日,是备受关注的"挑战者号"航天飞机升空的日子。然而,在发射后仅73秒,悲剧便发生了。这是美国航空业的一次失败,更是人类探索宇宙的一次大挫折。痛定思痛,事后的分析令人唏嘘,因为这一切本可以避免,但由于公司高层没有听从专家的警告,最终导致悲剧发生。在多年后的今天,这个事件仍给我们警醒——要重视专家意见。

重视专家意见,有利于防范风险,提前化解危机。与管理层不同,专家在某个细分领域深耕多年,已经积累了丰富的知识和经验,能够发现很多常人难以发现的漏洞;或能依据可靠的数据资料,较为准确地判断事态发展的趋势。因此,听取他们的意见,有助于预先识别风险,及时纠正错误,从而将不必要的损失降至最低。正如在此次抗疫中,我国决策层充分听取了专家"封城"和"建设方舱医院"的建议,在短短几个月内就基本控制了疫情,让人们的生活重新趋于正常。

反之,不重视专家意见会失去市场主动权,给企业带来更大的损失。三星公司在新产品投放市场前忽略了其安全技术专家的意见——该产品还未通过检测,存在安全漏洞。但管理层担心新产品不能如期发布,可能会流失消费者,所以并未采纳专家意见。而固执己见的结果就是面临因三星手机屡屡发生电池爆炸事故带来的巨额赔款以及社会负面舆论。这不仅给企业造成了巨大的亏损，也使企业丧失了消费者的信任，作为韩国第一大手机厂商的三星公司就这样失去了原有的市场竞争力。

最后，风起于青萍之末，任何不起眼的事物都可能掀起汹涌波涛。企业若想在竞争激流中稳步发展，必须重视专家意见，要做到"宁舍眼前利，不存侥幸心"。

课后巩固测试

恭喜大家完成了本章的学习。接下来，做一下课后巩固测试，检验一下学习成果吧！

已知材料：[题源：199-2009] 以"由三鹿奶粉事件所想到的"为题，写一篇700字左右的论说文。

请据此回答1~4题。

1."三鹿奶粉事件回顾；原因分析；解决方案。"

如果论说文的主体段落以三段式展开，以上三个段落层次是否恰当？

2."从政府角度加强监管；从企业角度加强道德建设；从个人角度提高个人防范意识。"

如果论说文的主体段落以三段式展开，以上三个段落层次是否恰当？

3."诚信经营有利于增强用户黏性；诚信经营有利于树立品牌形象；诚信经营有利于降低风险。"

如果论说文的主体段落以三段式展开，以上三个段落层次是否恰当？

4."诚信是风，吹往成功的门；诚信是火，点燃成功的灯；诚信是水，流向成功的路。"

如果论说文的主体段落以三段式展开，以上三个段落层次是否恰当？

5. 关于"公平"与"效率"间的关系有如下两种常见观点。

一种观点认为，应继续坚持"效率优先，兼顾公平"的原则；另一种观点则认为，当前应该实行"公平优先，兼顾效率"的收入分配政策。

对此，你怎么看？给出你的观点并尝试搭建结构。

6. 曾经，我们为了金山银山毁了绿水青山。如今，我们却说绿水青山就是金山银山。

你如何看待金山银山和绿水青山之间的辩证关系？给出你的观点并尝试搭建结构。

7. 有人说，工匠精神是必不可少的职业精神。也有人说，一味追求工匠精神、苛求完美会影响发展的进程，速度第一，质量第二。

对此，你怎么看？给出你的观点并尝试搭建结构。

8. 为什么要保护？设立专利权、著作权等知识产权，是为了促进发明创作。促使机构更努力地发明创作，是知识产权制度最重要的作用。

为什么要分享？因为知识产权带来了垄断，而垄断永远是低效率的。例如，如果没有源于知识产权的垄断，大家可以免费下载并观看电影；但由于影视公司的原创垄断，将电影票价定为

100元。想象一下，有多少人想看电影但却看不起，社会福利的损失也是很大的。看"盗版"电影不合法，在道德上也站不住脚。但客观地说，"盗版"电影也有好处，它打破了影视公司的原创垄断，增添了全社会的福利。

强化知识产权保护以促进研发创作，弱化知识产权保护以充分利用研发创作的成果，这两件事情是矛盾的。

对此，你认为在矛盾中倾向于哪一边对社会更有益呢？给出你的观点并尝试搭建结构。

9. 当企业在保证正常运营的情况下有闲置资金时，是应该将资金保留以备不时之需，还是应该用于扩大现有生产线、占领市场，抑或是应该进行多元化投资经营呢？

给出你的观点并尝试搭建结构。

10. 有人说："1 000是100的10倍，但是当分母大到百亿的时候，作为分子的这两个数的差别就失去了意义。由此我们想到，在知识经济时代，任何人所掌握的知识都只是沧海一粟。这使得在培养与选拔人才时，知识尺度已变得毫无意义。"

对此（知识总量的无限和个体知识的有限之间的关系），你怎么看？给出你的观点并尝试搭建结构。

11. 某修女曾写信质问美国航天专家施图林格博士，为什么要在地球上仍有因饥荒饿死的儿童的情况下选择花费数十亿美元研究关于远在火星的项目。施图林格博士给她讲述了一个真实的故事：四百年前的某个小镇上有个伯爵，乐善好施，常捐钱赈济瘟疫地区。一天，伯爵遇到一个用镜片来研究观察细小物件的人，决定资助他的研究。很多人不解，抱怨伯爵不将钱接济百姓，而去做没用的事情。伯爵不为所动，一如既往地在接济穷人的同时资助那个人研发镜片。被伯爵资助的人是列文虎克，他发明的显微镜为医学的发展带来了质的飞跃，其相关研究为瘟疫和其他疾病的救治带来了福音。

仔细阅读材料，试着从科学精神与人文情怀之间的关系的角度进行分析，给出你的观点并尝试搭建结构。

答案速查表				
1	2	3	4	5～11
否	否	是	否	略

参考答案

1. 否

论说文的本质是搭建论证。该结构中的三个层次看似清晰，但实际上并没有清楚地提出观点、论证观点。三鹿奶粉事件回顾段落为记叙并非论证；原因分析段落并没有提出明确的观点，也不是论证；同理，解决方案段落也没有在论证。故文体方向错误。

2. 否

论说文需要表达明确的观点，并在每一段中论证这一观点。然而，该结构中每一段都表达了一个不同的观点，并没有论证同一观点。故该结构不恰当。

3. 是

该结构逻辑清晰，且每段都在论证诚信经营的好处，观点单一。故该结构是恰当的。

4. 否

该结构虽然分论点形式对仗，但没有实质内容，是优美的废话。

5.【参考结构】题目：公平优先，兼顾效率。

第一段：相较于效率，当下社会更需要公平优先。

第二段：的确，一直以来的"效率至上"使企业和国家得到了突飞猛进的跨越式发展，但与此同时，对效率的追求也不可避免地带来了各种不平等，在牺牲公平的背后，也出现了一系列矛盾。因此，当下社会更应优先追求公平的实现。

第三段：公平优先可以提高劳动者的主动性和创造性，进而可以促进效率的提高。

第四段：公平优先可以弱化矛盾，促进社会的和谐稳定，更有利于中国梦的实现。

第五段：当然，公平优先不是不要效率，也不是一味追求结果的均等，而是通过追求公平来化解矛盾，提高效率的"质量"。

第六段：鉴于以上原因，当下社会需公平优先，兼顾效率。

6.【参考结构】题目：绿水青山就是金山银山。

第一段：目前，许多企业一味注重生产，肆意地排放废水、废气，给我国环境带来了严重污染。这些企业为了降低成本不惜牺牲环境，然而这么做真的能降低成本，为企业带来效益吗？答案显然是否定的。从长远看，绿水青山才是金山银山。

第二段：保护绿水青山有利于促使企业转变发展方式，推动企业技术创新，从而提高企业劳动生产率，为企业带来更多的利润。

第三段：保护绿水青山有利于提高企业的社会责任感，有利于为企业赢得更多的国家优惠政策，为企业带来更多的商机。

第四段：反之，如果一味注重生产、破坏环境，那么会遭到更多的消费者厌恶，不利于企业长远发展。

第五段：金山银山或许能给企业带来一时的利益，但长此以往，不利于企业形象的塑造；环境的破坏也会影响整体的经营环境，不利于企业长远发展。

第六段：综上，绿水青山就是金山银山。

7.【参考结构】题目：速度发展需要以质量为保障。

第一段：在经济转型升级的历史性节点上，仅凭对速度的追求已经不能满足发展的需要。因此，追求质量的提升是大势所趋，"速度发展"也应由"质量"为其保驾护航。

第二段：纵观改革开放以来追求快速发展的经济模式所产生的种种问题，从"量"飞跃到"质"的最大阻碍是工匠精神的缺失。由此可见，要实现质量的突破，工匠精神必不可少。

第三段：工匠精神是一种创造力，为社会发展实现"质变"注入不竭的动力，为"速度发展"提供有力的保障。（为什么工匠精神不可少，质量发展不可少？）

第四段：俗话说"欲速则不达"，一味追求速度而忽视质量，终会被时代所抛弃。（没有质量的保障不行）

第五段：要想实现经济模式的完美转型，质量提升为重中之重，在有了质量的保证之后，"速度"在发展中作为推手，可以更好地达到预期的目标。

第六段：总结，要质量优先，兼顾速度。

8.【参考结构】题目：更应加强知识产权保护。

第一段：相较于分享知识产权，更应当保护知识产权。

第二段：分享知识产权的弊端。强调加强知识产权保护该弊端则可被避免。

第三段：一方面，保护知识产权合理地设置了商业壁垒，保护其核心价值和品牌价值不受外来企业模仿、入侵。

第四段：另一方面，保护知识产权让企业更有动力投入创新研发，推动企业以及相关行业的进步。

第五段：诚然，这给某些领域带来了垄断，使得新技术的推进效率低下，但若是没有知识产权的保护，由于分享的迅速，成果会被其他企业所模仿，可能多数企业都不愿投入大量资金用于研发。

第六段：综上所述，加强知识产权保护更重要。

9.【参考结构】题目：多元化投资经营更有利于企业发展。

第一段：在有闲置资金的情况下，多元化经营更为有利。多元化投资是指将闲置资金投资于不同种类的产品经营中，以增加利润来源。

第二段：多元化投资有利于企业打开新市场，取得先发优势，满足市场经济下的消费需求，进而巩固现有的企业地位，实现长远发展。扩大到社会层面来看，企业的多元化投资也能刺激不同需求，促进社会资源的充分利用，实现由点到面的优势转化。

第三段：然而有些企业不愿进行多元化投资，归根结底是因为畏惧投资所带来的潜在风险。但长此以往，企业一味保留资金或只扩大现有生产线，一旦市场饱和，就可能产生毁灭性打击，也难以满足消费升级的需求，对企业、市场环境都不利。

第四段：当然，我们所说的多元化投资是建立在正常经营的基础上的，并非冲动而为。而且，多元化投资可能带来的投资风险也是可以通过合理的风险应对机制来避免的，甚至还会因为资金分散而降低单一投资失败的风险。

第五段：综上所述，要实现多元化投资经营。

10.【参考结构】题目：知识尺度并非毫无意义。

第一段：近来，在知识经济背景下，有人悲观地认为，个体所掌握的知识在知识总量面前黯然失色，在培养与选拔人才时，知识尺度变得毫无意义。然而，我不同意此观点。

第二段：知识尺度的应用可以甄选出行业精英。的确，知识经济时代的到来让每个人都对无限未知存有恐惧，已掌握的知识看起来只是沧海一粟，未知领域又在无限扩大，人们难免会觉得知识尺度已经不再重要。殊不知，术业有专攻，专家之所以称为专家，并非其掌握了无限知识中的大部分，而是其在某一领域有独到的见解，从而在这一领域占有举足轻重的地位。利用知识尺度能有效地选拔人才，这就不难解释为什么阿里巴巴、腾讯等大企业都用此种方法招聘人才。

第三段：知识尺度的应用也可以促进人才培养。对比知识尺度的要求，个人为了追求自身更好的发展前景，会不断丰富自己的知识体系，向更高的层次迈进。目前，百万大学生参加研究生入学考试可能就是想要在求职时达到其目标企业的知识尺度要求，从而实现自身价值。

第四段：综上所述，知识尺度在当今知识爆炸的时代也依然有其重要意义。

11.【参考结构】题目：要人文精神，更要科学精神。

第一段：引出中心论点。

第二段：对人文精神和科学精神下定义。

第三段：科学精神更有助于个人价值的实现，如袁隆平先生。

第四段：科学精神更利于企业走得长远。例如，企业的政策裁员往往会给一些员工带来困境，但是企业不是慈善组织，精简队伍必不可少，为了让企业更好地发展，择优更有利于企业的人才积累、技术创新、市场竞争。因此，企业在发展的道路上合理地舍弃人文精神，专注于科学精神更利于长久发展。

第五段：专注于科学精神虽然不用抛弃人文精神，但在面临选择的时候，要将科学精神置于首位，不要因人文精神而畏缩不前，要为生产力的持续发展做出努力。

第六段：综上所述，要人文精神，更要科学精神。

第十三章　怎么扩充段落

上一章，已经和大家搭建了文章的骨骼——结构。这一章开始，我们要为文章填充血肉——段落。

扩充段落主要从以下几个方面展开。

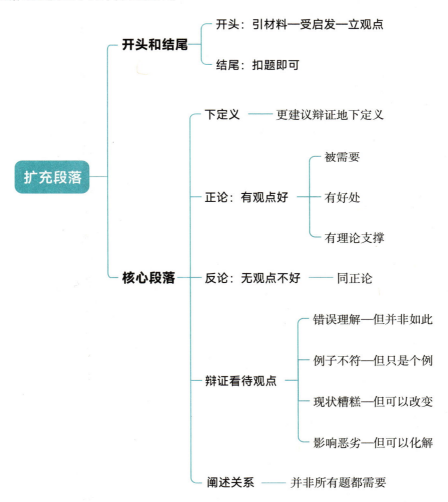

第一节　开头结尾

应试写作，也是与时间的赛跑。如果在考场上像平时练习时那样迟迟不动笔，就无法保证按时完成作文。纵然有上好的文章，又有何用？因此，必须争分夺秒。在正确审题立意的基础上，下笔要快，时间容不得我们在动笔之前反反复复思量怎样开头，所以，学会一些好的开头写法以备应试时迅速择优而用，是十分必要的。同样，考场答题时间非常紧张，留给论说文的时间本就不多，因此，能快速写好结尾也十分必要。

一、开头

（一）开头的写法

论说文的考试大纲告诉我们："（论说文）要求考生在准确、全面地理解题意的基础上，对命题或材料所给观点进行分析，表明自己的观点并加以论证。"

其中"对命题或材料所给观点进行分析，表明自己的观点"就是论说文开头的构成。因此建议开头由如下部分构成：

（1）引入材料。
（2）合理过渡。
（3）表达观点。

在引入材料的时候语言要精练，只引入和观点相关的材料，且后续描述要能够自然地引出观点。由材料过渡到观点的时候需要注意不要出现逻辑缺陷。因为材料往往是个例、寓言故事、一家之言等，由材料过渡到观点很可能会出现以偏概全、不当类比、诉诸权威、忽略发展等逻辑谬误，所以需要注意表达方式。

最后，开头所表达的观点应该与题目及下文保持一致。

1. 故事类型材料开头

故事类型材料的开头需要精练地引入故事情节。在引入故事情节时，不应直接照抄原文，而是要引入与观点相关的情节。

行文思路：引入与观点相关的人、事、结果—受到启发—表达观点。例如：

【材料】［题源：199-2008-10］根据以下材料写一篇论说文，题目自拟，700字左右。

> 南美洲有一种奇特的植物——卷柏。说它奇特，是因为它会走。卷柏的生存需要充足的水分，当水分不充足时，它就会把根从土壤里拔出来，整个身躯卷成一个圆球状。由于体轻，只要稍有一点风，它就会随风在地面滚动。一旦滚到水分充足的地方，圆球就会迅速打开，根重新钻到土壤里，暂时安居下来。当水分又不充足，住得不称心如意时，它就会继续游走，以寻求更好的生存环境。

难道卷柏不走就不能生存了吗？一位植物学家做了一个实验：用挡板圈出一块空地，把一株卷柏放到空地中水分最充足的地方，不久卷柏便扎根生存下来。几天后，当这里水分减少时，卷柏便拔出根须，准备飘移。但实验者用挡板对其进行严格控制，限制了它游走的可能。结果实验者发现，卷柏又回到那里重新扎根生存，而且在几次将根拔出又不能移动后，便再也不动了；卷柏此时的根已经深深扎入泥土，长势比任何时期都好。也许它发现，根扎得越深，水分越充足……

【开头】当水分不充足或住得不称心如意时，卷柏会游走以寻求更好的生存环境。但当实验者用挡板对其进行严格控制后发现，卷柏开始将根深深地扎入泥土，长势也比任何时期都好。不难发现，卷柏之所以能够获得比任何时期都要好的长势，关键在于它能专注。其实，卷柏如此，人亦如此。专注助力未来。

2. 单一类型材料开头

单一类型材料的开头相对比较简单。只要引入与观点相关的内容并合理过渡到观点即可。例如：

【材料】［题源：199-2012］根据下述材料，写一篇700字左右的论说文，题目自拟。

中国现代著名哲学家熊十力先生在《十力语要》（卷一）中说："吾国学人，总好追逐风气，一时之所尚，则群起而趋其途，如海上逐臭之夫，莫名所以。曾无一刹那，风气或变，而逐臭者复如故。此等逐臭之习，有两大病。一、各人无牢固与永久不改之业，遇事无从深入，徒养成浮动性。二、大家共趋于世所矜尚之一途，则其余千途万途，一切废弃，无人过问。此二大病，都是中国学人死症。"

【开头】如熊十力先生所言，我国学者中跟风者屡见不鲜，一旦出现热门话题，便一拥而上，浮躁之风横行。然而，此等逐臭之风气并不可取。学者当拒绝跟风。

3. 择一类型材料开头

择一类型材料的开头在引入的时候需要体现择一的困境，也就是将争议引入，在过渡的时候可以给出一个标准，这样有利于更自然地得出观点。

行文思路：A 和 B 存在争议，基于某标准，A 更重要。例如：

【材料】［题源：199-2011］根据下述材料，写一篇700字左右的论说文，题目自拟。

众所周知，人才是立国、富国、强国之本。如何使人才尽快地脱颖而出，是一个亟待解决的问题。人才的出现有多种途径，其中有"拔尖"，有"冒尖"。拔尖是指被提拔而成为尖子，冒尖是指通过奋斗、取得成就而得到社会公认。有人认为，我国当今某些领域的管理人才，拔尖的多而冒尖的少。

【开头】在人才选拔的过程中，到底是"拔尖"还是"冒尖"的方式更有利于人才尽快地脱颖而出，是一个亟待解决的难题。而从发展的角度考量，我们更应该用"冒尖"的方式选拔人才。

4. 关系类型材料开头

关系类型材料往往是题干中给出了一种关系，我们需要表达对这种关系的态度。

故开头在引入的时候可以直接引入题干中的关系；在过渡的部分如果我们同意就直接顺承，如果不同意就利用转折；过渡后直接给出我们对关系的看法。

行文思路：描述题干关系—同意/反对—表达观点。例如：

【材料】[题源：199-2015] 根据下述材料，写一篇700字左右的论说文，题目自拟。

孟子曾引用阳虎的话："为富，不仁矣；为仁，不富矣。"（《孟子·滕文公上》）这段话表明了古人对当时社会上为富为仁现象的一种态度，以及对二者之间关系的一种思考。

【开头】"为富，不仁矣；为仁，不富矣。"这句话表达了古人对当时社会上"为富""为仁"现象的一种态度，然而这种态度在当今社会背景下已经不再适用了。随着社会制度和法律法规的不断完善，"为富""为仁"应是相辅相成的关系。

（二）开头的注意事项

1. 材料的引入要恰当

开头一般都要引述材料，并对材料进行分析，提出自己的中心论点。而在开篇引述材料的时候，往往会出现这样的问题：引述的材料过于详细；引述的材料过于简略；引述的材料内容与自己的中心论点没多大关系；东拉西扯，不入题或入题慢。

引述材料过于详细，就削弱了文章后面的论证力度；引述材料过于简略，就难以通过分析材料得出中心论点；引述的材料内容与自己的中心论点关系不大，就会导致文章前后脱节。

2. 避免牵强的排比

为了增强文章的论证气势和文采，很多同学喜欢以排比的形式开头。但排比的内容常常太过牵强、不合逻辑；排比段的语句也常常和文章整体关联不大，甚至没有任何关联。我们先来看一位考生为2009年管理类综合能力考试真题（以"由三鹿奶粉事件所想到的"为题，写一篇700字左右的论说文）写的排比式的开头：

假如河水为己利，不携带泥沙，就不会有平坦的三角洲供人居住；假如土壤为己利，就不会有花开满园，馨香远飘；假如天空为己利，灰尘遍布，就不会有落霞满天了。不因己利而损公益，是三鹿奶粉事件给我们的最大启发。

"不因己利而损公益"在文中如何体现？己利是有，但公益何在？"损"体现在何处？从排比的内容来看，河水为己利，就不携带泥沙吗？土壤不为己利，就一定能花开满园？天空为己利，就会灰尘遍布？这段文字是不合逻辑的，是为了排比而排比。作者本想通过排比增强文章气势和说服力，却适得其反。要注意的是，如果生搬硬套地运用排比句式，结果只会是邯郸学步、东施效颦。本想增强文章的气势和文采，以此来打动阅卷者，却因牵强的论述，使文章大煞风景，得不偿失。

3. 开头与文章整体要有关联

开头不联系材料是很多考生在论说文行文的时候常犯的错误。论说文的考试大纲告诉我们："（论说文）要求考生在准确、全面地理解题意的基础上，对命题或材料所给观点进行分析，表明自己的观点并加以论证。"这句话向我们传达的信息是，我们的观点应该来源于材料，且在开头就应该体现出由材料过渡到观点这一过程。

4. 避免头重脚轻、开头冗长

有些同学在开头部分写得太多，而后半部分内容偏少，从而出现头重脚轻的问题。

5. 不要直接照抄原文

不要照抄原材料，应当尽量简练引用、复述，不要做很多不必要的解释。

二、结尾

结尾和开头一样，在文章中具有很重要的作用。"为人重晚节，行文看结尾"是说应该像一个人注重晚节那样重视文章的结尾。对快速行文来说，收笔要好，也要快。因此，明确结尾的基本要求，熟练地掌握结尾的基本方法，也是快速行文的重要条件。

（一）结尾的写法

（1）体现主题。结尾要使读者对全文有一个完整而深刻的认识，篇末要体现主旨。

（2）简洁有力。结尾是给读者以最后的、决定性印象的部分，不能拖泥带水，要言简意赅、明确有力。

故论说文结尾只要能够起到总结的作用，能呼应开头即可。例如：

综上所述，我们应专注，专注成就未来。

环境与我们每个人都息息相关，保护环境也需要我们每个人身体力行。让我们共同努力，节能降耗，共建美丽中国。

（二）结尾的注意事项

（1）结尾需要扣题。

（2）结尾不要提出新的观点。

（3）结尾不要过于花哨，观点要鲜明。

（4）结尾需要调节文章字数。文章的规定字数是700字左右，我们需要借助结尾调整文章的总字数。

（5）结尾需要与材料、题目及文中的中心词保持一致。

（6）在时间紧张的情况下，哪怕字数不够，也要尽可能加一个结尾。

【练1】[题源：199-2003-10]"读经不如读史。"

对上述观点进行分析，论述你同意或不同意这一观点的理由，可根据经验、观察或者阅读，用具体理由或实例佐证自己的观点。题目自拟，全文 500 字左右。

请为其拟定题目、开头、结尾。

【练 2】[题源：199–2009]

以"由三鹿奶粉事件所想到的"为题，写一篇 700 字左右的论说文。

请据此材料回答 1～3 题。

1. 三鹿奶粉事件的起因是很多食用三鹿集团生产的奶粉的婴儿被发现患有肾结石，随后在其奶粉中发现化工原料三聚氰胺。三鹿奶粉事件发生至今，引发我们诸多思考。

以上段落是否可以作为该论说文的开头？

2. 食品行业事关生命安全，需要的不仅是技术和资金，更要讲道德和良心。然而，通览三鹿奶粉事件中一些企业的表现，有见利忘义的冲动，有明知故犯的侥幸，有心知肚明的"默契"，就是没有起码的道德良知约束。为追求利润，一些企业置婴幼儿的生命健康于不顾，做出了让母亲泣血、令社会蒙羞的行径。这种行为严重阻碍了奶制品行业的发展。这也反映了政府存在监管不力的问题。

以上段落是否可以作为该论说文的开头？

3. 曾经家喻户晓的民族企业三鹿集团，由于其道德的缺失，一夜倒闭，沦落到人人喊打的悲惨下场。其失败的经历也可以给我们一些启发：企业应道德经营。

以上段落是否可以作为该论说文的开头？

【练 3】已知文章标题为"人工智能促进社会发展"。

综上，我们并不否认人工智能会对我们造成一定的威胁，但是人工智能也会创造更多的机会，提高企业经营效率，减少企业人力成本，促成企业的成功。

以上段落是否可以作为该论说文的结尾？

【练 4】已知文章标题为"工匠精神对企业的重要性"。

综上，坚持工匠精神可以帮助企业赢得口碑和消费者的信赖。其实工匠精神的作用不仅在于此，坚持工匠精神还能够使企业发现自身存在的安全隐患，降低企业的经营风险。例如，小米公司就一直秉承着工匠精神，这使其减少了很多未知的隐患。故我们要坚持培养工匠精神。

以上段落是否可以作为该论说文的结尾？

参考答案

【练 1】题目：读经不如读史。

开头：从古至今，有人执着于经，有人坚守着史，经、史孰轻孰重似乎从未停止争论。于我而言，相较于读经，读史更具有现实意义。

结尾：故一言以蔽之，读经不如读史。

【练2】1. 否。

论说文的开头需要明确表达观点。本题是命题作文，材料中没有表达观点。这就更需要我们利用好开头，明确地传递观点，方便阅卷者快速找到我们的观点。

2. 否。

第一，开头过于啰唆；第二，开头的观点不清晰，段落中没有明确表达观点。

3. 是。

开头的引入部分精练，且明确表达了观点。这对于该年真题来说是一段很棒的开头。

【练3】否。

论说文的结尾需要与题目保持一致。该题中题目的论证范围是"社会"，但结尾的论证范围是"企业"，没有保持一致，故不可以。

【练4】否。

论说文结尾要快速扣题，不应再提出新的观点和论证过程，故不可以。

第二节 核心段落

本节对应视频课程09
可扫封面二维码查看

考试大纲中对论说文的考查内容的描述是："（论说文）要求考生在准确、全面地理解题意的基础上，对命题或材料所给观点进行分析，表明自己的观点并加以论证。"也就是说，论说文的本质是论证。

什么是论证？这个问题我们再熟悉不过了。因为无论是论证有效性分析题型，还是论说文题型，都是围绕论证展开的。论证就是要用论据来证明论点的真实性。简单来说，就是我们要通过论证让别人更相信我们的观点。如何才能达成这个目的呢？我们先来做一道练习题。

请大家拿出一张纸，尽可能多地写下各种理由来向我证明"考研的重要性"。请大家不要省略这个步骤，并且不断问自己还有没有更多的理由。

我在这里列举了一些理由，请判断哪些理由会让大家更愿意考研。

（1）考研又难又累。

（2）考研可以让自己的人生更加充实，让自己的生活更加有意义。

（3）单位招工时越来越看重学历。让自己的学历再提高一个等级，对于找工作来说，是非常有帮助的。

（4）考研是学历考试，通常在每年12月举行。

（5）本科专业不是自己的兴趣所在。进了大学之后，通过某些途径与机缘巧合，开始对其他专业产生了兴趣，于是想在自己感兴趣的专业领域深造。

（6）考研不是一次简单的考试，而是一次改变命运的机会。

（7）因为韩梅梅通过考研实现了收入翻倍，李雷通过考研找到了理想的工作。他们的成功触动了我。

（8）因为考研可以磨炼意志、提升专业素养，更有助于我找到喜欢的工作；反之，如果不考研，我会心存遗憾。

（9）虽然考研很苦，也很累，还有很大的风险，但是考研的过程可以不断地磨炼我的意志，帮助我养成良好的学习习惯，而且考研可以让我提升延迟满足的能力。

（10）考研是一次考试。为了考研成功，我需要坚持听课、努力刷题。

在以上理由中，除了（1）（4）和（10）以外，其他都可以支持论点，都能让我们更愿意相信论点。这些理由就是我们用以进行段落展开的内容。接下来，我们就一起来学习有效展开段落的方法。本章和大家讲解的是一些实用的段落展开方法，大家不必拘泥于这些方法，如果有更好的表达方式能够合理地论证观点，大家也可以使用。

一、下定义

"为什么要考研？考研不是一次简单的考试，而是一次改变命运的机会。"

这句话正在对考研"下定义"，而这个"定义"让我们认识到了考研的重要性，起到了论证观点的作用。这就是我们要讲的第一个方法——下定义。

下定义是一种用简洁、明确的语言对事物的本质特征做概括的说明方法。但需要注意的是，论说文中的定义最好能够对文章论证产生支持作用。

一个好的定义往往可以起到锦上添花的作用，能让论证更有力，然而很多同学的定义都是基于字面意思的描述，没有加强论证。所以本节要和大家聊一聊怎么让定义变得更有价值。

（一）行文思路

在考场上，可以辩证地对"中心"下定义。即先指出"中心"的错误定义，推翻后再指出"中心"的正确定义。这样可以让"下定义"更加立体。

辩证下定义的方法并非在所有题中都适用，不要生搬硬套。

例如：从表面上来看，诚信代表诚实、不欺骗，代表不欺瞒的意愿，但实际上，诚信不仅仅是一种意愿，更是一种行动。

（二）注意事项

（1）下定义非必需。不要为了下定义而下定义，如果没有合适的定义或者定义不能加强论证，可以不加。

（2）下定义通常是在文章的第二段，即开头的后一段。如果以辩证的方式下定义或者由定义引入讨论，则放在辩证段落或其他段落也可以。

（3）下定义可以自成一段，也可以作为段落的一部分。

（三）不建议的行文思路

下定义是为了让观点更可靠，下定义的过程不是简单的记叙，而是要在下定义的过程中强化论点。故在下定义的过程中不建议只描述"中心词"的内涵或外延,这样对于观点的论证力度比较弱。

论证力度不强的下定义方式并非错误,但这样很难在考场上快速组织语言,也很难写得很准确、很精彩。

以下都是论证力度不强的下定义方式。

(1)诚信是中华民族的传统美德。

(2)诚信是指要说到做到。

(3)什么是诚信?诚,即真诚、诚实;信,即守承诺、讲信用。诚信的基本含义是守诺、践约、无欺。通俗来讲,诚信就是说老实话、办老实事、做老实人。

(4)"富"指的是创造财富的过程,"仁"指的是乐善好施的品质。

(四)下定义段落参考示例

参考段落一:一件商品,最重要的是质量。但我们不可以错误地理解这句话。想提高质量,最关键的是要精准地把握用户需求的本质:无论品质有多高,无论功能有多丰富,如果不是用户所需要的,那这些产品就是劣质的,最终只是制造方的自我满足而已。我们决不能为这些东西浪费时间、牺牲速度。

参考段落二:国家提供的福利,并不完全是经济上的支持。"授人以鱼,不如授人以渔",在引导贫困群众脱贫的过程中,除了要给予一定的经济支持外,更重要的是要推动贫困地区的产业发展,为贫困群众提供相关的就业保障政策。这种制度上的福利往往比经济上的福利更重要,它可以真正地让贫困群众摆脱贫困的现状。

参考段落三:究竟什么是社会责任,这在我们大多数人的观念中都是一个比较模糊的概念,我们对它熟悉,但并不熟知。很多人将社会责任理解成捐赠,认为那只是富人的专利,正在为衣食忙碌的人没有能力去做这样的事情,但事实并非如此。我们在考量一个人或一个企业的社会责任时,捐赠的数额只是一种形式上的差别,在这些不同的数额背后,是每一个具有社会责任感的人所付出的同等重要的爱心与善良。而爱心与善良是无法用任何标准来衡量的。

参考段落四:其实,不管是科技研究、手工制造、养殖、种植,还是行医执教、著书立说,行业有千万种,从业者至少应该有一颗基本的"匠心"。这颗匠心,不仅是对规律的尊重,对创造的敬畏,更是一种一丝不苟、追求卓越的精神。有此匠心,则会耐得住寂寞,坐得住冷板凳,下得了苦功夫,生出一种宁静致远、潜心于事的定力。涵养工匠精神,容不得浮躁,容不得唯利是图,容不得急功近利的"速成"。

参考段落五:诚信不光是一种态度和意愿,也是一种能力。屡屡有意愿却达不到效果,一样是不诚信。

参考段落六:很多人对创新有个误解,认为创新就是一刹那的灵感火花,只要有天分,就能做到。但实际上每一项看似很光鲜的创新都是靠背后无数的苦活、累活完成的。很多时候,实现创新的过程是非常累、非常普通、毫无美感的,你只能靠日复一日地平凡劳动去把事情做出来。

参考段落七:批评是容易的,不容易的是批评后给出建议。阿里巴巴集团的文化是你要想批评可以,但你要拿出建设性意见,批评谁不会。你批评一次,大家不会怪你,但你天天批评,肯定会有人跟你说:"你到底什么情况?"批评也得有正能量,你必须拿出建议来。

(五)下定义在文章中的应用参考

竞合促进发展

面对激烈的竞争,欧洲飞机制造商波音和麦道两大霸主选择通过合作来抗衡市场挑战。在其他行业中,企业也应在竞争中寻求合作,促进发展,实现共赢。

所谓竞合,是指原本互为竞争关系的企业达成合作、整合力量,共同抗衡更强大的竞争对手,在市场博弈中实现共赢。值得一提的是,竞合并非盲目合作,而是在竞争状态下,根据自身实力和企业特点,选择最合适的合作伙伴,进行风险共担、利益共享。

竞合可以使企业实现效用最大化,形成竞争中的优势。原本互为竞争对手的企业,资源难免分散,此时选择合作,反而可以对其资源进行整合,补劣促优,最大限度地避免其在经营过程中因短板效应而失去抢占市场的先机,进而实现共赢。同时,竞争企业间的强强联合,可以将彼此所具有的品牌效应相互叠加,从而产生更大的影响力,避免"鹬蚌相争,渔翁得利"的惨淡结局。小微企业间打破竞争格局,进行合作,也可以产生"1+1>2"的优势升级,为与大企业抗衡博得一分胜算。

若企业固守自己的一亩三分地,则很难在短期内实现利益最大化,甚至可能沦为市场竞争的"炮灰"。企业在竞争过程中,如果把资源用于与对手博弈,则会对企业研发、扩大生产造成一定影响。即使博弈成功,其收益是否能够覆盖成本尚且是个未知数,更不要提利益最大化了。而如果退一步,选择与竞争对手合作,看似谁都没能成为最终霸主,但很可能双方都会成为收益颇丰的市场赢家。

在竞合中寻求更好的发展,实现企业的共赢。

二、正论:有"观点"好

"为什么要考研呢?因为考研可以磨炼意志、提升专业素养,更有利于找到喜欢的工作。"

这句话在阐述考研的好处,通过这个描述性语句,我们更愿意相信考研的重要性。这种论证方式就是在说明:有"观点"好。也就是我们常说的正面论证。

正面论证就是直接通过论述和论据来证明论点的正确性。正面论证是非常重要的论证方法。

行文思路

一个好的论证段落应该是思考的产物,而非套路的产物。所以,在展开正面论证段落时,最好的方法是独立思考观点到底为什么对,反驳的观点到底为什么不对。将这些理由表达清楚即可。

但考虑到很多同学在动笔行文的时候经常毫无头绪，所以本节为大家总结了一些正面论证思考的方向。

1. "观点"被需要

大家可以在段落中先描述与"观点"相关的社会背景、社会现状或自身现状，通过这些背景信息引出"观点"，指出"观点"被需要，也就是指出这样的现状需要"观点"。

常见的背景信息有：人工智能、5G、扶贫、社会主要矛盾变化、信用社会、经济发展、共享经济、消费升级、万众创新、迭代加速、绿水青山就是金山银山、各种政策变化等。

【示例】

（1）延迟退休助力社会保障构建。当前我国已经步入老龄化社会，代际之间人口数量和比例出现明显不平衡。这使得未来社会保障的资金收入分配存在较大的压力。作为覆盖全国、惠及万家的基本政策，延迟退休是保障未来养老金发放以及社保缴纳费用制度平稳发展的关键一环。延迟退休能够有效地调整劳动人口和退休人口的比例。养老金的充裕将有力地保障那些已经迈入退休阶段的养老公民"老有所依"，也能够使仍在劳动工作的公民"老有所盼"。

（2）延迟退休符合当前社会发展、分工背景。在我国公民的平均寿命延长，医疗体系日渐完善，社会分工逐渐精细化、智能化的背景下，延迟退休既是发展所趋，也是增强人才利用效率的有效措施。现代人的个体生活质量、工作方式和环境已经发生较大改变，在人工智能等技术的辅助下，很多工作不再依赖体力，而是需要根据工作经验、行业经验等进行深入思考，这使得即便延迟退休，也有很大一部分人仍然能继续工作。延迟退休年龄使这部分劳动人群有机会继续在岗位上完成自我价值的"二次发热"，同时也调动了各种积极因素整合社会人力资源，使社会分工更有效、更完善。

（3）从计划经济体制走向社会主义市场经济体制，是一场重大的历史变革。这个变革过程，给我们带来了蓬勃生机，也带来了一些问题。一方面，我们的社会迸发出前所未有的活力，生产力迅速发展，分配方式日益多样，人民逐步富裕，生活丰富多彩。人们有了更多的选择机会和实现个人价值的广阔舞台。另一方面，市场也有其自身的弱点和消极方面。商品交换的法则容易侵蚀人们的精神领域，引发见利忘义、道德失范的不良风气。对纷繁复杂的社会现象，我们应做出正确判断。看不到改革开放和市场经济对社会进步的巨大促进作用，看不到我们社会生活的主流，是不对的；但看不到包括倡导诚信在内的公民道德建设的必要性和紧迫性，对失信行为放任自流，无动于衷，也是不对的。

2. "观点"有好处

大家在展开段落的时候可以直接论证"观点"的价值、正确性、益处、良性影响等，通过描述观点的好处增强"观点"的可信度。

在思考观点的好处时，可以基于不同维度思考。例如：

（1）时间维度。可以分别思考观点对当下和未来会产生什么影响。

（2）主体维度。可以分别思考观点对不同的主体会产生什么影响。常见的主体有：

内部、外部／个体、整体／员工、管理者、团队、企业等／销售部门、产品部门、管理部门等／消费者、竞争者、政策方、合作方等／公民、社会、国家等。

（3）价值维度。可以阐述观点的价值及影响。

【示例】

（1）学术乃天下公器，任何个人的学术活动都是整个学术界的组成部分，正如局部细胞的坏死终将导致整个生命的危险一样，部分人在学术活动中的不正当行为终将败坏整个中国学术界的声誉，我们必须对学术界的腐败现象保持足够的警惕，正直的学者不能仅满足于洁身自好而对学术界的歪风置若罔闻。

（2）去功利化，有利于学者术业专攻，有所成就。在当今知识经济迅速发展的时代，掌握某些知识可以快速获取财富。然而，如果学者们都为了追逐财富而舍弃自己擅长的领域，投身于快捷获取财富的领域，那么该领域很可能会快速达到饱和而不再衍生财富，并且学者最初专攻的领域也会荒废。正是有这种得不偿失的可能性，学者应该去功利化，一心从事自己所长，这样才会更容易获得像袁隆平、屠呦呦那样的成就。

（3）人工智能的发展是社会进步的催化剂。功能不断进化的机器人不仅没有人类自身生理和心理上的缺陷，而且可以替代人们从事高危工作，减少不必要的伤亡。在从事重复性的工作时，机器人可以有效提高工作效率。与此同时，人们可以从繁重、枯燥的工作中解放出来，将会有更多时间用在自己的兴趣爱好上。这不仅有利于企业的生产发展，还有利于幸福社会的构建。

（4）人工智能的发展是国家转型的有效推动力。我国的产业结构正处于由劳动密集型向技术密集型转变的重要阶段。人工智能的出现加快了这一进程。人工智能取代了一部分依靠劳动力的低端岗位，有效地节省了企业的成本，有助于企业将更多的资金运用于技术的创新和研发。同时，劳动力需求的下降也促使求职者积极提升自身的专业素养，培育更多的新型人才，这有利于提升我国的综合实力。

（5）人工智能有利于加速技术变革。第一，人工智能的出现要求人们具有与时代发展相匹配的专业技能，从而加大教育事业对于科技发展的投资，培养更多致力于技术研发的人才；第二，人工智能提供了更多高端和人性化的工作机会，使得人才摆脱低端烦琐的工作，能够拥有更高的平台，从而更好地发挥自身的价值，为加速技术变革贡献自我力量。

3."观点"有理论支撑

大家在展开段落的时候可以结合一些经典理论，以经典理论支撑论证"观点"。

【示例】

（1）人工智能可以促进创新，赋予社会新的活力。根据马斯洛需求层次理论，当我们为满足基础物质的劳动已经被机器完成后，我们就有更多的时间和精力去追逐更高层次的精神需求。随着一代代智能机器的出现，我们会在逐渐接受新鲜事物的同时，以一种全新的思维角度看待世界，社会文化会越来越开放、进步、包容，从而为社会的繁荣发展注入新的活力。人们也会时刻保持紧张感，努力学习新的知识，创造新的价值。

（2）对穷人提供福利有利于稳定社会秩序，促进社会和谐。从社会学的角度看，马太效应解释了这样一种社会现象：凡是有的，还要加倍给他，使他富足；但凡没有的，连他所有的，也要夺去。这使社会整体财富的80%掌握在20%的人手中，而80%的人手中只有20%的财富，因此贫者越贫，富者越富，贫富差距不断拉大。此时，如果能对穷人提供福利，则有利于缓解由贫富差距引发的社会矛盾，稳定社会秩序，促进社会和谐。

三、反论：无"观点"不好

"为什么要考研呢？因为不考研会心存遗憾。"

这句话在阐述不"考研"的坏处，通过这个描述，我们更愿意相信考研的重要性。这种论证方式就是在说明：无"观点"不好。也就是我们常说的反面论证。

反面论证就是从论点的对立面入手，通过证明它的错误来体现论点的正确性。

举个简单的例子，论证"考研是非常重要的"这个论点，如果我从"考研有利于发展"这个角度出发，就是正面论证。而我从"不考研会心存遗憾"这个角度出发，就是反面论证。也就是说，正面论证就是直接肯定自己的观点，而反面论证则是否定与自己观点相反的观点，来间接达到论证目的。

正面论证和反面论证都是非常重要的论证方法。

行文思路

段落构成一：直接阐述无"观点"的弊端、不合理之处、恶果。

【示例】

（1）钱学森曾告诫我们，国防科技创新决不能满足于"追尾巴""照镜子"。习惯于"追尾巴"就容易一步赶不上、步步赶不上；一味"照镜子"就如同照葫芦画瓢，没有自己的创新。（来源：《人民日报》）

（2）一旦利益的巨浪吞噬了理想情怀，我们的身边便会充斥利己主义的铁杆拥趸，责任能够淡忘、道德可以离席、灵魂容许出丑。不是吗？毒奶粉泛滥，地沟油盛行，在唯利是图的利益尽头，是良知的出局和底线的崩塌。（来源：《人民日报》）

（3）志愿服务，主动回报社会，却被猜测其中掩藏着利益动机；应对灾难，企业献出爱心，却被揣度背后有着利益交换。杨善洲图什么，用利益的逻辑说不通，就斥为"傻瓜"；郭明义为什么，用功利的尺子量不了，就断言"神经病"。利益的风暴撕碎了悬在一些人头顶的崇高云层，人不过是欲念死海中一个小小的漩涡。"天下熙熙，皆为利来；天下攘攘，皆为利往"，不与实利挂钩的理想不是"做作"，便是"矫情"，利益于是成为时代价值的"粉碎机"，让我们的社会只剩诛心之论，难言感动信任。（来源：《人民日报》）

（4）盲从代表的是一种盲目跟随他人，缺乏自己独立思考、判断的行为和选择。生活中，许多人会基于怕冒风险、怕担责任、不愿思考等原因而选择盲目跟随他人，以此来获得某种程度上的心理安全感。但随着经济社会的不断发展以及对个性化思维、批判性思考能力的不断重视，习惯于盲从的人不得不面对机会缺失、竞争力降低、个人能力得不到锻炼等种种问题。

（5）毋庸讳言，我们的社会在诚信建设方面还存在种种问题，信用缺失引发的矛盾屡见不鲜。从市场反映出的情况来看，无照经营、商标侵权、制假售假、合同欺诈、虚假招标、骗税逃税、伪造假账、恶意拖欠、变相传销……种种行为像"病毒"一样侵蚀着社会的"肌体"，像"沙尘暴"一样吞噬着信用的"绿洲"。不讲诚信、欺骗欺诈已成为人人痛恨的一大公害，成为制约社会主义市场经济健康发展的一大障碍。

段落构成二：分析无"观点"的原因，以及基于这样的原因无"观点"的弊端、不合理之处、恶果。

【示例】

为什么公司会以"所持理由不充分"而拒绝专家的建议呢？原因有二。一是专家的建议在决策中的权重不够。公司在做决策时只是按照惯例询问建议，但大多数流于形式，往往不会采纳。二是重大安全问题在决策中的权重不够。安全问题在企业中往往是一票否决的问题，来不得半点疏忽和怠慢。如果对于安全问题和潜在危机麻木不仁，不去深入调查研究，那么悲剧随时都可能上演。

四、辩证看待观点

"为什么要考研呢？虽然考研很苦、很累，还有很大的风险，但是考研的过程可以不断磨炼我的意志，帮助我养成良好的习惯，并且考研可以让我获得延迟满足。"

这句话的开头指出"考研很苦、很累，还有很大的风险"，看似在削弱观点，减少观点的可信度，但实际上是欲扬先抑，先引入对观点的质疑，再通过反驳质疑加强观点。这就是本节我们要讲的方法——辩证分析法。

这是一种论证力度很强的论证方式，建议大家熟练掌握。大家在构思辩证分析段落时，可以设想一下"杠精"会如何反驳我们的观点，找到"杠精"的观点，并"怼回去"，这个过程就是一个精彩的辩证分析。

行文思路

辩证分析法的整体思路：提出质疑/不同的见解——化解质疑/不同的见解。在此基础上，可以变形为如下论证思路。

1. 错误理解—但并非如此

段落构成：描述对观点本身的负面理解/错误做法——指出其不合理之处/正确做法。以"考研的重要性"这个主题为例，大家先理解一下：

（描述对观点本身的负面理解/错误做法）考研不是一次简单的考试，（指出其不合理之处/正确做法）而是一次改变命运的机会。

【示例】

（1）诚信不光是一种态度和意愿，也是一种能力。屡屡有意愿却达不到效果，一样是不诚信。

（2）值得一提的是我们不应错误地理解兼听则明。兼听则明不是别人说什么就信什么，很多企业家总是很膜拜所谓的专家，他们为了避免走弯路或者避免决策错误，总是会找很多专家来交流讨论，往往错过了很多机会，最终只能不停地扼腕叹息。由此可见，仅仅兼听还不够，还必须结合自己的经验和视角，准确地做出判断，这样才会兼听则明。

（3）听取意见的过程中也要注意一些问题。首先，意见不是随意地畅所欲言，而是在有强大的知识背景下，提出客观的、有建设性的意见，尤其是要重视专业人员多次提出的问题。其次，企业要避免出现权力集中、"一人独大"的现象。若是此时管理者能力不足，很可能影响决策的有效性，从而做出错误的决策，不利于企业发展。正如斯沃克公司的高层管理人员，即便对零部件问题召开了会议，也未能改变其结果。

2. 例子不符——但只是个例

段落构成：引入反面例子—指出反面例子是个例/对例子有误解—强调观点的合理性。

这里的反面例子指"做到了，观点却失败了"的例子和"没有做到，观点却成功了"的例子。例如，我们想论证成功需要创新，我们需要找"创新了却失败了"的例子或者是"没创新却成功了"的例子，而不是寻找"不创新失败了"的例子。

> **小贴士**
>
> 以"考研的重要性"这个主题为例，大家先理解一下：
>
> （引入反面例子）很多人说，考研并没有想象中那么重要。以互联网行业为例，无论是马云、刘强东，还是马化腾等，他们都是本科毕业，没有研究生学历却依然取得了卓越的成绩。（指出反面例子是个例/对例子有误解）然而，我们不能基于个例否定考研的作用，因为马云等人毕业时的社会环境与今天已经有了天壤之别。我们应该基于当下的社会环境以及自身的发展规划做出决策。（强调观点的合理性）如今，高学历人才越来越多，岗位竞争越来越激烈，研究生学历无疑是一个有力的"敲门砖"。

【示例】

（1）当然，我们也需要清醒地意识到，并不是创新了就一定会成功，如乐视公司不停地涉猎其他领域，试图创新却没落了，但是我们不该因此而畏首畏尾。第一，我们所说的创新并不是指天马行空地尝试，而是应该建立在理性思考的基础上，所以乐视公司的行为只是打着创新名义的"伪创新"；第二，我们从不否认创新会有风险，但是不能因噎废食，而是应该在一次次创新中总结经验教训，最终实现由量变到质变的转化。

（2）"长线是金"，从事过股票投资的人几乎都听说过这句名言。最好的例证就是那位全世界家喻户晓的美国老太太，在第二次世界大战期间，其丈夫买下了价价值 1 000 美元的股票，如今已经价值数百万美元。然而，尽管大多数人对"长线是金"深信不疑，能据此入市操作的人却寥寥无几。为什么？一句话，经不起眼前机会的诱惑。在股市中，某一只股票短短几天就能翻一番是常有的事，如果每一次都能踩准行情节奏，捕捉到股价翻番的大黑马，那么，百万富翁的梦想就指日可待了。谁能捂着一只蜗牛似的股票过上半辈子呢？于是，绝大多数股市参与者都在追涨杀跌中搏杀，几个回合下来，能保存本金的就算幸运者了。当他们真正明白"长线是金"的深刻含义时，通常已经晚了。

3. 现状糟糕—但可以改变

段落构成一：描述负面的社会现状—随着各种措施的推进/社会发展/时间推移等可以改变现状—强调观点的合理性。

段落构成二：描述负面的社会现状—总结负面现状的原因—随着各种措施的推进/社会发展/时间推移等可以改变现状—强调观点的合理性。

以"考研的重要性"这个主题为例，大家先理解一下。

（1）（描述负面的社会现状）每到毕业季，总是有各种研究生就业难的相关新闻，现实的情况也不容乐观，很多研究生寒窗苦读多年却依然找不到合适的工作。这也让很多人不愿考研。（随着各种措施的推进/社会发展/时间推移等可以改变现状）然而，我们不能基于少数人的情况就否定考研的价值。当下，我国在不断普及专业硕士，改革研究生教育模式，也在高校中开展就业教育和培训。（强调观点的合理性）随着这些措施的推进，研究生的就业难问题会得到有效地缓解，研究生学历依然是好工作的"敲门砖"。

（2）（描述负面的社会现状）每到毕业季，总是有各种研究生就业难的相关新闻，现实的情况也不容乐观，很多研究生寒窗苦读多年却依然找不到合适的工作。这也让很多人不愿考研。（总结负面现状的原因）归其原因，一是因为很多研究生院校的专业设置与岗位需求不匹配，二是因为很多研究生没有正确的就业观念。（随着各种措施的推进/社会发展/时间推移等可以改变现状）然而，我们不能基于少数人的情况就否定考研的价值。当下，我国在不断地普及专业硕士，改革研究生教育模式，同时在高校中开展就业教育和培训。（强调观点的合理性）随着这些措施的推进，研究生的就业难问题会得到有效地缓解，研究生学历依然是好工作的"敲门砖"。

【示例】

（1）现行法定退休年龄较低会造成一个问题，即知识型员工的就业年限使其职业生涯周期与人力资本的投入不相匹配，导致人力资本被闲置和浪费。通过延长退休年龄这一举措，在一定程度上能使员工的知识能力与职业能力处于高度匹配时期，从而最大限度地提高经济效益。

（2）客观地说，面向万物互联的未来，数据的广泛共享是无法扭转的历史趋势。平台间互相授权分享消费者信息，实现广告精准推送，既能"互通有无"、降低交易成本，也能"投其所好"、提升用户体验。然而，便捷不能替代安全。从互联网电信诈骗，到数据库被攻击造成账号密码被盗，因信息泄露酿成的危害早已不是"想象的风险"。"潘多拉的魔盒"打开容易，要想再关上却很难。退一步说，如果数据共享不可避免，那么如何共享就成了关键。用户知情与否，有选择权还是没选择权，有着天壤之别。

（3）但不可否认，当前国产服装行业在品牌认可度上与外国企业还有一些差距。究其原因，一方面是因为一些国际品牌经过上百年的时间沉淀，在消费者中形成了较为坚实的口碑和信誉，他们大举进入中国市场，给本土品牌带来的冲击可想而知。另一方面也是因为部分国产品牌在样式设计、形象维护、影响辐射等方面下的功夫不足、投入不够。告别低价竞争、相互抄袭、"傍名牌"等小伎俩，注重提升设计内涵、提高技术含量、优化售后服务等大韬略，"国产品牌自强超越"才能照进现实，更好地回应"90后""00后"年轻人的期待。由此来看，要想抓住机遇实现弯道超车，不能把希望寄托于消费者对国外品牌的抵制上，关键要靠相关企业下大气力解决自身存在的问题。对于服装企业而言，满足于代工只能赚点辛苦钱，努力向产业链的上下游延伸、向产品"微笑曲线"的两端发力，才能推动行业转型升级。对于国产品牌而言，当务之急是要真正把产品质量搞上去、把品牌吸引力提升起来，在设计、研发和创新上加大投入，靠更高质量的产品、更加时尚的设计、更为人性化的服务，构筑起国产品牌的"护城河"，赢得消费者的信任。（来源：沈慎《对H&M等国际品牌，最强的回应是超越》）

（4）诚然，延迟退休年龄背后的担忧和反思不无道理。年轻人的就业压力、养老年限减短的确都是政策实施后短时间内可能凸显的问题。但国家后续政策的丰富和完善，提高就业质量、加快产业结构改革等诸多措施，都将逐步对新政策落地后可能出现的负面影响有较好地应对和修正。利弊权衡下，延迟退休年龄政策的优势显而易见，不能因为可能存在的负面影响就因噎废食，拒绝改革，而应逐渐完善，渐进推行。

（5）有一种观点认为，诚信是一种理想化的美德，现实生活中做不到，讲诚信者往往吃亏。这种认识有很大的片面性。不可否认，在现实生活中的确存在"不诚信者占便宜、老实人吃亏"的现象，但这毕竟不是我们社会生活的普遍现象。改革开放四十多年来取得的巨大成就，是与广大人民群众的艰苦奋斗、诚实劳动紧密联系在一起的。在党的富民政策指引下，千百万群众扎实苦干、合法经营、照章纳税、奔向小康。这是基本方面，也是社会主流。

4. 影响恶劣—但可以化解

段落构成：引入观点的负面影响—指出其不合理之处—强调观点的合理性。以"考研的重要性"这个主题为例，大家先理解一下：

（引入观点的负面影响）很多人对考研有误解，认为考研的人都是为了逃避工作，不愿参与社会实践。（指出其不合理之处）其实不然，考研恰恰是为了提高自己的专业素养，通过深入学习打下扎实的理论基础，以便更好地投入未来的工作。（强调观点的合理性）故考研不是在逃避工作，而是为工作做准备。

【示例】

（1）还有人认为，依靠福利救助就能消除贫困。但实践中，过分依赖福利救助反而会导致经济效率下降、减贫内生动力减弱等问题，并不利于减贫脱贫。人类要摆脱贫困，亟须以新的理论开拓新的实践。(来源:《人民日报》)

（2）有人认为，国家为穷人提供福利，就是把努力工作的人的财富转移给懒惰的人，这种观点是错误的。有很大一部分人的贫穷，并不是由于懒惰。判断为何贫穷除了看主观上是否努力外，还需要考虑很多的其他因素。如一个人受教育程度的高低，是否具有劳动能力，甚至所在地的经济发展程度等。对于这些不是因为懒惰导致贫穷的人，我们应该给他们提供福利，促进他们自身的发展。

（3）企业履行社会责任，不仅是对社会履行应尽的义务，同时不可忽略却往往被一些企业视而不见的一点是，履行社会责任其实就是在为自己的企业创造更为长远的经济利益。履行社会责任并不会占用企业追求利益的时间与资源，相反，它是经济利益的有力助推器。

（4）考量利益，并非让利益的追求绝对化。表面上看，精致的利益计较未必无益于社会的进步。相反，它有可能在短期内创造出经济奇迹。利益最大化的风轮，很容易鼓荡物质的城堡遍地开花。然而，这样的城堡却精神凋敝，缺乏良性演进的可能。只在意自己的人不会在意公共问题，只关心物质利益的人不会关心社会福祉。从个案来看，我们可以理解"花钱消灾"的选择，也可以理解"息事宁人"的解决，但从整个社会的治理实践、文明实践来说，讲理讲法、奉理守法应该成为更多人的选择，而不是向"闹"让步、为"横"折腰。(来源:《人民日报》)

（5）延长退休年龄并不意味着给青年劳动力造成压力，它反而会成为一种动力，激励年轻人更加踏实学习，掌握专业技能，不断提高自身素质，成为更具有创造力和竞争力的人才。此外，延长退休留下的熟练劳动者能使资源更快地得到有效利用，从而在增加国民产出的同时，也为年轻人创造新的就业机会。

（6）有一种观点认为，市场经济只讲赚钱，不问手段，"赚钱是好汉，没钱玩不转"，讲不讲诚信无关紧要。这是对市场经济的一种误解。诚然，有市场就会发生欺诈现象，这是古今中外任何市场都无法避免的。但从本质上看，欺诈现象并不是市场本身的必然属性。从最基本的意义上说，市场经济是交换经济。人们在市场上进行的交易也是信用的交易，信用是维系交换行为的无形纽带，失去这根纽带，交换就无法正常健康地进行。我们要健全"统一、开放、竞争、有序"的现代市场体系。这里的"有序"，核心内容就是讲诚信。诚信是市场秩序的支柱，是市场繁荣的基石；失信必然损害市场、丧失市场。无论哪一种市场经济，实际上都离不开诚信，都应大力倡导诚信。市场经济当然要讲利益，但这不能成为不讲诚信的理由。"君子爱财，取之有道。"这里所讲的"道"，其中一个重要内涵就是诚信。

五、阐述关系

近年考试中，经常出现关系类型试题，故我们在行文时还可以阐述不同关键词之间的关系。

由于不同试题中关键词的关系也不同，大家需要根据试题要求展开论证，不要生搬硬套。

【示例】

　　社会责任与经济利益是看似对立的两极，其实在本质上有着微妙的相通性。责任与利益始终贯穿在社会发展之中，但我们在倡导履行社会责任的同时却并不大力宣传经济利益的获得，这导致了一些对社会责任产生误读与规避的现象出现。这些问题的出现在一定程度上是因为一种割裂经济利益与社会责任关系的思想偏见的存在，但实际上社会责任就是实现经济利益的有效手段之一，有必要纠正对它的理解偏差。

小贴士

1. 论说文不知道如何下手，感觉还像在写中学作文，应该怎么办？

如果用一句话来回答就是：减少大段煽情和例子描述，增加说理和分析。

为了解决这个问题，我们要先搞清中学作文为什么自成一派，中学作文到底是什么样子？

我们说一篇文章像"中学作文"，通常是指文章煽情和例子居多，理性的讨论偏少。搞清了这个问题，大家努力的方向就明确了，即少煽情、多说理，少举例子、多分析。

话又说回来，为什么"中学作文"中的煽情和例子多呢？因为煽情和例子可套路化，写作难度小。说理不易套路化，写作难度大。所以文章想写得精彩，这本身就是一条难走的路，这也正是写作考试的意义所在。在论说文写作中，如果保底方案和万能理论无法灵活地应用到段落中，就需要设身处地地思考这个问题。

教大家一个小技巧：大家不要把论说文当作一篇作文，而是要当作一封说服信来写。这种场景和心态的转变有利于大家对文章进行深度思考。

2. 想了很多理由关键词，但还是凑不够字数怎么办？

很多同学在写论说文的时候特别"奢侈"，这个"奢侈"指的是在论证的过程中，每个论点都只用一句话带过，没有展开便匆忙论证下一个论点，先不说这种做法会使段落字数很难凑够，段落的层次感也会很乱。

有类似问题的同学建议从如下两个方面入手：

学会列关键词提纲。通过提纲规范每个段落的论证内容，将论点均匀地分布到每个段落中。

丰富论证方法。每个段落从不同的角度切入，有举例、有说理、有正论、有反论、有直抒、有辩证，这样段落论证的压力自然就小了。

3. 论说文总是很啰唆，写很多废话怎么办？

如果用一句话来回答就是：厘清段落逻辑再动笔。

对于应试写作来说，不知道如何精练语句并不是一件非常可怕的事情，最起码不用担心字数不够。但是如果因此导致段落层次不清晰或者重点不突出，就会影响阅卷者的判断。如果大家有类似的问题，可以参考以下几点建议。

第一，先简化表达，尽量不要将相同论点反复说，可以横向延展、纵向深化观点。

第二，动笔之前可以尝试找一些理由关键词，建立一个隐藏的段落逻辑。

第三，可以试试将段落分层，把每个理由都用关联词分割出来。如此练习一段时间后，如果感觉情况有所好转，可以把关联词隐藏起来；如果没有好转，直接在段落中呈现也可以。

例如，有同学的段落提纲是这样的：

"用于多元化经营的好处：提高资金的利用效率和流动性；有助于发现新的盈利点，增强企业竞争力。"

我们来展开段落试试，很多同学在行文的时候可能会写成下面这样。

【分层前】

多元化经营有利于提高企业资金的利用效率和流动性，因为多元化经营可以让企业在更多领域发挥自己的优势，这样资金就不会闲置，资金就会流动起来，效率也就提升了，这样就会帮助企业发现新的盈利点，同时也能够使得企业的竞争力得以提升。所以我们要进行多元化经营，这是企业提高竞争力的一条有效手段。

本来这个段落的理由很棒，结果这样一写就变得一团糟。那怎么办呢？我们可以将每个理由都作为一个层次，分开阐述每个理由，如下所示。

【分层后】

多元化经营更有利于企业发展。第一，多元化经营有利于提高企业资金的利用效率，企业将资金备用看起来保险，但实际上会使得企业的资金利用效率大大下降，多元化经营则有利于提高企业资金的流动性，发挥资金的最大价值。第二，多元化经营有利于企业发现新的盈利点，单一化的经营容易让企业固化在其原有的经营模式中，若是这一经营方向正确，有可能会形成规模经济，但如果方向错误，则很可能会使得企业血本无归。此时企业进行多元化尝试有助于发现新的蓝海。第三，多元化经营有利于提升企业的竞争力，让企业难以被竞争对手赶超。

后面这个段落的话术其实也一般，有一些磨叽，也没深挖所有的理由，但从阅卷的观感上来看，分层后会比分层前清晰一些，所以有类似困惑的同学可以先试试这样写，把眼前这个困境解决掉。当然大家不必非用第一、第二、第三来分层，其他方式亦可。

归根结底，核心段落就是要把观点论证清楚。无论是其句式、话术还是表达方式、表达逻辑都没有严格的要求。大家在备考的时候也应该回归到题目本身，而不要过于依赖套路。

✏️ 课后巩固测试

恭喜大家完成了本章的学习。接下来，做一下课后巩固测试，检验一下学习成果吧！

1. 企业的长远发展源自对原则的坚守。若是在原则问题上动摇，企业则难以实现长远的发展。现实社会中的企业随时都面临着机遇与挑战，当面对不确定性时若轻易动摇原则，比如违背诚信原则，则很有可能会误入歧途，若是如此，就别谈长远发展了。例如，在市场中，许多企业更看重的是眼前的利益，从而做出违背原则的事情，最后便难以继续发展。

已知论说文题目为"长远发展源自对原则的坚守"，则以上段落应用在论说文中是否适合？

2. 我们在生活发展过程中，会经常因为外在环境的变化，而易于改变自身行为与思想。究其原因是我们对自身发展没有确切的方向。比如说，在做事情时，我们开始会漫无目的，别人是这么干的，我也这么干。可是，当我们明确自己想要的，知道应该用怎样的态度去面对这个事情时，相较于其他人的随波逐流，我们就会有一个自我的长远发展与规划。这就好似百年老店、百年老字号一样对自己的产品有自己的原则与定义，知道自家店生产的食物或产品应该坚守的标准与原则。对这一原则的坚守才是造就他们百年延续的原因所在，这恰恰说明了长远发展源自对原则的坚守。

已知论说文题目为"长远发展源自对原则的坚守"，则以上段落应用在论说文中是否适合？

3. 凡事有规矩，无规矩不成方圆，原则亦是规矩，发展好一个企业就像要长期做好一件事情，离不开自我的约束，离不开对原则的坚守，不忘初心方能砥砺前行。只有坚守原则才能确保生产商品的质量不会出现以次充好的现象，才能赢得市场的好口碑，才能进一步拓宽市场，为企业发展赢得更广阔的空间，利于企业的长久发展。

已知论说文题目为"长远发展源自对原则的坚守"，则以上段落应用在论说文中是否适合？

4. 为什么诺基亚没有看清触摸屏的发展趋势，没有把握住手机操作系统，没有明白如何收集以及售卖应用？或许原因在于诺基亚没有远见卓识，有些被市场"宠坏"了。作为市场老大，诺基亚的习惯性思维是如何贯彻执行自己的意志，于是跨过了分析对手竞争策略的环节，跨过了分析市场环境的环节，跨过了辨析其判断是否正确的环节。诺基亚没有意识到，市场在变，商业模式在变，于是策略的出发点也要变。诺基亚基于错误的依据，做出了错误的判断，于是导致了今天的没落。可见，每个人的成功都需要创新。

已知论说文题目为"创新促企业发展"，则以上段落应用在论说文中是否适合？

5. 中华人民共和国成立至今，一直以"全心全意为人民服务"为原则。首先，在制度方面，坚持贯彻群众路线，坚持为人民服务；其次，在生活方面，实施扶贫攻坚战略，协调发展；最后，在教育方面，推行教育体制改革。

已知论说文题目为"坚守原则，促企业发展"，则以上段落应用在论说文中是否适合？

6. **以下是从一篇论说文中节选的段落，请在保持题目不变的情况下，先指出段落中的错误，再对段落进行修改、优化。**

题目：发展要有远见。

为什么诺基亚没有看清触摸屏的发展趋势，没有把握住手机操作系统，没有明白如何收集并售卖应用？或许原因在于诺基亚没有远见卓识，有些被市场"宠坏"了。作为市场老大，诺基亚的习惯性思维是如何贯彻执行自己的意志，于是跨过了分析对手竞争策略的环节，跨过了分析市场环境的环节，跨过了辨析其判断是否正确的环节。诺基亚没有意识到，因为市场在变，商业模式在变，策略的出发点也要变。诺基亚基于错误的依据，做出了错误的判断，于是导致了今天的没落。可见，每个人的成功都不容易。

7. **以下是从一篇论说文中节选的段落，请在保持题目不变的情况下，先指出段落中的错误，再对段落进行修改、优化。**

题目：学者追求真理当去功利化。

近年来，学者功利化为何越来越严重？这与如今部分国人的态度不无关系，更多的人只关注成效快、有吸引力的项目，众多学者潜心书斋，成果却得不到大家的关注，难免产生心理落差，纷纷转向功利化。其行为既违背了追求真理的目标，也让曾经的成果付诸东流。学者功利化与国家政策倾向也有很大关系。国家对学者的投资更看重短期回报，注重长远利益的项目往往不能得到足够的资金支持，未来的研究发展存在诸多困难，致使众多学者放弃。追求真理，可以帮助学者抵制诱惑。学术研究难免枯燥乏味，需要学者能抵住诱惑，潜心学业。追求真理的信念往往能够成为学者潜心研究，不为世俗诱惑的动力。居里夫妇能够在恶劣的工作环境下坚持多年，拒绝上流社会的娱乐邀约，潜心研究，最终才发现了镭。刘强东一直苦苦钻研，最终才有了如今的京东。可见，追求真理的信念能够帮助学者抵制诱惑。

答案速查表						
1	2	3	4	5	6	7
否	否	否	否	否	略	略

参考答案

1. 否

这个段落乍一看没有什么缺陷，段落中的每句表达也都是合理的，但实际上这个段落并不好。该段落存在一个致命问题：说了半天，其实什么也没说。一直在用不同的句式重复观点，相当于"我们A了就会成功，成功需要A，所以我们一定要A啊，这样我们就成功了"。这个问题在大家行文中出现的次数最多，严格来讲，这不能算错误，但这样写会使得段落空洞无物。大家如果要从这个段落中提炼一下理由，会发现提炼不出来。所以，有类似错误的同学一定要提高自己思考的能力。

2. 否

这个段落的表达其实还不错，但是段落的前半部分论证的观点都是我们要有明确的目标，而非原则的重要性，偏离了题意。这在论说文中是大忌，但也是出现频率很高的错误，大家一定要重视。

3. 否

该段落的后半部分在进行连环推理，但是推理过程中语言表达过于绝对，每个论证链条都不够严谨。故不适合。

4. 否

该段落乍一看内容很丰富，但禁不住推敲，有很大的失分风险。

问题一：中心不明确。段落虽然出现了诸多中心，如远见卓识、惯性思维、判断错误、没有市场分析等，但对于创新这一中心的体现不明显。

问题二：观点不一致。题目是"创新促企业发展"，段落结论是"每个人的成功都需要创新"，主体由"企业"变成了"人"。

问题三：以偏概全。仅由诺基亚这一个例无法推出所有企业的行为，属于以偏概全。

5. 否

第一，论说文是要论证为什么观点成立，而不是阐述如何让观点实现，即我们要论证观点，而非解决问题。这个段落是从不同角度提出解决问题的办法，但没有论证观点为何成立。故论证方向错误。

第二，材料没有围绕"企业"这一主体讨论。

6. 段落中的错误：

（1）该段落要写的是"有远见的好处"，而不是"诺基亚的教训"，该段落的段首句会让我们误以为该段落是一个案例分析，而不是一个观点论证。大家可以将其与下文参考段落进行对比，挖掘前后的差异。

（2）"作为市场老大，诺基亚的习惯性思维是如何贯彻执行自己的意志，于是跨过了分析对手竞争策略的环节，跨过了分析市场环境的环节，跨过了辨析其判断是否正确的环节。"该句没有体现出有远见的好处，对于观点起不到支撑作用。

（3）"诺基亚没有意识到，市场在变，商业模式在变，于是策略的出发点也要变。"该句没有清晰地体现出有远见的好处，仅有支撑作用，但可以更直接。

（4）"诺基亚基于错误的依据，做出了错误的判断，于是导致了今天的没落。"该句偏离中心，没有体现出对观点的论证作用。

（5）"可见"这一表述有以偏概全的嫌疑。

（6）结尾句偏离中心。

总的来说，该段落乍一看还不错，还挺唬人的，但是读完后会发现并没有扣题，严重偏离了中心，这是考试中的大忌。

参考范文：

发展要有远见

说到远见，我总会想起诺基亚从曾经的市场老大到今天的销声匿迹。为什么诺基亚没有看清触摸屏的发展趋势，没有把握住手机操作系统，没有明白如何收集以及售卖应用？原因不在于资金的不足或是技术的局限，而是在于诺基亚没有远见卓识，有些被当下的市场"宠坏"了。作为市场老大，诺基亚的习惯性思维是如何贯彻执行自己当下的意志，没有立足长远，于是忽略了分析对手竞争策略的环节，跨过了分析市场环境的环节，跨过了辨析其判断是否正确的环节，使得诺基亚无法对未来的市场环境做出准确的判断。诺基亚过于沉迷当下的成绩，没有意识到未来的市场在变、商业模式在变，所以出于长远考虑的策略的出发点也要变。诺基亚基于短视的错误依据，做出了短视的错误判断，于是导致了今天的没落。诺基亚的没落也在我们每一个人心中敲响警钟，人无远虑，近忧来之，稳定的发展需要长远的眼光。

7. 修改思路：

该论证段落的题目是"学者追求真理当去功利化"，论说文的目的是让读者相信该观点，也就是说该段落的目的是让读者相信在追求真理的过程中去功利化有多么好。在阅读该段落时，就要不停地问自己，读完这一段后，我们真的能更加相信在追求真理的过程中要去功利化吗？

段落中的错误：

（1）"近年来，学者功利化为何越来越严重？"

我们要写的是去功利化的好处，而不是分析学者功利化越来越严重的原因。故段首句容易造成歧义。

（2）"这与如今部分国人的态度不无关系，更多的人只关注成效快、有吸引力的项目，众多学者潜心书斋，成果却得不到大家的关注，难免产生心理落差，纷纷转向功利化。"

我们的目的是证明去功利化的好处，但是看完这句话后，读者完全不会想去功利化，甚至还觉得去功利化对学者并不好。我们可以写中心词的弊端，但是写完弊端后要通过转折化解弊端，可是该段落后续没有转折，故错误。

（3）"学者功利化与国家政策倾向也有很大关系。国家对学者的投资更看重短期回报，注重长远利益的项目往往不能得到足够的资金支持，未来的研究发展存在诸多困难，致使众多学者放弃。"

第一，这句话不符合社会现实情况，思想不健康；第二，这句话读完后不会让读者感觉到去功利化的好处，依然在削弱观点。

（4）"追求真理，可以帮助学者抵制诱惑。"

第一，我们要论证的是"去功利化"的好处，而不是"追求真理"的好处，中心词偏离；第二，抵制诱惑和去功利化二者基本同义，不能支撑观点。

（5）"学术研究难免枯燥乏味，需要学者能抵住诱惑，潜心学业。追求真理的信念往往能够成为学者潜心研究，不为世俗诱惑的动力。"

抵制诱惑这个理由说服力度太弱，大家可以将自己代入，试想一下如果别人劝你一定要好好学习，别想着赚钱，因为好好学习能让你抵制诱惑，让你不去唱歌、撸串，大家会被这样的理由说动吗？可能大家非但没有被说动，反而更不想去学习了。同理，如果去功利化没有好处，且国人不理解、国家不支持、学者没乐趣，那为什么要去功利化呢？

（6）"居里夫妇能够在恶劣的工作环境下坚持多年，拒绝上流社会的娱乐邀约，潜心研究，最终才发现了镭。刘强东一直苦苦钻研，最终才有了如今的京东。"

居里夫妇例子太老，不需要展开描述，建议直接删掉，或者用一句话带过。刘强东不是学者，举例不当，需要删除。

（7）"追求真理的信念帮助学者抵制诱惑。"

我们要论证的是在追求真理的过程中去功利化的好处，这句话再次偏离了主题。

为了让大家更好地理解这个段落中的错误，我换了一个新的主题，仿写了一个段落，大家可以感受一下。

题目：成功当考研。

近年来，不考研的人为什么越来越多？这与如今部分国人的态度不无关系，更多的人只关注赚钱快的出路。很多学生潜心考研，毕业后却没有出路，难免产生心理落差，纷纷弃考。其行为违背了学无止境的目标，也让曾经的学习成果付诸东流。很多学生不愿考研与国家政策的倾向也有很大关系。国家对毕业生的投资更看重短期回报，培养周期较长的研究生教育往往不能得到国家支持，未来的研究和就业存在诸多困难，致使众多毕业生放弃。考研可以帮同学们抵制诱惑。学习难免枯燥，需要大家能够抵制诱惑。考研的信念往往能够成为学生不为世俗诱惑所动的动力。张乃心起早贪黑、悬梁刺股，最终才考研成功。张心心一直努力学习，最终考上了高中。考研的信念能够帮助我们抵制诱惑。

读完这段话，大家还想考研吗？

参考范文：

学者追求真理当去功利化

前有翟天临学术造假，后有仝卓成名后自爆高考使用了一些特殊手段。每每看到这样的新闻，总让我们对学术界当前的氛围深感忧虑。我们常说学者追求真理当去功利化，然而为什么近年来学者功利化会越来越严重呢？这主要有以下几个原因：第一，"与如今部分国人的态度不无关系，更多的人只关注成效快、有吸引力的项目，众多学者潜心书斋，成果却得不到大家的关注，难免产生心理落差，纷纷转向功利化。"然而，我们不得不说，持这种看法的人并没有看清现状，的确有一些学者通过成效快的项目取得了成功，但这些学者毕竟只是少数，看似光鲜的快速成功背后往往是由于其多年潜心书斋的积淀。这些学者如果能够去功利化、潜心钻研，很可能会取得更大的成功。第二，"学者功利化与国家政策倾向也有很大关系。国家对学者的投资更看重短期回报，注重长远利益的项目往往不能得到足够的资金支持，未来的研究发展存在诸多困难，致使众多学者放弃。"这无疑是对国家政策的误解。国家不仅仅看重短期项目，而且在许多长期计划上投入了大量的资金和人力，只不过短期项目的成效比较快地呈现在了大众面前，才造成了一种短期项目更被支持的假象。可见，人们正是对于以上种种认知有偏见，才让学者在追求真理的过程中掉进功利化的陷阱。只有拒绝功利化，避免功利化的陷阱，学者才能在追求真理的道路上越走越远。

第十四章　怎么完整地写一篇文章

本章对应视频课程10
可扫封面二维码查看

第一节　万能模板

在论证有效性分析中，我们一起搭建了万能模板，将它作为保底方案。

那么论说文中有模板吗？

有模板的前提是有共同的结构和理由。结构容易统一，但在理由上却难以完全达成一致。而且论说文的行文方向较为灵活，试图用单一的话术解决所有的文章也会有生搬硬套的嫌疑。

在我看来，用四步写作法串词行文本身就是一种很简单的写作方法。所以，我并不建议大家用模板来解决论说文。

但是，很多同学在写过几篇论说文后会发现，虽然很多论说文的主题不同，但是理由却有很大的相似度。

举例来说，2020年管理类综合能力考试真题的题目为《重视专家意见》；2019年管理类综合能力考试真题的题目为《论辩有利于发现真理》；2003年10月管理类综合能力考试真题的题目为《读经不如读史》。这几年真题虽然题目不同、材料类型不同，却有很多共同的理由。例如，发现错误、纠正错误、完善认识、打破局限、取长补短、全面等。因为这三道题都有一个共性，就是需要借助外力的帮助。这也就意味着这三道题完全可以共用以上理由搭建一个模板。

参照这个思路，很多真题的理由其实都是相似的。在对这些真题梳理后，大概可以将管理类综合能力考试真题分为以下几类。

真题	适用模板	结构类型
2023：领导艺术	让别人开开心心	A 好
2022：鸟类会飞	努力更大更强	A 好
2021：实业与教育	教育	A 和 B 好 / A 和 B 缺一不可
2020：挑战者号	借助外力规避风险	A 好
2019：知识的真理性	借助外力规避风险	A 促 B
2018：人工智能	其他	A 促 B
2017：扩大研发	努力更大更强 / 非借助外力规避风险	A 更好

续表

真题	适用模板	结构类型
2016：多样一致	让别人开开心心	A 促 B/A、B 可共存 / A、B 相辅相成
2015：仁与富	克制欲望	A、B 可共存 / A、B 相辅相成
2014：孔雀的选择	努力更大更强 / 非借助外力规避风险	A 更好
2013：波音麦道	努力更大更强	A 好
2012：十力语要	教育	A 好
2011：拔尖冒尖	让别人开开心心	A 更好
2010：追求真理	教育	A 好
2009：三鹿奶粉	克制欲望	A 好
2008：原则与原则上	克制欲望	A 更好
2007：南极司各脱	努力更大更强	A 更好
2006：和尚挑水	努力更大更强	A 好

相同类别的真题往往具有很多相似的理由，故每个类别的真题都可以基于这些共性理由搭建模板。接下来将举例说明，但还是要提醒大家几点。

（1）模板并非绝对万能，若是发现考场真题无法与模板契合，不要生搬硬套。

（2）并不建议大家直接照搬照用，而是在理解的基础上转化为自己的话术和表达。

（3）有了模板并不会让写作变得简单，也不会让分数变得更高，反而会限制大家的思考，考场上更建议用四步写作法。

一、努力更大更强

（一）适用主题

创新、合作、专注、工匠精神、高质量发展、全局等。

（二）常用理由关键词

企业相关：提高质量、提升服务、品牌影响力、差异化、情感共鸣、满足市场需求、专业、核心技术、迭代快、核心竞争力、建立壁垒、话语权、准入门槛、议价权、吸引力、复购率、黏性、性价比高、规模经济、老带新、口碑、渠道广、过剩经济、市场经济、全球经济、社会主要矛盾变化、信息技术革命等。

个人相关：马斯洛需求层次理论中的生理（食物和衣服）、安全（工作保障）、社交需要（友谊）、尊重和自我实现等。

国家相关：国际地位、话语权、软实力、硬实力、壁垒等。

（三）典型适用真题

2022 年管理类综合能力考试论说文真题

根据下述材料，写一篇 700 字左右的论说文，题目自拟。

鸟类会飞是因为它们在进化中不断优化了其身体结构。飞行是一项特殊的运动，鸟类的躯干进化成了适合飞行的流线型；飞行也是一项需要付出高能量代价的运动，鸟类通过增强了翅膀、胸肌部位的功能，又改进了呼吸系统，以便给肌肉提供氧气。同时，鸟类在进化过程中舍弃了那些沉重的、效率低的身体部件。

2017 年管理类综合能力考试论说文真题

根据下述材料，写一篇 700 字左右的论说文，题目自拟。

一家企业遇到了这样一个问题：究竟是把有限的资金用于扩大生产呢，还是用于研发新产品？有人主张投资扩大生产，因为根据市场调查，原产品还可以畅销三到五年，由此可以获得可靠而丰厚的利润。有人主张投资研发新产品，因为这样做虽然有很大的风险，但风险背后可能有数十倍甚至数十倍于前者的利润。

2014 年管理类综合能力考试论说文真题

根据下述材料，写一篇 700 字左右的论说文，题目自拟。

生物学家发现，雌孔雀往往选择尾巴大而艳丽的雄孔雀作为配偶，因为雄孔雀尾巴越大越艳丽，表明它越有生命活力，其后代的健康越能得到保证。但是，这种选择也产生了问题：孔雀尾巴越大越艳丽，就越容易被天敌发现和猎获，其生存反而会受到威胁。

2013 年管理类综合能力考试论说文真题

根据下述材料，写一篇 700 字左右的论说文，题目自拟。

20 世纪中叶，美国的波音和麦道两家公司几乎垄断了世界民用飞机的市场，欧洲的飞机制造商深感忧虑。虽然欧洲各国之间的竞争也相当激烈，但还是采取了合作的途径，法国、德国、英国和西班牙等决定共同研制大型宽体飞机，于是"空中客车"便应运而生。面对新的市场竞争态势，波音公司和麦道公司于 1997 年一致决定组成新的波音公司，以抗衡来自欧洲的挑战。

2012 年 MBA 综合能力考试论说文真题

阅读以下文字，写一篇论说文，题目自拟，700 字左右。

2012 年 7 月 6 日《科技日报》报道：

我国主导的 TD-LTE 移动通信技术已于 2010 年 10 月被国际电信联盟确立为国际 4G 标准。TD-LTE 是我国自主创新的第三代移动通信技术 TD-SCDMA 的演进技术。TD-SCDMA 的成功规模商用为 TD-LTE 的快速发展奠定了坚实的基础。目前，TD-LTE 已形成由中国主导、全球广泛参与的产业链，全球几乎所有通信系统和芯片制造商都已支持该技术。

在移动通信技术的 1G 和 2G 时代，我们只能使用美国和欧洲的标准。通过艰难的技术创新，到 3G 和 4G 时代，中国自己的通信标准已经成为世界三大国际标准之一。

2009 年 MBA 综合能力考试论说文真题

根据以下材料，结合企业管理写一篇 700 字左右的论说文，题目自拟。

《动物世界》里的镜头：一群体型庞大的牦牛正在草原上吃草。突然，不远处来了几只觅食的狼。牦牛群奔跑起来，狼群急追……终于，有一头体弱的牦牛掉队，寡不敌众，被狼分食了。

《动物趣闻》里的镜头：一群牦牛正在草原上吃草。突然，来了几只觅食的狼。一头牦牛发现了狼，它的叫声提醒了同伴。领头的牦牛站定与狼对视，其余的牦牛也围在一起，站立原地。狼在不远处虎视眈眈地转悠了好一阵，见没有进攻的机会，就没趣地走开了。

2008 年 MBA 综合能力考试论说文真题

根据以下材料写一篇论说文，题目自拟，700 字左右。

南美洲有一种奇特的植物——卷柏。说它奇特，是因为它会走。卷柏生存需要充足的水分，当水分不充足时，它就会把根从土壤里拔出来，整个身躯卷成一个圆球状。由于体轻，只要稍有一点风，它就会随风在地面滚动。一旦滚到水分充足的地方，圆球就会迅速打开，根重新钻到土壤里，暂时安居。当水分又不充足，住得不称心如意时，它就会继续游走，以寻求更好的生存环境。

难道卷柏不走就不能生存了吗？一位植物学家做了一个实验：用挡板圈出一块空地，把一株卷柏放到空地中水分最充足的地方，不久卷柏便扎根生存下来。几天后，当这里水分减少时，卷柏便拔出根须，准备飘移。但实验者用挡板对其进行严格控制，限制了它游走的可能。结果实验者发现，卷柏又回到那里重新扎根生存；而且在几次将根拔出又不能移动以后，便再也不动了；而且，卷柏此时的根已经深深扎入泥土，长势比任何时期都好，也许它发现，根扎得越深，水分越充分……

2007 年 MBA 综合能力考试论说文真题

读以下材料，写一篇 700 字左右的议论文，题目自拟。

著名作家曹禺先生说过这样一段话：我看，应该给"眼高手低"正名。它是褒义词，而不是贬义词。我们认真想一想，一个人做事眼高手低是正常的，只有眼高起来，手才能跟着高起来。一个人不应该怕眼高手低，怕的倒是眼也低手也低。我们经常是眼不高，手才低的。

2006 年 MBA 综合能力考试论说文真题

根据以下材料，围绕企业管理写一篇论说文，题目自拟，700 字左右。

20 世纪 80 年代，可口可乐公司因为缺少发展空间而笼罩在悲观情绪之中：它以 35% 的市场份额控制着软饮料市场，这个市场份额几乎是在反垄断政策下企业能达到的最高点；另一方面，面对更年轻、更充满活力的百事可乐的积极进攻，可口可乐似乎只能采取防守的策略，为一两个百分点的市场份额展开惨烈的竞争。尽管可口可乐的主管很有才干，员工工作努力，但是他们内心其实很悲观，看不到如何摆脱这种宿命：在顶峰上唯一可能的路径就是向下。

郭思达在接任可口可乐的 CEO 后，在高层主管会议上提出这样一些问题：
"世界上 44 亿人口每人每天消费的液体饮料平均是多少？"
答案是："64 盎司。"（1 盎司约为 28 克）
"那么，每人每天消费的可口可乐又是多少呢？"
"不足 2 盎司。"
"那么，在人们的肚子里，我们市场份额是多少？"郭思达最后问。
通过这些问题，高管和员工们关注的核心问题不再是可口可乐在美国可乐市场中的占有率，也不再是在全球软饮料市场中的占有率，而变成了在世界上每个人要消费的液体饮料市场中的占有率。而这个问题的答案是：可口可乐在世界液体饮料市场中的份额微乎其微，少到可以忽略不计。高层主管们终于意识到，可口可乐不应该只盯着百事可乐，还有咖啡、牛奶、茶甚至水，而这一市场的巨大空间远远超出人们的想象。

（四）参考模板

> **小贴士**
> 1. 该模板是以 2022 年管理类综合能力考试论说文真题为例所搭建的，将题目更换后大多数话术可适用于这一类真题，但不建议大家直接死记硬背，而是内化后用自己的语言来表达。
> 2. 给大家提供模板的字数较多，但考场只需要写 700 字左右就可以了。
> 3. 很多真题可以适用于多个模板。

发展中需要不断优化结构

鸟类会飞是因为它们在进化过程中不断优化了其身体结构。对于组织来说同样如此，组织也需要在发展过程中不断优化其结构。

为了更好地满足当下的社会需求，我们应不断优化结构。如今，我国社会的主要矛盾已经由人民日益增长的物质文化需要同落后的社会生产之间的矛盾转化为人民日益增长的美好生活需要和不平衡不充分的发展之间的矛盾，这意味着当前人们的生理需求已经基本得到了满足并产生了更高层次的需求。而社会需求具有无限的扩展性，也就是说，人们的需求是无止境的，不会永远停留在一个水平上。随着社会经济的发展和人们收入的提高，需求也将不断地向前发展。人们的一种需求满足了，又会产生新的需求，循环往复，以至无穷。适应社会需求的变化需要我们不断优化结构。通过不断优化结构能更好地自我完善、强化核心构成，进而提高自身的稳固性及核心竞争力，满足当下的社会需求。

拒绝优化结构，很可能会使自己永远在舒适圈中徘徊、故步自封，无法追随时代发展，最终被无情地淘汰。随着信息技术发展和全球化进程加快，原本闭塞的地域经济转变为如今的全球经济。这一转变刺激潜在的竞争者和外来经济体进入市场，市场中现有的经济主体面临更大的挑战，如果拒绝改变、拒绝优化结构，最终将被社会所淘汰。

然而，组织需要不断优化结构，这话说起来容易，但现实的情况却不容乐观。随着数字化浪潮的到来以及近年来疫情的不断蔓延，人们的生活和工作方式受到了很大的影响。面对这样的局面，组织更需要不断优化结构。可事实却是很多组织依然安于现状，不敢迈出自己的舒适区。

之所以会产生这样的情况，主要基于以下几点原因。第一，很多组织已经按照原有的方式经营了很多年，形成了一个相对安全、熟悉的领域，从而不愿意去改变；第二，优化结构需要耗费大量的成本和精力，但结果却具有较大的未知性，很多组织不敢去改变；第三，每个组织在发展的过程中都形成了其独一无二的组织结构，没有前车之鉴可供其参考；第四，部分组织试图优化其结构，但最终却以失败收场，这也进一步打击了其优化的积极性。

然而，若是组织基于以上理由便拒绝优化，这是极其不理性的行为。一方面，其仅仅看到了组织优化所带来的风险和成本，却忽视了其未来的可能带来的巨大收益；另一方面，失败的案例往往更容易被人们所熟知，其仅仅看到了部分失败案例，却忽视了更多的成功经验。

综上所述，鸟儿尚且在不断地进行自我优化，组织也应该不断地优化结构，迎来发展。

（五）模板应用

在搭建模板的过程中，所寻找的都是为了更大更强所通用的理由。所以即便我们换一个更大更强的主题。模板依然适用。我们来尝试应用一下该模板。

例如，我们将题目更换为《企业更要研发新产品》[题源：199-2017]，以上模板依然适用，应用结果如下。

企业更要研发新产品

企业资金有限的时候，到底是应该扩大生产，还是研发新产品是困扰很多企业的难题。在我看来，从长远发展的角度出发，我们更要研发新产品。

为了更好地满足当下的社会需求，相比较于扩大生产，我们更要研发新产品。如今，我国社会的主要矛盾已经由人民日益增长的物质文化需要同落后的社会生产之间的矛盾转化为人民日益增长的美好生活需要和不平衡不充分发展之间的矛盾，这意味着当前人们的生理需求已经基本得到了满足并产生了更高层次的需求。而社会需求具有无限的扩展性，也就是说，人们的需求是无止境的，不会永远停留在一个水平上。随着社会经济的发展和人们收入的提高，需求也将不断地向前发展。人们的一种需求满足了，又会产生新的需求，循环往复，以至无穷。适应社会需求的变化需要研发新产品。不同于一味扩大生产，企业通过研发新产品可以更好地完善自我、强化核心构成，进而提高自身的稳固性及核心竞争力，满足长远的社会需求。

一味扩大生产很可能会使自己永远在舒适圈中徘徊、故步自封，无法追随时代发展，最终被无情地淘汰。随着信息技术发展和全球化进程加快，原本闭塞的地域经济转变为如今的全球经济。这一转变刺激潜在的竞争者和外来经济体进入市场，市场中现有的经济主体面临更大的挑战，如果拒绝改变、拒绝研发新产品，最终将被社会所淘汰。

然而，企业更要研发新产品，这话说起来容易，但现实的情况却不容乐观。随着数字化浪潮的到来，人们的生活和工作方式产生了很大的影响。面对这样的局面，企业更需要研发新产品。可事实却是很多企业依然安于现状，不敢迈出自己的舒适区。

之所以会产生这样的情况，主要基于以下几点原因。第一，很多企业已经按照原有的方式经营了很多年，形成了一个相对安全、熟悉的领域，从而不愿意去改变；第二，相比较于扩大生产，研发新产品需要耗费大量的成本和精力，但结果却具有较大的未知性，很多企业不敢去改变；第三，部分企业资金有限的时候放弃了扩大生产，试图研发新产品，但最终却以失败收场，这也进一步打击了其优化的积极性。

然而，若是企业基于以上理由便拒绝研发新产品，这是极其不理性的行为。一方面，其仅仅看到了研发新产品所带来的风险和成本，却忽视了其未来的可能带来的巨大收益；另一方面，失败的案例往往更容易被人们所熟知，其仅仅看到了部分失败案例，却忽视了更多的成功经验。

综上所述，相比较于扩大生产，企业更要研发新产品。

大家可以尝试将每个模板用于更多的主题中。需要注意的是，如果大家发现模板不匹配，也不要生硬地套作。

二、借助外力规避风险

（一）适用主题

重视专家意见、有效沟通、读经不如读史、尚拙、论辩等。

（二）常用理由关键词

发现错误、纠正错误、完善、客观、理性、完善认识、打破局限、取长补短、全面、整合资源、整合优势等。

（三）典型适用真题

2020 年管理类综合能力考试论说文真题

根据下述材料，写一篇 700 字左右的论说文，题目自拟。

据报道，美国航天飞机"挑战者号"采用了斯沃克公司的零配件，该公司的密封圈技术专家博易斯乔利多次向公司高层提醒，低温会导致橡胶密封圈脆裂而引发重大事故，但是这一意见一直没有受到重视。1986 年 1 月 27 日，佛罗里达州卡纳维拉尔角发射场的气温降到零摄氏度以下，美国宇航局再次打电话给斯沃克公司，询问其对航天飞机的发射还有没有疑虑之处。为此斯沃克公司召开会议，博易斯乔利坚持认为不能发射，公司高层认为他所持理由还不够充分，于是同意宇航局发射。1 月 28 日上午，航天飞机离开发射平台，仅过了 73 秒，悲剧就发生了。

2019 年管理类综合能力考试论说文真题

根据下述材料，写一篇 700 字左右的论说文，题目自拟。

知识的真理性只有经过检验才能得到证明，论辩是纠正错误的重要途径之一，不同观点的冲突会暴露错误而发现真理。

2004 年 MBA 综合能力考试论说文真题

根据以下材料，自拟题目撰写一篇 700 字左右的论说文。

在滑铁卢战役的第一阶段，拿破仑的部队兵分两路。右翼由拿破仑亲自率领，在利尼迎战布鲁查尔；左翼由奈伊将军率领，在卡特勒布拉斯迎战威灵顿。拿破仑和奈伊都打算进攻，而且，两个人都精心制订了对各自战事而言均为相当优秀的作战计划。但不幸的是，这两个计划均打算用格鲁希指挥的后备部队，从侧翼给敌人以致命一击，但他们事前并没有就各自的计划交换意见。当天的战斗中，拿破仑和奈伊所发布的命令又含糊不清，致使格鲁希的部队要么踌躇不前，要么在两个战场之间疲于奔命，一天之中没有投入任何一方的作战行动，最终导致拿破仑惨败。

2003年MBA综合能力考试论说文真题

"读经不如读史。"

对上述观点进行分析,论述你同意或不同意这一观点的理由,可根据经验、观察或者阅读,用具体理由或实例佐证自己的观点。题目自拟,全文500字左右。

(四) 参考模板

真理越辩越明

知识的真理性往往是需要通过检验的,而论辩正好是检验真理的重要途径。通过论辩纠正错误认知,形成正确思维,从而在此过程中发现并检验真理,即真理越辩越明。

为什么说真理越辩越明呢?

第一,在认识真理的过程中,辩可以使认识由片面到全面,由含混到清晰,由肤浅到深刻。大千世界万物运行,无数规律隐藏在表象的背后,需要我们去探索、去检验。然而,人们的认识水平是有限的,正所谓人非生而知之者,孰能无惑。通过论辩可以使双方在此过程中拓宽思路,取精华、去糟粕,进而发现真理。通过论辩,我们可以开拓视野,学习了解到不同于自身、新颖的思路,并根据不同观点进行交流探讨,从而引发出更多的思考,继续去探索未知的真理。

第二,在认识真理的过程中,辩可以暴露错误认知,并及时纠正,进而检验真理。当人们在某一领域有着卓越的成就时,他提出的认识通常会被当作真理。但这时,如果其他人提出分歧,要求进行论辩,那么在此过程中,错误认知便会暴露,从而达到检验真理的目的。需要注意的是,发现并检验真理的过程不是一蹴而就的,这需要投入大量的时间与精力,不断发现错误认知并及时改正,才能在论辩中实现目标。

若是我们将真理当作是不容置疑的,拒绝对真理进行论辩,反而会使我们误入歧途之中。世界上的事物错综复杂,人们受自身知识、经历、观念、涵养等因素的局限,难免在见解上有所缺失;如果我们能通过论辩把多种意见集中起来,进行综合、比较、鉴别,从而去伪存真,自然就更公正合理,更容易得到真正的真理。要是忽略了论辩的重要性,拒绝论辩,就容易误入"听信一方"的歧途中,思绪难以更加开阔,考虑也很难周到。

然而,回归到现实,为什么很多人不愿意对真理进行论辩呢?第一,有些人认为真理具有一定的权威性,不容置疑;第二,论辩双方的意见很难达成一致,论辩最终很可能会变成争执,非但没有结果,还浪费了时间;第三,对方的意见很可能是错误的,通过论辩反而会将原本正确的观点改错。我们不否认这些顾虑有一定的合理之处,但这不能成为拒绝论辩的理由。真理之所以权威,恰恰是因为其在一次次的论辩和检验中不断优化、不断完善。是否需要对真理进行论辩不应仅仅考虑眼前的利弊得失,而是应该基于更长远的眼光。即便当下会浪费时间、意见难以达成一致,但若是能够让真理得到完善、更适合于当下和未来的发展,眼前的付出也是值得的。

论辩出真知,相信知识的真理性通过论辩不断检验能得到更好的证明。

（五）模板应用

我们将题目更换为《有效沟通有利于规避风险》[题源：199-2004-10]，以上模板依然适用。应用结果如下。

有效沟通有利于规避风险

在滑铁卢战役的第一阶段，拿破仑和奈伊因为缺乏有效沟通，最终导致拿破仑惨败。尽管滑铁卢战役已经过去了很多年，却依然在时刻警醒我们要重视有效沟通。

为什么要重视有效沟通呢？

第一，在决策的过程中，有效沟通可以使认识由片面到全面，由含混到清晰，由肤浅到深刻。大千世界错综复杂，无数规律隐藏在表象的背后，需要我们去探索、去检验。然而，管理者的认识水平是有限的，正所谓人非生而知之者，孰能无惑。通过有效沟通可以使双方在此过程中拓宽思路，取精华、去糟粕，进而更好地规避风险。

第二，在决策的过程中，有效沟通可以暴露错误认知，并及时纠正，进而规避风险。当人们在某一领域有着卓越的成就时，他提出的建议通常会被当作是对的。但这时，如果其他人提出分歧并进行有效的沟通，那么在此过程中，错误认知便会暴露，从而达到规避风险的目的。需要注意的是，有效沟通并规避风险的过程不是一蹴而就的，这需要投入大量的时间与精力，不断发现错误认知并及时改正，在有效沟通中实现目标。若是管理者将自己的决策当作是不容置疑的，拒绝沟通，反而会误入歧途之中。

然而，回归到现实，为什么很多管理者不愿意进行有效沟通呢？第一，认为自己具有一定的权威性，不容置疑；第二，沟通的双方意见很难达成一致，沟通最终很可能会变成争执，非但没有结果，还浪费了时间；第三，对方的意见很可能是错误的，通过沟通反而会将原本正确的决策改错。我们不否认这些顾虑有一定的合理之处，但不能成为拒绝沟通的理由。是否需要有效沟通不应仅仅考虑眼前的利弊得失，而是应该基于更长远的眼光。即便当下会浪费时间、意见难以达成一致，但若是能够让决策得到完善，让决策更适合于当下和未来的发展，眼前的付出也是值得的。

综上，不难看出，有效沟通有利于规避风险。

三、非借助外力规避风险

（一）适用主题

谨慎、规避风险、忧患意识、居安思危等。

（二）常用理由关键词

平稳发展、及时止损、未雨绸缪、保存现有实力、守住现有资源、时间成本、物质成本、资源、避免走弯路、抓住机会、价值最大化、长远等。

（三）典型适用真题

2017年管理类综合能力考试论说文真题

根据下述材料，写一篇700字左右的论说文，题目自拟。

一家企业遇到了这样一个问题：究竟是把有限的资金用于扩大生产呢，还是用于研发新产品？有人主张投资扩大生产，因为根据市场调查，原产品还可以畅销三到五年，由此可以获得可靠而丰厚的利润。有人主张投资研发新产品，因为这样做虽然有很大的风险，但风险背后可能有数倍于甚至数十倍于前者的利润。

2014年管理类综合能力考试论说文真题

根据下述材料，写一篇700字左右的论说文，题目自拟。

生物学家发现，雌孔雀往往选择尾巴大而艳丽的雄孔雀作为配偶，因为雄孔雀尾巴越大越艳丽，表明它越有生命活力，其后代的健康越能得到保证。但是，这种选择也产生了问题：孔雀尾巴越大越艳丽，就越容易被天敌发现和猎获，其生存反而会受到威胁。

2000年管理类综合能力考试论说文真题

根据所给材料写一篇500字左右的议论文，题目自拟。

解放初期，有一次毛泽东和周谷城谈话。毛泽东说："失败是成功之母。"周谷城回答说："成功也是失败之母。"毛泽东思索了一下，说："你讲得好。"

2005年MBA综合能力考试论说文真题

根据下面这首诗，写一篇700字左右的论说文，题目自拟。
如果你不能成为挺立山顶的苍松，
那就做山谷一棵小树陪伴溪水淙淙；
如果你不能成为一棵大树，
那就化作一丛茂密的灌木；
如果你不能成为一只香獐，
那就化作一尾最活跃的小鲈鱼，享受那美妙的湖光；
如果你不能成为大道宽敞，
那就铺成一条小路目送夕阳；
如果你不能成为太阳，
那就变成一颗星星在夜空闪亮。
不可能都当领航的船长，
还要靠水手奋力划桨；
世上有大事、小事需要去做，
最重要的事在我们身旁。

（四）参考模板

我们更要规避风险

孔雀在选择配偶时，往往选择尾巴大而艳丽的雄孔雀作为配偶。这样的选择尽管会使其后代更健康，却要以生命面临威胁为代价，在我看来是不值得的。无论是孔雀，还是我们，都应懂得规避风险。

　　什么是规避风险？我们所说的规避风险并不是胆小怕事、畏首畏尾，也不是杞人忧天、庸人自扰。规避风险恰恰是一种积极应战、主动出击的表现。其本质是时刻保有危机意识，在不断变化的环境中时刻保持清醒。风险未来临时，合理评估、积极准备；风险来临时，权衡利弊、谨慎选择。避免为了一时的得失，而使自身陷入危险的、不可挽回的境地。

　　基于当下考虑，规避风险有助于当下理性地决策。无论是个人、企业还是国家，在做出选择时，其本质都是要在风险和收益之间进行权衡。几乎所有的选择都具有两面性，都是风险与收益并存的。而我们要做的就是权衡好利弊得失，做出收益大于风险的选择。我们之所以倡导要规避风险，其实就是倡导要有风险意识。不应只看到收益的一面，也应该看到风险的一面，尽可能地做出更加理性的决策。

　　基于未来考虑，规避风险有助于长远稳定的发展。随着市场经济的实施，完全竞争市场基本形成，这就意味着竞争更为激烈与残酷，想要在市场中占据一席之地，首先要考虑的就是如何生存下去，只有先满足生存的基本条件，才有进一步发展的机会。常言道："笑到最后的才是赢家。"发展不应仅看到眼前的利弊得失，还应该有长期意识。一往无前、无视风险的勇气固然值得肯定，却未必值得我们模仿。一时的冲动很可能换来不可挽回的后果。风险来临时，规避风险是生存下去的基本方法之一，由于市场风险一直存在并且无法消除，规避风险能够在很大程度上减小重大失败的概率，面对已经基本被瓜分的市场，最终能够实现长远发展的胜利者往往不是获利最多的企业，而是一直伫立于市场的企业。

　　有人说，规避风险也会将很多机会拒之门外，很难获得较大的收益。但是这只是暂时的，获利高的机会并非只有一次，只要企业能抓住机遇，那么获利只是时间问题。相反，如果企业一味追逐风险，遭受一次打击就很可能一蹶不振，而规避风险的企业反而能在风险的包围之中依旧保持自身的稳定性，抓紧时机提高自身实力，当风险过去之时，已经具备更强的实力，能够在机会到来之时脱颖而出，从而能够抓住机遇，发展壮大。

　　综上所述，我们更需要规避风险。

（五）模板应用

　　我们将题目更换为《企业更要扩大生产》[题源：199-2017]，以上模板依然适用，应用结果如下。

企业更要扩大生产

　　一家企业遇到了这样一个问题：究竟是把有限的资金用于扩大生产呢，还是用于研发新产品？在我看来，相比较于研发新产品，企业更要扩大生产。

　　什么是扩大生产？我们所说的扩大生产并不是墨守成规、一成不变，也不是止步不前、不敢尝试。扩大生产恰恰是一种积极应战、主动出击的表现。其本质是时刻保有危机意识，在不断变化的环境中时刻保持清醒。避免为了一时的得失，而使自身陷入危险的、不可挽回的境地。

基于当下考虑，相比较于研发新产品，扩大生产更有助于当下理性地决策。企业在做出选择时，其本质都是要在风险和收益之间进行权衡。几乎所有的选择都具有两面性，都是风险与收益并存的。而我们要做的就是权衡好利弊得失，做出收益大于风险的选择。我们之所以倡导扩大生产，其实就是倡导要有风险意识。不应只看到收益的一面，也应该看到风险的一面，尽可能做出更加理性的决策。

基于未来考虑，相比较于研发新产品，扩大生产更有助于长远稳定的发展。随着市场经济的实施，完全竞争市场基本形成，这就意味着竞争更为激烈与残酷，想要在市场中占据一席之地，首先要考虑的就是如何生存下去，只有先满足生存的基本条件，才有进一步发展的机会。常言道："笑到最后的才是赢家。"发展不应仅看到眼前的利弊得失，还应该有长期意识。一往无前、无视风险的勇气固然值得肯定，却未必值得我们模仿。一时的冲动很可能换来不可挽回的后果。风险来临时，扩大生产是生存下去的基本方法之一，由于市场风险一直存在并且无法消除，扩大生产能够在很大程度上减小重大失败的概率，面对已经基本被瓜分的市场，最终能够实现长远发展的胜利者往往不是获利最多的企业，而是一直伫立于市场的企业。

有人说相比较于研发新产品，扩大生产也会将很多机会拒之门外，很难获得较大的收益。但是这只是暂时的，获利高的机会并非只有一次，只要企业能抓住机遇，那么获利只是时间问题。相反，如果企业一味追逐风险，遭受一次打击就很可能一蹶不振，而选择扩大生产的企业反而能在风险的包围之中依旧保持自身的稳定性，抓紧时机提高自身实力，当风险过去之时，已经具备更强的实力，能够在机会到来之时脱颖而出，从而能够抓住机遇得以发展壮大。

综上所述，我们更需要扩大生产。

四、克制欲望

（一）适用主题

道德、诚信、社会责任、规则、原则、底线、环保、信守承诺、慈善、为仁等。

（二）常用理由关键词

对自身好：风险低、较少损失、稳定、延长生命力、赢得机遇、影响力、口碑、信誉、声誉、社会责任感、政策风险、认可度等。

对整体好：社会秩序、社会风气、个体利益整体一致、良性循环、避免劣币驱逐良币、榜样、带头、标杆、引导等。

（三）典型适用真题

2015 年管理类综合能力考试论说文真题

根据下述材料，写一篇 700 字左右的论说文，题目自拟。

孟子曾引用阳虎的话："为富，不仁矣；为仁，不富矣。"（《孟子·滕文公上》）这段话表明了古人对当时社会上为富为仁现象的一种态度，以及对两者之间关系的一种思考。

2009 年管理类综合能力考试论说文真题

以"由三鹿奶粉事件所想到的"为题,写一篇 700 字左右的论说文。

2008 年管理类综合能力考试论说文真题

"原则"就是规矩,就是准绳。而在日常生活和工作中,常见的表达方式是:"原则上……,但是……"。请以"原则"与"原则上"为议题写一篇论说文,题目自拟,700 字左右。

2013 年 MBA 综合能力考试论说文真题

阅读以下资料,给全国的企业经理写一封公开信,并在信前添加合适的标题文字,700 字左右。

改革开放以来,中国经济发展的速度举世瞩目。按国际货币基金组织的统计,在 188 个国家与地区中,1980 年,我国按美元计算的 GDP 位列第 11 位,只是美国的 7.26%,日本的 18.63%,从 2010 年起位列世界第 2 位,成为世界第二大经济体。到 2012 年,我国的 GDP 是美国的 52.45%,日本的 137.95%,与 30 年前不可同日而语。然而,从能源消耗看,形势非常严峻。1980 年,我国能源消耗总量为 6.03 亿吨标准煤,到 2012 年增加到 36.20 亿吨,为 1980 年的 6 倍。按石油进口量排名,1982 年我国在世界排名第 43,从 2009 年起上升到第 2 位,而且面临继续上升的困境。与能源消耗相关的污染问题也频频现于报端,引起全国民众和政府的极大关注。能源消耗和污染问题已经成为阻碍我们实现"中国梦"的两个难关,对此,我们要群策群力,攻坚克难。

2011 年 MBA 综合能力考试论说文真题

阅读以下报道,写一篇论说文,题目自拟,700 字左右。

2010 年春天,已持续半年的干旱让云南很多地方群众的饮水变得异常困难,施甸县大亮山附近群众家里的水管却依然有清甜的泉水流出,他们的水源地正是大亮山林场。乡亲们深情地说:"多亏了老书记啊,要不是他,不知道现在会是什么样子。"

1988 年 3 月,61 岁的杨善洲从保山地委书记的岗位上退休,婉拒了省委书记劝其搬至昆明安度晚年的邀请,执意选择回到家乡施甸县种树。20 多年过去了,曾经山秃水枯的大亮山完全变了模样:森林郁郁葱葱,溪流四季不断;林下山珍遍地,枝头莺鸣燕歌……

一位地委书记,为何退休后选择到异常艰苦的地方去种树?

"在党政机关工作多年,因工作关系没有时间去照顾家乡父老,他们找过多次我也没给他们办一件事。但我答应退休后帮乡亲们办一两件有益的事,许下的承诺就要兑现。至于具体做什么,考察来考察去,还是为后代绿化荒山比较现实。"关于种树,年逾八旬的杨善洲这样解释。

2010 年 MBA 综合能力考试论说文真题

阅读以下报道,写一篇论说文,题目自拟,700 字左右。

唐山地震孤儿捐款支援汶川灾区

2008 年 5 月 18 日,在中宣部等共同发起的《爱的奉献》抗震救灾大型募捐活动中,天津民营企业荣程联合钢铁集团有限公司董事长张祥青代表公司再向四川灾区捐款 7 000 万元,帮助灾区人民重建"震不垮的学校"。至此,荣程联合钢铁集团公司在支援四川灾区抗震救灾中累计捐款 1 亿元。

"我们对灾区人民非常牵挂,荣钢集团人大多来自唐山,亲历过 32 年前的唐山大地震,接受过全国人民对唐山灾区的无私援助，32年后为四川地震灾区捐款，回馈社会，是应尽的义务，我们必须做！"张祥青说。

张祥青在1976年唐山大地震时失去父母，年仅8岁的他不幸成为孤儿，他深深感受到来自全国四面八方的涓涓爱心。1989年，张祥青与妻子张荣华开始了艰苦的创业历程，从卖早点、做豆腐开始，最后组建了荣钢集团。企业发展了，荣钢集团人不忘回报社会，支援汶川地震灾区是其中一例。

（四）参考模板

由三鹿奶粉事件所想到的

三鹿奶粉事件发生后，对全国奶制品企业产生了极其恶劣的影响，三鹿集团也因为这次事件而不复存在。企业的经营缺少诚信，就可能会出现类似的产品质量问题，更可能会带来整个企业的危机。企业重视诚信问题，有利于其长远、持续地发展下去。

企业诚信，是对企业公信力的保护。品牌的公信力能直接影响人们的选择。产品和服务的质量越好、持续越久，社会公众的信任度和认可度越高，口碑相传，于是建立起了社会公信力。建立了公信力有利于增强核心竞争力，树立良好的企业形象，推动企业可持续运营。企业重视诚信问题，有利于取得消费者的信任，使其更可能为自己的产品或服务进行消费，有利于企业的持续经营。

企业诚信，是塑造良好社会风气的基石。企业作为社会中不可忽视的组成部分，其行为不仅仅会影响其自身的发展，还会对社会产生影响。企业立于社会的根本是创造价值。企业家凭借能力，创办企业，服务于社会，贡献力量，赚钱是附加值，创造社会价值才是责任和宗旨。这是一个双赢的过程。企业是社会的细胞，社会是企业利益的源泉。若企业家一味追求经济利益，就很有可能冲击或破坏了社会利益，对于社会而言，这个企业无异于一个毒瘤，就没有存在的价值了。企业为社会创造价值，同时也是成全自己，为企业的发展奠定基础。

三鹿集团的惨淡收场就是企业背弃诚信、欺骗消费者最直接的下场。驰名一时的企业早已被群众视为诚信的代名词，如果说企业破产是小事，那么其对消费者信任的背叛所带来的负面影响可以说是不可估量的。品牌形象向来正派的企业赫然被爆出经营欺诈，试问消费者还敢随意交付信任给任何人、任何企业吗？诚信的缺失会造成市场经济的萎缩和社会发展的退步，而且社会信用和群众信心的重建并不会像将其打破般容易。

企业明知道这种做法会带来许多不必要的风险，却为什么还是甘愿将诚信的招牌作为"赌注"呢？其原因不难得出，从成本收益的角度考虑，企业坚守诚信形象需要付出许多成本，而弄虚作假的本钱却少得多。此外，前者并不能在短时间内使企业获得可观利润，甚至很有可能因过度宣传导致消费者对其无动于衷，企业只能"赔本赚吆喝"。而后者可以使企业从消费者的需求入手，在产品品质上"动手脚、做文章"，使得产品可以在短期内迅速引爆，甚至可以成为企业迅速占领市场、获取可观收入的有效手段。再者，从企业管理权和所有权分离的角度上分析，管理层可能迫于债权人对高额资本回报率的压力或者股东对经营业绩的过分追求，出于明哲保身的想法和成全他人的目的，甘愿冒险做出损害第三方，即消费者的权益的决策——其根本原因就是利欲熏心。企业需要明白"纸包不住火"的道理，在当今自媒体时代，舆情监控使任何社会丑态无所遁形。企业万不可因一时的得失而走上不可挽回的道路，诚信不容丝毫疏忽。

综上所述，企业诚信不可抛。

（五）模板应用

我们将题目更换为《为仁者，更易得富》[题源：199-2015]，以上模板依然适用，应用结果如下。

为仁者，更易得富

孟子曾引用阳虎的话："为富，不仁矣；为仁，不富矣。"也就是说，在古人看来，仁富两者是矛盾的。如今这一观点已经不再适用。仁富两者并不冲突，为仁者，更易得富。

为仁，有利于保护自身公信力，从而更好地得富。公信力能直接影响人们的选择。以企业为例，产品和服务的质量越好、持续越久，社会公众的信任度和认可度就越高，口碑相传，于是建立起了社会公信力。建立了公信力有利于增强核心竞争力，树立良好的企业形象，推动企业可持续运营。企业经营者以仁为本，更有利于取得消费者的信任，使其更可能为自己的产品或服务进行消费，有利于企业的持续经营，从而更好地得富。

为仁，有利于塑造良好的社会风气，从而更好地得富。每个个体都是社会中不可忽视的组成部分，其行为不仅仅会影响自身的发展，还会对社会产生影响。个体立于社会的根本是创造价值。这是一个双赢的过程。个体是社会的细胞，社会是个体利益的源泉。若是个体拒绝为仁，一味追求经济利益，就很有可能冲击或破坏了社会利益。对于社会而言，这个个体无异于一个毒瘤，就没有存在的价值了，个体的财富更是无从谈起。个体为仁，是在保护社会的利益，更是在保护自身的利益。

很多人明明知道不仁者难以富，却为什么还是甘愿将仁的招牌作为"赌注"呢？其原因不难得出，从成本收益的角度考虑，为仁需要付出许多成本，而弄虚作假的本钱却少得多。此外，前者并不能在短时间内获得可观利润，很多时候只能"赔本赚吆喝"。而后者则可以通过"动手脚、做文章"等方式迅速占领市场、获取可观收入。再者，管理层可能迫于债权人对高额资本回报率的压力或者股东对经营业绩的过分追求，出于明哲保身的想法和成全他人的目的，甘愿冒险做出损害第三方，即消费者的权益的决策——其根本原因就是利欲熏心。我们需要明白"纸包不住火"的道理，在当今自媒体时代，舆情监控使任何社会丑态无所遁形。我们万不可图一时的得失而走上不可回头的道路，为仁不容丝毫疏忽，为仁方能更好地得富。

综上所述，为仁有利于得富。

五、让别人开开心心

（一）适用主题

公平、有效沟通、冒尖、重视意见、尊重、民主。

（二）常用理由关键词

对组织好：吸纳人才、留住人才、凝聚力、认同感、效率、用人单位精简机构和实现管理效益的最大。

对个体好：积极性、激励、尊重、效率、献计献策、凝聚力、潜能、授权、责任担当、实力、主观能动性、积极性和创造性、马斯洛、自我实现、个体利益和整体利益。

（三）典型适用真题

2023 年管理类综合能力考试论说文真题

根据下述材料，写一篇 700 字左右的论说文，题目自拟。

人们常说"领导艺术"，可见领导与艺术之间存在着某种相似点，如领导一个团队完成某项任务就和指挥一个乐队演奏某首乐曲一样。

2016 年管理类综合能力考试论说文真题

根据下述材料，写一篇 700 字左右的论说文，题目自拟。

亚里士多德说："城邦的本质在于多样性，而不在于一致性。……无论是家庭还是城邦，它们的内部都有着一定的一致性。不然的话，它们是不可能组建起来的。但这种一致性是有一定限度的。……同一种声音无法实现和谐，同一个音阶也无法组成旋律。城邦也是如此，它是一个多面体。人们只能通过教育使存在着各种差异的公民统一起来组成一个共同体。"

2011 年管理类综合能力考试论说文真题

根据下述材料，写一篇 700 字左右的论说文，题目自拟。

众所周知，人才是立国、富国、强国之本。如何使人才尽快地脱颖而出，是一个亟待解决的问题。人才的出现有多种途径，其中有"拔尖"，有"冒尖"。拔尖是指被提拔而成为尖子，冒尖是指通过奋斗、取得成就而得到社会公认。有人认为，我国当今某些领域的管理人才，拔尖的多而冒尖的少。

（四）参考模板

接纳多样性，有利于实现一致性

同一种声音无法实现和谐，同一个音阶也无法组成旋律。对城邦来说，亦是如此，接纳多样性，有利于达成一致性。

接纳多样性，能有效地调动个体的主观能动性，以实现城邦的一致性发展。城邦治理是基于人的管理，如何最大限度地调动公民的积极性和创造性，释放每个公民所蕴藏的能量，使其以极大的热情和创造力投身于实现一致性战略目标上来，是城邦治理需要达到的目标。管理是一门高深的学问，管理者不仅要大权在握，更重要的是要有高超的领导艺术，充分地调动成员的工作积极性。人的需求是多层次的，物质需求只是最低层次的需求，因而使用金钱并不能从根本上激发公民的主观能动性——即使对有些公民适用，但是其所起的作用也是有限的、短期的。真正有效的激励手段，往往是不花多少钱就能够做到的，关键是要抓住人的心，从满足人的内心需要出发，才能让其自动自发、充满热情地努力工作。管理之所以难，是因为每个人都是独立的、多样化的个体，难以统一。不固执地追求完全一致，做出退让，接纳个体的差异，尊重个体的多样化需求和特点，恰恰是尊重个体多元化的表现，能持久地、长期地对其产生激励作用，调动其主观能动性。

接纳多样性，能有效地提高城邦凝聚力，以实现城邦的一致性发展。城邦的运转就像一台精密的仪器，需要所有的"零部件"紧密配合。依赖法律法规、规章制度等强行约束，统一行动，能使公民表面上配合，但其内心却难以真正认同，难以形成凝聚力。凝聚力是组织对于成员的吸引力，其不仅是组织存在的必要条件，而且对组织潜能的发挥有很重要的作用。凝聚力可以激发人们的奋斗热情，推动个人的成长进程，在一定程度上也可以为组织节约人才培养的成本。通过接纳差异才能更好地提高其对组织的认同感，进而提高城邦凝聚力，使得城邦这台仪器可以高效运转起来，最终达成一致目标。

值得一提的是，接纳多样性、包容个体的差异，难免会带来一定的阵痛。在可以预见的未来，不好管理、个别人恃宠而骄等状况都可能会发生。但管理是一个长期的话题，我们应基于对未来的构想来制订当下的策略，而不应基于当下的困境便选择妥协。从长远的角度出发，城邦若是想达成一致性，接纳多样性不可或缺。

综上，城邦应接纳多样性，以达成一致性。

（五）模板应用

我们将题目更换为《掌握领导艺术，助力任务达成》[题源：199-2023]，以上模板依然适用，应用结果如下。

掌握领导艺术，助力任务达成

指挥乐队演奏某首乐曲，不仅需要调动每个乐队成员的积极性，更需要让整个乐队和谐。指挥乐队如此，领导团队又何尝不是如此，团队任务的达成也离不开领导艺术。

具备领导艺术能有效地调动团队成员的主观能动性。团队管理是基于人的管理，如何最大限度地调动团队成员的积极性和创造性，释放每个成员所蕴藏的能量，使其以极大的热情和创造力投身于实现一致性战略目标上来，这是领导者需要达到的目标。管理是一门高深的学问，管理者不仅要大权在握，更重要的是要有高超的领导艺术，充分地调动成员的工作积极性。而真正有效的激励手段，往往是不花多少钱就能够做到的，关键是要抓住人的心，从满足人的内心需要出发，才能让其自动自发、充满热情地努力工作。很多所谓的领导只能叫领导方法，不能称之为领导艺术，其往往只能以强制性手段迫使其完成团队目标，却很难调动成员的内在积极性。具备管理艺术，接纳个体的差异，尊重个体的多样化需求和特点，才能持久地、长期地对其产生激励作用，调动其主观能动性。

具备领导艺术能有效地提高团队凝聚力。团队的运转就像一台精密的仪器，需要所有的"零部件"紧密配合。依赖法律法规、规章制度等强行约束，统一行动，能使团队成员表面上配合，但其内心却难以真正认同，难以形成凝聚力。凝聚力是团队对于成员的吸引力，其不仅是团队存在的必要条件，而且对团队潜能的发挥有很重要的作用。凝聚力可以激发人们的奋斗热情，推动个人的成长进程，在一定程度上也可以为团队节约人才培养的成本。具备领导艺术能更好地提高成员对组织的认同感，进而提高团队凝聚力，使得团队可以高效运转起来，最终达成团队目标。

综上，具备领导艺术，能更好地助力团队目标达成。

六、与教育相关的

（一）适用主题

求学者、教学者、教育政策制定者应该做什么、不应该做什么。

（二）常用理由关键词

对求学者、教学者本身的影响：学术研究、深入、学术成果、学术造诣、公信力、学术地位、学术影响力、形象、自我实现。

学术界、其他人的影响：公平、积极性、主观能动性、避免劣币驱逐良币、拉慢学术进程、影响学术水平。

对社会大环境的影响：学术秩序、国家软实力、文化自信、科教兴国、学术建设。

（三）典型适用真题

2021年管理类综合能力考试论说文真题

根据下述材料，写一篇700字左右的论说文，题目自拟。

我国著名实业家穆藕初在《实业与教育之关系》中指出教育最重要之点在道德教育（如责任心和公共心之养成，机械心之拔除）和科学教育（如观察力、推论力、判断力之养成）。完全受此两种教育，实业中坚者遂出之。

2012年管理类综合能力考试论说文真题

根据下述材料，写一篇700字左右的论说文，题目自拟。

中国现代著名哲学家熊十力先生在《十力语要》（卷一）中说："吾国学人，总好追逐风气，一时之所尚，则群起而趋其途，如海上逐臭之夫，莫名所以。曾无一刹那，风气或变，而逐臭者复如故。此等逐臭之习，有两大病。一、各人无牢固与永久不改之业，遇事无从深入，徒养成浮动性。二、大家共趋于世所矜尚之一途，则其余千途万途，一切废弃，无人过问。此二大病，都是中国学人死症。"

2010年管理类综合能力考试论说文真题

根据下述材料，写一篇700字左右的论说文，题目自拟。

一个真正的学者，其崇高使命是追求真理。学者个人的名利乃至生命与之相比都微不足道，但因为其献身于真理就会变得无限伟大。一些著名大学的校训中都含有追求真理的内容。然而，近年学术界的一些状况与追求真理这一使命相去甚远，部分学者的功利化倾向越来越严重，抄袭剽窃、学术造假、自我炒作、沽名钓誉等现象时有所闻。

（四）参考模板

道德教育和科学教育助力实业发展

道德教育和科学教育有助于培养实业中坚者。正如我国著名实业家穆藕初在《实业与教育之关系》中所说，教育最重要的是道德教育和科学教育。完全受此两种教育，实业中坚者遂出之。穆藕初先生的话对我们当下的实业教育依然具有启发意义，培养实业人才的过程中，我们应重视道德教育和科学教育。

道德教育有利于提高从业者素质。当今中国进入工业化、信息化加快发展的阶段，随着经济发展方式的转变，迫切需要一大批高素质的劳动者。然而，在实业从业者中，敬业奉献精神的缺乏、诚信意识的淡漠等道德缺失现象却与日俱增。为了提高实业者的道德素养，我们要追根溯源，加强道德教育。道德教育有利于提高人们的事业心和责任心，能够使受教育者热爱自己的事业、忠于职守、胜任本职工作；同时，道德教育还有利于更好地塑造价值取向，树立远大理想并为之奋斗。这些都是实业中坚者不可或缺的人格。

科学教育有利于提高从业者实力。当下，随着人工智能、大数据等新兴科技的不断涌现，"勤能补拙"不再是万能的真理。所有重复性的、有规律的劳动都逐渐被机械、科技所取代。靠蛮力和勤奋已经无法适应当下实业发展的需要。教育是培养适合经济发展人才的一种社会活动，与经济发展、社会进步的关系十分紧密。它既是传递社会生产经验和生活经验的必要手段，更是社会经济发展不可缺少的重要基础和条件。面对瞬息万变的时代，我们也需要与之匹配的教育。科学的方法才是这个时代的旋律。这就需要在教育层面加强对实业的科学教育，在教学环节中培养和提高学生的观察力、判断力及推断力，以"智力"谋"富力"，以科学教育推动实业人才的培养。

人才是企业发展的根基。所有的人才都是在接受教育后被输送到各行各业的，教育的水平将很大程度上决定人才的水平。教育不仅仅是"教"，更要"育"。实业教育不应仅仅传授知识、技能，还应该培养其高尚的道德情操和科学的思考能力，这也是培养实业中坚者的关键所在。

基于此，培养实业人才的过程中，我们应重视道德教育和科学教育。

（五）模板应用

我们将题目更换为《学人不应追逐风气》［题源：199-2012］，以上模板依然适用。应用结果如下。

学人不应追逐风气

正如我国现代著名哲学家熊十力先生所说:"吾国学人,总好追逐风气……此等逐臭之习,有两大病,都是中国学人死症。"先生的话对我们如今依然有所启发,学人不应追逐风气。

所谓学人,也就是求学的人。各行各业的从业者们追根溯源其实都是从学人成长起来的。

拒绝追逐风气有利于提高学人素质。当今中国进入工业化、信息化加快发展的阶段,随着经济发展方式的转变,迫切需要一大批高素质的劳动者。然而,学人跟风的现象却与日俱增。为了提高学人的素养,我们应拒绝追逐风气。拒绝追逐风气有利于提高学人的创造力和责任心,能够使学人深入思考、更好地胜任本职工作;同时,拒绝追逐风气还有利于学人更好地塑造价值取向,树立远大理想并为之奋斗。这些都是学人不可或缺的品格。

拒绝追逐风气有利于提高学人实力。当下,随着人工智能、大数据等新兴科技的不断涌现,"勤能补拙"不再是万能的真理。所有重复性的、有规律的劳动都逐渐被机械、科技所取代。靠蛮力和勤奋已经无法适应当下发展的需要。教育是培养适合经济发展人才的一种社会活动,与经济发展、社会进步的关系十分紧密。它既是传递社会生产经验和生活经验的必要手段,更是社会经济发展不可缺少的重要基础和条件。面对瞬息万变的时代,学人的培养也需要与之匹配。不跟风才是这个时代的旋律。

学人是社会发展的根基。所有学人都是在接受教育后被输送到各行各业。学人的水平将很大程度上决定行业的水平。学人不应仅仅学习知识、技能,还应该注重创造力和思辨力的培养,不应一味追逐风气,而是要保持独立思考,有一定的创造力。

基于此,学人应拒绝追逐风气。

七、其他

大多数真题都可以归为以上几类,但也存在部分真题无法归类其中的情形。在考场上,大家一定要根据真题的情况随机应变。若是遇到无法结合的真题,不要生搬硬套。

第二节 四步快速行文

高分的写法,也就是本书所倡导的四步写作法。其实就是不要过于依赖各种话术和素材,而是回归题目本身,将观点论证清楚。

建议的考场做题步骤:

第一步,审题。

第二步,确定结构。

第三步,标注理由关键词。

第四步,串词行文。

接下来，我们以 2017 年管理类综合能力考试真题为例，手把手带大家演练一下。

根据下述材料，写一篇 700 字左右的论说文，题目自拟。

一家企业遇到了这样一个问题：究竟是把有限的资金用于扩大生产呢，还是用于研发新产品？有人主张投资扩大生产，因为根据市场调查，原产品还可以畅销三到五年，由此可以获得可靠而丰厚的利润。有人主张投资研发新产品，因为这样做虽然有很大的风险，但风险背后可能有数倍于甚至数十倍于前者的利润。

第一步：审题

宏观定方向。题干中有两个关键词可进行选择，故为择一类型试题。题干关键词和社会主流价值观没有冲突，故选择哪一个都可以。

微观找细节。我们选择第二个方向，则中心词为"研发新产品"；主语为"企业"；结果为"长远发展"。

细节变观点。题目可以拟定为"我们更要研发新产品"。

第二步：确定结构

大家应该选择一个适合自己的结构，在考场上不要临时构建结构，浪费时间。这里我直接选择"题目—开头—反论—正论—正论—辩证分析—结尾"这一结构。

第三步：标注理由关键词

标注理由关键词其实就是列提纲的过程。

题目、开头、结尾为固定组成部分，且写作方式也相对固定，不需要在提纲中体现。正论、反论和辩证分析部分需要填充内容，填充的内容需要在提纲中体现。

例如，反论的部分写扩大生产会失去主动权；正论的部分写研发新产品有利于创造需求和应对竞争者，并列举了柯达、雅虎的例子；辩证分析的部分写研发新产品不是冒险。

在有了这些思路后，我们的卷面上只需要写下几个核心关键词，同时用符号和字母表示反论（－）、正论（＋）、辩证分析（B）和下定义（D），这样可以节省时间。

－失去主动权。

＋创造消费需求。柯达、雅虎。

＋应对竞争者。

B 非冒险。

第四步：串词行文

这个步骤和论证有效性分析非常像，在有了框架后，大家直接按照框架串词行文就可以了。串词的过程就是将这几个词语与观点的关系解释清楚，在串词行文的过程中，需要继续完善段落表达、充实段落内容。

创新研发更有助于企业发展

在面对有限的资金时,企业很可能会陷入艰难的发展抉择:是研发新产品,还是扩大生产?从长远发展来看,在企业持续经营的过程中,我认为研发新产品更能为企业带来巨大的发展潜力。

扩大生产是不断复制已有的、成熟的明星产品,这的确在一定程度上有助于企业增加市场份额。但是,其初衷很可能不会达成。因为在消费更迭的大环境下,竞争者很可能在不断创造需求,企业一味扩大生产很可能会失去主动权,不仅有可能使生产的产品滞销,还有可能给企业带来资金链断裂的灭顶之灾。

然而,研发新产品则能够化解这些危机。

一方面,创新研发能使企业进军新的产品领域,站在行业领先地位,获得先机;也能使企业有机会创造出新的消费需求,以期创造更多的利润。这里所说的创新研发不是盲目试错的过程,而是经过市场调研后的理性抉择。市场的反馈是企业抉择的见证,那些不进行创新研发的企业,如柯达、雅虎等,都逐渐淡出消费者的视野,成为市场"炮灰"。

另一方面,创新研发更易使企业适应瞬息万变的市场环境,更好地应对竞争者的调整策略。谁要做守常者,谁就是失败者——这是每个企业都深谙的道理,但是有很多企业知行不一。为什么呢?一句话,惧怕创新的风险所带来的后果,而安于扩大生产所呈现的短暂的繁荣假象。殊不知,一旦其隐藏的矛盾爆发,企业将无法翻身。

然而,有人却认为研发新产品是极端冒险的行为,会给企业带来难以预计的灾难。诚然,创新研发不是不考虑风险的冒险,而是在经历产品工程师的成功率预估与市场部门的调研后进行的理性的研发行为。但是,很多企业的创新研发可能并不成功,耗费了大量人力、物力却毫无成果。的确,我们不能追求事事一帆风顺,而是应该在不断波折的过程中达成量的积累,形成质变,完成螺旋式上升。

综上所述,比起扩大生产,有限的资金用于创新研发更有助于企业的长久发展。

以上就是论说文的完整行文思路。写作模板的部分建议大家理解后用自己话来表达。模板非必须,更建议大家考场上应用四步写作法灵活的行文。

📝 课后巩固测试

恭喜大家完成了本章的学习。接下来,做一下课后巩固测试,检验一下学习成果吧!

[题源:199-2010]根据下述材料,写一篇700字左右的论说文,题目自拟。

一个真正的学者,其崇高使命是追求真理。学者个人的名利乃至生命与之相比都微不足道,但因为其献身于真理就会变得无限伟大。一些著名大学的校训中都含有追求真理的内容。然而,近年学术界的一些状况与追求真理这一使命相去甚远,部分学者的功利化倾向越来越严重,抄袭剽窃、学术造假、自我炒作、沽名钓誉等现象时有所闻。

请据此材料回答巩固测试 1~2 题。

1. 根据上述材料,以下哪篇文章更容易在考场上拿到高分?

文章一:

做求真淡泊之人

真正的学者,应是淡泊名利,致力于追寻真理的。可如今,总有些所谓的"学者"沽名钓誉,做尽功利之事,如此作风怎可称之为学者?

当李白愿意放下酒杯来谈谈人生时,他说:"夫天地者,万物之逆旅。光阴者,百代之过客。"按此说法,出身不可选择,却可以选择做什么样的人,干什么样的事。"不为五斗米折腰"对于现在的学者来说也太过苛刻,但身为百姓信赖、学生尊敬之人是否也应该拿出一副高风亮节、刚正不阿的姿态呢?胡适先生就以"大胆假设,小心求证;认真做事,严肃做人"为准则,保持一颗坚持不懈探求真理的心,此为真正的学者。

这是人人都懂得的道理,为何还有那么多人背道而驰呢?我想总逃不过一个"利"字吧?所谓"天下熙熙皆为利来,天下攘攘皆为利往"。在利益面前,"学者"也不再是学者了,他们全都变成了精于算计的商人,把提高自我商业价值、追求更高名利当作既定目标。于是做学术变了味,坚持真理变成了迎合大众,传播理念变成了哗众取宠,这些行为或许会让这些人一时名声大噪,可一旦民众清醒,其言论便可轻而易举地被推翻。如此诡计实在让人无法认同。

而做真正意义上的学者却也不是难如登天,只要保持一颗追寻真理之心,坚持做正确的事,学术之路虽是枯燥,却也不失乐趣。当真理的面纱被层层揭开,其满足感又岂是金钱与名利所能企及的。

做真正的学者,做逐心之人,以探求真理为目标,以潜心学术为准则,愿学术之风永久纯粹!

文章二:

追求真理要去功利化

追求真理是学者的崇高使命。然而近年来,部分学者功利化倾向愈演愈烈,引发社会思考。于我看来,学者在追求真理的过程中要去功利化。

去功利化,有利于学者术业专攻,有所成就。在当今知识经济迅速发展的时代,掌握某些知识可以快速获取财富。然而,如果学者们都为了追逐财富而舍弃自己所擅长的领域,去从事快捷获取财富的领域,那么该领域会快速达到饱和而不再衍生财富,并且学者最初专攻的领域也会荒废。在这种得不偿失的后果下,学者应该去功利化,一心从事自己所长,这样才有可能获得像袁隆平、屠呦呦那样的成就。

去功利化,有利于学术界井然有序,返璞归真。时下,各行各业都需要存在条理化的行业规范和稳定的环境,这样才能促进事物稳定发展。同样,学术界是保障社会进步,关联经济、文化、社会方方面面的体系，因此良好的学术界秩序能够为学者们提供纯粹的求知环境。学者们只有在这种环境中，才会更好地将个人知识转化为探索钻研的武器，勇敢地追求真知。

去功利化，有利于知识与社会紧密相连，共同发展。众所周知，文明社会的发展离不开知识的不断更新。然而功利化的存在会使知识的探索偏离方向，停留在肤浅的表面。所以，去除功利化可以降低知识探索中偏离轨道的时间成本，使学者不被眼前的诱惑所吸引，潜心钻研知识，获得更高成就，从而加速社会发展。当学者得知自己的钻研成果会与时代进步接轨时，必然会不断攀登知识高峰。

去除功利化在追求真理的过程中极为重要。社会需要营造去功利化的大环境，通过采取措施来激励对功利化的摒弃，从而达到追求真理的目的。我们要倡导学者去功利化，唯有这样才能使学界术业专攻、永登高峰。

2. 根据上述材料，以下哪篇文章更容易在考场上拿到高分？

文章一：

追求真理要去功利化

追求真理作为学者的崇高使命，广为人们称颂。然而如今部分学者的功利化倾向越来越严重，学术造假等行为为人诟病。作为一名学者，应当做到去功利化。

功利化会使学者丢失追求真理的初心。学者的初心往往比较纯粹，他们注重对真理的探索，认为真理的价值高于名利的价值。而功利化会使学者在研究时有更多的顾虑，将研究后能得到的头衔等名利考虑进去，就会使学术研究不再仅仅是为了追求真理，而是变成了追求名利的一种手段。忘记了初心，出现学术造假等行为也就不足为奇了。

此外，功利化会败坏学术风气，严重阻碍学术发展。学术研究的一个特点是，研究时需要倾注大量的时间和精力，即使这样也未必会有任何成果。在这种情况下，认真钻研的学者可能没有任何回报，而抄袭剽窃的人却可能名利双收，这样不公平的现象就会促使更多的学者不再专心追求真理，纷纷效仿抄袭者，偏离了追求真理的使命。这种劣币驱逐良币的行为会严重阻碍学术界的健康发展，造成人心浮躁、学术不端之风盛行。

为了防止这些情况的发生，学者应该摒弃功利化。想要追求真理，就要有良好的学术氛围作为保证；要想使学者摒弃功利化，就是要营造一个积极向上的学术氛围，不得将个人私利凌驾于知识真理之上，不以追求名利为目的地进行学术研究，从而让学者以一种理性、客观的态度追求真理。

当然去功利化并非完全脱离对名利的追求，而是要把荣誉等名利作为对自己的研究成果的一种肯定，杜绝用不当行为追求名利。用自己的真实成就得到的名利是应当的，而将名利之心置于求知之心之上，则会故步自封，为人们所诟病。

因此，作为学者，应保留对真理的热忱，去功利化，不要被名利所蒙蔽。

文章二：

追求真理应去功利化

追求真理本应是一个真正学者的崇高使命，然而近年来，学术界学术造假、抄袭、自我炒作的现象频有发生，究其根本，是因为部分学者的功利化倾向严重，忘记追求真理。正是由于这一股功利化的浮躁风气，我们更加感觉到：追求真理应去功利化。

功利化大行其道，使得学者们纷纷停下追求真理的脚步，转身去为名为利。学术界不乏学术抄袭的丑闻，像季羡林先生这样的大家少之又少。尤其是近年来在本应学术之风浓厚的高校，论文抄袭的现象愈演愈烈，原先教书育人的教授却追求论文发表数量与职称，更有甚者拿学生的论文充作自己的，不禁让人唏嘘。是什么使学者如此追求功利？对于个人来说，在我国社会处于转型期的情况下，存在市场经济制度不完善而导致利益分配不平衡的情况，学者们苦心孤诣数十载的研究恐怕不如一次商演、一场讲座所得收益之丰。在自身内心不平衡以及身边因学术造假而名利双收的学者们影响的双重驱动下，某些学者往往容易抛弃内心的坚持而走向功利化这条"捷径"。

造成这种现象还有另一方面的原因。于社会层面而言，监管制度的缺失使学者们认为此路可行，即便因学术造假而获得惩罚，后果也无非是道歉认错，其成本与功利化带来的收益相比微不足道，助长了功利化风气。该风气的盛行使得原本认真做学问的学者蠢蠢欲动，于是纷纷效仿，长此以往，形成了一种恶性循环。

要去功利化，恢复学术界清明，应建立相关监管制度并严格执行，对造假、抄袭行为严格处置。另外建立激励制度，将资源合理化分配，学者们得到应有收益，从而不为功利化所动。

真正的学者正是因专注于追求真理而显其崇高，因追求真理所做的贡献而彰其伟大。追求真理应去功利化，需通过建立相关制度恢复学术清明。

3. 已知论说文题目为：**公平和效率相辅相成**。请尝试为其搭建提纲。

4. 在数字经济时代，以免费服务套取用户数据似乎成了互联网行业的常规操作，全方位的便利体验也将用户推向"温水煮青蛙"的境地。《隐私政策》的一揽子授权成为使用 App 的第一道门槛，用户面临要么接受、要么走开的选择困境。一句"中国用户往往愿意用隐私换取便利"掀起了批评声浪，也将个人信息与隐私问题置于聚光灯下。但同时，数字经济的发展的确从总体上增加了用户的福利。在数字经济时代，我们更应关注隐私，还是便利？

请独立审题后尝试构建提纲。

参考答案

1. 文章二

文章一存在较多缺陷，有失分风险。

首先，从立意来看，题干要讨论的是学者追求真理是否要去功利化的问题，而非是否需要淡泊名利的问题。去功利化不等于淡泊名利。

其次，从结构来看，文章的结构不清晰，有较大的失分风险。

最后，从段落内容来看，文中引用了李白、胡适等例子，论据过于老套。

2. 文章一

论说文的目的是要论证观点。换个说法就是：要通过我们的论证，让别人更加相信这个观点。但是在文章二中，第二、三段在追溯学者功利化的原因，并没有论证为什么要去功利化；文章第四段在描述如何去功利化，也没有论证为什么要去功利化。故文章二的论证方向错误，有较大的失分风险。

3. 参考提纲一

题目：公平和效率相辅相成。

第一段：开头。

第二段：公平是效率的保障。马斯洛需求层次理论，良性循环。举例：海底捞餐饮界创新制度——计件工资制。

第三段：效率是公平的基础。效率形成马太效应，越好越强。把蛋糕做大，推动公平制度的建设。

第四段：失去公平，一味追求效率，影响员工的积极性、主动性；效率低下，空谈公平，造成平均主义、普遍贫穷。

第五段：效率和公平看似存在一定矛盾，不可兼得。然而，以效率为主并不意味着可以通过非法手段获得财富，也不意味着要有意留下体制缝隙，而是要进一步完善法制、健全体制；注重公平，也不意味着要劫富济贫，一味追求结果的均等。正确处理好二者之间的关系，找到平衡点，达到最优化效果。举例：某公司现有高管中有三分之一是从基层提拔的，服务到位，运输速度，质量保证；顺丰A股上市，无人机运输，走在行业前列，员工每年涨工资。

第六段：结尾。

参考提纲二

题目：公平和效率相辅相成。

第一段：开头。

第二段：公平促进效率说理，马斯洛需求层次理论，个人需求满足干劲。

第三段：效率反作用于公平说理，先把蛋糕做大，才能更好地分配资源。

第四段：反之，没有公平或没有效率不好。无公平，难以长久保持高效率；无效率，公平也就失去了意义。

第五段：也许有人会说，由于个人能力、社会资源等差异，个人效率会有所不同。讲效率会拉开差距，有失公平；而讲公平会降低部分人的效率。但公平指的是付出与回报呈正相关，是一种多劳多得，按贡献分配，而非绝对数量上的相等。从这点上看，讲效率不会有失公平。同时，讲公平不但不会降低效率，还会激发人们的积极性，从而提高效率。

第六段：结尾。

参考提纲三

题目：公平和效率相辅相成。

第一段：开头。写当前企业的发展状况，指出兼顾公平和效率的重要性。

第二段：公平的环境将促进企业员工的工作积极性，从而提高工作效率。举例：万达集团注重内部控制，因此形成公平的竞争环境，使其发展快于其他企业。

第三段：当企业员工专注于工作效率时，工作成果将成为一个企业评判员工的最重要标准，这样有利于维护员工之间的良性竞争，从而塑造公平的环境。

第四段：没有公平，会对高效产生不良影响；同样，没有高效，公平也岌岌可危。举例：某事业单位因为竞争不公平导致了工作效率低下的不良后果。

第五段：结尾。

4. 参考提纲一

题目：数字经济时代应更关注隐私。

第一段：开头。

第二段：更关注隐私，有利于促进互联网生态良性发展。一方面，用户群体更关注隐私，会引起国家监管部门对这一问题的重视，通过规范来限制数据公司的行为边界；另一方面，更关注隐私有利于隐私保护成为用户的一个实质需求，从而使得保护隐私成为数据公司的竞争点，形成以保护隐私为中心的良性竞争。

第三段：反之，若更关注便利，用户很可能会面临巨大的风险。第一，用户对便利的倾向，使得数字巨头更加肆无忌惮地侵犯用户的个人信息，用户信息泄露风险将会进一步扩大；第二，更关注便利则会让用户逐渐丧失对隐私的重视，逐渐变成数据巨头的"信息羔羊"，被不断收割，最终很可能彻底暴露在互联网的世界里。

第四段：当然，更关注隐私在短期内可能会使得数据公司做出限制用户便利的行为，影响用户便利。但从长期来看，更关注隐私能够倒逼数据公司保障用户隐私安全。同时，为了获取长期收益，公司不得不让用户更加便利，从而使得用户的隐私和便利得到双重保障。

第五段：结尾。

参考提纲二

题目：互联网时代应更关注隐私。

第一段：开头。

第二段：对于互联网企业来说，第一，关注隐私→减少法律风险，降低法律成本；第二，关注隐私→尊重用户，赢得信赖→增加商誉；第三，关注隐私→满足安全感（马斯洛需求层次理论），吸引用户。

第三段：对于用户来说，第一，关注隐私→降低风险（盗刷、网络骗局）；第二，关注隐私→减少相关信息推送，躲避消费主义陷阱。

第四段：虽然不尊重隐私可以帮助企业快速获取大量用户数据，但不利于形成企业用户相互信任的良性循环。窃取数据→用户不信任企业→不愿意披露隐私→企业得不到充足数据→窃取数据。

第五段：尊重隐私不代表不主动获取用户数据，只是在给予用户充分选择的情况下，让用户自愿披露部分信息以获取便利。

第六段：结尾。

参考提纲三

题目：数字经济时代更应注重隐私保护。

第一段：开头。

第二段：关注隐私保护有利于营造良好的网络环境。社会监督力度加强，促使企业谨慎对待用户隐私；政府出台相关法律，共同促进网络环境的净化，保障网络安全。

第三段：只顾便利，忽略隐私，危害个人安全。

人身安全角度：地址泄漏，引狼入室。

财产安全角度：身份盗窃、银行卡盗刷屡见不鲜（举例：根据真人真事改编的电影《猫鼠游戏》）。

第四段：只顾便利，忽略隐私，导致恶性循环。

企业利用用户追求便利的心理收集个人信息（举例：Facebook 收购 WhatsApp 用于收集信息）。用户对隐私的淡漠使企业肆无忌惮地利用个人隐私赚取利润。一方面，由于用户忽略隐私，不法分子乘虚而入，对毫无防备的消费者进行侵害；另一方面，由于缺乏关注度，这些不法分子侥幸逃脱并再次作案的可能性增加。最终导致隐私泄漏变本加厉的恶性循环。

第五段：隐私泄漏只是数字经济发展潮流中的一件小事，倒不能否认整体向好的趋势。注重隐私保护不是因噎废食，放弃数字经济提供的方便，而是要提高警惕，防范风险，在享受方便的同时，不要忘记保护隐私。

第六段：结尾。

第十五章　真题四步法演练

第一节　2023年管理类综合能力考试真题

论说文：根据下述材料，写一篇700字左右的论说文，题目自拟。

人们常说"领导艺术"，可见领导与艺术之间存在着某种相似点，如领导一个团队完成某项任务就和指挥一个乐队演奏某首乐曲一样。

一、四步法演练

第一步：审题

（1）宏观定方向。对领导艺术持肯定态度。
（2）微观定细节。中心词：领导艺术。范围：团队发展。
（3）细节变观点。领导艺术的重要性；掌握领导艺术，推动团队发展。

第二步：确定结构

题目—开头—正论—正论—结尾。

第三步：标注理由关键词

+主观能动性、积极性、创造性、激励、工作热情。
+团队凝聚力、节约成本、组织认同感、提高效率。

第四步：串词行文

本文是用上一章的万能模板所搭建出来的。

具备领导艺术，助力目标达成

指挥乐队演奏某首乐曲，不仅需要调动每个乐队成员的积极性，更需要让整个乐队和谐。指挥乐队如此，领导团队又何尝不是如此，团队目标的达成也离不开领导艺术。

具备领导艺术能有效地调动团队成员的主观能动性。团队管理是基于人的管理，如何最大限度地调动团队成员的积极性和创造性，释放每个成员所蕴藏的能量，使其以极大的热情和创造力投身于实现一致性战略目标，这是领导者需要达到的目标。管理是一门高深的学问，管理者不仅要大权在握，更重要的是要有高超的领导艺术，充分调动团队成员的工作积极性。而真正有效的激励手段，往往是不用花多少钱就能够做到的，关键是要抓住人的心，从满足人的内心需要出发，才能让其自动自发、充满热情地努力工作。很多所谓的领导只能叫领导方法，不能被称为领导艺术，其往往只能以强制性手段迫使成员完成团队目标，很难调动成员的内在积极性。领导者只有具备领导艺术，接纳个体的差异，尊重个体的多样化需求和特点，才能持久地、长期地对团队成员产生激励作用，调动他们的主观能动性。

具备领导艺术能有效地提高团队凝聚力。团队的运转就像一台精密的仪器，需要所有的"零部件"紧密配合。仅仅依赖法律法规、规章制度等强行约束，统一行动，只能使团队成员表面上配合，其内心并没有真正认同团队，难以形成凝聚力。凝聚力是团队对于成员的吸引力，其不仅是团队存在的必要条件，而且对团队潜能的发挥起到很重要的作用。凝聚力可以激发人们的奋斗热情，推动个人的成长进程，也可以在一定程度上为团队节约人才培养的成本。具备领导艺术能更好地提高成员对组织的认同感，进而提高团队凝聚力，使得团队可以高效运转起来，最终达成团队目标。

综上所述，具备领导艺术能更好地助力团队目标达成。

二、审题通关

【独立审题】请认真思考后，独立拟定题目。

【审题测试】请判断以下题目是否合理。

题目1：企业需要领导力。

题目2：领导与艺术。

题目3：寻找共性，助力完善企业。

题目4：管理者需要兼顾领导和艺术。

题目5：掌握领导艺术，推动创新发展。

题目6：大局意识。

题目7：要和指挥家一样做全才。

题目8：领导艺术促进团队和谐。

【参考答案及审题思路】

建议的题目：题目8。

本题的审题方向主要有两个，一是找到领导与艺术的共性，二是指出领导艺术的重要性。从审题的角度来说，两个角度都对；但从行文角度来说，角度一更多在陈述，没在论证，立意不够深刻，角度二在展开行文时更易论证。

故没有风险的立意方向为：

（1）领导艺术的重要性。
（2）掌握领导艺术，推动团队发展。
（3）领导要讲究艺术。
（4）领导艺术促进团队和谐。
（5）让领导发挥艺术之美。

不建议的题目：

> **小贴士**
> 这些立意并非一定错误，也有可能会拿到很高的分数，只是不同阅卷者对这类题目的认知可能存在一定的偏差，存在着极大的扣分风险。

题目1：企业需要领导力。第一，题干中的论证范围是团队，并非企业；第二，题目中没有体现出领导的艺术。

题目2：领导与艺术。题目中没有体现出观点和立场，立意不明确。

题目3：寻找共性，助力完善企业。第一，题干中的论证范围是团队，并非企业；第二，中心词应该是领导的艺术，而不是要找到共性。

题目4：管理者需要兼顾领导和艺术。管理和领导语义重复。

题目5：掌握领导艺术，推动创新发展。结果落到了创新上，题干没有提到创新。

题目6：大局意识。中心词有过度引申之嫌，题干没有提到大局意识。

题目7：要和指挥家一样做全才。题干中并没有说指挥家是全才，有过度引申之嫌。

第二节　2022年管理类综合能力考试真题

论说文：根据下述材料，写一篇700字左右的论说文，题目自拟。

鸟类会飞是因为它们在进化过程中不断优化了其身体结构。飞行是一项特殊的运动，鸟类的躯干进化成了适合飞行的流线型。飞行也是一项需要付出高能量代价的运动，鸟类增强了翅膀、胸肌部位的功能，又改进了呼吸系统，以便给肌肉提供氧气。同时，鸟类在进化过程中舍弃了那些沉重的、效率低的身体部件。

一、四步法演练

第一步：审题

（1）宏观定方向。找到鸟类会飞的原因，并引申到合理范围。
（2）微观定细节。中心词：不断优化结构。范围：鸟引申到人/组织。结果：会飞引申到发展／成功。

（3）细节变观点。发展中需要不断优化结构。

第二步：确定结构

题目—开头—下定义—辩证（现状糟糕）—辩证（现状糟糕的原因）—辩证（糟糕的原因可以化解）＋正论—结尾。

第三步：标注理由关键词

D 不是盲目尝试，而是对不合理进行优化。
B 现状糟糕。舒适区。
B 分析现状糟糕的原因。不愿改变；不敢改变；没有借鉴；有失败案例。
B 现状糟糕的原因可以化解。忽视收益；片面。
＋完善自身、复盘、强化核心、做减法、提高效率。

第四步：串词行文

发展中需要不断优化结构

鸟类会飞是因为它们在进化过程中不断优化了其身体结构。对于组织来说同样如此，组织也需要在发展过程中不断优化其结构。

所谓优化结构，不是盲目地尝试、没有方向地改变，而是以发展为目标，针对组织结构的不合理之处进行优化，增强其核心成分，减少其冗余成分。

组织需要不断优化结构，说起来容易，但现实的情况却不容乐观。数字化浪潮的到来以及近几年疫情的不断蔓延，这些都对人们的生活和工作方式产生了很大的影响。面对这样的局面，组织更需要不断优化结构。可事实上，很多组织却依然安于现状，不敢迈出自己的舒适区。

之所以会产生这样的情况，主要基于以下几点原因：第一，很多组织已经按照原有的方式经营了很多年，处于一个相对安全、熟悉的领域，从而不愿意去改变；第二，优化结构需要耗费大量的成本和精力，但结果却具有较大的未知性，因此很多组织不敢去改变；第三，每个组织在发展的过程中都形成了独一无二的组织结构，没有前车之鉴可供其参考；第四，部分组织试图优化其结构，但最终却以失败收场，这也进一步打击了其他组织优化结构的积极性。

然而，若是组织基于以上理由便拒绝优化，这是极其不理性的行为。一方面，其仅仅看到了组织优化所带来的风险和成本，却忽视了组织优化后可能带来的巨大收益；另一方面，失败的案例往往更容易被人们所熟知，其仅仅看到了部分失败案例，却忽视了更多的成功经验。

实际上，组织只有不断优化结构，才能更好地完善自身，促进自身的发展。不断优化结构的过程有利于企业自我复盘，优化组织结构，以使其更适应当下的发展；不仅如此，优化的过程还有利于组织强化其核心构成，进而提高其稳固性及核心竞争力；更重要的是，组织的结构优化还是一个做减法的过程，能促使企业减少无用的机构和成员，进而提高整体效率。

综上所述，鸟儿尚且在不断地进行自我优化，组织也应该不断地优化结构，从而迎来发展。

二、审题通关

【独立审题】 请认真思考后，独立拟定题目。

【审题测试】 请判断以下题目是否合理。

题目1：适者生存。

题目2：懂得取舍。

题目3：创新改革。

题目4：不断优化有利于达成目标。

题目5：企业要适应环境，做出改变。

题目6：要改进不足。

【参考答案及审题思路】

建议的题目：题目4。

该题的审题难度较小，题干中已经明确给出了中心词。需要注意的是，这道题中的干扰信息较多，很多同学容易被干扰信息误导，一定要在确定题目前排除掉干扰信息，找到准确的审题方向。

题干中的中心句为："鸟类会飞是因为它们在进化过程中不断优化了其身体结构。"剩下的三句话是对这句话的解读，即其优化身体结构主要有三个方向：

第一个方向：改进。将不合适的身体结构在进化中加以改进。

第二个方向：增加。增加需要的身体结构。

第三个方向：减少。舍弃不需要的身体结构。

故本题的最佳立意方向是尊重原题，题目说什么我们就写什么。

中心词：不断优化，不断优化结构。

结果：鸟类会飞。（由于本题为寓言故事，需要将该结果进行翻译，可以翻译为达成目标、发展等）

参考立意：发展中需要不断优化；不断优化有利于达成目标；不断优化结构促发展；等等。

将本题审题方向理解为改进、增加、减少三个方向之中的任何一个都不够全面，会酌情扣分。如要改进不足、要做好减法、要舍弃冗余等单一的审题方向都不全面。

需要注意的是，本题为寓言故事类型，题干中没有给出主体，按理来说不需要强调某一专门的主体。但如果大家为了更好地展开下文，与某主体结合且结合得较为自然，也不算错误，即便扣分也扣得比较少。

不建议的题目：

题目 1：适者生存。第一，题目所探讨的不是生存问题；第二，题目较泛，题干已经给出了"适"的方向，即不断优化，故最好直接指出。

题目 2：懂得取舍。该题目较泛，没有写清具体应如何取舍。

题目 3：创新改革。偏离题意，该题题干没有提到创新。

题目 5：企业要适应环境，做出改变。该题目较泛，题干已经给出了"适"的方向，即不断优化，故最好直接指出。

题目 6：要改进不足。将审题方向理解为改进、增加、减少三个方向之中的任何一个都不够全面，会酌情扣分。

第三节 2021年管理类综合能力考试真题

论说文：根据下述材料，写一篇700字左右的论说文，题目自拟。

我国著名实业家穆藕初在《实业与教育之关系》中指出，教育最重要之点在道德教育（如责任心和公共心之养成、机械心之拔除）和科学教育（如观察力、推论力、判断力之养成）。完全受此两种教育，实业界中坚人物遂由此产生。

一、四步法演练

第一步：审题

宏观定方向。完全受此两种教育，实业界中坚人物遂由此产生。

微观定细节。两种教育为：道德教育和科学教育。

细节变观点。实业人才需要道德教育和科学教育。

第二步：确定结构

题目—开头—正论道德教育好—正论科学教育好—辩证分析—结尾。

第三步：标注理由关键词

+素质、经济发展、事业心、责任心、热爱、忠于职守、塑造价值取向。

+实力、人工智能、观察力、判断力、推断力。

B不仅仅传授知识、技能，还有其他作用。

第四步：串词行文

道德教育和科学教育有助于培养实业中坚者

正如我国著名实业家穆藕初在《实业与教育之关系》中所说，教育最重要之点是道德教育和科学教育。完全受此两种教育，实业界中坚人物遂出之。穆藕初先生的话对我们当下的实业教育依然具有启发意义，培养实业人才的过程中，我们应重视道德教育和科学教育。

  道德教育有利于提高从业者素质。当今中国工业化和信息化步伐加快，随着经济发展方式的转变，就业市场迫切需要一大批高素质的劳动者。然而，在实业从业者中，缺乏敬业奉献精神、诚信意识淡薄等道德缺失现象却与日俱增。为了提高实业者的道德素养，我们应追根溯源，加强道德教育。道德教育有利于增强人们的事业心和责任心，能够使受教育者热爱自己的事业、忠于职守、胜任本职工作；同时，道德教育还有利于更好地塑造价值取向，树立远大理想并为之奋斗。这些都是实业中坚者不可或缺的人格。

  科学教育有利于提高从业者实力。当下，随着人工智能、大数据等新兴科技的不断发展，"勤能补拙"不再是万能的真理。所有重复性的、有规律的劳动都逐渐被机械、科技所取代。靠蛮力和勤奋已经无法适应当下实业发展的需要。科学的方法才是这个时代的旋律。这就需要我们在教育层面加强对实业的科学教育，在教学环节中培养和提高学生的观察力、判断力及推断力，以"智力"谋"富力"，以科学教育推动实业人才的培养。

  人才是企业发展的根基。所有的人才都是在接受教育后被输送到各行各业。教育的水平将在很大程度上决定人才的水平。教育不仅仅是"教"，更要"育"。实业教育不应仅仅传授知识、技能，还应该培养高尚的道德情操和科学的思考能力，这也是培养实业中坚者的关键所在。

  基于此，培养实业人才的过程中，我们应重视道德教育和科学教育。

二、审题通关

【独立审题】请认真思考后，独立拟定题目。

【审题测试】请判断以下题目是否合理。

  题目1：我们要争做道德情操和科学精神兼备的人才。

  题目2：道德教育比科学教育更重要。

  题目3：道德教育和科学教育相辅相成。

  题目4：道德教育和科学教育是学校教育的关键。

  题目5：道德教育和科学教育有助于培养实业中坚者。

  题目6：我们更要选拔受过道德教育和科学教育的人。

【参考答案及审题思路】

  建议的题目：题目5。

  该题的审题难度不大，题干中已经直接给出了中心词。但很多同学在审题的过程中容易忽视细节问题，在此和大家强调一下。

  第一，题干的审题方向是道德教育和科学教育都很重要。题干中没有讨论两者是如何相互作用的，故题目不能拟成道德教育和科学教育相辅相成。

第二，题干的主语不是人才，也不是人才选拔者，而是教育者，故要注意拟题方向。

第三，题干的论证范围是实业，不要改变范围。

不建议的题目：

题目1：我们要争做道德情操和科学精神兼备的人才。主语错误。题干的主语不是人才，而是教育者。

题目2：道德教育比科学教育更重要。审题方向错误。题干没有在比较道德教育和科学教育，而是在强调两者都很重要。

题目3：道德教育和科学教育相辅相成。审题方向错误。题干没有在谈两者如何相互作用，而是在强调两者都很重要。

题目4：道德教育和科学教育是学校教育的关键。审题范围错误。题干讨论的是教育对实业的影响，而不仅仅是在讨论教育本身。

题目6：我们更要选拔受过道德教育和科学教育的人。主语错误。题干的主语不是人才选拔者，而是教育者。

论说文结课考试

（总分 100 分，共 5 道题，每道题 20 分）

日期：_____　答题时长：_____　分数：_____

[题源：199–2014] 根据下述材料，写一篇 700 字左右的论说文，题目自拟。

生物学家发现，雌孔雀往往选择尾巴大而艳丽的雄孔雀作为配偶，因为雄孔雀尾巴越大越美丽，表明它越有生命活力，其后代的健康越能得到保证。但是，这种选择也产生了问题：孔雀尾巴越大越美丽，就越容易被天敌发现和猎获，其生存反而会受到威胁。

1. 材料如题，则以下哪项更适合作为论说文题目？请尝试给出理由。

（A）直面风险促发展。

（B）学会选择。

2. 材料如题，则以下哪项更适合作为论说文的开头？请尝试给出理由。

（A）对于每一个生命个体来说，选择往往是决定前方道路的岔路口，每个选择的做出也决定了一个人的一生将如何度过。一个人如此，一个企业、一个国家更是如此。

（B）雌孔雀在选择配偶的时候，往往选择尾巴大而艳丽的雄孔雀，这样直面风险的选择虽然会使其面临生存受到威胁的风险，但更重要的是这种选择会使其后代更健康。不仅孔雀如此，我们又何尝不是如此，只有勇于直面风险才更易收获成功。

3. 材料如题，则以下哪项更适合作为论说文的结构？请尝试给出理由。

（A）题目：直面风险有利于发展

第一段：开头。

第二段：直面风险能够使企业在复杂多变的市场环境中稳固发展。

第三段：直面风险有利于企业竞争优势的提升。

第四段：直面风险并不意味着不加思索、莽撞行事，而是一种在仔细考量后的合理做法。

第五段：结尾。

（B）题目：直面风险才能发展

第一段：开头。

第二段：为了更好的发展，需要直面风险。

第三段：为了长远的发展，需要直面风险。

第四段：为了稳定的发展，需要直面风险。

第五段：结尾。

4. 材料如题，则以下哪项更适合作为论说文的论证段落？请尝试给出理由。

（A）在选择时，我们不能只想着挤破头，踏入某个门槛，却忽略了自己是否能够生存。迎接挑战也是一个人必须经历的，这个过程也许举步维艰，但这是踏入这个领域必须面对的，也是选择后必须接受的挑战，这其实是做出选择前就应该考虑的后续问题。真正重要的并不是一个人做出了怎样的选择，最后决定成败的往往是选择后的努力与适应。

（B）直面风险有利于提升积极性，还能迫使自身提高洞察力。面对不确定风险的无措反而会倒逼自己聚焦于发展态势，减少了其他不必要因素的干扰，这样可以锻炼自身对于事物发展的敏锐程度，从而有助于做出正确的选择，降低错判风险。时刻保持紧迫感，督促自己保持"半杯水"的心态，不断勉励自己，实现质的飞跃，为自己积蓄更多的能量，实现完美绽放。

5. 材料如题，则以下哪篇文章更容易在考场上拿到高分？请尝试给出理由。

（A）

做选择应考虑风险

雌孔雀为了后代的健康选择尾巴大而艳丽的雄孔雀作为配偶，但这样的雄孔雀由于容易被猎物发现，生存易受威胁。这样的现象同样可以在企业做决策时出现，然而，做出选择时应当考虑风险。

风险是一种不确定性因素，可能会使预先能达到的结果变坏。因此，如果要做出决策，考虑风险和收益的关系是必要的。企业在进行战略部署时，需要做市场调研，搜集各方面的市场信息，这种做法在评估项目收益的同时也会衡量项目失败的可能性有多大，无论多大的企业，风险与收益的比较这一步是必不可少的。合理利用高风险带来的高收益可能会使企业获利，但相反，以企业投资一笔金融资产为例，高收益的背后必然伴随着高风险，此时企业若不进行风险测算就贸然投资，很有可能会损失资产。

假如不考虑风险的影响，轻则损失一笔投资或者公司名誉，重则可能会使公司陷入不可逆的困境。企业的资金是有限的，对于制造业企业而言，如果投资一个收益很高但风险很大的项目，直接的结果有可能是资金无法及时回笼，那么企业就难以及时购买原材料，产品的生产很可能陷入停滞。这对于一个制造业企业而言后果是难以设想的，既然无法生产，公司便不敢接订单，因此企业可能会陷入一个停止发展的怪圈。

因此，企业在面临抉择时最好衡量好风险带来的影响。企业可以通过设置公司决策机制，提高决策谨慎性，避免一人或少数人决策从而受到高风险的影响。此外，对于企业而言，加强对管理层的风险培训也可以提高他们在决策时的意识，从而根据公司情况合理利用与规避风险，从而让企业在一定程度上控制风险。

总之，风险与收益并存。对于企业而言，风险是把双刃剑，控制得好可以为企业带来利润，而控制不好则会让企业陷入困境。因此，在做选择时应该考虑风险。

（B）

直面风险更易成功

雌孔雀在选择配偶时，往往会为了后代的健康选择尾巴大而艳丽的雄孔雀，尽管这样有被天敌发现和捕获的风险。这也给了我们启发：直面风险更易成功。

在信息传播如此快速的当今社会，无论身处何地，都会或多或少地听到过直面风险进而获得成功的例子。我们一方面会感叹别人勇于冒险、孤注一掷的精神，羡慕其获得的成就；另一方面却迟迟不敢让自己放手一搏，究其原因，无非就是担心自己现有的利益会受损。但让我们冷静下来，理智地思考一下，直面风险、勇于拼搏真的会损害利益吗？其实，答案是否定的。直面风险不仅可以使我们获得超额回报，就算失败了，我们也可以拥有一段丰富的经历，为以后的成功积累经验，这无异于一种利益的变相获得。

直面风险更有利于积累经验。生活就如同一片汪洋大海，倘若没有一点波浪，那又与泥潭有何区别呢？而我们遨游在大海之中，又怎能不经历波澜呢？唯有勇往直前，直面风险，才会达到成功的彼岸。"两弹元勋"邓稼先，每天都冒着受辐射的风险，不辞辛苦地工作着，甚至有一次冒险进入试验区，找出了久未爆炸的试验弹头。倘若没有邓稼先的这种直面风险的精神，我国的导弹事业也不会发展得如此迅速，取得如此大的成就。

当然，"明知山有虎，偏向虎山行"的这种冒险精神并不是莽撞、不计后果的体现，相反，它所体现的这种直面风险的精神更易使我们获得成功。刘邦敢于单赴鸿门宴，这无疑是一种直面风险的精神，而蔺相如敢在秦王面前怒发冲冠，警告秦王将"以颈血溅大王矣"，这也是一种直面风险的精神。正因如此，才有了辉煌一时的汉室王朝，才有了流芳百世的"完璧归赵"，这些都是直面风险的功劳。

综上所述，直面风险、敢于拼搏会促使人更好地发展，更易使人成功。

答案速查表				
1	2	3	4	5
A	B	A	B	B

参考答案

1. A

论说文的题目需要明确表达出观点，不能模棱两可。B 选项的题目没有给出明确的选择，故不合适。

2. B

论说文的开头应引入材料，并由材料过渡到观点。A 选项脱离了材料，且没有明确表达出观点。故 B 选项更合适。

3. A

论说文的每个段落之间应该有层次，且内容不能交叉。B选项的第二、三、四段内容没有差异性。故A选项更容易拿高分。

4. B

论说文的每个段落都是在论证。A选项的段落中没有表达出明确的观点，也没有在论证，故不合适。

5. B

A文章存在诸多缺陷，现详细分析如下：

做选择应考虑风险

【题目不建议。在本题中，如果拟定类似题目很难拿到一、二类卷的高分。原因是考虑风险这一表达很含糊，没有对孔雀的行为表达出明确的态度】

雌孔雀为了后代的健康选择尾巴大而艳丽的雄孔雀作为配偶，但这样的雄孔雀由于容易被猎物发现，生存易受威胁。这样的现象同样可以在企业做决策时找到，然而，做出选择时应当考虑风险。【第一，故事引入的部分情节不够合理，故事中是雌孔雀做了选择，结果也应该作用于雌孔雀，这样更有说服力；第二，"然而"这一转折词的使用很奇怪】

风险是一种不确定性因素，可能会使预先能达到的结果变坏。因此，如果要做出决策，考虑风险和收益的关系是必要的。企业在进行战略部署时，需要做市场调研，搜集各方面的市场信息，这种做法在评估项目收益的同时也会衡量项目失败的可能性有多大，无论多大的企业，风险与收益的比较这一步是必不可少的。合理利用高风险带来的高收益可能会使企业获利，但相反，以企业投资一笔金融资产为例，高收益的背后必然伴随着高风险，此时企业若不进行风险测算就贸然投资，很有可能会损失资产。【作者在写作本段时应该非常痛苦，这种痛苦是由观点本身导致的。观点本身想传递的意思非常含糊，没有表达清楚应该如何选择，这导致该段内容也非常含糊】

假如不考虑风险的影响，轻则损失一笔投资或者公司名誉，重则可能会使公司陷入不可逆的困境。企业的资金是有限的，对于制造业企业而言，如果投资一个收益很高但风险很大的项目，直接的结果有可能是资金无法及时回笼，那么企业就难以及时购买原材料，产品的生产很可能陷入停滞。这对于一个制造业企业而言后果是难以设想的，既然无法生产，公司则不敢接订单，因此企业可能会陷入一个停止发展的怪圈。【本文的观点是要考虑风险，既要规避风险又要直面风险，要把握好度。但是本段仅论证了规避风险】

因此，企业在面临抉择时最好衡量好风险带来的影响。企业可以通过设置公司决策机制，提高决策谨慎性，避免一人或少数人决策从而受到高风险的影响。此外，对于企业而言，加强对管理层的风险培训也可以提高他们在决策时的意识，能根据公司情况合理利用风险，也能合理规避风险，从而让企业能在一定程度上控制风险。【同上，观点本身不够深刻，导致本段没有价值】

总之，风险与收益并存，对于企业而言，风险是把双刃剑，控制得好可以为企业带来利润，而控制不好则会让企业陷入困境。因此，在做选择时应该考虑风险。【同上，观点本身不够深刻，导致本段没有价值】

附 录

附录一　历年论证有效性分析真题速查

> **小贴士**
>
> 未特殊说明的情况下，题干要求均为：
>
> 分析下述论证中存在的缺陷和漏洞，选择若干要点，写一篇600字左右的文章，对该论证的有效性进行分析和评论。（论证有效性分析的一般要点是：概念特别是核心概念的界定和使用是否准确并前后一致，有无各种明显的逻辑错误，论证的论据是否成立并支持结论，结论成立的条件是否充分，等等。）

管理类综合能力考试论证有效性分析真题汇编

2023 年（老年人工作）

随着人口的老龄化，大家都在议论老年人还要不要继续工作的话题。我们认为，老年人应该继续工作。

《宪法》规定，"中华人民共和国公民有劳动的权利和义务"。由此可见，老年人继续工作是法律赋予他们的权利。

据统计，我国2019年人均预期寿命已经达到77.3岁，这说明老年人的健康水平大大提高了，所以老年人完全有能力继续工作。

如果老年人不再继续工作而退出劳动力市场，就势必会打破劳动力市场的原有平衡，从而造成社会劳动力的短缺。如果老年人继续工作，就能有效地避免这一问题。此外，老年人有权利追求更高质量的生活。他们想增加收入，改善生活，就应该继续工作。再说，有规律的生活方式有益于身体健康，而工作实际上是一种有规律的生活方式，所以老年人继续工作还有益于其身体健康。

2022 年（默默无闻）

默默无闻、无私奉献虽然是人们尊崇的德行，但这种德行其实不可能成为社会的道德精神。

一种德行必须借助大众媒体的传播，让大家受其感染，并化为自觉意识，然后才能成为社会的道德精神。但是，默默无闻、无私奉献的精神所赖以存在的行为特点是不事张扬、不为人知。既然如此，它就得不到传播，也就不可能成为社会的道德精神。

退一步讲，默默无闻、无私奉献的善举经媒体大力宣传后为更多的人所了解，这就从根本上使这一善举失去了默默无闻的特性。既然如此，这一命题就无从谈起了。

再者，默默无闻的善举一旦被媒体大力宣传，当事人必然会受到社会的肯定与赞赏，而这就是社会对他的回报。既然他从社会得到了回报，怎么还可以说是无私奉献呢？

由此可见，默默无闻、无私奉献的德行注定不可能成为社会的道德精神。

2021年（眼见未必为实）

常言道："耳听为虚，眼见为实。"其实，"眼所见者未必实"。

从哲学意义上来说，事物的表象不等于事物的真相。我们亲眼看到的，显然只是事物的表象而不是真相。只有将看到的表象加以分析，透过现象看本质，才能看到真相。换言之，我们亲眼看到的未必是真实的东西，即"眼所见者未必实"。

举例来说，人们都看到旭日东升，夕阳西下，也就是说，太阳环绕地球转。但是，这只是人们站在地球上看到的表象而已，其实这是地球自转造成的。由此可见，眼所见者未必实。

我国古代哲学家老子早就看到了这一点。他说过，人们只看到房子的"有"（有形的结构），但人们没看到的"无"（房子中无形的空间）才有实际效用。这也说明眼所见者未必实，未见者为实。

老子还说，讲究表面的礼节是"忠信之薄"的表现。韩非解释时举例说，父母和子女因为感情深厚而不讲究礼节，可见讲究礼节是感情不深的表现。现在人们把那种客气的行为称作"见外"，也是这个道理。这其实也是一种"眼所见者未必实"的现象。因此，如果你看到有人对你很客气，就认为他对你好，那就错了。

2020年（冬奥会）

北京将联手张家口共同举办2022年冬季奥运会。中国南方的一家公司决定在本地投资设立一家商业性的冰雪运动中心。这家公司认为，该中心一旦投入运营，将获得可观的经济效益。这是因为：

北京与张家口共同举办冬奥会，必然会在中国掀起一股冰雪运动热潮。中国南方许多人从未有过冰雪运动的经历，会出于好奇心而投身于冰雪运动。这正是一个千载难逢的绝好商机，不能轻易错过。

而且，冰雪运动与广场舞、跑步等不一样，需要一定的运动用品，例如冰鞋、滑雪板与运动服装等等。这些运动用品价格不菲而具有较高的商业利润。如果在开展商业性冰雪运动的同时也经营冬季运动用品，则公司可以获得更多的利润。

另外，目前中国网络购物已经成为人们的生活习惯，但相对于网络商业，人们更青睐直接体验式的商业模态，而商业性冰雪运动正是直接体验式的商业模态，无疑具有光明的前景。

2019年（选择与快乐）

有人认为选择越多越快乐。其理由是：人的选择越多就越自由，其自主性就越高，就越感到幸福和满足，所以就越快乐。其实，选择越多可能会越痛苦。

常言道："知足常乐。"一个人知足了才会感到快乐。世界上的事物是无穷的，所以选择也是无穷的。所谓"选择越多越快乐"，意味着只有无穷的选择才能使人感到最快乐。而追求无穷的选择就是不知足，不知足者就不会感到快乐，那就只会感到痛苦。

再说，在作出每一选择时，首先需要我们对各个选项进行考察分析，然后再进行判断决策。选择越多，我们在考察分析选项时势必付出更多的精力，也就势必带来更多的烦恼和痛苦。事实也正是如此。我们在做考卷中的选择题时，选项越多选择起来就越麻烦，也就越感到痛苦。

还有,选择越多,选择时产生失误的概率就越高,由于选择失误而产生的后悔就越多,因而产生的痛苦也就越多。有人因为飞机晚点而后悔没选坐高铁,就是因为可选交通工具多样而造成的。如果没有高铁可选,就不会有这种后悔和痛苦。

退一步说,即使其选择没有绝对的对错之分,也肯定有优劣之分。人们作出某一选择后,可能会觉得自己的选择并非最优而产生懊悔。从这种意义上说,选择越多,懊悔的概率就越大,也就越痛苦。很多股民懊悔自己没有选好股票而未赚到更多的钱,从而痛苦不已,无疑是因为可选购的股票太多造成的。

2018年(物质与精神)

哈佛大学教授本杰明·史华慈(Benjamin I. Schwartz)在20世纪末指出,开始席卷一切的物质主义潮流将极大地冲击人类社会固有的价值观念,造成人类精神世界的空虚。这一论点值得商榷。

首先,按照唯物主义物质决定精神的基本原理,精神是物质在人类头脑中的反映。因此,物质丰富只会充实精神世界,物质主义潮流不可能造成人类精神世界的空虚。

其次,后物质主义理论认为:个人基本的物质生活条件一旦得到满足,就会把注意点转移到非物质方面。物质生活丰裕的人,往往会更注重精神生活,追求社会公平、个人尊严等等。

还有,最近一项对某高校大学生的抽样调查表明,有69%的人认为物质生活丰富可以丰富人的精神生活,有22%的人认为物质生活和精神生活没有什么关系,只有9%的人认为物质生活丰富反而会降低人的精神追求。

总之,物质决定精神,社会物质生活水平的提高会促进人类精神世界的发展。担心物质生活的丰富会冲击人类的精神世界,只是杞人忧天罢了。

2017年(本性与行为)

如果我们把古代荀子、商鞅、韩非等人的一些主张归纳起来,可以得出如下一套理论:

人的本性是"好荣恶辱,好利恶害"的,所以,人们都会追求奖赏、逃避刑罚。因此,拥有足够权力的国君只要利用赏罚就可以把臣民治理好了。

既然人的本性是好利恶害的,那么在选拔官员时,既没有可能也没有必要去寻求那些不求私利的廉洁之士,因为世界上根本不存在这样的人。廉政建设的关键,其实只在于任用官员之后能够有效地防止他们以权谋私。

怎样防止官员以权谋私呢?国君通常依靠设置监察官的方法。这种方法其实是不合理的。因为监察官也是人,也是好利恶害的,所以依靠监察官去制止其他官吏以权谋私,就是让一部分以权谋私者制止另一部分人以权谋私,结果只能使他们共谋私利。

既然依靠设置监察官的方法不合理,那么依靠什么呢?可以利用赏罚的方法来促使臣民去监督。谁揭发官员的以权谋私就奖赏谁,谁不揭发官员的以权谋私就惩罚谁,臣民出于好利恶害的本性,就会揭发官员的以权谋私。这样,以权谋私的罪恶行为就无法藏身,就是最贪婪的人也不敢以权谋私了。

2016年(大学生就业难)

现在人们常在谈论大学毕业生就业难的问题,其实大学生的就业并不难。

据国家统计局数据，2012年我国劳动年龄人口比2011年减少了345万，这说明我国劳动力的供应从过剩变成了短缺。据报道，近年长三角等地区频频出现"用工荒"现象，2015年第二季度我国岗位空缺与求职人数的比率约为1.06，表明劳动力市场需求大于供给。因此，我国的大学毕业生其实是供不应求的。

还有，一个人受教育程度越高，他的整体素质也就越高，适应能力就越强，当然也就越容易就业。大学生显然比其他社会群体更容易就业，再说大学生就业难就没有道理了。

实际上，一部分大学生就业难，是因为其所学专业与市场需求不相适应或对就业岗位的要求过高。因此，只要根据市场需求调整高校专业设置，对大学生进行就业教育以改变他们的就业观念，鼓励大学生自主创业，那么大学生的就业难问题将不复存在。

总之，大学生的就业并不是什么问题，我们大可不必为此顾虑重重。

2015年（生产过剩）

有一段时期，我国部分行业出现了生产过剩现象。一些经济学家对此忧心忡忡，建议政府采取措施加以应对，以免造成资源浪费，影响国民经济正常运行。这种建议看似有理，其实未必正确。

首先，我国部分行业出现的生产过剩并不是真正的生产过剩。道理很简单，在市场经济条件下，生产过剩实际上只是一种假象。只要生产企业开拓市场、刺激需求，就能扩大销售，生产过剩马上就会化解。退一步说，即使出现了真正的生产过剩，市场本身也会进行自动调节。

其次，经济运行是一个动态变化的过程，产品的供求不可能达到绝对的平衡状态，因而生产过剩是市场经济的常见现象。既然如此，那么生产过剩也就是经济运行的客观规律。因此，如果让政府采取措施进行干预，那就违背了经济运行的客观规律。

再说，生产过剩总比生产不足好。如果政府的干预使生产过剩变成了生产不足，问题就会更大。因为生产过剩未必会造成浪费，反而可以因此增加物资储备以应对不时之需。如果生产不足，就势必造成供不应求的现象，让人们重新去过缺衣少食的日子，那就会影响社会的和谐与稳定。

总之，我们应该合理定位政府在经济运行中的作用。政府要有所为，有所不为。政府应该管好民生问题。至于生产过剩或生产不足，应该让市场自动调节，政府不必干预。

2014年（制衡与监督）

现代企业管理制度的设计所要遵循的重要原则是权力的制衡与监督。只要有了制衡与监督，企业的成功就有了保证。

所谓制衡，指对企业的管理权进行分解，然后使被分解的权力相互制约以达到平衡，它可以使任何人不能滥用权力；至于监督，指对企业管理进行严密观察，使企业运营的各个环节处于可控范围之内。既然任何人都不能滥用权力，而且所有环节都在可控范围之内，那么企业的运营就不可能产生失误。

同时，以制衡与监督为原则所设计的企业管理制度还有一个固有特点，即能保证其实施的有效性，因为环环相扣的监督机制能确保企业内部各级管理者无法敷衍塞责。万一有人敷衍塞责，也会受到这一机制的制约而得到纠正。

再者，由于制衡原则的核心是权力的平衡，而企业管理的权力又是企业运营的动力与起点，因此权力的平衡就可以使整个企业运营保持平衡。

另外，从本质上来说，权力平衡就是权力平等，因此这一制度本身蕴含着平等观念。平等观念一旦成为企业的管理理念，必将促成企业内部的和谐与稳定。

由此可见，如果权力的制衡与监督这一管理原则付诸实践，就可以使企业的运营避免失误，确保其管理制度的有效性、日常运营的平衡以及内部的和谐与稳定，这样的企业一定能够成功。

2013年（文化软实力）

一个国家的文化在国际上的影响力是该国软实力的重要组成部分。由于软实力是评判一个国家国际地位的要素之一，所以如何增强软实力就成了各国政府高度关注的重大问题。

其实，这一问题不难解决。既然一个国家的文化在国际上的影响力是该国软实力的重要组成部分，那么，要增强软实力，只需搞好本国的文化建设并向世人展示就可以了。

文化有两个特性，一个是普同性，一个是特异性。所谓普同性，是指不同背景的文化具有相似的伦理道德和价值观念，如东方文化和西方文化都肯定善行，否定恶行；所谓特异性，是指不同背景的文化具有不同的思想意识和行为方式，如西方文化崇尚个人价值，东方文化固守集体意识。正因为文化具有普同性，所以一国文化就一定会被他国所接受；正因为文化具有特异性，所以一国文化就一定会被他国所关注。无论是接受还是关注，都体现了该国文化影响力的扩大，也即表明了该国软实力的增强。

文艺作品当然也具有文化的本质属性。一篇小说、一出歌剧、一部电影等，虽然一般以故事情节、人物形象、语言特色等艺术要素取胜，但在这些作品中，也往往肯定了一种生活方式，宣扬了一种价值观念。这种生活方式和价值观念不管是普同的还是特异的，都会被他国所接受或关注，都能产生文化影响力。由此可见，只要创作更多的具有本国文化特色的文艺作品，那么文化影响力的扩大就是毫无疑义的，而国家的软实力也必将同步增强。

2012年（气候变化）

地球的气候变化已经成为当代世界关注的热点。这一问题看似复杂，其实简单。只要我们运用科学原理——如爱因斯坦的相对论——去对待，也许就会找到解决这一问题的方法。

众所周知，爱因斯坦提出的相对论颠覆了人类关于宇宙和自然的常识性观念。不管是狭义相对论还是广义相对论，都揭示了宇宙间事物运动中普遍存在的相对性。

既然宇宙间万物的运动都是相对的，那么我们观察问题时也应该采用相对的方法，如变换视角等。

假如我们变换视角去看一些问题，也许会得出和一般常识完全不同的观点。例如，我们称之为灾害的那些自然现象，包括海啸、地震、台风、暴雨等，其实也是大自然本身的一般现象而已，从大自然的视角来看，无所谓灾害不灾害。只是当它损害了人类利益、危及了人类生存的时候，从人类的视角来看，我们才称之为灾害。

假如再变换一下视角，从一个更广泛的范围来看，连我们人类自己也是大自然的一部分。既然我们的祖先是类人猿，而类人猿正像大熊猫、华南虎、藏羚羊、扬子鳄乃至银杏、水杉、五针松等等一样，是整个自然生态中的有机组成部分，那为什么我们自己就不是了呢？

由此可见，人类的问题就是大自然的问题，即使人类在某一时期部分地改变了气候，也还是整个大自然系统中的一个自然问题。自然问题自然会解决，人类不必过多干预。

2011 年（股市赚钱）

如果你要从股市中赚钱，就必须低价买进股票，高价卖出股票，这是人人都明白的基本道理。但是，问题的关键在于如何判断股价的高低。只有正确地判断股价的高低，上述的基本道理才有意义，否则就毫无实用价值。

股价的高低是一个相对的概念，只有通过比较才能显现。一般来说，要正确判断某一股票的价格高低，唯一的途径就是看它的历史表现。但是，有人在判断当前某一股价的高低时，不注重股票的历史表现，而只注重股票今后的走势，这是一种危险的行为。因为股票的历史表现是一种客观事实，客观事实具有无可争辩的确定性；股票的今后走势只是一种主观预测，主观预测具有极大的不确定性。我们怎么可以只凭主观预测而不顾客观事实呢？

再说，股价的未来走势充满各种变数，它的涨和跌不是必然的，而是或然的，我们只能借助概率进行预测。假如宏观经济、市场态势和个股表现均好，它的上涨概率就大；假如宏观经济、市场态势和个股表现均不好，它的上涨概率就小；假如宏观经济、市场态势和个股表现不相一致，它的上涨概率就需要酌情而定。由此可见，要从股市获取利益，第一是要掌握股价涨跌的概率，第二还是要掌握股价涨跌的概率，第三也还是要掌握股价涨跌的概率。掌握了股价涨跌的概率，你就能赚钱；否则，你就会赔钱。

2010 年（世界是平的）

美国学者弗里德曼的《世界是平的》一书认为，全球化对当代人类社会的思想、经济、政治和文化等领域产生了深刻影响。全球化抹去了各国的疆界，使世界从立体变成了平面，也就是说，世界各国之间的社会发展差距正在日益缩小。

"世界是平的"这一观点，是基于近几十年信息传播技术迅猛发展的状况而提出的。互联网的普及、软件的创新使海量信息迅速扩散到世界各地。由于世界是平的，穷国可以和富国一样在同一平台上接受同样的最新信息。这样就大大促进了穷国的经济发展，从而改善了它们的国际地位。

事实也是如此。所谓"金砖四国"国际声望的上升，无不得益于它们的经济成就，无不得益于互联网技术的发展。特别是中国经济的起飞，中国在世界上的崛起，无疑也依靠了互联网技术的普及，同时也可作为"世界是平的"这一观点的有力佐证。

毋庸置疑，信息传播技术革命还远未结束，互联网技术将会有更大的发展，人类社会将会有更惊人的变化。可以预言，由于信息技术的迅猛发展，世界的经济格局与政治格局将会发生巨大的变化，世界最不发达国家和最发达国家之间再也不会让人有天壤之别的感觉，非洲大陆将会成为另一个北美。同样也可以预言，由于中国的信息技术发展迅猛，中国和世界一样，也会从立体变为平面，中国东西部之间的经济鸿沟将被填平，中国西部的崛起指日可待。

2009 年（知识就是力量）

分析下面的论证在概念、论证方法、论据及结论等方面的有效性。600 字左右。

1 000 是 100 的 10 倍。但是当分母大到上百亿的时候，作为分子的这两个数的差别就失去了意义。在知识经济时代，任何人所掌握的知识，都只是沧海一粟。这使得在培养与选拔人才时，知识尺度已变得毫无意义。

现代网络技术可以使你在最短的时间内查询到你所需要的任何知识信息，有的大学毕业生因此感叹何必要为学习各种知识数年寒窗。这不无道理。传授知识不应当继续成为教育，特别是高等教育的功能。学习知识需要记忆。记忆能力，是浅层次的大脑功能。人们在思维方面的差异，不在于能记住什么，而在于能提出什么。素质教育的真正目标，是培养批判性思维与创造性思维能力。知识与此种能力之间没有实质性的联系，否则就难以解释，具备与爱因斯坦相同知识背景的人有的是，为什么唯独他发现了相对论。硕士、博士这些知识头衔的实际价值一再受到有识之士的质疑，道理就在这里。

"知识就是力量"这一曾经激励了几代人的口号，正在成为空洞的历史回声，这其实是时代的进步。

2008 年（中医科学性）

下面是一段关于中医的辩论。请分析甲乙双方的辩论在概念、论证方法、论据及结论等方面的有效性。600 字左右。

甲：有人以中医不能被西方人普遍接受为理由，否定中医的科学性，我不赞同。西方人不能普遍接受中医是因为他们不理解中国的传统文化。

乙：世界上有不同的文化，但科学标准是相同的。科学研究的对象是普适的自然规律，因此，科学没有国界，科学的发展不受民族或文化因素的影响。将中医的科学地位不为西方科学界认可归咎于西方人不了解中国文化，是荒唐的。

甲："科学无国界"是一个广为流传的谬误。如果科学真的无国界，为什么外国制药公司会诉讼中国企业侵犯其知识产权呢？

乙：从科学角度看，现代医学以生物学为基础，而生物学又建立在物理、化学等学科的基础之上。但中医的发展不以这些学科为基础，因此，它与科学不兼容，这样的东西只能是伪科学。

甲：中医有几千年的历史了，治好了那么多人，怎么可能是伪科学呢？人们为什么崇尚科学？是因为科学对人类有用。既然中医对人类有用，凭什么说它不是科学？西医自然有长于中医的地方，但中医同样有长于西医之处。中医体现了对人体完整系统的把握，强调整体观念、系统思维，这是西医所欠缺的。

乙：我去医院看西医，人家用现代科技手段从头到脚给我检查一遍，怎么能说没有整体观念、系统思维呢？中医在中国居于主导地位的时候，中国人的平均寿命在古代和近代都只有三十岁左右；现代中国人平均寿命提高到七十岁左右，完全拜现代医学之赐。

2007 年（诺贝尔经济学奖）

每年的诺贝尔奖，特别是诺贝尔经济学奖公布后，都会在中国引起很大反响。诺贝尔经济学奖的得主是当之无愧的真正的经济学家。他们的研究成果都经过了实践的检验，为人类社会发展，特别是经济发展做出了杰出的贡献。每当看到诺贝尔经济学奖被西方人包揽，很多国人在羡慕之余，更期盼中国人有朝一日能够得到这一奖项。

然而，我们不得不面对的现状却是，中国的经济学还远远没有走到经济科学的门口，中国真正意义上的经济学家，最多不超过 5 个。

真正的经济学家需要坚持理性的精神。马克斯·韦伯说：现代化的核心精神就是理性化，没有理性主义就不可能有现代化。中国的经济学要向现代科学方向发展，必须把理性主义作为基本的框架。而中国经济学界太热闹了，什么人都可以说自己是个经济学家，什么问题他们都敢谈。有的经济学家今天评股市，明天讲汇率，争论不休，莫衷一是。有的经济学家热衷于担任一些大型公司的董事，或在电视上频频上镜，怎么可能做严肃的经济学研究？

经济学和物理学、数学一样，所讨论的都是非常专业化的问题。只有远离现实的诱惑，潜心于书斋，认真钻研学问，才可能成为真正意义上的经济学家，中国经济学家离这个境界太远了。在中国的经济学家中，你能找到为不同产业代言的人，西方从事经济学研究最优秀的人不是这样的，这样的人在西方只能受投资银行的雇用，从事产业经济学的研究。一个真正的经济学家，首先要把经济学当作一门科学来对待，必须保证学术研究的独立性和严肃性，必须保持与"官场"和"商场"的距离，否则，不可能在经济学领域做出独立的研究成果。

说"中国真正意义上的经济学家，最多不超过5个"，听起来刻薄，但只要去看一看国际上经济学界那些最重要的学术刊物，有多少文章是来自中国国内的经济学家，就会知道这还是比较客观和宽容的一种评价。

2006 年（航空公司订单）

分析下面的论证在概念、论证方法、论据及结论等方面的有效性。600 字左右。

在全球 9 家航空公司的 140 份订单得到确认以后，世界最大的民用飞机制造商之一——空中客车公司 2005 年 10 月 6 日宣布，将在全球正式启动其全新的 A350 远程客机项目。中国、俄罗斯等国作为合作伙伴，也被邀请参与 A350 飞机的研发与生产过程，其中，中国将承担 A350 飞机 5% 的设计和制造工作。

这意味着未来空中客车公司每销售 100 架 A350 飞机，就将有 5 架由中国制造。这表明中国经过多年艰苦的努力，民用飞机研发与制造能力得到了系统的提升，获得了国际同行的认可；这也标志着中国已经可以在航空器设计与制造领域参与全球竞争，并占有一席之地。由此可以看出，在经济全球化的时代，参与国际合作将带来双赢的结果，这也是提高我国技术水平和产业国际竞争力的必由之路。

2005 年（MBA 教育）

分析下面的论证在概念、论证方法、论据及结论等方面的有效性。600 字左右。

没有天生的外科医生，也没有天生的会计师。这都是专业化的工作，需要经过正规的培训，而这种培训最开始是在教室里进行的。当然，学生们必须具备使用手术刀或是操作键盘的能力，但是他们首先得接受专门的教育。领导者则不一样，天生的领导者是存在的。事实上，任何一个社会中的领导者都只能是天生的。领导和管理本身就是生活，而不是某个人能够从教室中学来的技术。教育可以帮助一个具有领导经验和生活经验的人提高到更高的层次，但是，即使一个人具有管理天赋和领导潜质，教育也无法将经验灌入他的头脑。换句话说，试图向某个未曾从事过管理工作的人传授管理学，不啻试图向一个从来没见过其他人类的人传授哲学。组织是一种复杂的有机体，对它们的管理是一种困难的、微妙的工作，需要的是各种各样只有在身临其境时才能得到的体验。总之，MBA 教育试图把管理传授给某个毫无实际经验的人不仅仅是浪费时间，更糟糕的是，它是对管理的一种贬低。

2004 年（公关公司）

分析下面的论证在概念、论证方法、论据及结论等方面的有效性。600 字左右。

目前，国内约有一千家专业公关公司。去年，规模最大的十家本土公关公司的年营业收入平均增长 30%，而规模最大的十家外资公关公司的年营业收入平均增长 15%；本土公关公司的利润率平均为 20%，外资公司为 15%。十大本土公关公司的平均雇员人数是十大外资公关公司的 10%。可见，本土公关公司利润水平高、收益能力强、员工的工作效率高，具有明显的优势。

中国公关协会最近的调查显示，去年，中国公关市场营业额比前年增长 25%，达到了 25 亿元；而日本约为 5 亿美元，人均公关费用是中国的十多倍。由此推算，在不远的将来，若中国的人均公关费用达到日本的水平，中国公关市场的营业额将从 25 亿元增长到 300 亿元，平均每家公关公司就有 3000 万元左右的营业收入。这意味着一大批本土公关公司将胜过外资公司，成为世界级的公关公司。

2003 年（蜜蜂苍蝇实验）

下文摘编于某杂志的一篇文章。分析下面的论证在概念、论证方法、论据及结论等方面的有效性。600 字左右。

把几只蜜蜂和苍蝇放进一只平放的玻璃瓶，使瓶底对着光亮处，瓶口对着暗处。结果，有目标地朝着光亮拼命扑腾的蜜蜂最终衰竭而死，而无目地地乱窜的苍蝇竟都溜出细口瓶颈逃生。是什么葬送了蜜蜂？是它对既定方向的执着，是它对趋光习性这一规则的遵循。

当今企业面临的最大挑战是经营环境的模糊性与不确定性。在高科技企业，哪怕只预测几个月后的技术趋势都是件浪费时间的徒劳之举。就像蜜蜂或苍蝇一样，企业经常面临一个像玻璃瓶那样的不可思议的环境。蜜蜂实验告诉我们，在充满不确定性的经营环境中，企业需要的不是朝着既定方向的执着努力，而是在随机试错的过程中寻求生路，不是对规则的遵循而是对规则的突破。在一个经常变化的世界里，混乱的行动比有序的衰亡好得多。

2002 年（运动与看电视）

下文摘录于某投资公司的一份商业计划：

"研究显示，一般人随着年龄的增长，用于运动锻炼的时间逐渐减少，而用于看电视的时间逐渐增多。在今后的 20 年中，城市人口中老年人的比例将有明显的增长。因此，本公司应当及时地售出足量的'达达运动鞋'公司的股份，并增加在'全球电视'公司中的投资。"

对上述论证进行评论。分析上述论证在概念、论证方法、论据及结论等方面的有效性。

MBA 综合能力考试论证有效性分析真题汇编

2013 年 10 月（勤俭节约）

"勤俭节约"是中国人民的优良传统，也是近百年流传下来的革命传统。在中华人民共和国成立后的建设时期，尤其是 20 世纪 50 年代，国家百废待兴，就是靠全国人民发扬勤俭持家、勤俭建国的艰苦奋斗精神，才在一穷二白的基础上打下了工业化的基础。

时代车轮开进了 21 世纪，中国加入了世贸组织，实现了全面开放。与 30 年前相比，我们面对的国际形势已经发生了天翻地覆的变化。形势在变，任务在变，人的观念也要适应这种变化，也要与时俱进。比如，"勤俭节约"的观念就到了需要改变的时候了。

我们可以从个人、家庭、国家三个层面对"勤俭节约"的观念进行分析。

先从个人的角度谈起，一个人如果过分强调勤俭节约，就会过度关注"节流"，而不重视"开源"。"开源"就是要动脑筋、花气力，最大限度发挥自己的能力合法赚钱。个人的财富不是省出来的，只靠节省，财富的积累是有限的；靠开源，财富才可能会滚滚而来。试想，比尔·盖茨的财富是靠省出来的吗？

再从家庭的角度分析。一个家庭如果过分强调勤俭节约，也就是秉持"勤俭持家"，对于上了年纪的老人，还是应该的，因为他们已经不能出去挣钱了。但对于尚在工作年龄的人，尤其是青年人，提倡勤俭持家有害无益。为了家庭的长远利益，缺钱的时候还可以去借钱，去抵押贷款。为了勤俭持家，能上的学不上，学费是省了，可孩子的前途就耽误了。即使是学费之外的学习费用，也不能一味节俭。试想，如果郎朗的家长当年不买钢琴，能有现在的国际钢琴大师郎朗吗？

最后从国家的角度审视，提倡"勤俭节约"弊远大于利。2008 年以来的金融危机演变为世界性的经济危机，至今还没有完全走出低谷。2008 年之前，中国的高速发展主要靠出口与投资拉动。而今，发达国家一个个囊中羞涩，减少进口，甚至还要"再工业化"，把已经转移到发展中国家的企业再招回去，而且时常举起贸易保护主义的大旗，中国经济已经不能靠出口拉动了。怎么办？投资率已经过高了，只能依靠内需。

如何刺激内需呢？如果每个个人、家庭都秉持勤俭节约的古训，内需是绝对刺激不起来的，也就依靠不上了，结果是只能单靠投资拉动，其后果不堪设想。所以，要刺激内需，必须首先揭示"勤俭节约"之弊端，树立"能挣敢花"之观念。

只要在法律的约束之下，提倡"能挣"就是提倡"奋斗"，就会给经济带来活力，就不会产生许多"啃老族"，也不会产生许多依赖救济的人，就会激励人们特别是年轻人的创新精神，国家的经济可以发展，科技也可以上去。提倡"敢花"就是鼓励消费，就能促进货币和物资流通，就不会产生大量的产品积压，从而也能解决许多企业员工的就业问题，使他们得到挣钱的机会，并进一步增加消费。试想，如果大家挣了钱，都不舍得花，会有多少人因此而下岗失业啊？本来以为勤俭节约是一种美德，结果是祸害了他人。就在你为提倡节约每 1 度电而津津乐道的时候，有多少煤矿和电厂的工人因为领不到工资在流泪。

综上所述,"勤俭节约"作为一种传统已经过时了。在经济全球化的时代,如果继续秉持"勤俭节约"的理念,对个人,对家庭,特别是对国家弊大于利,甚至是有害无利。

2012 年 10 月（四不承诺）

某县县长在任职四年后的述职大会上说:"'不偷懒、不贪钱、不贪色、不整人',今天,可以坦然地说,我兑现了四年前在人大会上的承诺。"接着,他总结了四年工作的主要成绩与存在的问题。报告持续了一个多小时。

几天后,关于"四不"的承诺在网上传开,引起多人热烈讨论,赞赏和质疑的观点互不相让。主要的质疑有以下几种。

质疑之一:"不偷懒、不贪钱、不贪色、不整人"是普通公务员都要坚持的职业底线,何以成为官员的公开承诺?如果那样,"不偷、不抢、喝酒不开车、开车不闯红灯"都应该属于承诺之列了。

质疑之二:不管是承诺"四不"还是"八不",承诺本身就值得怀疑。俗话说"会说的不如会干的""事实胜于雄辩"。有本事就要干出个样子让群众看看,还没有干就先来一番承诺,有作秀之嫌。有许多被揭发出的贪官,在任时说的比唱的都好听。

质疑之三:作为一个县长,即使真正做到了"四不",也不能证明他是一个好干部。衡量县长、县委书记这一级的领导是否称职,主要看他是否能把下面的干部带好。如果只是洁身自好,下面的干部风气不正,老百姓也要遭罪。

质疑之四:县长的总结是抓了芝麻、丢了西瓜。他说的"四不"全是小节,没有高度。一个县的领导应该有大局观、时代感、战略眼光、工作魄力,仅仅做到"四不"是难以担当县长重任的。

2011 年 10 月（个人所得税）

我国的个人所得税从 1980 年开始征收,当时起征点为 800 元人民币。最近几年起征点为 2 000 元,个人所得税总额逐年上升,已经超过 2 000 亿元。随着居民基本生活开支的上涨,国家决定从 2011 年 9 月将个税起征点提高到 3 500 元,顺应了大多数人的意愿。

从个人短期利益上来看,提高起征点确实能减少一部分中低收入者的税收,看似有利于普通老百姓。但是,如果冷静地进行分析,其结果却正好相反。

中国实行税收累进率制度,也就是说工资越高所缴纳的税率也越高。请设想,如果将 2 000 元的个税起征点提高到 10 000 元。虽然,极少数月工资超过 30 000 元的人可能缴更多的税,但是绝大多数人的个税会减少,只是减少的数额不同。原来工资低于 2 000 元的,1 分钱的好处也没有得到;拿 2 000 元工资的人只是减轻了几十元的税;而拿 8 000 元工资的人则减轻了几百元的税收。收入越高,减少的越多,贫富差距自然会被进一步拉大了。

同时,由于税收起征点上调,国家收到的税收大幅度减少,政府就更没有能力为中低收入者提供医疗、保险、教育等公共服务,结果还是对穷人不利。

所以说,建议提高个税起征点的人,或者是听到提高起征点就高兴的人,在捅破这层窗户纸以后,他们也不得不承认这一客观真理:提高个税起征点有利于富人,不利于一般老百姓。

如果不局限在经济层面讨论问题,转到从社会与政治角度考虑,问题就更清楚了。原来以 2 000 元为起征点,有 50% 以上为非纳税人,如果提高到 3 500 元,中国的纳税人就只剩下 20%

了。80%的国民不纳税，必定会引起政治权利的失衡。降低起征点，扩大纳税人的比例，不仅可以缩小贫富差异，还可以培养全民的公民意识。纳税者只有承担了纳税义务，才能享受纳税者的权利。如果没有纳税，人们对国家就会失去主人翁的责任感，就不可能有强烈的公民意识，也就会失去或放弃监督政府部门的权利。所以，为了培养全国民众的公民意识，为了缩小贫富差距，为了建设和谐社会，我们应该适当降低个税起征点。

2010年10月（猴群实验）

科学家在一个孤岛上的猴群中做了一个实验。将一种新口味的糖让猴群中地位最低的猴子品尝，等它认可后再让猴群其他成员品尝；花了大约20天左右，整个猴群才接受了这种糖。将另一种新口味的糖让猴群中地位最高的猴王品尝，等它认可后再让猴群其他成员品尝。两天之内，整个猴群就都接受了该种糖。看来，猴群中存在着权威，而权威对于新鲜事物的态度直接影响群体接受新鲜事物的进程。

市场营销也是如此，如果希望推动人们接受某种新商品，应当首先影响引领时尚的文体明星。如果位于时尚高端的消费者对于某种新商品不接受，该商品一定会遭遇失败。

这个实验对于企业组织的变革也有指导意义。如果希望变革能够迅速取得成功，应当自上而下展开，这样做遭遇的阻力较小，容易得到组织成员的支持。当然，猴群乐于接受糖这种好吃的东西；如果给猴王品尝苦涩的黄连，即使猴王希望其他猴子接受，猴群也不会干。因此，如果组织变革使某些组织成员吃尽苦头，组织领导者再努力也只能以失败而告终。

2009年10月（民主集中制）

民主集中制是一种决策机制。在这种机制中，民主和集中是缺一不可的两个基本点。

民主不外乎就是体现多数人的意志。问题在于什么是集中。对此有两种解读，一种认为"集中"就是集中正确的意见；另一种认为"集中"就是集中多数人的意见。第一种解读看似有理，实际上是一种误读。

大家都知道，五四运动有两面旗帜，一面是科学，另一面是民主。人们也许没有想到，这两面旗帜体现的是两种根本对立的原则。科学强调真理原则，谁对听谁的；民主强调多数原则，谁占多数听谁的。所谓"集中正确的意见"，就是强调真理原则。这样解读"集中"，就会把民主集中制置于自相矛盾的境地。让我们想象一种情景：多数人的意见是错误的，少数人的意见正确。如果将"集中"解读为"集中正确的意见"，则不按多数人的意见办就不"民主"，按多数人的意见办就不"集中"！

毛泽东有一句名言："真理往往掌握在少数人手里。"把集中解释为集中正确意见，就为少数人说了算提供了依据。如果这样，民主岂不形同虚设？

什么是正确的，要靠实践检验，而判断一项决策是否正确，只能在决策实施之后的实践中检验，不可能在决策过程中完成。不知道什么是正确的，如何"集中正确意见"来做决策？既然在决策中集中正确的意见是不可能的，民主集中制的"集中"当然就应该是集中多数人的意见。

2008年10月（官员选拔标准）

有人提出，应当把"孝"作为选拔官员的一项标准，理由是，一个没有孝心、连自己父母都不孝顺的人，怎么能忠诚地为国家和社会尽职尽责呢？我不赞同这种观点。现在已经是21世纪了,我们的思想意识怎么能停留在封建时代呢?选拔官员要考查其"德、勤、能、绩",我赞同应当把"德"作为首要标准。然而,对一个官员来说最重要的是公德而不是私德。"孝"只是一种私德而已。选拔和评价官员,偏重私德而忽视公德,显然是舍本逐末。什么是公德?一言以蔽之,就是忠诚职守,在封建社会是忠于君主,现在则是忠于国家。自古道"忠孝难以两全"。岳飞抗击金兵,常年征战沙场,未能在母亲膝下尽孝,却成了千古传颂的英雄。反观《二十四孝》里的那些孝子,有哪个成就了名垂青史的功业?孔繁森撇下老母,远离家乡,公而忘私,殉职边疆,显然未尽孝道,但你能指责他是个不合格的官员吗?俗话说"人无完人",如果在选拔官员中拘泥于小节而不注意大局,就会把许多胸怀鸿鹄之志的精英拒之门外,而让那些守望燕雀小巢的庸才占据领导岗位。

2007年10月(终身制和铁饭碗)

在中国改革开放的字典里,"终身制"和"铁饭碗"作为指称弊端的概念,是贬义词。其实,这里存在误解。

在现代企业理论中有一个"期界问题"(Horizon Problem),是指由于雇佣关系很短而导致职工的种种短视行为,以及此类行为对企业造成的危害。当雇员面对短期的雇佣关系,首先他不会为提高自己的专业技能投资,因为他在甲企业中培育的专业技能对他在乙企业中的发展可能毫无意义;其次,作为一个匆匆过客,他不会关注企业的竞争力,因为这和他的长期收入没有多大关系;最后,只要有机会,他会为了个人短期收入最大化而损害企业利益,例如过度地使用机器设备等。

为了解决"期界问题",日本和德国的企业对那些专业技能要求很高的岗位上的员工,一般都实行终身雇佣制;而终身雇佣制也为日本和德国企业建立与保持国际竞争力提供了保障。这证明了"终身制"和"铁饭碗"不见得不好,也说明,中国企业的劳动关系应该向着建立长期雇佣关系的方向发展。

在现代社会,企业和劳动者个人都面临着不断变化的市场环境。而变化的环境必然导致机会主义行为。在各行各业,控制机会主义行为的唯一途径,就是在企业内部培养员工对公司的忠诚感。而培养忠诚感,需要建立员工和企业之间的长期雇佣关系,要给员工提供"铁饭碗",使员工形成长远预期。

因此,在企业管理的字典里,"终身制"和"铁饭碗"应该是褒义词。不少国家包括美国不是有终身教授吗?既然允许有捧着"铁饭碗"的教授,为什么不允许有捧着"铁饭碗"的工人呢?

2006年10月(经济与丑闻)

美国是世界上经济最发达的国家,曝光的企业丑闻数量却比发展中国家多得多,这充分说明经济的发展不一定带来道德的进步。企业作为社会财富最重要的创造者之一,也应该为整个社会道德水准的提升做出积极的贡献。如果因为丑闻迭出而导致社会道德风气的败坏,那么我们完全有理由怀疑企业这种组织的存在对于整个社会的意义。当公司的高管们坐着商务飞机在全球遨游时,股东们根本无从知晓管理层是否在滥用自己的权力。媒体上频频出现的企业丑闻也让我们有足够的理由怀疑是否该给大公司高管们支付那么高的报酬。企业高管拿高薪是因为他们的决策对企业的生存与发展至关重要,然而,当公司业绩下滑甚至亏损时,他们却不必支付罚金。正是这种无效的激励机制使得公司高管们朝着错误的方向越滑越远。因此，只有建立有效的激励机制，才能杜绝企业丑闻的发生。

2005年10月（洋快餐发展）

某管理咨询公司最近公布了一份洋快餐行业发展情况的分析报告，对洋快餐在中国的发展趋势给出了相当乐观的预判。

该报告指出，过去5年中，洋快餐在大城市中的网点数每年以40%的惊人速度增长，而在中国广大的中小城市和乡镇还有广阔的市场成长空间；照此速度发展下去，估计未来10年，洋快餐在中国饮食行业的市场占有率将超过20%，成为中国百姓饮食的重要选择。

饮食行业的某些人士认为，从营养角度看，长期食用洋快餐对人体健康不利，洋快餐的快速增长会因此受到制约。但该报告指出，洋快餐在中国受到广大消费者，特别是少年儿童消费群体的喜爱。显然，那些认为洋快餐不利健康的观点是站不住脚的。该公司去年在100家洋快餐店内进行的大量问卷调查结果显示，超过90%的中国消费者认为食用洋快餐对于个人的营养均衡有所帮助。而已经喜爱上洋快餐的未成年人在未来成为更有消费能力的成年群体之后，洋快餐的市场需求会大幅度跃升。

洋快餐长期稳定的产品组合以及产品和服务的标准化，迎合了消费者希望获得无差异食品和服务的需要，这也是洋快餐快速发展的重要优势。

该报告预测，如果中国式快餐在未来没有较大幅度的发展，洋快餐一定会成为中国饮食行业的霸主。

2004年10月（与老虎赛跑）

有两个人在山间打猎，遇到一只凶猛的老虎。其中一个人扔下行囊，撒腿就跑，另一个人朝他喊："跑有什么用，你跑得过老虎吗？"头一个人边跑边说："我不需要跑赢老虎，我只要跑赢你就够了！"

这个故事告诉我们，企业经营首先要考虑的是如何战胜竞争对手，因为顾客不是选择你，就是选择你的竞争者，所以只要在满足顾客需求方面比竞争者快一点，你就能够脱颖而出，战胜对手。想要跑得比老虎快，是企业战略幼稚的表现，追求过高的竞争目标会白白浪费企业的大量资源。

经济类综合能力考试论证有效性分析真题汇编

2023 年（减轻中小学生负担）

要减轻中小学生过重的学习负担，还必须加强引导和管理。

首先，我们应引导家长破除"望子成龙"的传统观念，因为这一观念是加重中小学生学习负担的重要原因之一。千百年来有多少家长都望子成龙，但大部分的孩子还是成了普通人。如果家长都能正视这一事实，破除"望子成龙"的传统观念，把期望值降低一些，过重的学习负担马上就减轻了。

其次，我们应该改变"不能输在起跑线上"的观念。众所周知，不能输在起跑线上未必能赢在终点线上，既然如此，我们又何必纠结于"起跑线"呢？学习就像马拉松，是长期的过程。马拉松的冠军就不一定是赢在起跑线上的人，如果家长都明白了这个道理，也就不会给子女加压，孩子们就不会存在过重的学习负担了。

再次，我们应该实施素质教育，废除应试教育。应试教育所带来的课业，无疑加重了中小学生的学习任务，如果我们全面地实施素质教育就能有效地减轻学生的负担。

最后，如果有关部门再进一步出台更为严格的减轻中小学生学习负担的法规，减负就能获得成功。

2022 年（数字阅读）

国内公布的一项国民阅读调查分析报告显示，大城市的数字阅读率正以较快的速度增长，这说明数字阅读正在改变人们传统的阅读习惯，即将成为国人主要的阅读方式。

数字阅读和传统的纸质阅读相比具有绝对的优势。各种电子阅读器在实体商店和网上商店比比皆是，人们可以十分方便地买到和使用；互联网时代全球信息一体化，国人可以方便地使用这些丰富的资源，这无疑会加速数字阅读的发展。

另外，为满足受众需求，电子类的报纸、杂志、书籍等出版物迅猛增加，而原有的纸质媒体，如古籍等也在加速实现数字化。这些不争的事实也在佐证传统的纸质阅读方式将很快被人们舍弃而寿终正寝。

2021 年（根治诈骗）

人们受骗上当的事时有发生，乃至有人认为如今的骗术太高明而无法根治。其实，如今要根治诈骗并不难。

首先，从道理上讲，正义终将战胜邪恶，这是历史已证明的规律。诈骗是一种邪恶的行为，最终必将被正义的力量彻底消灭。既然如此，诈骗怎么不能根治呢？

其次，很多诈骗犯虽然骗术高明，但都被绳之以法，这说明在法治社会中，诈骗犯根本无处藏身，这样，谁还敢继续行骗呢？没有人敢继续行骗，诈骗不就被根治了吗？

再次，还可以通过全社会的防范来防止诈骗的发生。诈骗的目的，无非是想骗取钱财。凡是要你花钱的事情，你都要慎重考虑。例如，有些投资公司建议你向他们投资，有些机构推荐你参加高收费的培训，有些婚恋对象向你借巨款。诸如此类，其实都不靠谱。所有的人如果都不相信这些话，诈骗就无法得逞。诈骗无法得逞，不就是被根治了吗？如果建立更加有效的防范机制，根治诈骗就更容易了。

总之，无论从道理上讲，还是从行骗者或被骗者的角度来看，如今要根治诈骗根本不是难事。

2020年（金融机构）

在漫长的发展过程中，金融机构和金融功能逐步形成和完善，但相比金融机构的发展演化，金融功能作为核心和基础则表现得更为稳定，主要表现为提供支付、资产转化、风险管理、信息处理和监督借款人等方面。近些年来金融科技发展突飞猛进，金融业产生了革命性的变化。

数百年来金融业有了很大变化，但金融功能比金融机构更具稳定性。在金融需求推动下，如今的金融规模总量更大、结构更复杂。金融科技发展带来的开放、高效、关联、互通，使金融风险更隐蔽、传递更迅速。互联网的普及为场景金融带来了庞大的用户基础，移动支付技术的发展为各式线上、线下金融场景的联动提供了更多可能；风控技术的进步使得金融安全性得以保障；大数据技术则为整个场景金融生态的良性运转提供着关键性的技术支持。场景金融成为金融功能融合加速器。通过场景平台，金融的四项功能融为一体，或集成于一个手机中。人与商业的关系迈入"场景革命"，供给、需求方便地通过"场景"建立连接，新场景正层出不穷地被定义，新平台不断被新需求创造，新模式不断在升级重塑。

当前金融机构对于金融服务的供给力度仍然不足，特别是长尾客户的金融需求一直以来未被有效满足，巨大的服务真空为金融科技带来机会。金融科技技术运用，将打破传统的金融界限和竞争格局，创造出新的业务产品、渠道和流程，改变金融服务方式及社会公众的生活方式，解决传统金融的痛点；提高在传统业务模式下容易被忽视的微型企业客户的服务供给，将掀开金融竞争和金融科技发展的新的一幕。这对于发展中小企业业务、消费金融和普惠金融意义重大。所以金融科技发展与支持实体经济发展必须要结合，实现"普"和"惠"的兼顾。

2019年（AlphaGo）

AlphaGo（阿尔法狗）是谷歌旗下的DeepMind公司开发的智能机器人，其主要工作原理是"深度学习"。2016年3月，它和世界围棋冠军职业九段选手李世石进行围棋人机大战，以4∶1的总比分获胜。2017年5月，在中国乌镇围棋峰会上，它又与排名世界第一的世界围棋冠军柯洁对战，以3∶0的总比分获胜。围棋界公认AlphaGo围棋的棋力已经超过人类排名第一的棋手柯洁，赛后柯洁也坦言："在我看来，它（AlphaGo）就是围棋上帝，能够打败一切……对于AlphaGo的自我进步来讲，人类太多余了。"

的确，在具有强大自我学习能力的AlphaGo面前，人类已黯然失色，显得十分多余。未来机器人将变得越来越聪明。什么是聪明？聪明就是记性比你好，算得比你快，体力比你强。这三样东西，人类没有一样可跟机器人相提并论。因此，毫无疑问，AlphaGo宣告人类一个新时代的到来。现在一些饭店商店已经有机器人迎宾小姐，上海的一些高档写字楼已经有机器人送餐，日本已经诞生了全自动化的宾馆，由清一色的机器人充当服务生。除了上天入地，机器人还可以干许多人类干不了的活，它们可以进行难度更大、精确度更高的手术，它们还能书法、绘画、创作诗歌小说等，轻而易举进入这些原本人类专属的领域。迈入人工智能化时代，不只是快递小哥，连教师、医生甚至艺术家都要被智能机器人取代了！

现在，我们正处在信息成几何级数增长的大数据包围中，个人的知识量如沧海一粟，显得无足轻重。过去重视基础知识的学习，如让小孩学习加减乘除，背诵默写古诗词等，已经变得毫无意义。你面对的是海量数据，关键不是生产而是使用它们，只要掌握如何搜索就行，网络世界没有你问不到的问题，没有你搜索不到的信息和数据。一只鼠标在手，你就可以畅行天下，尽享天下了。可以说，在这样的时代，人的唯一价值在于创新，所以教育改革的目标在于培养具有独立思考能力，具有批判性思维和创新性思维的人。注重创新、创造、创意，这是人唯一能超越机器人的地方了。

AlphaGo战胜围棋高手，只是掀开冰山一角，可以断言的是，随着人工智能时代的到来，人类即将进入一个由机器人统治的时代，人不如狗，绝非危言耸听，如果我们不愿冒被机器人统治的风险，最好的办法是把已有的人工智能全部毁掉，同时颁布法律明令禁止，就像禁止多利羊的克隆技术应用在人类身上一样。

2018年（市场竞争）

市场竞争有利于谁？有些人认为有利于消费者，在市场中不同的商家为了各自的利益相互斗争，从客观上为第三方——消费者带来好处。因为他们在争斗中互相压价，使消费者占得便宜。

非常肯定地说，这种建立在把生产者与消费者相互割裂基础上的观点是极其错误的。消费者是谁？在现代社会，消费者不是什么第三者，他们之所以有消费能力，是因为他们作为公司的员工获得报酬。市场的主导消费者是谁？也是在单位默默工作，以获得收入的劳动雇佣人。消费者即生产者。市场竞争还会与消费者毫无切身利益关系吗？还会是消费者占得便宜吗？

两家电器公司价格大战，我作为IT公司的员工，感到占便宜，因为电器价格下降了，但是对于电器公司呢？价格战使利润率降低，使电器公司的员工丧失了提高工资的可能。利润是公司再投资的来源，也是工资的来源，这损害了相关竞争公司的员工利益。我在为电器公司竞争感到占便宜的同时，IT公司之间也在竞争，我如同那个电器公司的员工一样恨自己的公司因许多竞争对手的存在而无法独占或占领大部分市场。所以谁也没有占便宜，因为市场竞争是普遍的。总的来说，"市场竞争受益者是消费者"是个伪命题。

那么市场竞争真正的受益者是谁？是那些能在市场竞争中取得优势的社会集团。而大部分社会集团是处于劣势的，它们只占有较小的利润份额。那么，它们的员工就要承担竞争不利的威胁——降低薪水。它们的境遇越是恶化，那么它们的员工的购买力就越低。但是，处于竞争劣势中的总是大多数公司的员工，他们是消费者中的主力军。

总之，市场竞争有利于占据竞争优势的行业的员工——当他们作为消费者的时候，购买力会加强；不利于处于竞争劣势中的行业的员工——当他们同样作为消费者的时候，购买力会减弱。市场竞争只是私有制条件下各市场主体利益相互对抗的产物，本身便是内耗，将一种混乱和内耗罩上有利于消费者的光环，根本是靠不住的。

2017年（市场规模）

我们知道，如果市场规模扩大，最终产品的需求将是巨大的。采用先进技术进行生产的企业，因为产品是高附加值的，所以投资回报率高，工人的工资报酬也高。如果工人得到的工资报酬高，那么所有的工人都会争先恐后地选择在采用先进技术生产的企业工作。这样一来，低技术、低附加值、低工资的劳动密集型企业就会自动淘汰出局了，市场上最终生存下来的都是采用先进技术的高新技术企业。

相反地，如果市场规模狭小，最终产品的需求非常小，而且采用先进技术的成本很高，生产出来的高科技产品根本无人问津，企业无利可图，因此没有一家企业愿意采用先进技术进行生产。这时工人即使拥有高技术，也会发现英雄无用武之地。最终，市场上剩下的都是低技术、低附加值、低工资的劳动密集型企业了。

由此可见，市场规模决定了先进技术的采用与否。没有大的市场规模就别指望能涌现高新的技术企业。中国不仅拥有庞大的国内市场，而且拥有更庞大的国际市场，所以大可不必为中国低技术、低附加值、低工资的劳动密集型企业担心，更不要大动干戈搞什么产业结构升级。政府应该采取"无为而治"的方针，让市场去进行"自然选择"，决定什么样的企业最终存活下来。所以，政府唯一要做的事情就是做大市场，只要把市场做大了，就什么都不用发愁了。

2016 年（结婚证书）

在我们国家，大多数证书都是有有效期的。不要说驾照、营业执照等需要审核的证书了，连身份证也有十年或二十年更换的规定，然而我们的结婚证书，都是不需要年审、不需要换证的。

我认为结婚证书也应有有效期。新领的，有效期七年；到期后，需重新到民政部门办理存续手续，存续十年；十年过后，就不用再办存续手续了。为什么呢？

首先，让男女双方能定期审视自己的婚姻生活。通过办理证书存续手续，男女双方能够有机会好好审视双方结合以来的得与失，从而问一下自己：我还爱他吗？他还爱我吗？自己的婚姻有没有必要再延续呢？通过审视，就能很好地发现自己在上个婚期内有没有亏待过对方，这对今后的婚姻无疑大有益处。

其次，让双方再说一遍"我愿意"，提高夫妻各自的责任感。从热恋的激情甜蜜到婚姻中的熟悉平淡，这似乎是大多数情感的必经过程。然而疲惫的情感却容易使婚姻进入"瓶颈"。经过一段时期的婚期考验后，在办理婚姻二次手续时再向对方说一声"我愿意"，无疑更显真诚、更显实在、更多理性、更能感动对方。即使以前在共同生活中有很多磕磕绊绊，但一句"我愿意"相信可以消除许多误会和猜疑；新婚时说的"我愿意"，有太多的感情冲动，而一段婚姻后再说的"我愿意"，不光更具真情实意，还具有更强的责任感：你不对我负责，我到期就跟你说"再见"。

最后，让一些垂死的婚姻自然死亡，减少许多名存实亡的婚姻的存在，降低离婚成本。现在很多家庭，即使双方已经彻底破裂，却因多种原因而维系着，维系的最主要原因就是不愿去法院打官司。而通过这种婚姻到期存续，就没必要一定要通过办理离婚手续才可离婚，只要有一方说"我不愿意"，就没有婚姻关系了，这样将会使更多对婚姻抱着"好死不如赖活着"想法的人，能够轻松获得解脱。

（选自《发展外语》（第二版），北京语言大学出版社，2011 年）

2015 年（互联网大会）

2014 年 11 月，中国互联网大会，阿里巴巴集团董事局主席马云和京东集团创始人刘强东，围绕网络假货问题各自发表了看法。刘强东已多次指责淘宝"假货"和"逃税"问题，大会开幕前在接受媒体采访时，他直言不讳：中国互联网假货的流行会严重影响消费者的网购信心，这是整个电商行业发展的最大"瓶颈"。刘强东说，目前，网上卖假货、水货的公司都是大型的、有组织化的，动辄几千万、几个亿规模的公司。

阿里巴巴董事长马云高调回击了刘强东："你想想，25块钱就买一块劳力士手表这是不可能的，原因是你自己太贪。"他指出：售假商家最怕去淘宝网上去卖，阿里巴巴很容易就能查出谁在卖。近一两年来整个电商在中国发展迅猛，若靠假货，每天的交易额不可能达到六七十亿元。阿里巴巴每年支出逾1 610万美元用来打击假货。打假行动也获得国际认可，使得美国贸易代表将淘宝从2012年的恶名市场名单中移除。

刘强东指出解决网络假货问题要依靠行业合作、政府监管。他建议，打击售假一是在电商行业内大力推广电子发票，二是推动卖家进行电子工商注册，政府相关部门联合起来加强跨平台联合监管，共同打击有组织、有规模的售假商家。他建议从电商征税角度这一源头上来解决问题。一方面将交税的营业额起征点提高到100万元；另一方面对于百人以上运作的大商户，应注册电子工商执照，使用电子发票。

马云认为，解决网络假货问题要依靠生态系统和大数据。互联网技术能够为知识产权保护和打击制售假冒伪劣商品提供更有利的条件。生态系统建设和大数据技术能够快速找出假货来源，通过信用体系弘扬正能量，从而有效地解决假货问题。马云还补充说，阿里巴巴集团正在建设一个互联网生态系统，该系统对假货的打击和知识产权的保护都很有效。

（改编自《火药味！两个大佬互联网大会上互掐》，《广州日报》，2014年11月21日）

2014年（高考改革）

2013年10月，北京市教育委员会公布的《2014—2016年高考高招改革框架方案》（征求意见稿）显示，从2016年起该市高考语文由150分增至180分；数学仍为150分；英语由150分减为100分，其中听力占30分，阅读、写作等占70分。这一举措引发了各方对高考改革的热烈讨论。

支持者的理由如下：第一，语文高出英语分值80分，有助于强化母语教育，因为不少学生对外语所投入的时间、精力和金钱远远超过语文。第二，母语是学习的基础，只有学好母语才能学好包括英语在内的其他科目。第三，很多中国人从幼儿园就开始学习英语，但除了升学、求职、升职经常需要考英语，普通人在工作、生活中很少用到外语。第四，此举可以改变现有的"哑巴式英语"教学的状况，突出英语作为语言的实际应用作用。

反对者的理由如下：第一，没必要那么重视语文，因为我们就生活在汉语环境中，平时说的、看的都是汉语，喊着"救救汉语"的人实在是杞人忧天。第二，普通人学习英语时不可能像学习母语时那样"耳濡目染"，若还要在学校里弱化英语教学，那么英语就更难学好了。第三，中学生学习负担沉重并不全是因为英语，英语改革需要有周密的调研，高考改革也应从全局考虑。第四，这一举措把中小学英语教学负担推给了大学，并没有考虑到学生今后的发展，因为学生读大学时还得参加四六级英语考试，而检验教育成果的一个重要方面就是学生以后的就业情况。

（改编自《北京高考改革方案：降低英语分值　提高语文分值》，人民网，2013年10月28日；《英语特级教师：反对高考英语改革的九点理由》，中国教育在线，2013年10月24日）

2013年（黄金周）

1999年10月开始实行的"黄金周"休假制度，在拉动经济、为国人带来休闲度假新观念的同时，也暴露出很多问题。因此，自2006年起，陆续有人提出取消"黄金周"的建议。2008年，"五一"黄金周取消，代之以清明、端午、中秋等传统节日"小长假"。2012年"国庆黄金周"后，彻底取消"黄金周"的声音再次引起公众的注意。

支持取消者认为：

第一，"黄金周"造成了景区混乱和资源调配不合理，浪费了社会资源、打乱了正常的生活秩序，不利于经济长期可持续发展。

第二，"黄金周"人为地将双休日挪在一起，使大家不得不连续休假七天，同时要连续工作七天，这在很大程度上是一种"被放假"的安排，体现了一种群众运动式的思维，是计划经济的产物，不符合自主消费的原则。

第三，当初实行"黄金周"是一种阶段性的考虑，随着带薪休假制度的落实，应该彻底取消"黄金周"。

反对取消者则认为：

第一，"黄金周"对旅游业的成熟和发展起到了极大的促进作用，对经济的拉动也功不可没。任何事物都有利有弊，不能只看到弊端就彻底取消。

第二，随着消费者出游经验的不断丰富，旅游消费必将更加理性。错峰出游、路线选择避热趋冷等新的消费习惯会使一些现有问题得到解决。

第三，目前我国可享受带薪休假的职工仅有三成，年假制度不能落实，"被放假"毕竟比"被全勤"好，实在的"黄金周"毕竟要比虚无缥缈的带薪休假更加现实。

（改编自《旅游界反对取消十一黄金周，新假期改革效果尚不明确》，《南方日报》，2008年9月9日；《黄金周假期惹争议，最终取消是必然》，凤凰网资讯，2012年10月8日；《彻底取消黄金周高估了带薪休假环境》，东方网，2012年10月5日等）

2012年（迁都）

2010年9月17日，北京发生"惊天大堵"。当日，北京一场细雨，长安街东西双向堵车，继而严重堵车现象蔓延至143条路段，北京市交管局路况实时显示图几乎通盘红色。央视著名主持人白岩松以"令人崩溃""惨不忍睹"的字眼来形容这一"大堵"。全国工商联房地产商会理事陈宝存在接受媒体采访时称，北京"首堵"已成常态，不"迁都"已经很难改变城市的路况。

12月13日，上海学者沈晗耀在接受媒体采访时表示：要解决北京集中爆发的城市病，迁都是最好的选择，并提出未来的新首都应选在湖南岳阳或河南信阳。有人将其表述称为"迁都治堵"。12月15日，沈晗耀告诉《郑州晚报》记者，媒体"曲解"了他迁都的本意，他的设想是在中部与西部、南方和北方连接处的枢纽地区建设"新首都"，培育符合市场经济规律的"政策拉力"，以此根本改变中国生产力分布失衡的状况。治疗北京日益严重的城市病，只是迁都后的一个"副作用"。

沈晗耀说，他所认为的新都选址，不应该是一个已经成型的大中型城市，而是再造一个新城。与大多数建议者一样，沈晗耀将"新都"的选址定在了中原地区或长江流域，较好的两个迁都地址，"一个是湖南岳阳，一个是河南信阳。距离武汉二三百公里的地方都是最佳的选择"。他的理由是，这些地方水资源充沛、交通便利、地势平坦。更重要的理由是，迁都能够带动中西部的发展，有利于经济重心的转移。

其实，1980年就有学者提出将首都迁出北京的问题。1986年，又有学者提出北京面临迁都的威胁，一度引起极大的震动。2006年，凶猛夹袭的沙尘暴将"迁都"的提议推向高潮。当年3月，参加全国人大会议的479名全国人大代表，联名向全国人大常委会提出议案，要求将首都迁出北京。此后，北京理工大学教授胡星斗在网上发出酝酿已久的迁都建议书："中国北方的生态环境已经濒临崩溃。我们呼吁：把政治首都迁出北京，迁到中原或南方。"并上书中央、全国人大、国务院，建议分都、迁都和修改宪法。2008年，民间学者秦法展和胡星斗合作撰写了长文《中国迁都动议》，提出"一国三都"构想，即选择佳地建立一个全新的国家行政首都，而上海作为国家经济首都，北京则只留文化职能，作为文化科技首都。

网络上，关于迁都引发的争议，依旧在热议，甚至已有"热心人士"开始讨论新首都如何命名。但现实是，每一次环境事件都会引发民间对于迁都的猜想和讨论，不过，也仅仅限于民间。

2011年（汉语能力测试）

从今年开始，教育部、国家语委将在某些城市试点推出一项针对国人的汉语水平考试——"汉语能力测试（HNC）"。该测试主要考以母语为汉语的人的听、说、读、写四方面的综合能力，并将按照难度分为各个等级，其中最低等级相当于小学四年级水平（扫盲水平），最高等级相当于大学中文专业毕业水平。考生不设职业、学历、年龄限制，可直接报考。公众对于这项新事物，支持和反对的意见都有。

支持者认为，在世界各地掀起学习汉语的热潮的今天，孔子学院遍地开花，俨然一个"全世界都在说中国话"的时代就要来临。但是国人的汉语能力，如提笔忘字、中英文混杂、网络用语不规范等现象普遍存在。目前大家都感到母语水平下降，但是对差到何种程度，差在哪里，怎么入手解决，无人能言。而汉语能力测试有一个科学的评测标准，可以帮助应试者了解其汉语水平在特定人群、地域中的位置。这样的测试一定会唤起大家对母语文化的重视。

以下几种是有代表性的反对观点：

观点一，汉语学习更多的是培养一种读书氛围，养成良好的阅读习惯，不能太功利；汉语要保存，要维系，需要培养的是修养而不是一种应试能力；在当前汉语衰退的环境下，要让汉语重新"热"起来，应从维系汉语文化的长远发展着手，营造一种大众的、自由的、向上的母语学习环境。

观点二，中国的孩子在中国的土地上学习母语有完整的教育体系，在这种情况下，这项测试的诞生不仅是一种浪费，还严重干扰了当前的汉语教学；汉语的综合水平量化，就是使得原来丰富生动的语言扭曲化、简陋化。

观点三，对于把汉语作为母语的中国人来说，汉语会用会说就可以了，不是人人都要成为作家，汉语类的能力测试更适合外国人来考。

附录二　历年论说文真题速查

> **小贴士**
>
> 在未特殊说明的情况下，题干要求均为：
> 根据下述材料，写一篇700字左右的论说文，题目自拟。

管理类综合能力考试论说文真题汇编

2023 年（领导艺术）

人们常说"领导艺术"，可见领导与艺术之间存在着某种相似点，如领导一个团队完成某项任务就和指挥一个乐队演奏某首乐曲一样。

2022 年（鸟类会飞）

鸟类会飞是因为它们在进化过程中不断优化了其身体结构。飞行是一项特殊的运动，鸟类的躯干进化成了适合飞行的流线型。飞行也是一项需要付出高能量代价的运动，鸟类增强了翅膀、胸肌部位的功能，又改进了呼吸系统，以便给肌肉提供氧气。同时，鸟类在进化过程中舍弃了那些沉重的、效率低的身体部件。

2021 年（实业与教育）

我国著名实业家穆藕初在《实业与教育之关系》中指出，教育最重要之点在道德教育（如责任心和公共心之养成、机械心之拔除）和科学教育（如观察力、推论力、判断力之养成）。完全受此两种教育，实业界中坚人物遂由此产生。

2020 年（挑战者号）

据报道，美国航天飞机"挑战者号"采用了斯沃克公司的零配件。该公司的密封圈技术专家博易斯乔利多次向公司高层提醒：低温会导致橡胶密封圈脆裂而引发重大事故。但是，这一意见一直没有受到重视。1986年1月27日，佛罗里达州卡纳维拉尔角发射场的气温降到零摄氏度以下，美国宇航局再次打电话给斯沃克公司，询问其对航天飞机的发射还有没有疑虑之处。为此斯沃克公司召开会议，博易斯乔利坚持认为不能发射，但公司高层认为他所持理由还不够充分，于是同意宇航局发射。1月28日上午，航天飞机离开发射平台，仅过了73秒，悲剧就发生了。

2019 年（知识的真理性）

知识的真理性只有经过检验才能得到证明。论辩是纠正错误的重要途径之一，不同观点的冲突会暴露错误而发现真理。

2018 年（人工智能）

有人说，机器人的使命，应该是帮助人类做那些人类做不了的事，而不是代替人类。技术变革会夺取一些人低端烦琐的工作岗位，最终也会创造更高端、更人性化的就业机会。例如，历史上铁路的出现抢去了很多挑夫的工作，但又增加了千百万的铁路工人。人工智能也是一种技术变革，人工智能也将促进未来人类社会的发展。有人则不以为然。

2017 年（扩大研发）

一家企业遇到了这样一个问题：究竟是把有限的资金用于扩大生产呢，还是用于研发新产品？有人主张投资扩大生产，因为根据市场调查，原产品还可以畅销三到五年，由此可以获得可靠而丰厚的利润。有人主张投资研发新产品，因为这样做虽然有很大的风险，但风险背后可能有数倍于甚至数十倍于前者的利润。

2016 年（多样一致）

亚里士多德说："城邦的本质在于多样性，而不在于一致性。……无论是家庭还是城邦，它们的内部都有着一定的一致性。不然的话，它们是不可能组建起来的。但这种一致性是有一定限度的。……同一种声音无法实现和谐，同一个音阶也无法组成旋律。城邦也是如此，它是一个多面体。人们只能通过教育使存在着各种差异的公民统一起来组成一个共同体。"

2015 年（仁与富）

孟子曾引用阳虎的话："为富，不仁矣；为仁，不富矣。"（《孟子·滕文公上》）这段话表明了古人对当时社会上为富为仁现象的一种态度，以及对两者之间关系的一种思考。

2014 年（孔雀的选择）

生物学家发现，雌孔雀往往选择尾巴大而艳丽的雄孔雀作为配偶，因为雄孔雀尾巴越大越艳丽，表明它越有生命活力，其后代的健康越能得到保证。但是，这种选择也产生了问题：孔雀尾巴越大越艳丽，就越容易被天敌发现和猎获，其生存反而会受到威胁。

2013 年（波音麦道）

20世纪中叶，美国的波音和麦道两家公司几乎垄断了世界民用飞机的市场，欧洲的飞机制造商深感忧虑。虽然欧洲各国之间的竞争也相当激烈，但还是采取了合作的途径，法国、德国、英国和西班牙等决定共同研制大型宽体飞机，于是"空中客车"便应运而生。面对新的市场竞争态势，波音公司和麦道公司于1997年一致决定组成新的波音公司，以抗衡来自欧洲的挑战。

2012 年（十力语要）

中国现代著名哲学家熊十力先生在《十力语要》（卷一）中说："吾国学人，总好追逐风气，一时之所尚，则群起而趋其途，如海上逐臭之夫，莫名所以。曾无一刹那，风气或变，而逐臭者复如故。此等逐臭之习，有两大病。一、各人无牢固与永久不改之业，遇事无从深入，徒养成浮动性。二、大家共趋于世所矜尚之一途，则其余千途万途，一切废弃，无人过问。此二大病，都是中国学人死症。"

2011 年（拔尖冒尖）

众所周知，人才是立国、富国、强国之本。如何使人才尽快地脱颖而出，是一个亟待解决的问题。人才的出现有多种途径，其中有"拔尖"，有"冒尖"。拔尖是指被提拔而成为尖子，冒尖是指通过奋斗、取得成就而得到社会公认。有人认为，我国当今某些领域的管理人才，拔尖的多而冒尖的少。

2010 年（追求真理）

一个真正的学者，其崇高使命是追求真理。学者个人的名利乃至生命与之相比都微不足道，但因为其献身于真理就会变得无限伟大。一些著名大学的校训中都含有追求真理的内容。然而，近年学术界的一些状况与追求真理这一使命相去甚远，部分学者的功利化倾向越来越严重，抄袭剽窃、学术造假、自我炒作、沽名钓誉等现象时有所闻。

2009 年（三鹿奶粉）

以"由三鹿奶粉事件所想到的"为题，写一篇700字左右的论说文。

2008 年（原则与原则上）

"原则"就是规矩，就是准绳。而在日常生活和工作中，常见的表达方式是："原则上……，但是……"。请以"原则"与"原则上"为议题写一篇论说文，题目自拟，700字左右。

2007 年（南极司各脱）

电影《南极的司各脱》描写英国探险家司各脱上校到南极探险的故事。司各脱历尽艰辛，终于到达南极，却在归途中不幸冻死了。在影片的开头，有人问司各脱：你为什么不能放弃探险的生涯？他回答："留下第一个脚印的魅力。"司各脱为留下第一个脚印付出了生命的代价。

2006 年（和尚挑水）

根据以下材料，围绕企业管理写一篇论说文，题目自拟，700字左右。

两个和尚分别住在东、西两座相邻的山上的寺庙里。两山之间有一条清澈的小溪。这两个和尚每天都在同一时间下山去溪边挑够一天用的水。久而久之，他们就成为好朋友了。光阴如梭，日复一日，不知不觉已经过了三年。有一天，东山的和尚没有下山挑水，西山的和尚没有在意："他大概睡过头了。"哪知第二天，东山的和尚还是没有下山挑水；第三天、第四天也是如此；过了十天，东山的和尚还是没有下山挑水。西山的和尚担心起来："我的朋友一定是生病了，我应该去拜访他，看是否有什么事情能够帮上忙。"于是他爬上了东山，去探望他的老朋友。

到达东山的寺庙，西山和尚看到他的老友正在庙前打拳，一点也不像十天没喝水的样子。他好奇地问："你已经十天都没有下山挑水了，难道你已经修炼到可以不用喝水就能生存的境界了吗？"东山和尚笑笑，带着他走到寺庙后院，指着一口井说："这三年来，我每天做完功课后，都会抽空挖这口井。如今终于挖出水来了，我就不必再下山挑水啦。"西山和尚不以为然："挖井花费的力气远远甚于挑水，你又何必多此一举呢？"

2005 年（丘吉尔的决策）

根据下述内容，自拟题目写一篇短文，评价丘吉尔的决策，说明如果你是决策者，在当时的情况下你会做出何种选择，并解释决策依据。700 字左右。

第二次世界大战期间，英国首相丘吉尔曾做出一个令他五脏俱焚的决定。当时，盟军已经破译了德军的绝密通信密码，并由此得知德军下一个空袭目标是英国的一个城市考文垂。但是，一旦通知这个城市做出任何非正常的疏散和防备，都将引起德军的警觉，使破译密码之事暴露，从而丧失进一步了解德军重大秘密的机会。所以，丘吉尔反复权衡，最终下令，不对这个城市做任何非正常的提醒。结果，考文垂在这次空袭中一半被焚毁，上千人丧生。然而，通过这个密码，盟军了解到德军在几次重大战役中的兵力部署情况，制定了正确的应对策略，取得了重大的军事胜利。

2004 年（旅行者和三个人）

根据以下材料，自拟题目撰写一篇 600 字左右的论说文。

一位旅行者在途中看到一群人在干活，他问其中一位在做什么，这个人不高兴地回答："你没有看到我在敲打石头吗？若不是为了养家糊口，我才不会在这里做这些无聊的事。"旅行者又问另外一位，他严肃地回答："我正在做工头分配给我的工作，在今天收工前我可以砌完这面墙。"旅行者问第三位，他喜悦地回答："我正在盖一座大厦。"他为旅行者描绘大厦的形状、位置和结构，最后说："再过不久，这里就会出现一座宏伟的大厦，我们这个城市的居民就可以在这里聚会、购物和娱乐了。"

2003 年（未考）

提示：该年只考了一篇评论性写作（即现行的论证有效性分析）和一篇文章缩写，未考论说文。

2002 年（压力）

阅读下面一段材料，按要求作文。

在这次激烈的招聘考试中，有些志在必得的应聘者未能通过，有些未抱希望的应聘者却取得了好成绩。前者说，压力太大，影响了发挥；后者说，没有压力，发挥了高水平。看来，压力确实会破坏人的情绪。但是，人们又常说，没有压力就没有动力，这说明压力又不可缺少。究竟应当如何认识和对待压力呢？

请以"压力"为话题，写一篇文章。题目自拟，不少于 700 字。

2001 年（成功女神）

根据所给的材料，写一篇 600 字左右的议论文，题目自拟。

1831 年，瑞典化学家萨弗斯特朗发现了钒元素。对这一重大发现，后来他在给他朋友化学家维勒的信中这样写道："在宇宙的极光角，住着一位漂亮可爱的女神。一天，有人敲响了她的门。女神懒得动，在等第二次敲门。谁知这位来宾敲过后就走了。她急忙起身打开窗户张望：'是哪个冒失鬼？啊，一定是维勒！'如果维勒再敲一下，不是会见到女神了吗？过了几天又有人来敲门，一次敲不开，继续敲。女神开了门，是萨弗斯特朗。他们相晤了，钒便应运而生！"

2000 年（毛泽东周谷城）

根据所给材料写一篇 500 字左右的议论文，题目自拟。

解放初期，有一次毛泽东和周谷城谈话。毛泽东说："失败是成功之母。"周谷城回答说："成功也是失败之母。"毛泽东思索了一下，说："你讲得好。"

1999 年（画一天，卖一年）

根据所给材料写一篇 500 字左右的议论文，题目自拟。

一位画家在拜访德国著名画家门采尔时诉苦说："为什么我画一张画只要一天的时间，而卖掉它却要等上整整一年？"门采尔严肃认真地对他说："倒过来试试吧，如果你用一年的时间去画它，那么只需一天就能够把它卖掉。"

1998 年（儿童高消费）

根据所给材料，写一篇 500 字左右的议论文，题目自拟。

当前，儿童高消费已经越来越严重，许多家长甚至让孩子吃名牌、穿名牌、用名牌、玩名牌，而自己却心甘情愿地过着节俭的日子。

1997 年（洋招牌）

根据所给材料，写一篇 500 字左右的议论文。题目自拟。

时下，商店、企业取洋名似乎成了一种时尚，许多店铺、厂家竞相挂起了洋招牌，什么爱格尔、欧兰特、哈勒尔、爱丽芬、奥兰多等触目皆是。翻开新编印的黄页电话号码簿，各种冠了洋名的企业也明显增多。甚至国货产品广告，也以取洋名为荣。

MBA 综合能力考试论说文真题汇编

2013 年 10 月（实现中国梦）

阅读以下资料，给全国的企业经理写一封公开信，并在信前添加合适的标题文字，700 字左右。

改革开放以来，中国经济发展的速度举世瞩目。按国际货币基金组织的统计，在 188 个国家与地区中，1980 年，我国按美元计算的 GDP 位列第 11 位，只是美国的 7.26%，日本的 18.63%，从 2010 年起位列世界第 2 位，成为世界第二大经济体。到 2012 年，我国的 GDP 是美国的 52.45%，日本的 137.95%，与 30 年前不可同日而语。然而，从能源消耗看，形势非常严峻。1980 年，我国能源消耗总量为 6.03 亿吨标准煤，到 2012 年增加到 36.20 亿吨，为 1980 年的 6 倍。按石油进口量排名，1982 年我国在世界排名中位列第 43 位，从 2009 年起上升到第 2 位，而且面临继续上升的困境。与能源消耗相关的污染问题也频频现于报端，引起全国民众和政府的极大关注。能源消耗和污染问题已经成为阻碍我们实现"中国梦"的两个难关，对此，我们要群策群力，攻坚克难。

2012 年 10 月（3G 和 4G 时代）

2012 年 7 月 6 日《科技日报》报道：

我国主导的 TD-LTE 移动通信技术已于 2010 年 10 月被国际电信联盟确立为国际 4G 标准。TD-LTE 是我国自主创新的第三代移动通信技术 TD-SCDMA 的演进技术。TD-SCDMA 的成功规模商用为 TD-LTE 的快速发展奠定了坚实的基础。目前，TD-LTE 已形成由中国主导、全球广泛参与的产业链，全球几乎所有通信系统和芯片制造商都已支持该技术。

在移动通信技术的 1G 和 2G 时代，我们只能使用美国和欧洲的标准。通过艰难的技术创新，到 3G 和 4G 时代中国自己的通信标准已经成为世界三大国际标准之一。

2011 年 10 月（地委书记种树）

2010 年春天，已持续半年的干旱让云南很多地方群众的饮水变得异常困难，施甸县大亮山附近群众家里的水管却依然有清甜的泉水流出，他们的水源地正是大亮山林场。乡亲们深情地说："多亏了老书记啊，要不是他，不知道现在会是什么样子。"

1988 年 3 月，61 岁的杨善洲从保山地委书记的岗位上退休，婉拒了省委书记劝其搬至昆明安度晚年的邀请，执意选择回到家乡施甸县种树。20 多年过去了，曾经山秃水枯的大亮山完全变了模样：森林郁郁葱葱，溪流四季不断；林下山珍遍地，枝头莺鸣燕歌……

一位地委书记，为何退休后选择到异常艰苦的地方去种树？

"在党政机关工作多年，因工作关系没有时间去照顾家乡父老，他们找过多次我也没给他们办一件事。但我答应退休后帮乡亲们办一两件有益的事，许下的承诺就要兑现。至于具体做什么，考察来考察去，还是为后代绿化荒山比较现实。"关于种树，年逾八旬的杨善洲这样解释。

2010 年 10 月（荣钢集团捐款）

唐山地震孤儿捐款支援汶川灾区

2008 年 5 月 18 日，在中宣部等共同发起的《爱的奉献》抗震救灾大型募捐活动中，天津民营企业荣程联合钢铁集团有限公司董事长张祥青代表公司再向四川灾区捐款 7000 万元，帮助灾区人民重建"震不垮的学校"。至此，荣程联合钢铁集团公司在支援四川灾区抗震救灾中累计捐款 1 亿元。

"我们对灾区人民非常牵挂，荣钢集团人大多来自唐山，亲历过 32 年前的唐山大地震，接受过全国人民对唐山灾区的无私援助，32 年后为四川地震灾区捐款，回馈社会，是应尽的义务，我们必须做！"张祥青说。

张祥青在 1976 年唐山大地震时失去父母，年仅 8 岁的他不幸成为孤儿，他深深感受到来自全国四面八方的涓涓爱心。1989 年，张祥青与妻子张荣华开始了艰苦的创业历程，从卖早点、做豆腐开始，最后组建了荣钢集团。企业发展了，荣钢集团人不忘回报社会，支援汶川地震灾区是其中一例。

2009 年 10 月（牦牛群）

根据以下材料，结合企业管理写一篇 700 字左右的论说文，题目自拟。

《动物世界》里的镜头：一群体型庞大的牦牛正在草原上吃草。突然，不远处来了几只觅食的狼。牦牛群奔跑起来，狼群急追……终于，有一头体弱的牦牛掉队，寡不敌众，被狼分食了。

《动物趣闻》里的镜头：一群牦牛正在草原上吃草。突然，来了几只觅食的狼。一头牦牛发现了狼，它的叫声提醒了同伴。领头的牦牛站定与狼对视，其余的牦牛也围在一起，站立原地。狼在不远处虎视眈眈地转悠了好一阵，见没有进攻的机会，就没趣地走开了。

2008 年 10 月（卷柏）

南美洲有一种奇特的植物——卷柏。说它奇特，是因为它会走。卷柏生存需要充足的水分，当水分不充足时，它就会把根从土壤里拔出来，整个身躯卷成一个圆球状。由于体轻，只要稍有一点风，它就会随风在地面滚动。一旦滚到水分充足的地方，圆球就会迅速打开，根重新钻到土壤里，暂时安居。当水分又不充足，住得不称心如意时，它就会继续游走，以寻求更好的生存环境。

难道卷柏不走就不能生存了吗？一位植物学家做了一个实验：用挡板围出一块空地，把一株卷柏放到空地中水分最充足的地方，不久卷柏便扎根生存下来。几天后，当这里水分减少时，卷柏便拔出根须，准备漂移。但实验者用挡板对其进行严格控制，限制了它游走的可能。结果实验者发现，卷柏又回到那里重新扎根生存；而且在几次将根拔出又不能移动以后，便再也不动了；而且，卷柏此时的根已经深深扎入泥土，长势比任何时期都好，也许它发现，根扎得越深，水分越充分……

2007 年 10 月（眼高手低）

著名作家曹禺先生说过这样一段话：我看，应该给"眼高手低"正名。它是褒义词，而不是贬义词。我们认真想一想，一个人做事眼高手低是正常的，只有眼高起来，手才能跟着高起来。一个人不应该怕眼高手低，怕的倒是眼也低手也低。我们经常是眼不高，手才低的。

2006年10月（可口可乐）

根据以下材料，围绕企业管理写一篇论说文，题目自拟，700字左右。

20世纪80年代，可口可乐公司因为缺少发展空间而笼罩在悲观情绪之中：它以35%的市场份额控制着软饮料市场，这个市场份额几乎是在反垄断政策下企业能达到的最高点；另一方面，面对更年轻、更充满活力的百事可乐的积极进攻，可口可乐似乎只能采取防守的策略，为一两个百分点的市场份额展开惨烈的竞争。尽管可口可乐的主管很有才干，员工工作努力，但是他们内心其实很悲观，看不到如何摆脱这种宿命：在顶峰上唯一可能的路径就是向下。

郭思达（Roberto Goizueta）在接任可口可乐的CEO后，在高层主管会议上提出这样一些问题："世界上44亿人口每人每天消费的液体饮料平均是多少？"

答案是："64盎司。"（1盎司约为28克）

"那么，每人每天消费的可口可乐又是多少呢？"

"不足2盎司。"

"那么，在人们的肚子里，我们的市场份额是多少？"郭思达最后问。

通过这些问题，高管和员工们关注的核心问题不再是可口可乐在美国可乐市场中的占有率，也不再是在全球软饮料市场中的占有率，而变成了在世界上每个人要消费的液体饮料市场中的占有率。而这个问题的答案是：可口可乐在世界液体饮料市场中的份额微乎其微，少到可以忽略不计。高层主管们终于意识到，可口可乐不应该只盯着百事可乐，还有咖啡、牛奶、茶甚至水，而这一市场的巨大空间远远超出人们的想象。

2005年10月（一首小诗）

根据下面这首诗，写一篇700字左右的论说文，题目自拟。

如果你不能成为挺立山顶的苍松，
那就做山谷一棵小树陪伴溪水淙淙；
如果你不能成为一棵大树，
那就化作一丛茂密的灌木；
如果你不能成为一只香獐，
那就化作一尾最活跃的小鲈鱼，享受那美妙的湖光；
如果你不能成为大道宽敞，
那就铺成一条小路目送夕阳；
如果你不能成为太阳，
那就变成一颗星星在夜空闪亮。
不可能都当领航的船长，
还要靠水手奋力划桨；
世上有大事、小事需要去做，
最重要的事在我们身旁。

2004年10月（滑铁卢战役）

在滑铁卢战役的第一阶段，拿破仑的部队兵分两路。右翼由拿破仑亲自率领，在利尼迎战布鲁查尔；左翼由奈伊将军率领，在卡特勒布拉斯迎战威灵顿。拿破仑和奈伊都打算进攻，而且，两个人都精心制定了对各自战事而言均为相当优秀的作战计划。但不幸的是，这两个计划均打算用格鲁希指挥的后备部队，从侧翼给敌人以致命一击，但他们事前并没有就各自的计划交换意见。当天的战斗中，拿破仑和奈伊所发布的命令又含糊不清，致使格鲁希的部队要么踌躇不前，要么在两个战场之间疲于奔命，一天之中没有投入任何一方的作战行动，最终导致拿破仑惨败。

2003年10月（读经读史）

"读经不如读史。"

对上述观点进行分析，论述你同意或不同意这一观点的理由，可根据经验、观察或者阅读，用具体理由或实例佐证自己的观点。题目自拟，全文500字左右。

2002年10月（易经）

阅读下面的材料，根据要求作文。

中国古代的《易经》中说："穷则变，变则通。"这就是说，当我们要解决一个问题而遇到困难无路可走时，就应变换一下方式方法，这样往往可以提出连自己也感到意外的解决办法，从而收到显著的效果。

请以"穷则变，变则通"为话题写一篇作文，可以写你自己的经历、体验或看法，也可以联系生活实际展开议论。文体自选，题目自拟，不少于700字。

2001年10月（相马赛马）

近些年来，新闻媒体经常报道公开招考公务员，乃至招考厅局级领导干部的消息，这同我国传统习惯中的"伯乐相马"似乎有了不同。

请以"相马""赛马"为话题，写一篇600字左右的议论文，题目自拟。

2000年10月（幼儿园）

根据下面一则材料，写一篇不少于500字的议论文，题目自拟。

有人问一位诺贝尔奖奖金获得者："您在哪所大学学到了您认为是最主要的一些东西？"出人意料，这位学者回答说是在幼儿园，他说："把自己的东西分一半给小伙伴们，不是自己的东西不要拿，东西要放整齐，做错事要表示歉意，要仔细观察大自然。从根本上说，我学到的全部东西就是这些。"

1999年10月（领导者素质）

以"小议企业领导者的素质"为题，写一篇500字左右的议论文。

1998年10月（下棋）

用下面的一段话作为一篇议论文的开头，接下去写完一篇立论与它观点一致的议论文。字数要求500字左右。题目自拟。

投下一着好棋，有时可以取得全盘的主动。但是，光凭一着好棋，并不能说有把握最后胜利，还必须看以后的每着棋下得好不好。

1997年10月（格言）

以你最喜欢的一句格言，写一篇500字左右的议论文。

经济类综合能力考试论说文真题汇编

2023 年（社会事务的处理）

一种社会事务，往往涉及诸多因素（如春运涉及交通设施、气候条件、民俗文化、经济环境、科学技术等），所以要依赖诸多部门的通力合作才能处理好。

2022 年（免费乘坐交通工具）

根据下述材料写一篇 700 字左右的论说文，题目自拟。

我国不少地方规定老年人可以免费乘坐公共交通工具，这一规定体现了对老年人的关怀。但是在具体实施过程中出现了一些问题。如在早晚高峰时，老年人免费乘车在一定程度上影响了上班族的通勤；还有，有些老年人因为各种原因无法享受到这一福利，因此有的地方把老年人免费乘坐公共交通这一福利改为发放津贴。

2021 年（食蚁兽）

根据下述材料写一篇 700 字左右的论说文，题目自拟。

巴西热带雨林中的食蚁兽在捕食时，使用带黏液的长舌伸进蚁穴捕获白蚁，但不管捕获多少，每次捕食都不超过 3 分钟，然后去寻找下一个目标，从来不摧毁整个蚁穴。而那些没有被食蚁兽捕获的工蚁就会马上修复蚁穴，蚁后也会开始新一轮繁殖，很快产下更多的幼蚁，从而使蚁群继续生存下去。

2020 年（退休老人马旭）

阅读下面的文字，根据要求作文。请结合实际写一篇 600 字左右的论说文。

2018 年，武汉一名退休老人向家乡木兰县教育局捐赠 1 000 万元，引起了广泛的关注。这笔巨款是马旭与丈夫一分一毫几十年积攒下来的，他们至今生活简朴，住在一个不起眼的小院里，家里没有一件像样的家具。

马旭于 1932 年出生于黑龙江省木兰县，1947 年参军入伍，在东北军政大学学习半年后，成为解放军第四野战军的一名卫生员，先后参加过解放战争、抗美援朝战争，期间多次立功受奖。20 世纪 60 年代，她被调入空降兵部队，成为一名军医，后来主动要求学习跳伞，成为新中国第一代女空降兵。此后 20 多年里，马旭跳伞多达 140 多次，创下空降女兵跳伞次数最多和年龄最大两项纪录。

如今，马旭的事迹家喻户晓，许多地方邀请她参加各类活动，她大多婉拒。她说："我的一生都是党和部队给的，我只是做了我力所能及的事。只要活着，我们还会继续攒钱捐款，把自己的一切献给党和国家。"

2019 年（毛毛虫实验）

阅读下面的材料，并据此写一篇不少于 600 字的论说文，题目自拟。

法国科学家约翰·法伯曾做过一个著名的"毛毛虫实验"。这种毛毛虫有一种"跟随者"的习性，总是盲目地跟着前面的毛毛虫走。法伯把若干个毛毛虫放在一只花盆的边缘上，首尾相接，围成一圈。他在花盆周围不远的地方，撒了一些毛毛虫喜欢吃的松叶。毛毛虫开始一个跟一个，绕着花盆，一圈又一圈地走。一个小时过去了，一天过去了，毛毛虫们还在不停地、固执地团团转。一连走了七天七夜，终因饥饿和筋疲力尽而死去。这其中，只要有任何一只毛毛虫稍稍与众不同，便立刻会吃到食物，改变命运。

2018 年（教授穿金戴银）

阅读下面的材料，并据此写一篇不少于 600 字的论说文，题目自拟。

近期有报道称，某教授颇喜穿金戴银，全身上下都是世界名牌，一块手表价值几十万，所有的衣服和鞋子都是专门定制的，价格不菲。他认为对"好东西"的喜爱没啥好掩饰的。"以前很多大学教授都很邋遢，有些人甚至几个月都不洗澡，现在时代变了，大学教授应多注意个人形象，不能太邋遢了。"

2017 年（穷人福利）

阅读下面的材料，以"是否应该对穷人提供福利？"为题，写一篇不少于 600 字的论说文。

国家是否应该对穷人提供福利存在较大的争论。反对者认为：贪婪、自私、懒惰是人的本性。如果有福利，人人都想获取。贫穷在大多数情况下是懒惰造成的。为穷人提供福利相当于把努力工作的人的财富转移给了懒惰的人。因此，穷人不应该享受福利。

支持者则认为：如果没有社会福利，则穷人没有收入，就会造成社会动荡，社会犯罪率会上升，相关的合理支出也会增多，其造成的危害可能大于提供社会福利的成本，最终也会影响努力工作的人的利益。因此，为穷人提供社会福利能够稳定社会秩序，应该为穷人提供福利。

2016 年（延长退休）

阅读下面的材料，以"延长退休年龄之我见"为题，写一篇不少于 600 字的论说文。

自从国家拟推出延迟退休政策以来，就受到了社会各界的广泛关注，同时也引起激烈的争论。为什么要延长退休年龄？

赞成者说，如果不延长退休年龄，养老金就会出现巨大缺口；另外，中国已经步入老年社会，如果不延长退休年龄，就会出现劳动力紧缺的现象。

反对者说，延长退休年龄就是剥夺劳动者应该享受的退休福利，退休年龄的延长意味着领取养老金时间的缩短；另外，退休年龄的延长也会给年轻人就业造成巨大压力。

2015 年（取乎其上）

根据下述材料，写一篇 600 字左右的论说文，题目自拟。

《论语》云："取乎其上，得乎其中；取乎其中，得乎其下；取乎其下，则无所得矣。"

《孙子兵法》云："求其上，得其中；求其中，得其下；求其下，必败。"

2014 年（勇气）

根据下述材料，写一篇600字左右的论说文，题目自拟。

我懂得了，勇气不是没有恐惧，而是战胜恐惧。勇者不是感觉不到害怕的人，而是克服自身恐惧的人。

——南非前总统纳尔逊·曼德拉

2013 年（尚拙）

根据下述材料，写一篇600字左右的论说文，题目自拟。

被誉为清代中兴名臣的曾国藩，其人生哲学很独特，就是"尚拙"，他曾说"天下之至拙，能胜任天下之至巧，拙者自知不如他人，自便会更虚心"。

2012 年（抢购茅台）

根据下述材料，写一篇不少于700字的论说文，题目自拟。

中国大陆500毫升茅台价格升至1 200元，纽约华人聚居区法拉盛，1 000毫升装的同度数茅台价格为220至230美元，500毫升约合670元人民币。因海外茅台价格便宜，质量有保证，华人竞相购买，回国送人。

这些年，中国游客在海外抢购"MADE IN CHINA"商品的消息早已不是什么新鲜事了。服装、百货、日用品，中国造的东西，去了美国反而更便宜。有媒体报道Levi's 505牛仔裤，广东东莞生产，在中国商场的价格是899元人民币，在美国的亚马逊网站的价格是24.42美元，合人民币166元，价格相差5.4倍。

（摘自《茅台酒为何在美国更便宜？》，《新京报》，2011年1月7日）

2011 年（蚁族）

根据下述材料，写一篇不少于700字的论说文，题目自拟。

自2007年以来，青年学者廉思组织的课题组对蚁族进行了持续跟踪调查。廉思和他的团队撰写的有关蚁族问题的报告多次得到中央领导的批示和高度重视。在2008年、2009年对北京蚁族进行调查的基础上，课题组今年在蚁族数量较多的北京、上海、广州、武汉、西安、重庆、南京等大城市同时展开调查，历时半年有余，发放问卷5 000余份，回收有效问卷4 807份，形成了第一份全国范围的蚁族生存报告。此次调查有一些新发现，主要有：随着高校毕业生就业形势的日趋严峻，蚁族的学历层次上升；蚁族向上流动困难，"三十而离"；五成蚁族否认自己属于弱势群体；等等。

（摘自《调查显示：蚁族学历层次上升，五成人否认自己弱势》，《中国青年报》，2010年12月10日）

附录三　常见的病句类型

论证有效性分析及论说文的大纲评分标准均对语病这一项提出了要求，而语句的正确性无疑是充分表达的有力保证。但在实际的考试中，病句却频频出现，大大削弱了文章的论证力度，影响了阅卷者对文章的第一印象。所以对于考生来说，能够识别病句并规避病句的能力必不可少。现将常见的病句类型总结如下，各位同学可以通过"病句诊断测试"加深理解。

1. 搭配不当

句子成分的搭配不当包括主谓搭配不当，动宾搭配不当，修饰语（如定语、状语、补语）和中心语搭配不当，关联词搭配不当。

● 病句诊断测试

要求：找到下列语句中存在的语病，并进行修改。

（1）企业挣来的钱还不够养活员工的生活。

（2）这节课上，老师带领我们对写作问题交换了广泛的意见。

（3）我们如果缺乏创新精神，也不能适应知识经济时代的要求。

● 病句诊断测试参考答案

（1）动宾搭配不当，养活的只能是"人"，不能是"生活"。

（2）修饰语和中心语搭配不当，并不是意见广泛，而是交换的范围广泛，应改为"广泛地交换了意见"。

（3）关联词搭配不当，应将"也"改为"就"。

2. 成分残缺

成分残缺，常见的有缺主语、缺谓语、缺宾语和必要的修饰限制语。

● 病句诊断测试

要求：找到下列语句中存在的语病，并进行修改。

（1）通过张老师的这次讲课，对大家的启发很大。

（2）由美国的情况类推到中国的情况，显然是难以让人信服的。

（3）细菌是有害的。

● 病句诊断测试参考答案

（1）缺少主语。应去掉"通过"或"对"。

（2）缺少主语。这是在论证有效性分析中大家经常犯的错误。应该去掉"由"，或者加上一个主语。变成："美国的情况类推到中国的情况，显然是难以让人信服的。"或者"论证者由美国的情况类推到中国的情况，显然是难以让人信服的。"

（3）缺必要的限制语，应加上"有些"。

3. 重复多余

句子结构完整、句意清晰，却使用了不必要的词语作句子的成分，也叫赘余。常见的情况有：第一，语法成分重复；第二，语意堆砌。这是大家在考场高度紧张时非常容易犯的错误，大家要引以为戒。

● 病句诊断测试

要求：找到下列语句中存在的语病，并进行修改。

（1）赛场上十位队员正在激烈地打比赛。

（2）其实这是过虑的想法。

（3）走进这家企业，我忍不住停下脚步驻足观看。

● 病句诊断测试参考答案

（1）谓语重复，应删去"打"。

（2）语意堆砌，"虑"就是想，应删去"的想法"。

（3）"停下脚步"和"驻足"的意思重复，应删除其中一个。

4. 语序不当

语序不当是多种多样的，要结合语意、语言结构等灵活分析。常见的情况有：词语的前后顺序排列不当；修饰语和中心语的位置颠倒；多层修饰语语序不当；不符合语言习惯；关联词语位置不当。

● 病句诊断测试

要求：找到下列语句中存在的语病，并进行修改。

（1）文件对经济领域中的一些问题，从理论上和政策上做了详细的规定和深刻的说明。

（2）我国棉花的生产，现在已经自给有余。

（3）这本书是广大管理类联考考生倍受欢迎的。

（4）要是一篇作品里的思想有问题，那么文字即使很不错，也是要不得的。

● 病句诊断测试参考答案

（1）词语的前后顺序排列不当，"深刻的说明"应对应"理论"，"详细的规定"应对应"政策"。

（2）定语和中心语的位置颠倒，应改为"生产的棉花"。

（3）语序不符合语言习惯，应把"倍受"移至"广大"前面。

（4）"即使"应移到"文字"前，否则原句的意思只是"文字"要不得，而不是"作品"要不得。

5. 句意歧义

所谓有歧义的句子，是指失去了确定性，可以这样理解也可以那样理解的句子。

● 病句诊断测试

要求：找到下列语句中存在的语病，并进行修改。

（1）局长、副局长和其他局领导出席了这次表彰会。

（2）现在这本练习册我已经做完了 156 页。

● 病句诊断测试参考答案

（1）"其他局领导"是本局领导还是其他局的领导，不明确。

（2）到底是全书有 156 页，还是 156 页只是全书的一部分，不明确。

6. 不合事理

不合事理是指语言表述或违反人们的逻辑思维，或违背客观现实情况，或前后矛盾，或顾此失彼等。

● 病句诊断测试

要求：找到下列语句中存在的语病，并进行修改。

（1）他是多个死难者中幸免的一个。

（2）再就业工程能否顺利实施，是维护社会安定的重要条件。

● 病句诊断测试参考答案

（1）既然"幸免"，自然是没有死，怎么能说是"死难者中幸免的一个"呢？应改为"多人死难，他是幸免的一个。"

（2）"能否"包含正反两方面的意义，只能说"再就业工程的顺利实施，是维护社会安定的重要条件"，而不能说"再就业工程不能顺利实施，也是维护社会安定的重要条件"。

7. 用词不当

用词不当包括词性使用不当、词义使用不当、词的感情色彩使用不当等。

● 病句诊断测试

要求：找到下列语句中存在的语病，并进行修改。

（1）这次试验能否成功，还是个怀疑。

（2）大家对于我很热情友好。

（3）他的父亲仍然健在，享年 83 岁，精神尚佳。

● 病句诊断测试参考答案

（1）动词"怀疑"误用作名词，应改为"疑问"。

（2）介词运用不当，表示人与人之间的关系，只能用"对"，不能用"对于"。

（3）"享年"一词称死去人的岁数，前后矛盾，属于用词错误。

附录四　行文格式

1. 文章布局

答题卡的第一行写标题，标题应居中摆放或者前面空四个格子摆放。

答题卡的第二行开始写正文，标题和正文之间不需要留空行。正文每段段首需要空两个格子。

2. 标点符号

（1）句号、问号、叹号、逗号、顿号、分号和冒号都占一个格子。但要注意这七种标点符号通常不能放在一行的开头，因为这些表示语气的停顿，应该紧跟在一句话的末尾才对。如果已写到一行的最后一格，应把标点贴着格的框线挤着写下去，不能写在下一行的开头。

（2）引号、括号、书名号的前一半和后一半都各占一个字的位置。行文时它们的前一半可以放在一行的开头，但不能出现在一行的末尾；后一半不能出现在一行的开头，但可以出现在一行的末尾。

（3）破折号和省略号都占两个字的位置。行文中它们可以放在一行的开头，也可以放在一行的末尾，但不可以把一个符号分成两段。省略号的六个点要均匀地写在两个方格里，相对紧凑。破折号的两个端点与两格的边线不能相交，相对紧凑。当省略号或破折号行文中正好剩一个格时，不要把该符号分为上一行一半，下一行一半，而要尽可能再推敲一下语句，或减字词，或加字词，使之错开剩下的这一格。行文中这两种符号都写在两格的中间位置。

（4）连接号和间隔号一般占一个字的位置。这两种符号的位置都写在方格的中间位置。

3. 数字书写

一个阿拉伯数字占半个格子。例如：

"2008年"占三个格，"20"占一个，"08"占一个，"年"占一个。

"50 000"占三个格，"50"占一个，"00"占一个，还有一个"0"也占一个格，这时就会有同学把它跟前面两个"0"挤在一个方格里面，那是不对的，最后的"0"也要占半个格。这时，数字已经写完，还空半个方格，应该怎么办？正确的做法是空着，因为剩下的半个方格写不了一个汉字了。

追风赶月莫停留　平芜尽处是春山

论证有效性分析 四步写作法全景图

准备工作

管理类综合能力考试大纲

论证有效性分析试题的题干为一篇有缺陷的论证，要求考生分析其中存在的问题，选择若干要点，评论该论证的有效性。

本类试题的分析要点是：论证中的概念是否明确，判断是否准确，推理是否严密，论证是否充分等。

文章要求分析得当，理由充分，结构严谨，语言得体。

题型解读

该文体的本质是：找错。

但不是什么错误都找，而是要找到论证的缺陷并加以分析。

样题

2020年管理类综合能力考试真题

北京将联手张家口共同举办 2022 年冬季奥运会。中国南方的一家公司决定在本地投资设立一家商业性的冰雪运动中心。这家公司认为，该中心一旦投入运营，将获得可观的经济效益。这是因为：

北京与张家口共同举办冬奥会，必然会在中国掀起一股冰雪运动热潮。中国南方许多人从未有过冰雪运动的经历，会出于好奇心而投身于冰雪运动。这正是一个千载难逢的绝好商机，不能轻易错过。

而且，冰雪运动与广场舞、跑步等不一样，需要一定的运动用品，例如冰鞋、滑雪板与运动服装等等。这些运动用品价格不菲而且具有较高的商业利润。如果在开展商业性冰雪运动的同时也经营冬季运动用品，则公司可以获得更多的利润。

另外，目前中国网络购物已经成为人们的生活习惯，但相对于网络商业，人们更青睐直接体验式的商业模态，而商业性冰雪运动正是直接体验式的商业模态，无疑具有光明的前景。

第一步 画圈

圈什么

1. 论证关联词
因为、所以、如果等。
2. 绝对化的模态词
一定、必须、毋庸置疑等。
3. 谬误标志词
和时间相关的：1900年、过去、未来10年等。
和数据相关的：抽样、上升、比率等。
和主体相关的：寓言故事、小说、不同的行业等。
特殊关键词：也、如此、同样、所有等。

第一步 步骤示范

北京将联手张家口共同举办2022年冬季奥运会。中国南方的一家公司决定在本地投资设立一家商业性的冰雪运动中心。这家公司认为，该中心(一旦)投入运营，(将)获得可观的经济效益。这是(因为)：

北京与张家口共同举办冬奥会，(必然)会在中国掀起一股冰雪运动热潮。中国南方许多人从未有过冰雪运动的经历，(会)出于好奇心而投身于冰雪运动。这正是一个千载难逢的绝好商机，不能轻易错过。

而且，冰雪运动与广场舞、跑步等不一样，(需要)一定的运动用品，例如冰鞋、滑雪板与运动服装等等。这些运动用品价格不菲而且具有较高的商业利润。(如果)在开展商业性冰雪运动的同时也经营冬季运动用品，(则)公司可以获得更多的利润。

另外，目前中国网络购物已经成为人们的生活习惯，但相对于网络商业，人们更青睐直接体验式的商业模态，而商业性冰雪运动正是直接体验式的商业模态，(无疑)具有光明的前景。

第二步 打对号

在哪打对号？

分析什么？
有缺陷的论证。

如何判定？

1. 语句是论证
题干有结论、前提和论证过程。
题干的本意是用前面前提推出结论。

2. 论证过程有缺陷
基于前提无法得到结论。
不建议找前提或结论本身的缺陷。

不分析什么？

1. 语句不是论证
客观事实、引用、并列等。

2. 论证过程没有缺陷

第二步 步骤示范

北京将联手张家口共同举办2022年冬季奥运会。中国南方的一家公司决定在本地投资设立一家商业性的冰雪运动中心。这家公司认为，该中心(一旦)投入运营，(将)获得可观的经济效益。这是(因为)：

北京与张家口共同举办冬奥会，(必然)会在中国掀起一股冰雪运动热潮。中国南方许多人从未有过冰雪运动的经历，(会)出于好奇心而投身于冰雪运动。这正是一个千载难逢的绝好商机，不能轻易错过。

而且，冰雪运动与广场舞、跑步等不一样，(需要)一定的运动用品，例如冰鞋、滑雪板与运动服装等等。这些运动用品价格不菲而且具有较高的商业利润。(如果)在开展商业性冰雪运动的同时也经营冬季运动用品，(则)公司可以获得更多的利润。

另外，目前中国网络购物已经成为人们的生活习惯，但相对于网络商业，人们更青睐直接体验式的商业模态，而商业性冰雪运动正是直接体验式的商业模态，(无疑)具有光明的前景。

微信扫码，输入封面密码区专属兑换码。
领课后在海绵MBA—我的课程观看视频课程。

第三步
标注理由关键词

如何标注理由？

标注理由的要点
1. 尽量标注具体的理由，不要标注"未必""得不到"等虚词。
2. 标注的理由自己能看懂即可，不需要非常详尽。
3. 若没有理由，则考虑换点。

理由的个数
1. 篇幅允许的范围内，多少个都可以。
2. 若只有一个理由，可对其进行详细描述。
3. 若找到多个理由，可罗列或分层次表达清楚。

第三步 步骤示范

（第一段省略）

北京与张家口共同举办冬奥会，(必然)（专业性、危险、气候）会在中国掀起一股冰雪运动热潮。中国南方许多人从未有过冰雪运动的经历，(会)（身体素质、消费能力）出于好奇心而投身于冰雪运动。这正是一个千载难逢的绝好商机，不能轻易错过。

而且，冰雪运动与广场舞、跑步等不一样，需要一定的运动用品，例如冰鞋、滑雪板与运动服装等等。这些运动用品价格不菲但具有较高的商业利润。(如果)（销售成本、采购成本、使用率低、租用）在开展商业性冰雪运动的同时也经营冬季运动用品，则公司可以获得更多的利润。

另外，目前中国网络购物已经成为人们的生活习惯，但相对于网络商业，人们更青睐直接体验式的商业模式，而商业性冰雪运动正是直接体验式的商业模式，(无疑)（难学、成本高）具有光明的前景。

第四步
串词行文

行文框架

准备好专属的保底框架，示例如下：

总结论 + 吗（题目）

上述材料通过诸多论证试图证明（总结论）这一结论。然而由于其在论证过程中存在诸多缺陷，所以其结论是难以让人信服的。（开头）

首先，指出论证缺陷 + 分析原因。（参考句式：a 未必 b；因为……/a 就一定 b 吗？其实不然；很可能……；若是如此，则其结论难以成立 /a 和 b 之间没有必然的关联；因为……等。）（分析点一）

其次，同上。
再次，同上。
最后，同上。
综上，其论证难以让人信服。

第四步 步骤示范

本题的审题结果如下，将其自然地串联，或代入准备好的行文框架即可得到一篇完整的文章。

分析点一： 前提（北京与张家口共同举办冬奥会）+结论（会在中国掀起一股冰雪运动热潮）+理由（专业性、危险、气候）。

分析点二： 前提（中国南方许多人从未有过冰雪运动的经历）+结论（会出于好奇心而投身于冰雪运动）+理由（身体素质、消费能力）。

分析点三： 前提（在开展商业性冰雪运动的同时也经营冬季运动用品）+结论（公司可以获得更多的利润）+理由（销售成本、采购成本、使用率低、租用）。

分析点四： 前提（商业性冰雪运动正是直接体验式的商业模式）+ 结论（无疑具有光明的前景）+理由（难学、成本高）。

最终呈现

完整行文

冰雪运动中心将获得可观的经济效益吗？

上述材料通过诸多论证试图证明"南方的一家公司设立冰雪运动中心将获得可观的经济效益"这一结论。然而由于其在论证过程中存在诸多缺陷，所以其结论是难以让人信服的。

首先，北京与张家口共同举办冬奥会，必然会在中国掀起一股冰雪运动热潮吗？其实不然。要知道冰雪运动是一项专业性较强、具有一定危险性的运动，如果没有专业人员的指导往往难以开展；更重要的是，中国大部分地区的气候、温度等因素很难达到创造雪地的条件，故冬奥会未必会掀起冰雪运动热潮。

其次，中国南方许多人从未有过冰雪运动的经历，未必就会出于好奇心而投身其中。因为冰雪运动是高强度的运动，需要较强的身体素质，而大部分南方人从未参加过，很可能无法适应；此外，参加冰雪运动也需要一定的消费能力，若其超过了大部分人的价格预期，他们很可能不会消费。

再次，开展商业性冰雪运动的同时经营冬季运动用品不一定能让公司获利。因为企业能否获利要考虑自身的销售成本、采购成本等诸多因素；不仅如此，消费者考虑到装备价格高且使用率低，很可能不会选择购买而选择租用，那么企业就不一定能获利了。

最后，人们更青睐直接体验式的商业模式并不意味着商业性冰雪运动具有光明的前景。因为人们喜欢这个属性不等价于喜欢具有这个属性的所有事物。若是人们都因冰雪运动难学或是学习成本高等因素不选择冰雪运动，那么即使其具有直接体验式的商业模式，也难以发展。

综上，其论证难以让人信服。

论说文 四步写作法全景图

准备工作

管理类综合能力考试大纲

论说文的考试形式有两种：命题作文、基于文字材料的自由命题作文。每次考试为其中一种形式。要求考生在准确、全面地理解题意的基础上，对命题或材料所给观点进行分析，表明自己的观点并加以论证。

文章要求思想健康，观点明确，论据充足，论证严密，结构合理，语言流畅。

题型解读

该文体的本质是：搭建论证。

大家需要先审题，表达观点，再论证为什么这个观点成立/合理。

样题

2020年管理类综合能力考试真题

据报道，美国航天飞机"挑战者号"采用了斯沃克公司的零配件。该公司的密封圈技术专家博易斯乔利多次向公司高层提醒：低温会导致橡胶密封圈脆裂而引发重大事故。但是，这一意见一直没有受到重视。1986年1月27日，佛罗里达州卡纳维拉尔角发射场的气温降到零度以下，美国宇航局再次打电话给斯沃克公司，询问其对航天飞机的发射还有没有疑虑之处。为此，斯沃克公司召开会议，博易斯乔利坚持认为不能发射，但公司高层认为他所持理由还不够充分，于是同意宇航局发射。1月28日上午，航天飞机离开发射平台，仅过了73秒，悲剧就发生了。

第一步 审题

怎么审题？

先宏观，再微观，最后抠细节

1. 宏观定方向
梳理题干形式，找准审题方向。

2. 微观找细节
关注核心信息，提炼中心词、主语、范围、结果等细节。

3. 细节变观点
将细节搭建为观点，将其优化后作为题目。

第一步 步骤示范

1. 宏观定方向
结果：悲剧发生。
方向：不应做导致悲剧的事件。
事件：
（1）专家的意见没有受到重视；
（2）公司高层认为专家所持理由还不够充分。

2. 微观找细节
中心词：重视意见/重视专家意见/重视员工意见/重视不同意见。
主体：公司高层/管理者/领导者/决策者/我们。
结果：规避风险/减少损失。

3. 细节变观点
（1）管理者当重视专家意见。
（2）我们要重视他人意见。
（3）重视专家意见有利于规避风险。
其他观点合理亦可。

第二步 确定结构

怎么搭建结构？

像搭积木一样搭建结构
有哪些常用万能积木？

1. 固定构成：题目、开头、结尾。
2. 随机构成：
（1）辩证下定义；
（2）正论（观点被需要/观点有好处/有理论或案例支撑）；
（3）反论；
（4）辩证（理解错误但并非如此、例子不符但只是个例、现状糟糕但可以改变、影响恶劣但可以化解）；
（5）其他，如过渡句、引导句等。

第二步 步骤示范

材料结构类型
单一话题型。
可用结构
常规结构及变形。
任选一个常规结构为例
其结构构成如下（考场上这部分不需要在草稿纸上写出来，而是要在脑海中快速浮现）：
题目
开头（故事类型开头构成通常是：人+事+结果+过渡句+观点）
正论（正面阐述观点为什么成立）
反论（反面阐述若是认为观点不成立会有什么弊端）
辩证分析（找到会削弱观点的理由，并对其进行反驳，以支持观点）
结尾（扣题）

微信扫码，输入封面密码区专属兑换码。
领课后在海绵MBA—我的课程观看视频课程。

第三步	第四步	最终呈现
标注理由关键词	串词行文	

第三步

如何寻找理由？

最好是个性理由，实在找不到也可以使用万能的共性理由。

1. 个性理由
基于材料、独立思考。

2. 共性理由
（详见《MBA MPA MPAcc 管理类与经济类综合能力四步写作法》第十四章第一节）
(1) 努力更大更强。
(2) 借助外力规避风险。
(3) 非借助外力规避风险。
(4) 克制欲望。
(5) 让别人开开心心。
(6) 与教育相关的。

第三步 步骤示范

材料理由类型
借助外力规避风险。

该类型的共性理由
发现错误、客观、理性、完善认识、打破局限、取长补短、全面、整合优势等。

将共性理由与个性理由相结合，考场可标注如下：

+（正论）降低风险、局限性、发现漏洞、纠正错误；集思广益。
-（反论）增加风险、能力受到质疑。
B（辩证）被误解为不加分辨地接纳——取其精华；低效——少走弯路。

第四步

如何构建完整文章？

不仅思路本身要清晰，更要让读者看起来觉得清晰。

1. 观点
思路上：不应偏离观点。
表达上：清晰地表明观点。

2. 结构
思路上：结构清晰、逻辑合理。
表达上：可借助"首先、反之、当然、综上"等结构关联词，让读者对结构一目了然。

3. 段落
思路上：理由充分、论证严谨、表达流畅。
表达上：谨慎使用"才、唯一、必然"等过于绝对的表达，避免逻辑缺陷；可借助"第一、不仅如此、更重要的是"等关联词，并准确使用标点符号，以突出段落层次。

第四步 步骤示范

本题的审题结果如下，将其自然地串联，或代入准备好的行文框架即可得到一篇完整的文章。

开头：人（斯沃克公司的高层）+ 事（没有重视专家的意见，认为专家所持理由还不够充分，于是同意宇航局发射）+ 结果（悲剧就发生了）+ 过渡句（悲剧警醒着我们）+ 观点（我们要重视专家意见）。

（引导句）

正论：降低风险、局限性、发现漏洞、纠正错误；集思广益。

反论：增加风险、能力受到质疑。

辩证：被误解为不加分辨地接纳，但可以取其精华；低效，但可以少走弯路。

结尾：扣题（我们要重视专家意见）。

最终呈现

完整行文

我们要重视专家意见

斯沃克公司的高层因为没有重视专家的意见，认为专家所持理由还不够充分，于是同意宇航局发射，最终导致了悲剧的发生。"挑战者号"的悲剧警醒着我们要重视专家意见。

如今，"专家"似乎成了一个贬义词，很多人总是喜欢把"专家"称为"砖家"。这是对专家重要性的一种偏见。实际上，重视专家意见可以帮助我们更好地发展。为什么这样说呢？

重视专家意见，有利于防范风险，提前化解危机。如今我们处在一个信息过载的时代，知识、技术等都在飞快地更新迭代。处在这样的时代，每个人所掌握的知识都是有限的，具有一定的局限性。而专家通常在某个细分领域深耕多年，积累了丰富的知识和经验，能够发现很多常人难以发现的漏洞，或能依据可靠的数据资料，较为准确地判断事态发展的趋势。因此，听取他们的意见，有助于预先识别风险，及时纠正错误，从而将不必要的损失降至最低。不仅如此，重视专家意见还可以汇集来自各方面的声音，吸纳不同领域的智慧，形成互补，减少决策过程中的考虑不全面和信息不对称。

相反，不重视专家意见、一意孤行，就有可能造成类似"挑战者号"那样的悲剧。"挑战者号"的失败不仅让数位宇航员永远失去了宝贵的生命，使得耗资巨大的项目毁于一旦，还让公司的声誉遭受严重冲击，管理层治理能力饱受外界质疑。

当然重视专家意见并不意味着对于专家意见不加分辨地接纳，而是要在态度上给予充分重视，并在决策过程中针对其进行有效论证，取其精华去其糟粕。不仅如此，重视专家意见也未必会造成决策低效，相反，它能帮助决策者少走弯路，更快地达成既定目标。

综上，为了做出恰当的管理决策，我们应当重视专家意见。

题目来源：

估分:

题目来源：

估分：

题目来源：

 题目来源:

估分：

题目来源：

估分：

题目来源：

估分：

题目来源：

题目来源:

题目来源:

题目来源:

估分：

题目来源：

估分：

题目来源:

估分：

 题目来源：

题目来源：

估分：

题目来源：

 题目来源:

估分：

题目来源：

估分：

题目来源：

估分：

题目来源:

估分：

题目来源:

题目来源:

估分：

 题目来源：

前言

写作是否需要背诵素材呢？

我的授课主张是不需要，尤其是不建议大家分门别类地积累素材，因为这样做不仅浪费时间，还没有效果。素材的普适性一般比较差，在考场上大概率用不上，即便用上了，也不利于提高分数。

然而，尽管我反复强调不建议专门花时间积累素材，但在内卷大潮中，大家还是会忍不住去积累。我不带大家积累，大家也会自己找素材积累。实际上，很多大家自己积累的素材都是没有价值的，不但不是加分项，反而会成为减分项。与其这样，还不如我来带大家一起积累一些"有应试价值的写作素材"。

什么是"有应试价值的写作素材"呢？

在我看来，这类素材至少需要满足以下五个要求。

第一，不烂大街。

素材要为观点服务，不要陈词滥调。

例如，马云、俞敏洪、史玉柱等素材虽然很万能，但已经被过度使用了，不建议专门花时间积累。

第二，万能。

只能应用到一个主题中的素材不能被称为素材。

例如，很多同学会针对创新、合作、管理、用人、工匠精神等主题分别积累素材，这样性价比极低，不建议；也有很多同学喜欢积累各种管理学、经济学理论，但很多理论并不具有普适性，也就是说不具有应试价值，其中一个非常有代表性的例子就是"黑天鹅事件"。"黑天鹅事件"是一个经常被提及的现象，是指非常难以预测且不寻常的事件，通常会引起市场连锁负面反应甚至造成颠覆性的后果，如新冠肺炎疫情的暴发、9·11事件、泰坦尼克号事件等。"黑天鹅事件"的发生具有偶然性和随机性，故很难与论说文结合。这就好比，我们不能在2019年的时候说，企业为了应对即将暴发的新冠肺炎疫情，应该做好万全的准备，多储备口罩、消毒液。所以"黑天鹅事件"就属于看似有用实则鸡肋的素材。

第三，易懂。

如果要引用理论，就要用一句话解释清楚该理论，否则只会适得其反。

例如：帕金森定律。对于懂经济学的人来说，大家明白其含义；但是对于不懂经济学的人来说，大家是无法从字面上理解该定律的意思的。如果我们引用该定律，就需要对其进行解释，且解释要简短。若不能用一句话将理论解释清楚并应用到行文中，则不建议大家专门花时间积累。

第四，宏观。

"微观"的素材往往只能就事论事，"宏观"的素材则更加万能。

用"宏观""微观"来定义其实不够准确，这里的"宏观"就是指持续对社会产生广泛影响的事件，"微观"就是指仅在某一时期、只对小部分人群产生影响的事件。

例如：5G、社会主要矛盾变化等都是偏向于"宏观"的素材；地摊经济、杜绝电瓶车等都是偏向于"微观"的素材。

第五，不死板。

不要背诵模板、话术。

真题的命题方向越来越反套路了，模板、话术几乎没有用武之地。

写作素材的背诵很简单，

但是找到"有应试价值的写作素材"却很难。

找到各种素材很简单，

但是能够内化并应用却很难。

希望这本小册子能够帮助大家解决这些难点。大家可以关注微信公众号"张乃心考研"和"乃心小报"，未来我将带领大家逐个内化这些素材，并补充一些新的素材，为大家的备考之路保驾护航。

使用说明书

在开始学习之前,我还是要跟各位同学强调一下,编写这本小册子的目的是带领大家积累素材,不建议大家死记硬背,要在理解之后用自己的话表达出来。

应用建议

第一步:理解后提炼记忆关键词。

第二步:借助关键词内化。

第三步:思考该素材可以与哪些主题结合。

第四步:尝试将素材与不同主题结合,并成段写出,进一步内化。

应用示范

准备工作:话术积累。

随着互联网技术对传统行业的改变,从获取信息、引发消费诉求,到形成购买决策和完成交易,当下和过去完全不同。特别是随着电商的兴起和消费者的代际变迁,许多新变化、新玩法出现了。一方面,随着产业链的不断完善,品牌的产生越来越快,试错和创新成本越来越低,越来越多的新奇品牌相继产生;另一方面,消费者从未像现在这样拥有如此多的选择,消费者不再统一认同大众化的品牌,而是通过看点评或是社群推荐,选择符合自己"调性"或需求的产品。此时,品牌无法成为永远的"护城河",甚至有一些老的品牌会成为掣肘和"包袱"。[1]

第一步:理解后提炼记忆关键词。

记忆关键词:电商兴起、消费者的代际变迁、产业链完善、试错成本低。

第二步:借助关键词内化。

借助以上几个关键词,自己理解,反复描述,独立完成。

---

[1]来源:张磊《价值》,有删改。

第三步：思考该素材可以与哪些主题结合。

上述素材的背景主要体现的是时代变了、消费者也变了。面对这样的变化，每个行业都需要做出改变，以满足未来需求。该素材可以结合的主题有创新、变通、定位、口碑、核心竞争力、忧患意识、专注、直面风险等。

第四步：尝试将素材与不同主题结合，并成段写出，进一步内化。

▶▶主题一：以创新谋发展。

随着互联网技术对传统行业的改变，创新成了大势所趋。如今，从获取信息、引发消费诉求，到形成购买决策和完成交易，已经变得和过去完全不同了。特别是随着电商的兴起和消费者的代际变迁，许多新变化、新玩法出现了。一方面，随着产业链的不断完善，品牌的产生越来越快，创新成本越来越低，越来越多的新奇品牌相继产生；另一方面，消费者从未像现在这样拥有如此多的选择，消费者不再统一认同大众化的品牌，而是通过看点评或是社群推荐，选择符合自己"调性"或需求的产品。面对这样的挑战，品牌无法成为永远的"护城河"，各行各业都应打破自己的舒适圈，通过创新积极地拥抱变化，在创新中摸索机会，努力成为行业的领跑者。

▶▶主题二：专注的重要性。

专注是拥抱变化的前提。随着互联网技术对传统行业的改变，从获取信息、引发消费诉求，到形成购买决策和完成交易，当下和过去完全不同。消费者从未像现在这样拥有如此多的选择，很多消费者不再统一认同大众化的品牌，而是通过看点评或是社群推荐，选择符合自己"调性"或需求的产品。在这个"日新月异"的时代，很多"网红产品"的一夜成名让越来越多的人不再愿意专注，甚至对专注的价值提出了质疑。专注真的已经被时代抛弃了吗？其实不然，很多"网红产品"看似是一夜成名，但成名的背后往往是很多人付出的无数个日夜的专注钻研和积淀。因为专注，所以才更专业，才更有底气去拥抱变化。

▶▶主题三：生于忧患，死于安乐。

当下，居安思危不仅仅是加分项，更是必需品。随着互联网技术对传统行业的改变，从获取信息、引发消费诉求，到形成购买决策和完成交易，当下和过去完全不同。一方面，随着产业链的不断完善，品牌的产生越来越快，试错和创新成本越来越低，越来越多的新奇品牌相继产生；另一方面，消费者从未像现在这样拥有如此多的选择，消费者不再统一认同大众化的品牌，而是通过看点评或是社群推荐，选择符合自己"调性"或需求的产品。此时，品牌已经无法继续成为"护城河"，企业不应沉迷于过去的成绩，而应时刻保持忧患意识、居安思危，以便更好地适应未来的发展需要。

大家尝试以这样的方式来进行本手册的学习吧。

目 录

专题一：时代背景素材 …………………………………… 01

专题二：经济学原理 ……………………………………… 07

专题三：管理的万能理由 ………………………………… 24

专题四：教育的万能理由 ………………………………… 29

专题五：文章素材 ………………………………………… 32

专题一：时代背景素材

时代的发展不断影响和改变着我们的行为及决策。很多观点看似不同，但其实都在顺应时代，故时代背景素材是非常万能的一类素材。

但也需要提醒大家，不是所有的时代背景素材都是万能的，不要盲目地积累。

时代背景素材一

记忆关键词 电商兴起、消费者的代际变迁、产业链完善、试错成本低。

随着互联网技术对传统行业的改变，从获取信息、引发消费诉求，到形成购买决策和完成交易，当下和过去完全不同。特别是随着电商的兴起和消费者的代际变迁，许多新变化、新玩法出现了。一方面，随着产业链的不断完善，品牌的产生越来越快，试错和创新成本越来越低，越来越多的新奇品牌相继产生；另一方面，消费者从未像现在这样拥有如此多的选择，消费者不再统一认同大众化的品牌，而是通过看点评或是社群推荐，选择符合自己"调性"或需求的产品。此时，品牌无法成为永远的"护城河"，甚至有一些老的品牌会成为掣肘和"包袱"。[1]

时代背景素材二

记忆关键词 物质产能过剩、对脑力产业的需求、马斯洛的需求层次理论、精神需求、文化需求。

物质产能过剩强化了对脑力产业的需求。依照马斯洛的需求层次理论，人类正进入一个以满足精神需求和文化需求为主的新世纪，以"烧脑"为主的文化创意产业便应运而生。况且，人工智能、互联网等新科技的发展已经

---

[1] 来源：张磊《价值》，有删改。

能"将人类的肢体功能外包出去",而缺失的恰恰是善于想象、善于创造、善于图像化思维的新功能,这也愈发强化了人们对脑力产业的需求。①

时代背景素材三

(记忆关键词) 理解力、情感、同情心、共鸣性、软实力。

工业时代,人的理性被充分激发,那些逻辑思维能力强的人,总是能成为一个公司里重要的人才,人的感性则被不自觉地收藏起来。而在未来,在与机器人高智商的对比下,人类"情商"的珍贵性开始凸显。机器人超越人类是在智商层面,而人的理解力、情感、同情心、共鸣性等软实力,是机器人无法取代的,我们需要激发大脑的这些潜能。②

时代背景素材四

(记忆关键词) 社会主要矛盾变化。

党的十九大报告中指出:"中国特色社会主义进入新时代,我国社会主要矛盾已经转化为人民日益增长的美好生活需要和不平衡不充分的发展之间的矛盾。"

时代背景素材五

(记忆关键词) 开放、共享、互联、过剩经济、"生态系统"、生态圈。

在商业环境巨变的今天,传统商业文明已经难以适应。发生变化的原因有三:一是科技成为经济发展最重要的催化剂和助推器,促使经济发展由传统的以自我为中心向开放、共享、互联的方向转变;二是大多数行业已经从短缺经济转向过剩经济,同质化、价格战导致行业陷入发展瓶颈或者陷阱,亟须寻找新的突破口;三是"生态系统"成为产业发展的明灯。单打独斗的时代已然过去,丛林文化也已过时,企业之间搭建生态圈的需求越来越大。③

---

① 来源:王德培《中国经济 2020:百年一遇之大变局》。
② 来源:水木然《价值规律》,有删改。
③ 来源:王梓木发表的名为《向上而生 向善而行》的演讲。

时代背景素材六

记忆关键词 消费者迭代。

品牌要突围,已经不仅是资源问题,有钱也不一定管用,因为消费者一直在迭代。过去经济高速增长时代所用的营销手段,现在都不好用了,消费者有能力一眼识破含水量过高的服务与粉饰过度的话术。但偏偏很多企业还在用传统的旧思维营销,这简直就是在做无用功。

时代背景素材七

记忆关键词 界限消失、"护城河"、时间。

当下我们这个世界,封闭或开放,实体或虚拟,远或近,界限已经消失了,定义时刻都在改变。如果市场竞争失去地理限制,我们还能用什么武器挖出"护城河"呢?我认为是时间。时间不可逆、不能停止、无法增加,所以时间是最宝贵的资源。每个人的时间流逝的速度都相同,但只有那些高效利用时间的人,才能在市场竞争中占据先机。

时代背景素材八

记忆关键词 冒险家、创新者。

在全球化和资本化过度的今天,国与国之间的竞争越来越表现为企业家之间的竞争、企业家精神的竞争。重新梳理和重建政府和企业之间的关系,从来没有像现在这样紧迫和重要过。如果把社会对商人和对企业家的看法做比较,就可以看出企业家的一些本质特征,即冒险家和创新者。企业家不应只坐在办公室里,而应积极探寻新的商业机会,开拓新的商业模式。

时代背景素材九

记忆关键词 下沉市场、内循环、头部效应、长尾效应。

未来,下沉市场依然存在巨大的发展潜能,尤其是当下中国进入内循环阶段，开发国内潜在市场势在必行。虽然下沉市场有无限的想象空间，但并不意味着进入下沉市场发展适合所有企业和品牌。究竟是应该遵循"二八定律"追求头部效应，还是应该用长尾效应在下沉市场迅速铺开，抢占更多用户市场，要依据企业自身的定位和未来发展诉求来看，而不是盲目追风。①

时代背景素材十

记忆关键词 核心竞争力。

著名的帕卡德定律指出，人才成长速度跟不上企业成长速度，企业很快会衰败；面临的机遇太多，选择太多，企业也可能会衰败；很多企业失败并不是因为不创新，而是因为战线拉得过长，导致顾此失彼，找不到重点和关键。企业必须引以为戒，业务不在于多而在于精，切忌"狗熊掰棒子"，一定要突出核心竞争力，不停地更换产品和盲目地新增业务都是不可取的。②

时代背景素材十一

记忆关键词 小而美、圈层占领。

未来的商业格局，一个品类或一项服务被一家品牌统领成为主流的情况将被逐渐打破，取而代之的是无数拥有不同用户群的圈层品牌。过去称之为"百花齐放"，马云称之为"小而美"，我认为叫"圈层占领"更贴切。

时代背景素材十二

记忆关键词 中国智造、中国创造、双循环。

2021年，中国经济复苏进入后半程，国内产业布局重塑将持续深化，中国制造将升级成为中国智造和中国创造，经济发展将快速形成以国内大循环为主体，国内、国外双循环相促进的新发展格局。由此，我国持续提升核心

---

① 来源：王德培《中国经济2021：开启复式时代》。
② 来源：宋志平《企业该如何选择新业务？》，有删改。

技术的研发和创新能力,突破核心技术的壁垒,在关键产业环节加速国产化替代。这些政策将时刻影响着企业未来的业务走向和战略变革。①

时代背景素材十三

记忆关键词 四个阶段。

我国的消费发展经历了四个阶段。第一个阶段是买吃买穿,满足温饱的需求;第二个阶段是买冰箱、洗衣机、彩电等家用电器,提高物质生活水平;第三个阶段是买房、买车,追求更舒适、更便捷的生活;第四个阶段是买健康、买快乐,人们开始寻求精神上的富足。

时代背景素材十四

记忆关键词 自增长。

一个成功的商业模式并不需要长久地在广告和营销上花费精力,它具有天然的自增长特性。人们意识到它的好处,于是自动地喜欢、传播,免费充当它的宣传大使,以至于使用它的人越来越多。它只需要专注地提供好的产品。

时代背景素材十五

记忆关键词 马斯洛的需求层次理论。

美国社会心理学家亚伯拉罕·哈罗德·马斯洛将人类的需求划分为五个层次,分别是生理需要、安全需要、社交需要、尊重需要、自我实现需要。按照马斯洛的需求层次理论,人类的需求应该是从低到高逐级进阶,但当人们无法抵制手机的诱惑时,就从生理需要直接跳级进入虚拟世界,满足了自我实现需要,对现实社会中的艰难攀爬和奋斗之路则置之不理。

---

①来源:祖腾《新商业格局下的企业增长和人才发展趋势》。

时代背景素材十六

(记忆关键词) 收入水平的提高、分工精细、服务产业。

随着人们收入水平的提高,社会分工变得越来越精细,服务产业的发展空间变得越来越大。与过去那种自给自足的农业社会相比,人们似乎都变得"无能"了,许多事情自己都不会做或者做不好,商机就蕴含其中。

时代背景素材十七

(记忆关键词) 企业家。

标准化教育可以培养专业人士,但是优秀企业家大多是"野生"的。优秀企业家是在千军万马之中"杀"出来的,不是从坐而论道中走出来的。5G时代,企业界应该更加注重寻找具备企业家精神的人,然后将资源赋能给他,让他去开辟新的市场。

时代背景素材十八

(记忆关键词) 移动互联网时代。

以PC为主要终端的传统互联网的出现,改变了信息的传播方式。在以智能手机为主要终端的移动互联网时代,大家带一部手机出行就可以了,钱包、证件都不用带,这改变的是我们的生活方式。今后,随着5G的推广与普及,可以预见智能互联网将会渗透社会生活的每个角落,全面改变社会和人们的生活方式。

专题二：经济学原理

经济学是社会科学的基础学科，能够解释很多事物背后的规则，故经济学原理也是非常万能的一类素材。

但我在这里提醒大家，不是所有的经济学原理都万能，不要盲目地积累，也不要生硬地套用。

1. 马太效应

「一句话理解」

马太效应是指强者越强、弱者越弱的现象。

「补充理解」

马太效应，是社会学家和经济学家常用的术语，反映的社会现象是两极分化，富的更富，穷的更穷。任何个体或群体，一旦在某个方面（如金钱、名誉、地位等）获得成功和进步，就会产生一种积累优势，就会有更多的机会取得更大的成功和进步。

「写作应用」

因为存在马太效应，所以需要我们尽快成为"强者"，或者通过"创新"跳出马太效应的怪圈。故创新类主题以及涉及企业或个人变强的主题都可以与之结合。

「参考应用」

5G时代，社会经济的"马太效应"将进一步凸显出来。在历史上，生产资料的私有化造就了资本主义的社会鸿沟，这个社会难题持续了几百年，人类采用的各种制度设计，都没有解决贫富差距的问题。每一次的技术革命和知识革命，都并未成为促进普惠发展的工具，而是成为少数人致富的机会。资产鸿沟、信息鸿沟和智能鸿沟，这些都不是5G时代到来就能够解决的。

如果没有系统性的制度创新，那么人类社会很难走出这种越进步越失衡的艰难局面。

2. 规模经济

一句话理解

规模经济，是指在一定的产量范围内，随着产量的增加，平均成本不断降低的现象。规模不经济是针对规模经济而言的，是指因生产规模扩大而导致单位产品成本提高的现象。

补充理解

规模经济是由于一定的产量范围内，固定成本变化不大，那么当产量增加时，单位产品就可以分摊更多的固定成本，从而使平均成本下降。但需要注意的是，企业规模越大，效益并不一定越好，还有可能会导致规模不经济出现。

写作应用

随着规模经济的出现，马太效应会越来越明显。故规模经济和马太效应的适用主题基本相同。

参考应用

在消费升级的今天，人们对产品的要求已经逐步从"能用"转变为"好用"，此时企业拥有的品牌影响力就会显现出优势来：品牌越著名，价格越高，消费者就越愿意为它买单。长此以往，一方面，企业自身会得利于此，获得丰厚利润的同时提升了社会知名度，吸引了更多人才与投资，进而能够继续巩固自身品牌或者创造新品牌，形成良性循环；另一方面，以品牌企业为核心的不同规模的企业也可以通过一系列经济往来加深联系，形成集聚，提高规模效益，从而拉动城市与地区的经济增长。所以，在人们愿意为品牌买单的今天，企业更应思考未来的发展方向，提高品牌影响力和品牌附加值，积极应对市场的变化。

3. 劣币驱逐良币

一句话理解

当两种实际价值不同而名义价值相同的货币同时流通时，实际价值较高的货币，即"良币"必然会退出流通；而实际价值较低的货币，即"劣币"则充斥市场。

补充理解

在16世纪，英国因为黄金储量紧张，只能在新制造的金币中掺入其他金属，于是市场上就有了两种金币，一种是此前不掺杂质的金币，一种是掺入了杂质的金币，但两种货币的法定价值一样。这样，人们都会收藏不掺杂质的良币，使用掺入杂质的劣币。时间一长，市场上流通的就只有劣币了。这就是劣币驱逐良币的故事：一旦劣币开始出现，良币就会逐渐消失。

写作应用

在论证做某事的弊端时，可以尝试应用劣币驱逐良币。

参考应用

文化环境百花齐放、百家争鸣，这多亏了众多学者独树一帜，创造出了属于自己的学术体系。同时，包容开放的文化环境也为学者们提供了肥沃的文化土壤。然而，倘若学者因一己私利一味地抄袭跟风，长此以往，当抄袭之风席卷学术领域时，真正潜心做学术研究的学者将会慢慢被挤出学术领域，文化土壤将变得荒芜贫瘠。只有学者拒绝抄袭跟风，学问各有特色，文化环境才能绽放色彩。这也告诫文化管理者们，应当合理引导文化研究，鼓励学者潜心做学问。

4. 长尾理论

一句话理解

人们通常只关注重要的人或重要的事,即关注曲线的"头部",而忽略曲线的"尾部"。但在互联网时代,关注"尾部"产生的总体效益甚至会超过"头部"。示意图如下。

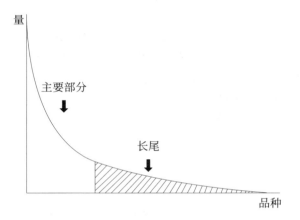

补充理解

消费者在面对无限的选择时,想要的东西和获得这些东西的渠道都出现了重大的变化,一套崭新的商业模式也随之崛起。简而言之,"长尾"所涉及的冷门产品几乎涵盖了所有人的需求。当一种冷门需求出现后,会有更多的人意识到这种需求,从而使冷门不再冷门。对很多企业来说,长尾理论是对二八法则的颠覆。

写作应用

长尾理论给了我们一个启示,那就是不能只依赖拳头产品,也要重视冷门产品,满足个性化需求。时代发展、拥抱变化、转变视角类主题都可以结合长尾理论来论证。

专题二：经济学原理 11

参考应用

在当今社会，许多中小企业的实力很难比得过已经形成马太效应和规模经济的头部企业，那么中小企业如何在市场上分得一杯羹？长尾理论给我们提供了新思路。很多不被头部企业所关注的冷门产品也存在巨大的消费需求，是一块可以被开发的蓝海市场。如果做好长尾市场的细分，满足用户的个性化需求，一样可以实现企业的发展。

5. 酒与污水定律

一句话理解

一粒老鼠屎坏了一锅粥。

补充理解

把一匙酒倒进一桶污水里，得到的是一桶污水；把一匙污水倒进一桶酒里，得到的还是一桶污水。显而易见，污水和酒的比例并不能决定这桶东西的性质，真正起决定作用的就是那一匙污水，只要有它，再多的酒都会变成污水。酒与污水定律说明，对于坏的组员或东西，要在其产生不良影响之前及时处理掉。

写作应用

可将该定律应用到人才选拔等主题。

参考应用

要在竞争激烈的餐饮市场中得到一席之地，保持对食物品质的追求是不二法门。但一些不良商家不惜背弃商业原则，在食品制作过程中做手脚以牟取利益。某雪糕虽号称是雪糕界的"爱马仕"——绝无任何添加剂的天然雪糕，但也被爆出因原料掺水而受到处罚的商业丑闻。恰如一杯好酒，哪怕其中流入一滴污水，都会失去它原本纯粹的味道。所以，想要在一个行业中屹立不倒，就要保持敬畏之心，这样方能走到最后。

6. 木桶定律

一句话理解

一只木桶能盛多少水,并不取决于桶壁上最长的那块木板,而是取决于桶壁上最短的那块木板。

补充理解

任何一个组织都可能面临一个问题,即构成组织的各个部分是优劣不齐的。其中劣势部分往往决定了整个组织的水平。当然,木桶原理并不是绝对的,有些人提出了反木桶原理,认为在某些情况下最长的木板才是决定企业发展的关键因素。

写作应用

任何一个环节太薄弱都有可能导致企业在竞争中处于不利位置,甚至最终导致企业失败。故当涉及企业管理类主题时可以应用该原理。

参考应用

当今时代,在激烈的市场竞争压力下,为了生存下来,追求更多的利益是众多企业信奉的经营准则。某些企业也确实依靠特殊的经营手段在业绩上"红极一时",殊不知代表企业诚信的"短板"早已不堪重负,摇摇欲坠。前有"毒奶粉""冠生园"事件骇人听闻,后有康美药业自掘坟墓,桩桩件件都在为企业的诚信经营敲响警钟。司马光有言:"才者,德之资也;德者,才之帅也。"企业经营过程中利与义应当并行,在通过创新技术提升企业利润的同时,也要诚信经营,积极履行企业的社会责任,莫让诚信的短板成为"竹篮打水一场空"的缘由。

7. 羊群效应

一句话理解

通常指个体的从众跟风心理。

补充理解

羊群效应一般出现在一个竞争非常激烈的行业里,如果这个行业里有一只领头羊(领先者)吸引了其他羊主要的注意力,其他羊会不断模仿这只领头羊的一举一动,领头羊去哪里吃草,其他羊也去哪里吃草。然而,总是跟在别人屁股后面难免会被吃掉或被淘汰。因此,要有自己的想法,不走寻常路才是脱颖而出的捷径。

写作应用

可将该效应与创新类、拒绝盲从类主题结合。

参考应用

产品同质化已经成为当今时代各行业面临的最为严峻的问题。在互联网供应链的赋能下,21世纪的产品信息唾手可得,缺少核心技术的产品一旦大火便会成为"羊群"跟风的标靶。而一旦同质化的竞争市场形成,无论对消费者还是对企业甚至是对市场都是灾难性的打击:消费者不得不陷入产品服务单一化的窘境;企业为了模仿龙头产品势必会放弃其他蓝海领域的探索,抛弃创新的可能;最为严重的是这种羊群效应会让市场在这些企业的同类碰撞中产生许多无谓损失(如劣币驱逐良币、服务战等),而这些损失最终不可避免地会转嫁回消费者身上。

8. 棘轮效应

一句话理解

由俭入奢易,由奢入俭难。

补充理解

棘轮效应是指人的消费习惯形成之后有不可逆性,即易于向上调整,而难于向下调整。尤其是在短期内,消费习惯是不可逆的。消费者容易随着收入的提高增加消费,但不容易随着收入的降低减少消费,这就是棘轮效应的特点。

> 写作应用

站在个体的角度，该效应可以与节俭、节约资源等主题结合；站在企业的角度，由于存在棘轮效应，很多人的消费需求会不断上升，这就需要企业提供更好的产品，故该效应可以与很多管理类主题结合。

> 参考应用

近几年，"消费升级""供给侧结构性改革"等名词经常被提及，这是市场经济环境下产业发展的规律，也是棘轮效应的体现。人们的消费水平随着经济水平的提高而日益升级，从改革开放之初对物质文化的需要到今天对美好生活的需要，消费水平的提升正是这种矛盾转变的重要表现，也同样符合马斯洛的需求层次理论从低到高的进化趋势。要跟上这样的趋势，企业就要不断革新，淘汰中低端产业，发展中高端产业，围绕供给侧（也就是消费产品）改革，不断使产品优质化、多样化和个性化，满足人们日益提高的消费需求，从而在市场竞争中立于不败之地。

9. 快鱼法则

> 一句话理解

市场竞争以前是"大鱼吃小鱼"，现在是"快鱼吃慢鱼"。

> 补充理解

信息革命与工业革命的不同点之一是，不必占有大量资金，哪里有机会，资本很快就会在哪里积聚。"快鱼吃慢鱼"强调了对市场机会的把握和对客户需求的快速反应，但这绝不是追求盲目扩张和仓促出击。相反，真正的"快鱼"追求的不仅是快，更是"准"，因为只有在准确把握住市场的脉搏、了解未来技术或服务的方向后，快速出击才是必要且有效的。

> 写作应用

可以将该法则与效率类、定位类、创新类、决策类主题相结合。

> 参考应用

在 5G 时代，信息的传播速度飞快，市场已经从"大鱼吃小鱼"的时代过渡到了"快鱼吃慢鱼"的时代。哪里有流量，资本就会在哪里快速积聚，帮助"快鱼"占领市场份额。但是企业一定要明白：占领市场并不等于一直占领市场。当一个企业进入消费者的视野之后，企业要做的一件重要的事就是确保产品的质量。倘若企业没有严格的质量把控，那就是自毁形象，可能会面临"一次性消费"的境况，随之而来的就可能是退出市场。企业想要在市场的洪流中站稳脚跟，比速度更重要的是质量，只有严格把控质量，维护与消费者的良好关系，企业才能长远发展。

10. 阿尔巴德定律

> 一句话理解

市场是围绕需求转动的。

> 补充理解

一个企业经营成功与否，取决于对顾客需求的了解程度。看到了顾客的需求，你就成功了一半；满足了顾客的需求，你就彻底成功了。

> 写作应用

可以与各种管理类主题结合。

> 参考应用

无论是"双十一""双十二"等促销活动，还是电商平台的"用户画像""客户定位"等营销模式，它们的成功无不透露着立足于顾客需求的重要性。如果商家能深度挖掘顾客的需求，那么他很可能在电商市场上夺得属于自己的份额。新需求的出现往往能带动更多同类商品的出现，然而如果商品的同质化严重，市场就会很快饱和。在这个时候，商家就需要独树一帜，差异化经营，在营销方式或产品质量上创造出自己独有的特色，做到"人有我优"。

11. 蝴蝶效应

一句话理解

小蝴蝶可以引起大风暴，小过错可能导致弥天大祸。

补充理解

在金融、贸易日益全球化的今天，世界各国都有着经济联系，并处于一个互相关联并且极其复杂的系统中。一个微小事件就很有可能引起系统性的灾难。发展是复杂的，受到方方面面的影响，其可以视作一个复杂的系统。要注意每一个微小事件的影响，消除不利的因素，避免它们对未来产生恶劣的冲击；强化有利的因素，使它们对未来起到重要的推动作用。

写作应用

可以与细节、进步、风险、补足短板等主题相结合。

参考应用

网络信息时代让我们每个人可选择的选项似乎都更多了，看似也更加自由了。但并非增加的每个选项在当下的环境中都是正确的，所以反而增加了试错成本。因此，如何合理有效地减少试错成本便成为我们不得不思考的问题。注重细节正是能够在一定范围内减少该成本的重要方法之一。细节是不起眼的，是不容易被看见的，因此也是极其容易被忽视的。但其实每一个细节都有可能引发一场"蝴蝶风暴"，可能导致弥天大祸，也可能带来巨大效益。所以正确选项与错误选项之间可能就只有微小的差别，注意到了该细节，也许能够就此终止试错阶段从而取得胜利；没有注意到该细节，也许就只能平添一笔试错成本了！

12. 青蛙效应

一句话理解

温水煮青蛙，生于忧患，死于安乐。

补充理解

"青蛙效应"告诉人们,企业竞争环境的改变大多是缓慢而微小的,如果管理者与员工对环境的变化没有知觉,最后就会像"温水煮青蛙"中的青蛙一样,被煮熟了(淘汰了)仍不知道。

事实上,造成危机的许多诱因早已潜伏在企业的日常经营管理之中,只是由于管理者麻痹大意,缺乏危机意识,才对此没有足够的重视。有时,看起来很不起眼的小事,经过"连锁反应""滚雪球效应""恶性循环"之后,有可能演变成摧毁企业的危机。

写作应用

该效应其实就是在告诉我们要警惕风险,而综合能力考试中写作部分的大多数主题都可以与此结合。

参考应用

"知人者智,自知者明",能够客观清楚地了解自己的人是聪明的,而自省更是成为一个"明白人"不可缺少的行为,且自省应为常态。因为人们普遍具有"惰性",长时间的安逸状态会让自己对潜在危险的敏感度降低,而一旦缺乏足够的危机意识便有可能出现"温水煮青蛙"的局面,此刻,自省会让你看到别人的进步,意识到自己的止步不前已是相对退步,从而更能增强自身的忧患意识。因此,自省可以预防"死于安乐",让自己成为一个真正的"明白人"。

13. 鲶鱼效应

一句话理解

鲶鱼在搅动小鱼生存环境的同时,也激发了小鱼的求生欲望,因而可以说竞争让市场更高效。

补充理解

挪威人喜欢吃沙丁鱼,特别是活的沙丁鱼。市场上活的沙丁鱼的价格也要比死的沙丁鱼高很多。但是,绝大部分的沙丁鱼会在运输中途因窒息而死亡。最终,有个方法解决了这个问题:在装满沙丁鱼的鱼槽里放进一条以鱼为主要食物的鲶鱼。鲶鱼进入鱼槽后,由于对环境感到陌生,便四处游动。沙丁鱼见了鲶鱼十分紧张,左冲右突,四处躲避,加速游动。这样,沙丁鱼缺氧窒息的问题就迎刃而解了。

(写作应用)

可以与竞争、激励、人才选拔类主题相结合。

(参考应用)

危机意识的树立,有利于增强企业竞争力,保持市场活力。从企业内部来讲,将有竞争力的新鲜血液吸纳进企业人才队伍中,给予那些因循守旧、故步自封的"沙丁鱼式"老员工一定的竞争压力,唤醒他们"害怕被淘汰"的危机意识,从而增强企业内部的竞争活力,在竞争中稳步前行;从企业外部来讲,如果市场中横空出现一些"鲶鱼式"企业,以强有力的竞争姿态打破原有市场格局,那也会加重原来在同一竞争市场中某些企业的危机感,倒逼其引进新技术,开发新产品,以此应对即将到来的危局,在增强自身生存能力的同时,也使市场焕发出新的活力。因此,危机意识的树立对于企业乃至市场发展来说都是很强的推动力。

14. 凡勃伦效应

(一句话理解)

消费有时只是一种炫耀。

(补充理解)

款式、皮质差不多的皮鞋,在普通的鞋店卖几十元,而进入大商场的柜台,就要卖到几百元,却总有人愿意买。1.66万元的眼镜架、6.88万元的纪念表、168万元的顶级钢琴,这些近乎"天价"的商品,往往也能在市场上走俏。其实,消费者购买这类商品并不仅仅是为了获得直接的物质满足和享受,更多的是为了获得心理上的满足。这就出现了一种奇特的经济现象,即一些商品价格定得越高,就越能受到消费者的青睐。

> 写作应用

随着社会经济的发展,人们的消费会随着收入的增加而逐步由追求质量和数量过渡到追求品位和格调。我们可以利用"凡勃伦效应"来探索新的经营策略,故可以跟很多战略、管理、定位类主题结合。

> 参考应用

在商业环境巨变的今天,传统的商业文明已经难以适应。大多数行业已经从短缺经济转向过剩经济,同质化、价格战导致企业陷入发展瓶颈或陷阱,亟须寻找新的突破口,而凡勃伦效应给我们提供了新的思路。凡勃伦效应告诉我们:其实消费有时是一种炫耀。随着社会经济的发展,人们的各项基本需求都得到了满足之后,就开始寻求更高层次的精神需求的满足。如果企业能根据消费者的消费心理做好品牌定位,满足消费者的精神需求,同样也可以让企业实现发展。

15. 不值得定律

> 一句话理解

对待自己认为不值得做的事情,往往会敷衍了事。

> 补充理解

一个人如果将要做的是一件自己认为不值得做的事情,就会持着敷衍了事的态度。这样不仅成功率低,而且即使成功,也不会有多大的成就感。相反,如果人们认为某事值得去做,他们就会满怀信心地做好这件事情。

> 写作应用

可以与专注、信念、心态、坚持、选择等主题相结合。

> 参考应用

当下,由于"社群生活"的普及,"短视频"与"网络直播"的低龄化,新一代的年轻人散发着挥之不去的"戾气"。越来越多的年轻人为了追求自我,对不喜欢的事物持敷衍了事的态度,这让"不值得定律"成为当今社会见怪不怪的常态。正是在这种影响下,许多年轻人深陷于失败的漩涡,不断地抱怨生活与命运的不公,传播着浮躁的社会风气。要跳出"不值得定律",当下年轻人心态的转变就显得至关重要,只有内心认可要做的事情才会自然转变敷衍了事的态度,以态度转变推动行动改变,从而提升自我满足感,实现自身的价值,最终形成新青年的"自我"标签。

16. 帕金森定律

> 一句话理解

行政权力扩张引发的人浮于事、效率低下的"官场传染病"。

> 补充理解

在行政管理中,不称职的人一旦占据领导岗位,行政机构会变得越来越庞杂,庸人占据着高位的现象也不可避免,整个行政管理系统就会形成恶性膨胀,陷入难以自拔的泥潭。行政机构会不断增多,行政人员会不断膨胀,每个人越来越忙,但组织效率越来越低下。

> 写作应用

可以与人才选拔、组织管理类话题相结合。

> 参考应用

"赛马"是指在人才选拔中引入的竞争机制,择优录取。这样不仅能为管理岗位选出合格的候选人,也能让其他职员看到晋升希望,带动他们在工作中的积极性,提升企业内部活力。相反,如果一旦让庸人占据高位,容易使得人浮于事、效率低下的"官场传染病"肆行,使劣币驱逐良币现象出现。

积极努力者不受待见,被反向淘汰,最终导致企业中出现越来越多的庸人,使得整个机构恶性膨胀,陷入难以自拔的泥潭。

17. 皮尔斯定理

一句话理解

意识到无知,是知道的开始。

补充理解

古人云:"学海无涯苦作舟。"它告诉了我们,面对知识的海洋,个人的见识是多么的渺小。同样,古希腊的德尔菲神庙里刻着一句传诵千古的话:"认识你自己。"针对这句话,大哲学家苏格拉底给出了一个最好的诠释:"我唯一知道的一件事情,就是我自己什么也不知道。"正是这种谦虚的心态,成就了苏格拉底深厚的哲学思想,泽被至今。

写作应用

可以与尚拙、听取他人意见、谦虚等主题结合。

参考应用

老子曾曰:"知人者智,自知者明。"越有智慧的人,越知道自己的无知,越无知也就越发勤学苦练,只有这样才能弥补自身的不足,在日积月累中促成自我蜕变。傲慢自满背后反映的其实是对自我认知的不充分与对万物认知的浅薄。近年来逐渐兴起的反智主义,事实上揭露了当今许多人拘泥于自身粗浅之识而故步自封、傲慢自大的社会怪象。相反,真正睿智的人正是因为看到了更大的世界而懂得自身的渺小,方以尚拙之态仰望星空,以务实之举脚踩大地。同时,正是由于对真理的不懈探索,智者们才领悟到自身的不足,也正是因为对自我的充分认知,才让他们时刻保持谦逊态度,永远走在摆脱无知的路上。

18. 奥卡姆剃刀定律

(一句话理解)

真正有效的方法,往往是简单的。

(补充理解)

在人们做过的事情中,可能大部分都是无意义的,只有隐藏在繁杂事务中的一小部分才是有意义的。如果人们认为只有焦头烂额、忙得不可开交才能取得成功,那就大错特错。事情会朝着复杂的方向发展,而效率则来源于简单。

(写作应用)

可以与定位、化繁为简、效率、抓住问题关键等主题结合,更重要的是,大家在备考写作的过程中也应像该定律说的一样化繁为简。

(参考应用)

随着社会、经济的发展,时间和精力成为人们的稀缺资源,在资源有限的情况下,把复杂的事情简单化,有助于我们跳出无意义的忙碌怪圈。对于现代企业而言,更应该懂得"少即是多"的道理。面临的机遇太多,选择太多,企业做选择时更有可能顾此失彼,抓不住重点,也更有可能会衰败。因此,企业要想在这个分工越来越细的时代脱颖而出,就不能忽视专注的力量。只有化繁为简,选择自己的优势产业,企业才有可能在竞争中获得更好的发展。

19. 破窗效应

(一句话理解)

不以恶小而为之,要及时解决问题,并采取补救措施。

(补充理解)

如果放任环境中的不良现象存在,就会诱使人们效仿,甚至变本加厉。一幢有少许破窗的建筑,如果不被修复,就会有更多的窗户被破坏;一面墙,如果出现一些涂鸦没有被及时清洗掉，很快墙上就会布满乱七八糟的东西。

(写作应用)

可以与描述弊端、及时改进的段落结合。

(参考应用)

随着法律制度的完善，消费者自我保护观念的增强，市场经济发展到今天，企业的野蛮生长已不合时宜。近日，有个网红雪糕品牌引发了许多争议，"两年前的虚假广告被扒出""高价雪糕频遭质疑"，诸如此类的负面新闻让这个网红品牌遭受了成立以来的最大危机。究其根本，是由于企业越过了底线。由于互联网的普及，企业在享受大流量红利的同时，更接受着千万网民的监察。如果企业不能坚守底线，过错的种子就会破土而出从而引发"破窗效应"，从而品尝到恶果。面对大环境的改变，企业既要知敬畏，又要坚守底线。与其心存侥幸，不如本分经营，踏踏实实一步一个脚印，不给未来的自己挖坑埋雷，才能实现长久发展！

专题三：管理的万能理由

企业经营的目的是什么呢？

简单来说，企业经营的目的就是获得利润。在获得利润的基础上，企业才能更好地实现其他价值。

那么如何提高利润呢？

利润 = 售价 × 销量 − 成本。

企业为了提高利润，就要努力提高售价、增加销量、降低成本。

无论是寻求创新，还是与他企合作，抑或是专注于提升现有产品的品质等，都是为了提高售价、增加销量或者降低成本，也就是为了提高利润。

如果大家能把这个逻辑想通，也就能想明白为什么很多与管理相关的论说文的理由都是相通的。因为企业做的所有事情最终的目的都大同小异。

以下理论都可以尝试与创新、合作、专注、匠心、人工智能、差异化、多样化等主题结合。大家一定要结合得自然一点，不要生搬硬套。

1. 品牌效应

一句话理解

品牌是给拥有者带来溢价、产生增值的一种无形的资产。

参考话术

对当代消费者来说，通过移动设备来探索市场、购买产品已经变得和刷牙、乘车、吃饭一样平常。在这样的情况下，一群"见异思迁"的流动消费者群体应运而生：他们不会死忠于某一特定品牌，而是在不同的产品和服务提供商中"来去自如"。谁能满足他们的诉求，谁就能得到他们的青睐。面对这种变化，品牌似乎越来越难以跟上他们的步伐。然而，品牌并非不能跟上这群"三心二意"的消费者的步伐,只是品牌需要对这群消费者进行详细客观且全面的考察,并就此重新审视自身的品牌定位,在知己知彼的前提下,找到一条清晰的品牌创建之路。[①]

写作应用

企业不断精进其实都是为了形成品牌效应。故可以与研发新产品等企业精进的主题结合。

2. 经济效益

一句话理解

经济效益是资金占用、成本支出与有用生产成果之间的比较。

参考话术

在社会主义市场经济条件下,企业的目的是用最经济的方法制造出满足生产需要的生产资料类产品和满足人民物质生活和文化生活需要的消费类产品。为此,企业必须讲求经济效益,以最少的人力、物力、财力消耗,生产出更多、更好符合社会需要的产品。

写作应用

此处可以与创新、合作等众多主题相结合。

3. 长期主义

一句话理解

立足长远。

参考话术

企业作为营利性组织,存在的意义是不断为客户提供有价值的产品与服

[①]来源:特奥·克雷亚、陈科典、刘春泉《流动消费者 数字化时代的未来增长与品牌管理》,有删改。

务，从而获取利润和价值增长。随波逐流只会让企业在某个发展阶段痛苦挣扎甚至逐渐沉沦。而基于客户洞察，以市场前瞻形成未来目标，才能不断突破成长瓶颈，在竞争中脱颖而出，形成领先优势。

> 写作应用

很多行为和决策不仅会影响当下，还会影响未来。故可以与创新、合作、专注等众多主题相结合。

4. 洞察市场

> 一句话理解

选择比努力重要，要把握趋势。

> 参考话术

如今，对于初创型公司而言，在商业寡头林立、各种商业细分领域都已经竞争激烈的局势下，如果没有选择好未来的赛道，那么能够存活和做大的概率微乎其微。对于已经颇具规模的企业而言，对主业所在的市场领域，如果不能敏锐地掌握客户需求的变化趋势和市场动态，就很难采取有效的措施来确保市场占有率上升。对于新兴市场领域，如果不能准确地判断未来潜力空间，企业就很难把握进入的时机，转型升级也就输在了起跑线上。

> 写作应用

可以与选择、判断力等主题相结合。

5. 痛点、痒点和爽点

> 一句话理解

描述用户需求的形象表达。

> 参考话术

"痛点"即现有需求未被满足，客户有太多对产品和服务的不满意之处，此时的产品和服务存在快速迭代乃至被替换的可能性。"痒点"是客户觉得产品与服务存在吸引力，但是还不够好的地方。"爽点"是产品与服务让客户体验非常棒、感受愉悦，甚至愿意自发进行推荐的地方。

(写作应用)

管理的很多行为都是为了解决痛点、改善痒点、创造爽点，故可以与创新、专注、合作等众多主题结合。

6. 竞争优势

(一句话理解)

是相对于竞争对手拥有的可持续性优势。

(参考话术)

打造核心竞争优势是企业战略制定的出发点。如果通过对客户与市场的分析寻找到了商机，那么战略制定者一定不能沾沾自喜。这个商机是不是真正适合自己企业的赛道，还要看赛道上有多拥挤，有什么样的对手在和自己竞争，自己能否在商业竞争中保持生存和成长，等等。

(写作应用)

可以与创新、发展、专注等众多主题相结合。

7. 优化人才结构

(一句话理解)

人才是经济社会发展的第一资源。

(参考话术)

全球化、人口结构变化和上升通道增多这三者中的任何一个因素，都会导致未来10年出现极大的人才需求缺口。人才争夺战不可避免，这是大多数组织面临的极为棘手的挑战。但那些知道应如何识别有潜力的人才、有效留住人才和开展培训项目进一步提高人才水平的组织，才可以化挑战为绝佳机遇。

写作应用

可以与创新、重视人才、知人善任等众多主题相结合。

专题四：教育的万能理由

教育类话题是考试的热门话题之一，但教育类话题写起来没那么顺手，故专门为大家总结了与教育有关的话术。

1. 提高生产力

一句话理解

教育与生产力发展的关系越来越密切。

参考话术

技术改造、设备更新要靠人才把科技成果应用于生产过程中来完成；丰富的自然资源、先进的生产工具要通过高素质的劳动者来发挥作用；高技术、高效率的生产要靠大量高水平管理人员的管理活动来实现。而劳动者基本劳动素质的优劣、技术人员技术水平的高低、管理人员管理能力的强弱，主要取决于他们所受教育的程度和质量。教育可以培养人的劳动能力，使潜在的生产力转化为现实的生产力。教育可以提高劳动力的质量和素质，改变劳动力的形态，把简单劳动力训练成复杂劳动力，把体力劳动者培养成脑力劳动者。教育可以使劳动力得到全面发展。

2. 逆向淘汰

一句话理解

学术界乱象很可能会导致出现劣币驱逐良币的结果。

参考话术

如果靠剽窃、捏造数据、捏造学术履历就能制造出学术成果、获得学术声誉、占据比较高的学术地位，那么脚踏实地认认真真搞科研的人，是难以竞争过造假者的，从而会导致逆向淘汰。而且学术造假还对同行造成了误导。

如果有人相信了虚假的学术成果，试图在其基础上做进一步的研究，必然会浪费时间、资金和精力。①

3. 学术形象

一句话理解

学术不端行为直接损坏学术界和知识分子的社会形象，削减其影响力和公信力。

参考话术

学术界的科研能力代表我们社会对未知知识的理解力和开发力，也是衡量社会文明程度的重要标准。在社会中，人们印象中的科学研究者应当是学问传播、知识创新的先行者，因此，他们被当作人们精神的领袖。而学术不端行为最直接的影响就是造成公众对学术界的信任危机，而且一旦这种危机恶化，人们将无法判断社会的理性精神，甚至无所适从。②

4. 科学知识再生产

一句话理解

教育是知识的传承。

参考话术

任何人刚生下来时，都不会有什么科学知识。如果没有前一代的积累，科学知识就无法被后一代人掌握，也就无法得到继承和发展。所以，教育是实现科学知识再生产的重要手段，通过教育可以高效地扩大科学知识的再生产，使原来被少数人掌握的科学知识，在较短的时间内被更多的人掌握，使科学知识得到普及，先进的生产经验得到推广，从而提高劳动生产效率，促进生产力发展。

---

① 来源：贡力《土木工程概论》（第2版），有删改。
② 来源：张鑫旺《学术不端行为的危害及应对措施》，有删改。

5. 科技发展

一句话理解

教育是科技发展的根基。

参考话术

当前,科学技术的发展日新月异,尤其是信息技术与国际互联网的发展已经超出了我们的想象。科学技术对人们生活的影响已经无处不在,渗透到了生活的方方面面。而且,科技与教育在当今世界被人们视为社会发展的两大支柱。一种普遍的认识是,国与国之间的竞争主要是经济的竞争,经济的竞争就是科技的竞争,科技的竞争就是教育的竞争。科技和教育对于各国生存和发展的重要性逐渐为人们所熟知。

6. 文化创新

一句话理解

教育有利于文化的更新和创造。

参考话术

教育对文化的更新和创造主要表现在两个方面:一是教育通过培养具有创新精神和创造能力的人来发挥其文化更新与创造的功能。人既是文化的产物又是文化的创造者。但是,只有那些掌握大量文化知识又具有创新精神、创造能力的人才有可能对文化的发展做出贡献。二是教育直接地参与了文化创新。新的文化包括新的作品、新的思想和新的科学技术等。当代学校往往成为新思想、新文化的策源地,在文化的更新和创造中发挥着越来越重要的作用。同时,教师也不只是知识的传授者,他们也是知识的创造者,是创生新文化的主力军。

专题五：文章素材

该专题为大家收集了一些论证较为出色的文章[①]，但需要提醒大家的是，大家要重点关注表达逻辑而非文采。文采好的文章未必在考场上占有优势，盲目学习他人的文采很有可能变成邯郸学步。故大家在学习这些文章的时候，不应盲目背诵，而应当与自己的想法结合，不断提升自己的逻辑表达能力。

文章素材一

别让速成毁了匠心

郭震海

在快节奏生活的当下，不少事物的生产创造似乎也加速起来。比如各类技能培训，只要有钱，到处都是班，两三个月就能拿下一本证书。写书、拍电视剧等等，也无不可以速成。

现代社会，时间就是生命，办事讲效率没有错。随着科技的进步，很多事情确实可以做到事半功倍。但实践也告诉我们，有些时候"欲速则不达"，一味地追求速成不是好事。正所谓"十月怀胎，一朝分娩"，事物的成长发展往往有其规律，那些违背规律的速成，往往就会先天不足，无异于拔苗助长。一些以次充好的假冒伪劣"速成"产品，一些偷工减料的"速成"工程等，多是以牺牲质量或成效，乃至以牺牲安全为代价，这样的速成就不仅无益，而且有害。

常言道："慢工出细活，文火煲靓汤。"很多事急不得，更速成不得。古人对事物的创造，往往是匠心独运，不尚速成。如丝绸、瓷器、漆器、金银器等各类技艺精湛的手工艺品，饱蘸着匠人们对自然的敬畏、对创造的虔敬、对工序的苛求。有多少巨匠们一生默默无闻，远离名利场，只为了完成一件作品、办好一件事情。盛于魏晋时期的"百炼钢"之术，其制作过程需工匠

[①]选取的文章存在删改。

把精铁加热锻打一百多次,一锻一称,直到斤两不减。如此千锤百炼,最终锻出高纯度的器具。这一丝不苟的工序、精湛的技术、专注的追求、精益求精的精神,正是我们今天所倡导的"工匠精神"。

"人心惟危,道心惟微;惟精惟一,允执厥中。"只有沉得下心,才能做出经得起时间检验的产品。高凤林作为一名特种熔融焊接工,35年如一日,一心专注火箭发动机焊接工作,被称为焊接火箭"心脏"的人。0.08毫米是高凤林焊接生涯里挑战过的最薄纪录。载人潜水器有十几万个零部件,其组装对精密度要求达到"丝"级。顾秋亮作为一名焊工,40多年来兢兢业业、刻苦钻研,在平凡的岗位上不断追求卓越,一次又一次挑战极限,成功把"蛟龙号"送入海底,他也被称为"有钻劲儿的螺丝钉"。没有那种精细入微的追求,没有那种"差之毫厘,谬以千里"的体认,就很难有过硬的高精尖技术。

其实,不管是科技研究、手工制造、养殖种植,还是行医执教、著书立说,行业千万种,从业者至少都应该有一颗基本的"匠心"。这颗匠心,不仅是对规律的尊重、对创造的敬畏,更是一种一丝不苟、追求卓越的精神。养此匠心,则会耐得住寂寞,坐得住冷板凳,下得了苦功夫,生出一种宁静致远、潜心于事的定力。涵养工匠精神,容不得浮躁,容不得唯利是图,容不得急功近利的"速成"。

"速成"是匠心的克星,欲养匠心,必戒"速成心"。多少粗制滥造、速生速朽的物事告诉我们,急于求成于事无益,急功近利更难立身。唯养一颗匠心,不迷于声色,不惑于杂乱,沉潜自己、专注一事,方能有所成、有所立。

文章素材二

有"权利意识",也要有"法治观念"[1]

这些年来中国社会的最大变化之一,就是公民权利意识的觉醒。如果说,当年一部《秋菊打官司》的电影,曾让人们充满好奇,那么今天,"讨说法"

---

[1]来源:《人民日报》。

已经成为社会口头禅。从主张经济、社会、文化和消费者权利，到捍卫政治、环境、食品安全和纳税人权利，"权利意识"从未像今天这样，如此深入人心、影响社会、改变国家。

毫无疑问，这是一个走向权利的时代。市场经济发展带来的自由平等意识、网络媒体勃兴提供的多元表达平台、民主政治进步造就的个体意识启蒙，所有这一切，成为人们权利意识的萌发、表达和伸张的"时代注脚"。与之相伴，"权利意识"的高涨，也为树立法律权威、培养法治观念、发掘公民意识，起到了巨大推动作用，成为社会进步的催化剂。"一元钱"官司的较真，厘清的是社会是非观念；"物权"概念的普及，调动起创造财富的热情；"环境权"的主张，增强着生态文明的群众基础……

与此同时，时代的洪流往往泥沙俱下，在极短时期内高涨的权利意识，也呈现出某种"初级阶段"特征。正如《社会管理蓝皮书——中国社会管理创新报告》指出的，"一部分人只注重享受权利，不注重履行自己的责任和义务，由此导致公众权利意识强与社会责任意识弱并存这一现象的存在"。飞机航班延误，冲上跑道拦飞机；发生医患纠纷，把棺材花圈抬到医院；网上讨论辩论，动辄粗口相向，乃至暴力威胁……一些人为了维护个人权益，无视他人权益，罔顾公共利益，甚至更进一步，把他人权益、公共利益当作讨价还价的筹码，以实现个人利益最大化。这种走岔道的极端方式，将"权利意识"异化为"交相害"而非"交相利"的行为，让人遗憾，也发人深思：权利的风帆如何行进，才能抵达文明的彼岸？

"在一个多少算得上是文明的社会里，一个人所能够拥有的一切权利，其唯一的来由是法律。"法学家杰里米·边沁的结论一针见血。"权利意识"的伸张，离不开"法治观念"护航。在法律的条款中去寻找依据，权利的主张才能水到渠成；在法治的框架下予以推进，权利的实现才能顺理成章。反之，把"权利"当作为所欲为的通行证，认为有了利益诉求，就能够理直气壮地去冲撞底线、挑战规则、突破边界，整个社会又如何做到和谐运转？

一个成熟的社会，有许多不言自明的遵循：在高速公路开车，尽管车是自己的，但是不能超速行驶；在城市里盖房子，尽管土地使用权是自己的，但依然要服从市政规划。这些常识的背后，是对个人权利的清醒认知——没有什么权利是绝对的。任何个人权利的行使，都必须在法治的轨道上，不得侵犯他人的合法权利，不得损害社会的公共利益。唯其如此，自己的权利才能得到保障，他人的权利才能得到维护，社会的福利才会趋于最大化。

今天的中国，正处于从传统到现代的艰难爬坡中，法治观念必须"跟得上"权利意识的步伐。一边是权利意识已经成为人们的惯性思维，一边是法治观念尚未成为人们的生活方式，其间的落差，很容易造成社会生活的失序。没有对公共规则的遵从，我行我素的自由，就会导致"组团式过马路"的乱象；缺乏对法律程序的敬畏，对化工项目的异议，很可能演变成行为失控的骚乱。那种只问结果不计手段、"以错纠错"式维权，看似"高效有力"，却会让更多人不讲文明、不守规矩。在这个意义上，权利如果不能正确行使，不仅不能成为法治进程的铺路石，反而可能变成社会动荡的导火索。

"哪里没有法律，哪里就没有自由。"任何社会行为一旦脱离法治视野，便不可能带来公共福利的实质增进，也难有公平正义的真正实现。今天，如果说，"权利意识"的启蒙我们已经完成，那么"法治观念"的启蒙还在路上。这也是党的十八大提出"法治思维"和"法治方式"的深层原因所在。既要"权利意识"，也要"法治观念"，二者彼此砥砺、相互促进，才能让法治精神融入社会治理和社会生活，使"权利意识"成为构建现代公民人格、建设民主法治社会的基础。

文章素材三

有个体意识，也要有全局观念[①]

在今日中国的现实语境下谈全局观念，很容易招来拍砖乃至讥笑。一个传统上如此重视集体归属感的群体，又刚从"狠斗私字一闪念"的年代走出

[①] 来源：《人民日报》。

来不远,很多人还沉浸在对"无我"的反思之中。追求个性的张扬,强调多元与多样,思想的松绑,仿佛才刚刚开始。有什么必要在肯定个体意识的同时,强调全局观念的"也要"?

这正是社会治理的复杂性所在。

事实上,改革开放以来,没有哪种观念像个体意识与利益诉求一样,如此席卷人心。从"主观为自己,客观为他人"到"我的地盘我做主",从"言利未必非君子"到"无利不起早",个人利益已经成为很多人处理社会关系的出发点。或含蓄或直白,或温和或激烈,对个体的强调,迅速在社会价值谱系中全线展开。

观念的演进,源自奔流的实践。个体意识勃兴的背后,是告别计划经济、走向社会主义市场经济的社会进程。明确的权利主体和利益边界,是市场经济和法治社会的内在要求。"凡是涉及群众切身利益的决策都要充分听取群众意见,凡是损害群众利益的做法都要坚决防止和纠正",也正是因为对个体利益的尊重,中国的改革和发展才赢得了亿万人发自内心的推动。只有集体没有个体的时代一去不返。

然而,"全局"从来不会因为对"个体"的强调就不复存在。辩证法的伟大在于,它永远提醒我们要认识到问题的另一面。垃圾焚烧厂建在你这里不行,建在我这里也不行,但它总要建在一个地方,否则垃圾必然围城;修桥修路修车站,拆你的房子不行,动我的奶酪不许,但它不可能修在空中,除非大家都不过桥不走路不出远门。一边抱怨雾霾遮天,一边又不愿安步当车节能减排;一面痛骂就医难买房贵,一面又都想挂专家号住豪宅,这样的"通吃心态",不止是在初级阶段的中国行不通,在这个世界上的其他任何地方,恐怕也都会碰壁。

一切都让个人听命于集体,强调个人为"全局"无条件牺牲确属苛求;但"我满足了,才是公平,我满意了,才叫正义",肯定也非理性。如果每个人都想着一己之私的最大化,完全以自身的感受衡量社会进步,"各私其私,绝无国民同体之概念",不仅难以发育出良好的社会,也难以长久维持个体的利益。

中国社会已经进入利益多元的时代。如果我们承认权利和利益的多元多样,欢呼由此带来的文明进步,那么也必须承认这样的事实:不同的利益都要尊重,个体与整体必须协调。近年来,无论是地铁禁食的争议,小区文明养犬的讨论,还是公共场所禁烟引发的热议,一系列公共事件无不提醒我们,个体行为并不是可以肆意奔突的河流,权利是有边界的。正如谚语所说,你挥舞拳头的权利止于我的鼻尖。懂得不同主体的妥协沟通,才能形成多元共存的利益格局。

社会的发展,将个体的尊严和福利推上了空前的高度,但也要看到,超乎历史条件和时代环境的个人主张,可能成为国家之痛。对"从摇篮到坟墓"高福利制度的过度追求,让欧洲国家掉入高成本、高税收的陷阱,社会危机由此而生。同样地,在中国进入快速城镇化的当下,要求取消所有城乡差别,在教育、医疗、户籍制度等方面实现绝对的均等化,不仅是脱离历史的,也是超越时代的。

从世界范围来看,自20世纪以来,传统的权利概念经历了一个社会化的过程,即绝对的、排他的权利须受到某种限制,以服从公共利益的需要。这个过程也是作为个体的公民重新进入社会的过程,是意识到权利之上还有社会责任的过程。无视他人权利和社会整体利益,脱离时代的语境,抽象的权利只能在现实中逐渐风干。

不要总让"个体"与"全局"彼此排斥、互相追尾,不要总将对"全局"的考量放在"个体"的对立面上。标签盛行的地方,理性容易枯萎;思维陷入绝对时,真理即成谬误。如果个体意识和权利意识的觉醒,只是公民意识成熟的第一步,让这个社会变得更好,还需要每个人更加秉持目光四射的全局观,更多承担力所能及的社会责任。